中国石油（伊拉克）哈法亚公司志

2009—2022

《中国石油（伊拉克）哈法亚公司志》编纂委员会　编

石油工業出版社

图书在版编目（CIP）数据

中国石油（伊拉克）哈法亚公司志: 2009—2022 / 《中国石油（伊拉克）哈法亚公司志》编纂委员会编. -- 北京 : 石油工业出版社, 2024.6

ISBN 978-7-5183-6541-8

Ⅰ. ①中… Ⅱ. ①中… Ⅲ. ①中国石油天然气集团有限公司—油气勘探—海外企业—概况—2009-2022 Ⅳ. ①F426.22

中国国家版本馆 CIP 数据核字（2024）第 048238 号

中国石油（伊拉克）哈法亚公司志2009—2022

ZHONGGUO SHIYOU (YILAKE) HAFAYA GONGSI ZHI 2009—2022

策划编辑：吴保国

责任编辑：邵冰华

出版发行：石油工业出版社

（北京安定门外安华里 2 区 1 号楼 100011）

网　址：http：//www.petropub.com

图书营销中心：（010）64523731

编辑部：（010）64523592

经　　销：全国新华书店

印　　刷：北京中石油彩色印刷有限责任公司

2024 年 6 月第 1 版　2024 年 6 月第 1 次印刷

787 × 1092 毫米　开本：1/16　印张：19.25　插页：22

字数：500 千字

定　价：120.00元

（如出现印装质量问题，请与图书营销中心联系）

《中国石油国际勘探开发有限公司志 1993—2022》系列丛书

编纂委员会

编纂委员会办公室

编 写 组

主　编： 宋泓明

副主编：

韩绍国	李永红	胡红民	刘志勇	李　刚	朱继刚
靳凤兰	王国林	耿玉锋	钱凤章	郑剑华	孟繁春
孟向东	钟　凡	裴建胜	刘廷富	田大军	邓细泉
陈大有	付振民	胡　泉	丁　滨	李勇明	李世群
李自林	韩建强				

编　辑：

时　菁	马剑波	孙小玉	俞　灵	崔　茉	徐金忠
黄心艺	葛海明	金书荐	安　阳	王乙森	胡　静
曹仁波	李阳阳	李晓钰	张玉洁	田慧颖	贺晓珍
张光荣	徐海英	陈　雯	赵博渊	郭旭光	张淑琴
邓　焱	黄　磊	耿相争	张　琦	禹胜阳	孔祥吉
唐振华	刘贵洲	胡晓辉	许　昕	王一帆	刘姝丽
石　峡	程　玉	张平雨	梁嘉倩	周　浩	汪杆泽
金　珊	李必超	唐　滨	耿长波	伍鸿锦	李长龙
张雅妮	黄清清	郑芳婕	韩　朔	杨　帆	孙梦媛
唐春梅	张　鑫	金光军	赵建军	田　蕾	刘楠楠

专 家 组

特 邀 专 家： 邱新立　张恒彬　陈　华　王守亚　王国庆　王　鹏　尚　真　王志明　王铁夫　马　纪　王学海　戴瑞祥　刘玉娟　李玉屏　唐振华

离退休领导： 王永杰　王明才　张林生　孙贤胜　宋亦武　张　兴　王保记　陈曙东　王俊仁　冯亚平　黄一兴　康明章　李国诚　卢　宏　牛　刚　薛良清　杨　震　张德亮　程存志　李庆学　高希峰　刘英才　裴建胜　范建平　李书良

业 务 专 家：（按姓氏笔画排列）

王　权　王　革　王武和　尹承军　朱怀顺　刘志华　刘贵洲　孙耀祥　李　超　李延川　李希林　杨保东　吴林钢　张　杰　张　军　张立志　张兆武　张春良　张战敏　张思宇　陈明师　陈振贵　周旭奇　郑承虎　俞颐和　赵雄飞　高　蓉　高德双　盛宝成　梁　明　蔡　昊　魏　军

石油工业出版社项目组

组　　　长： 雷　平　李俊军

副　组　长： 张　镇　韩青华

执行副组长： 吴保国

成　　　员： 朱世元　杨天龙　邵冰华　付　红　孟楚楚

专　　　家： 宋向程　王金凤　方代煊　潘玉全

特 别 专 家： 杨静芬　贾　迎　张传英

《中国石油（伊拉克）哈法亚公司志 2009—2022》

编纂委员会

高级顾问： 祝俊峰　王贵海　成忠良

主　　任： 方甲中

执行副主任： 田大军　邓细泉

副 主 任： 张红斌　王静波　何艳辉

委　　员： 黄洪庆　宋代文　王喻雄　凌宗发　黄学东　李庆伟
朱怀顺　王　磊　欧阳文　冯建勋　徐大鹏　齐文旭
王忠飞　苗友良　李　申　王钦贵　王家兴

主　　编： 邓细泉

副 主 编： 陈　刚　韦　旺　杨　池　欧阳文　冯建勋

编纂委员会办公室

主　　任： 宋代文

副 主 任： 陈　刚　韦　旺　刘　峰

成　　员： 金光军　王良善　韦宇泽　黄颂婷　陈安之　朱　辉
贺晓珍　李国杰

编 写 组

总　　　纂： 金光军

编 纂 人 员： 王良善　王忠飞　韦　旺　韦宇泽　李国杰　朱　辉　陈安之　陈　刚　胡元甲　贺晓珍　黄颂婷　李　瑾　周　翔　安益辰　郭先锋　孙存来　蔡　磊　李沛桓　郭　冬　张　财　吕晓光　万宏罡

资料提供人员： 王小勇　尹忠友　邓文华　张天营　郑　刚　周文银　唐　滨　寇志军　路　辉　焦海中　霍正宗　刘亚东　吴宣达

专 家 组

特 邀 专 家： 穆龙新　许岱文　范建平　李庆学　郭月良　戴瑞祥　王国庆　王铁夫　王志明　马　纪　尚　真　杨静芬　吴保国　杨天龙　邵冰华

业 务 专 家： 孙开江　刘尊斗　阎世和　黄贺雄

凡例

一、《中国石油国际勘探开发有限公司志 1993—2022》（简称《公司志》）的编纂以马克思列宁主义、毛泽东思想、邓小平理论、“三个代表”重要思想、科学发展观、习近平新时代中国特色社会主义思想为指导，坚持辩证唯物主义和历史唯物主义的立场、观点和方法，存真求实，全面、客观地记述中国石油国际勘探开发有限公司的发展历程和主要业绩，力求突出反映时代特征、行业特色和企业特点，是中国石油“走出去”和文化建设的资料性文献。

二、中国石油天然气集团有限公司在海外业务发展中，对中国石油国际勘探开发有限公司、大区公司、项目公司进行过多次行政隶属及业务隶属调整。其中，2022 年 5 月根据《关于印发中国石油国际勘探开发有限公司职能配置、内设机构和人员编制规定的通知》[1]，大区公司及项目公司行政管理隶属关系由原来的中国石油国际勘探开发有限公司变更为中国石油天然气集团有限公司。为保持海外勘探开发业务历史统一性，《公司志》编纂按照企业生产要素与内部分工，将海外油气投资业务作为一个整体进行框架设计，分为综合专业志、大区公司志、项目公司志共 23 卷，以篇、章、节、目等层级构成。

三、《公司志》上限始于 1993 年中标海外独立作业油田；下限截至 2022 年 12 月 31 日。各卷上限以本单位成立时间为准，依据机构变化、资料收集等情况，可适当向前追溯。

四、采用述、记、志、传、图、表、录 7 种修志体裁，以志体为主。坚持“横分门类，纵向记述，详今略远，述而不论”的编纂原则。

五、采用规范语体文、记叙体，行文力求准确、简洁、顺畅。

六、对国家名称、机构名称，生产、经营专业术语等的记述，在首次出现时使用全称并标注规范简称，再次出现时使用简称。如中国石油（CNPC）通指中国石油天然气总公司、中国石油天然气集团公司、中国石油天然气集团有限公司。中国石油（PetroChina）指代中国石油天然气股份有限公司。中油国际（CNODC）含管理型和股权型称谓形式，通指中国石油开发公司、中国石油天然气勘探开发公司、中国石油海外勘探开发分公司、中国石油国际勘探开发有限公司。

七、计量单位使用《中华人民共和国法定计量单位》。

八、标点符号使用新版《标点符号用法》（国家标准）。

九、资料及统计数据以中国石油天然气集团有限公司、中国石油国际勘探开发有限公司、大区公司、项目公司的资料和统计部门公布的数据为依据，并经各卷编纂委员会审核确认。

十、《公司志》编委会办公室组织初审、复审、终审和验收。各卷编委会组织编纂并开展“内评内审”和保密审查。经各卷编委会审定通过后，报送《公司志》编委会办公室备案并提交石油工业出版社出版发行。

---

[1] 2022 年 5 月，中国石油天然气集团有限公司党组印发《关于印发中国石油国际勘探开发有限公司职能配置、内设机构和人员编制规定的通知》，按照“总部直管 + 专业化管理 + 区域化监管”三位一体的海外油气业务管理架构，开展海外业务体制机制等优化调整。

编纂说明

一、《中国石油（伊拉克）哈法亚公司志 2009—2022》坚持以辩证唯物主义和历史唯物主义的立场、观点和方法为指导，突出时代特征，体现中国石油（伊拉克）哈法亚公司的特点，实事求是地记述哈法亚公司创业、发展和生产经营的历史和现状，充分发挥志书的存史、资政、教化功能。

二、本志记述时间上限为 2009 年 12 月 10 日，根据需要可适当上溯；时间下限为 2022 年 12 月 31 日，原则上不下延。

三、本志结合哈法亚公司机构设置、产业布局和生产经营实际，采用篇章形式，精选彩页列举，设组织机构、管控模式、油气勘探、油田开发、油田地面工程建设、质量健康安全安防环保（QHSSE）管理、经营管理、科技创新与信息化建设、企业文化建设、人物与荣誉等 10 篇，文前设彩页、概述、大事记，文后设附录、后记等内容，以志体为主，记、录为辅，分篇、章、节、目 4 个层次。

四、为行文简洁，本志第一次出现单位称谓时采用全称加括注简称的形式，如中国石油（哈法亚）公司、中国石油（伊拉克）哈法亚公司均简称为哈法亚公司。

五、本志大事记主要采用编年体，辅以记事本末体。重点记录生产建设和科学研究的重大成就；哈法亚公司组织机构及主要领导变更；职工队伍的大批调动；重要规章制度的实施；重要会议召开；上级领导到哈法亚公司的调研；重要对外交往；重大事故及自然灾害；其他重要事件。

六、资料以历年库存档案及有关单位、部门提供的数据和文字资料为主，凡无档案资料的，根据“孤证不取”原则，采用经考证鉴别后的知情人回忆或口碑记录。

七、统计数据以哈法亚公司统计部门的公开数据为准，其余按各行业、各部门的统计口径。

序

作为中国石油海外油气事业发展的亲历者，翻开这套卷帙浩繁、洋洋大观的系列志书，我的心情久久不能平静，尘封的记忆仿佛又回到海外创业那些激情燃烧的岁月。

1993 年，我国从石油净出口国变为净进口国。立足于保障国家能源安全的责任使命和企业全球化发展的内在驱动，中国石油认真贯彻落实中共中央、国务院“充分利用国内外两种资源、两个市场”重大决策，走出国门，实施国际化经营，开始了海外的艰苦创业。从“走出去”伊始，我就有幸参与其中，见证了海外波澜壮阔的发展历程。在巴布亚新几内亚，这个被称为世界油气勘探作业最困难的热带雨林国家，我们克服诸多挑战，首次以作业者身份牵头组织 8 家国际公司成功实施勘探作业；在秘鲁，我们发挥中国石油特有的提高采收率的竞争优势，使百年老油田重新“焕发青春”；在苏丹，我们首次成为世界级大项目的牵头作业公司，实现风险勘探重大突破，在最短的时间内开发建设了千万吨级大油田，帮助苏丹建立起完整的石油工业体系，并以榜样的力量带动在乍得、尼日尔等非洲国家油气合作项目的蓬勃发展；在哈萨克斯坦，我们成功实施当时中国企业最大的海外资源并购项目，成为全球能源行业企业并购的典型案例，被《人民日报》评论员文章誉为“重剑无锋、大巧不工”；在伊拉克，我们在两轮国际石油招标中与国际大石油公司同台竞技，成功中标，成为令国际石油界瞩目的焦点；在俄罗斯北极地区，我们克服极寒天气和西方制裁的严峻挑战，按时建成投产亚马尔项目，成功开辟“冰上丝绸之路”，通过市场化方式带动金融、工程技术服务和装备制造等中国元素“走出去”，成为高质量共建“一带一路”的标志性工程。30 年来，经过几代海外石油人的艰苦创业，中国石油海外业务从无到有、从小到大、从弱到强，一次次成为国际油气市场的“黑马”，实现了历史性跨越式发展。

回顾中国石油海外业务艰苦创业的历程，我们用 30 年的时间走过了西方公司近百年的国际化发展之路，成绩斐然、成果辉煌。创业之路洒满汗水，充满艰辛。

在血与火的考验中，石油人不怕困难、顽强拼搏，在磨砺中成长，在探索中总结，在实干中创新，在合作中共赢，以“天时、地利、人和”搏击五洲、扬帆四海。我们在国际上建成了五大油气合作区，构筑起四大油气战略通道，实现了我国油气供应的多元化，有效保障了国家能源安全，并在国际上树立了中国国有企业的良好形象。

30年来，我们抢抓“天时”，坚持用国家改革开放和能源发展战略指导中国石油海外业务不断发展。党中央、国务院对中国石油“走出去”高度重视，几任总书记、历届中央领导同志亲自关心、亲自推动重大油气合作项目，国家有关部门及驻外机构对海外油气合作业务的发展给予了有力指导和全方位支持。2013年9月7日，我在哈萨克斯坦纳扎尔巴耶夫大学，现场聆听了习近平主席首次提出的共建“丝绸之路经济带”重大倡议，引起的长时间热烈掌声和广泛共鸣，给我留下深刻印象。十年过去，弹指一挥，中国石油海外油气合作已经成为推动“一带一路”高质量发展的先行军与主力军，成为国家能源安全战略的重要组成部分，成为巩固发展我国与资源国政治经济外交关系、深化中外人民友谊的桥梁和纽带。

30年来，我们紧握“地利”，充分发挥自身比较优势。中国石油走出国门，走向国际，迎来了一片前景广阔的发展天地，也进入了一个充满挑战的未知领域。面对激烈的国际油气市场竞争和复杂多变的海外投资环境，海外石油人充分发挥中国石油自身的技术、资金、一体化和政治文化优势，遵守国际规则和国际惯例，尊重资源国法律法规和重大关切，遵循我国与发展中国家的传统友谊，形成了一整套具有中国石油特色的海外业务管理体制机制、符合国际规范的项目投资决策和经营运作体系，积累了不同合作模式下的国际化经营管理经验。

30年来，我们用好“人和”，培育形成了被中央领导称赞的“特别能战斗、特别能吃苦、特别能奉献、特别能胜利”的“四特”海外队伍。30年的峥嵘岁月，海外石油人远离祖国和亲人，不计得失，不畏艰辛，在异国他乡拼搏奉献，有的同志甚至献出了宝贵的生命。海外事业培养锻炼了一大批国际化人才，形成了一支忠于祖国和石油事业、恪守国际规范、追求专业专注、崇尚和谐共赢、具有顽强作风和奉献精神的海外员工队伍，建设和发展了一批认同中国石油文化的当地员工和国际雇员队伍。国际化人才队伍的建设，是30年发展历程最突出的成果，为中国石油海外事业的可持续发展提供了坚强保障。

习近平总书记指出："一切向前走，都不能忘记走过的路；走得再远、走到再光辉的未来，也不能忘记走过的过去，不能忘记为什么出发。"系列志书紧扣海外油气业务的历史纵深感、发展成就感、员工获得感，多角度、全景式重现了海外油气业务历史性变革、系统性重塑、整体性重构的完整脉络，展示了开辟海外市场的战略性举措、开创性实践、标志性成果，讲述了从"走出去"到"走上去"的历史飞跃，记述了海外企业推进油气国际合作走深、走实的铿锵步伐，展现了海外创业的艰辛与坎坷、改革的探索与激情、发展的豪迈与辉煌。在丰富发展海外石油文化基础上，通过述录过来人的开拓，启迪后来者的奋斗，用优秀文化熏陶人、伟大成就激励人、优良传统教育人、成功经验启发人，为公司高质量发展提供智力支持和精神动力。

系列志书在编纂中强化精准思维，做到谋划时统揽大局、操作中细致精当，以绣花功夫把工作做扎实、做到位，体现出较高的编纂质量。系列志书具有四个显著特点：一是设计科学。坚持总体架构与公司实际相结合，谋篇布局与业务特点相适应，条目设置与机构分布相协调，紧扣公司本部、大区公司、项目公司三个维度，精心设计23卷志书，形成了既有综合专业卷，又有大区公司卷和不同项目公司卷的编纂格局，使系列志书规模宏大、体系完整、逻辑严密，创新性强；二是系统全面。站在公司全局的高度，正确处理系列志书总述卷与各分卷之间的关系，使之既自成体系又互为补充，纲目分明，相互呼应，形散神聚，浑然一体；三是真实准确。坚持对历史负责、对读者负责、对社会负责，综合运用大量珍贵的重要文献、历史数据和图片、图表，用史料说话、让档案发言，还原历史原貌，确保志书的真实、准确、公正，具有较强的史料性、权威性、可读性和收藏价值；四是规范严谨。遵循志书编纂标准和原则，按"志"体"志"例，说"志"言"志"语，披沙沥金，去伪存真，严格筛选素材，审慎严细编纂，表现出精益求精的"工匠精神"、精雕细琢的"绣花功夫"。

当前，全球百年未有之大变局加速演进，我们正经历世界之变、历史之变、时代之变。海外事业新的发展充满挑战和希望。三十而立、风华正茂的海外石油人，站在新的历史起点，正开启穿越惊涛骇浪的远航，奔赴充满光荣与梦想的远征，始终牢记"能源的饭碗必须端在自己手里"重大嘱托，萃取历史精华，把握时代大势，坚定理想信念，凝聚精神力量，踔厉奋发，笃行不怠，争做实施“一带一路”倡议的践行者、深化国际油气合作的拓展者、国家能源安全的保障者、建设世界一流综合性国际能源公司的推动者，为全面建设社会主义现代化国家贡献石油力量，为构建人类命运共同体增添能源动力，创造属于这一代人的业绩和荣光！

谨以此文为系列志书作序，并真诚祝贺成功付梓！

世界石油理事会原副主席

中国石油天然气集团有限公司原董事长、党组书记

周吉平

2024 年 5 月

前 言

中国石油（伊拉克）哈法亚公司（简称哈法亚公司）是中国石油（CNPC）的海外最大独立作业者项目公司，是实施中国石油（CNPC）海外中东发展战略和国家能源战略的重要国际合作项目。哈法亚公司始终把政治站位放在首位，不忘初心，牢记使命，坚持以马克思列宁主义、毛泽东思想、邓小平理论、三个代表重要思想、科学发展观、习近平新时代中国特色社会主义思想为指导，越是在海外，越是在复杂的环境中，越要坚持党的领导，加强党的建设，强化政治引领，始终保持清醒头脑，打造一支政治素质和业务技能过硬的队伍，围绕中国石油（CNPC）在中东地区打造“一带一路”油气合作旗舰的整体战略，把哈法亚公司建成中国石油（CNPC）海外一体化建设综合效益好、国际化水平高、可持续发展的国际油气合作典范。

2009—2022 年，哈法亚公司战胜资源国战后政治环境持续动荡，安保形势日益严峻、营商环境日趋艰难、自然条件与基础设施落后、人员状况与社会矛盾复杂等不利因素，始终坚持加强国际化运营管理，充分发挥中国石油（CNPC）一体化优势，锐意突破油田开发关键技术难题，实现建成 2000 万吨原油年生产能力的大油田，投运伊拉克战后第一条年输送能力 5000 万吨、长 272 千米的战略性原油外输管线——米桑原油外输管线，30 亿立方米年处理能力的天然气处理厂正在建设中，形成一整套从石油天然气生产、处理、运输的哈法亚上游石油工业系统，构筑生产生活、办公经营的“美丽石油城”，创新国际互信、协商共赢、人才培育的发展合作模式，成为伊拉克米桑省的支柱型企业，体现了中国石油（CNPC）与伊拉克人民诚挚携手合作、着力追求长远的战略构想和发展格局，以“中国速度”“中国质量”“中国创新”践行“一带一路”倡议。

在实现中华民族伟大复兴的新时代，哈法亚公司迎来新的发展机遇，石油精神、大庆精神铁人精神在海外油气合作中熠熠生辉。伊拉克前总理马利基在哈法亚二期庆典时表示“哈法亚为伊拉克树立了国际合作标杆，创造了伊中国际石油合作典范”；伊拉克石油部部长致信中国石油表示：“中国石油（PetroChina）是在伊作业的国际石油公司中的顶级公司。”伊拉克石油部副部长在哈法亚三期庆典时赞扬“哈法亚油田达到了以往不可能达到的产量！”。

《中国石油（伊拉克）哈法亚公司志 2009—2022》作为哈法亚公司创业和发展的真实记录，寓存史、资政和教化功能于一体，在客观真实还原和记述 13 年来哈法亚公司建设发展的重大事件和史实细节的同时，注重挖掘海外石油人艰难实践中蕴含的精神价值和经验智慧，为在今后工作中引用、研究、比对和参考历史资料提供最有效的基础凭据和信息资源，必将为中国石油（CNPC）海外创业发展提供强大的精神支持和动力源泉。编者本着对历史负责、对公司负责的态度，怀着强烈的责任感和使命感，反复琢磨、精益求精，用真实的笔触记录海外项目的发展历程、辉煌成果和经验教训，集中体现哈法亚公司广大干部职工勇于担当、积极作为、迎难而上的精神面貌，为新一代石油人继往开来、开拓进取留下宝贵精神财富。

中国石油（伊拉克）哈法亚公司总经理

2024 年 6 月

2012 年 5 月 31 日，中国石油天然气集团公司总经理周吉平（中）到哈法亚公司慰问，听取工作汇报（黄颂婷 提供）

2012 年 7 月 18 日，中国石油天然气集团公司副总经理汪东进（前排中）参加哈法亚公司一期产能建设工程投产庆典（韩飞 摄）

2018 年 12 月 11 日，中国石油天然气集团有限公司副总经理侯启军（右二）、中东公司总经理黄永章（左二）到哈法亚公司参加哈法亚三期产能建设工程投产庆典并慰问基层员工（郭冬 摄）

2013 年 11 月 2 日，中国驻伊拉克大使倪坚（右三）到哈法亚公司调研（韩飞 摄）

2023 年 5 月 12 日，中国石油天然气集团有限公司副总经理焦方正（前排中）到哈法亚项目现场调研（郭冬 摄）

2013 年 1 月 16 日，中国石油天然气集团公司副总经济师兼思想政治工作部主任关晓红（左四）到哈法亚公司调研（韩飞 摄）

2014 年 6 月 20 日，中国石油天然气集团公司总经理助理王铁军（右一）到哈法亚公司调研（姜卫东 摄）

2014 年 2 月 25 日，中国石油天然气集团公司外事局局长章欣（前排左四）到哈法亚公司调研（邱显格 摄）

2014 年 9 月 6 日，中国石油海外勘探开发公司总经理吕功训（前排左二）陪同伊拉克石油部部长鲁艾比（前排左三）参加哈法亚二期产能建设工程投产庆典（郭冬 摄）

2013 年 5 月 17 日，中国石油海外勘探开发公司副总经理王仲才（前右二）到哈法亚项目调研（姜卫东 摄）

2010 年 2 月 22 日，中国石油海外勘探开发公司伊拉克地区公司副总经理、哈法亚公司总经理祝俊峰（前右）在接管前到现场调研勘查（赵宏展 摄）

2011 年 5 月 23 日，伊拉克国会议员代表团到访哈法亚公司（姜卫东 摄）

2012 年 1 月 23 日，中国石油海外勘探开发公司伊拉克公司总经理王莎莉（前右）到哈法亚调研（王忠飞 摄）

2012 年 8 月 6 日，伊拉克民航局代表团访问哈法亚公司（于淼 摄）

2013 年 11 月 29 日，哈法亚公司投资伙伴到合同区块生产现场调研（赵双 摄）

2013 年 12 月 15 日，哈法亚公司联合管理委员会成员在新落成的哈法亚生产指挥中心 201 会议室召开第 20 届联合管理委员会会议（黄颂婷 提供）

2014 年 9 月 5 日，中国石油海外勘探开发公司总经理吕功训（前中）到哈法亚公司调研（赵双 摄）

2014 年 11 月 5 日，驻伊拉克英国国家石油公司（BP）代表到访哈法亚公司（郭冬 摄）

2016 年 1 月 5 日，伊拉克国会议员海德尔·阿尔·缪拉到哈法亚公司调研（郭冬 摄）

2016 年 1 月 20 日，伊拉克米桑省省长阿里·达瓦艾·拉宰姆到访哈法亚公司（赵双 摄）

2016 年 1 月 25 日，伊拉克石油部副部长到访哈法亚公司（赵双 摄）

2016 年 8 月 11 日，中国石油海外勘探开发公司中东公司总经理黄永章（前右）到哈法亚公司现场调研（郭冬 摄）

2017 年 5 月 22 日，中国石油天然气股份有限公司副总裁、大庆油田有限责任公司总经理孙龙德到哈法亚公司调研（郭冬 摄）

2018 年 2 月 5 日，中国驻伊拉克大使馆参赞卞长征到哈法亚公司调研（郭冬 摄）

2010 年 4 月 4 日，哈法亚项目总经理祝俊峰在伊拉克米桑省阿玛拉市与米桑石油公司总裁阿里共同签署哈法亚合同区块管理权移交确认函（赵宏展 摄）

2010 年 12 月 25 日，哈法亚项目合同区块三维地震勘探由东方地球物理勘探公司承担，图为现场地震资料采集作业（郭旭光 提供）

2010 年 12 月 12 日，哈法亚项目第 1 口井由大庆 DQ23 钻井队开钻（于泳波 摄）

2011 年 6 月 15 日，伊拉克石油部长阿卜杜·克里木·鲁艾比参加哈法亚一期油气处理站（CPF1）奠基仪式（姜卫东 提供）

2011 年 7 月 25 日，哈法亚项目合同区块三维地震勘探资料采集作业举行完工仪式（姜卫东 摄）

2012 年 6 月 16 日，中国石油海外勘探开发公司伊拉克公司总经理王莎莉、副总经理兼哈法亚公司总经理祝俊峰开启哈法亚一期油气处理站首油进站阀门（姜卫东 摄）

2012 年 7 月 20 日，哈法亚一期 500 万吨产能建设工程投产仪式隆重举行（赵学毅 摄）

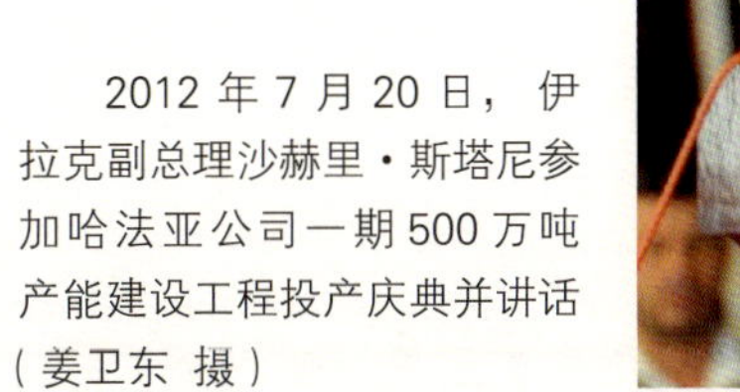

2012 年 7 月 20 日，伊拉克副总理沙赫里·斯塔尼参加哈法亚公司一期 500 万吨产能建设工程投产庆典并讲话（姜卫东 摄）

2013 年 4 月 14 日，伊拉克石油部长阿卜杜·克里木·鲁艾比参加米桑石油外输管线（MOEP）奠基仪式（姜卫东 摄）

2013 年 4 月 14 日，伊拉克总理马利基开启哈法亚天然气外输管线阀门，开始向米桑省燃气发电系统供气（赵学毅 摄）

2014 年 8 月 11 日，伊拉克米桑省省长阿里·达维为哈法亚主导建设的米桑石油外输管线试运行剪彩（文学军 摄）

2014 年 8 月 18 日，哈法亚公司举行二期产能建设工程油气处理站（CPF2）首油进站典礼（姜卫东 摄）

2017 年 5 月 24 日，哈法亚三期产能建设工程开工仪式在油田现场举行（文学军 摄）

2018 年 12 月 12 日，中国石油天然气集团公司副总经理侯启军为哈法亚三期产能建设工程投产仪式剪彩（郭冬 摄）

2010 年 5 月 24 日，哈法亚营地开始施工建设（王多一 摄）

2010 年 10 月 10 日，哈法亚营区进行物理安防设施建设（赵宏展 摄）

2010 年 10 月 22 日，伊石油部长鲁艾比为哈法亚营区建设献计献策（郭旭光 提供）

2011 年 7 月 22 日，哈法亚井下作业修井机挑灯夜战抢投产（王小勇 摄）

2012 年 1 月 30 日，哈法亚采油井酸化作业施工现场（王小勇 摄）

2013 年 4 月 9 日，重点保民生工程——哈法亚天然气外输米桑当地燃气发电站管线（GEXL）工程在艰难条件下施工（谢刚　王小勇 等摄）

2013 年 5 月 9 日，哈法亚项目一期营地建设初具规模（马红强　摄）

2013 年 11 月 7 日，哈法亚钻井现场（李丛俊 摄）

2014 年 8 月 8 日，哈法亚生产指挥中心（郭冬 摄）

2014 年 8 月 13 日，哈法亚员工公寓（赵双 摄）

2014 年 8 月 16 日，建设中的哈法亚二期油气处理站工程（赵学毅 摄）

2014 年 8 月 20 日，建设中的哈法亚首站（陈文昱 摄）

2018 年 9 月 8 日，哈法亚三期油气处理站建设现场鸟瞰（胡元甲 摄）

2018 年 12 月 12 日，中国石油天然气集团有限公司副总经理侯启军为哈法亚三期投产启动阀门（谢亚娜 摄）

2010 年 8 月 29 日，哈法亚公司营地周围安防设施建设（Zibignew 摄）

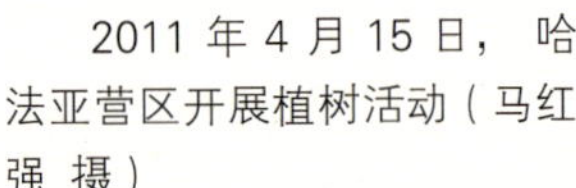

2011 年 4 月 15 日，哈法亚营区开展植树活动（马红强 摄）

2012 年 5 月 30 日，哈法亚营地湖畔火烈鸟（王多一 提供）

2012 年 10 月 12 日，哈法亚营区绿化（王多一 摄）

2012 年 10 月 27 日，哈法亚公司开展形式多样 HSE 知识讲座（郭旭光 摄）

2013 年 10 月 24 日，哈法亚公司开展消防培训（赵宏展 摄）

2014 年 11 月 24 日，哈法亚机场安检设施（张冲 摄）

2017 年 9 月 4 日，哈法亚营地严格的安保防护设置（李国杰 摄）

2018 年 4 月 20 日，哈法亚公司安保监控中心（李国杰 摄）

2018 年 8 月 15 日，国际标准医疗服务入驻哈法亚公司（高长科 摄）

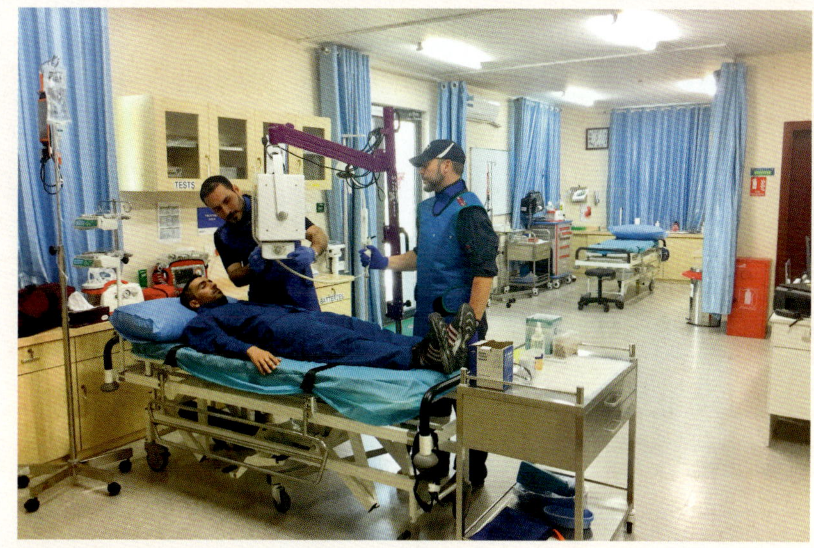

2019 年 9 月 17 日，哈法亚公司定期举办中外员工 HSE 基础知识培训（陈鑫 摄）

2019 年 9 月 18 日，哈法亚公司专业人员到周边学校宣传 HSE 常识（胡显伟 摄）

2010 年 12 月 25 日，哈法亚公司周边公路升级改造社区建设项目施工（王钦贵 摄）

2011 年 5 月 11 日，哈法亚公司到合同区块周边社区寻访（王钦贵 摄）

2012 年 3 月 9 日，哈法亚公司为合同区块周边社区捐赠食物（莫汉 摄）

2013 年 12 月 12 日，哈法亚公司为周边社区居民提供工作机会（马红强 提供）

2014 年 4 月 8 日，米桑省阿玛拉市中学生到哈法亚公司参观（默罕默德 摄）

2014 年 4 月 10 日，伊拉克米桑大学学生到哈法亚公司参观（默罕默德 摄）

2015 年 1 月 1 日，伊拉克米桑石油公司员工家属到哈法亚公司参观（郭冬 摄）

2015 年 9 月 8 日，哈法亚公司为周边社区建设饮用水厂交接仪式（王钦贵 摄）

2018 年 9 月 18 日，哈法亚公司卡哈拉小学社区建设项目（王钦贵 摄）

2018 年 10 月 15 日，哈法亚公司卡哈拉市场顶篷社区建设项目（王钦贵 摄）

2018 年 11 月 2 日，哈法亚公司穆沃尔社区医疗中心建设项目（王钦贵 摄）

2019 年 1 月 28 日，哈法亚公司为当地 11 座老年中心捐赠轮椅等设备（王钦贵 摄）

2019 年 9 月 16 日，哈法亚公司卡哈拉与本尼卡希米中学社区建设项目（王钦贵 摄）

2019 年 9 月 18 日，哈法亚公司向当地社区捐赠两辆校车（王钦贵 摄）

2011 年 7 月 22 日，哈法亚公司总经理祝俊峰表彰大庆 DQ23 钻井队（王多一 摄）

2011 年 10 月 28 日，哈法亚公司伊拉克籍优秀员工参观中国石油总部（王忠飞 提供）

2014 年 1 月 8 日，哈法亚公司表彰伊拉克优秀员工（姜卫东 摄）

2014 年 4 月 20 日，伊拉克米桑省议会表彰哈法亚公司的社会贡献（马红强 摄）

2015 年 5 月 30 日，伊拉克石油部长迈赫迪为当地培训学员颁发合格证书（郭冬 摄）

2010 年 12 月 31 日，哈法亚公司中外员工共度新年（陈刚 提供）

2011 年 2 月 3 日，哈法亚公司中外员工一起包饺子迎新春（姜卫东 摄）

2012 年 1 月 23 日，哈法亚公司中外员工共同举办春节联欢晚会（姜卫东 摄）

2012 年 2 月 18 日，哈法亚公司举办营区内集体健步走活动（马红强 摄）

2013 年 2 月 16 日，哈法亚营地各国员工参加迎新春拔河比赛（张帅 摄）

2013 年 3 月 5 日，哈法亚公司伊拉克当地员工学包粽子（文学军 摄）

2013 年 8 月 18 日，哈法亚公司中外员工开展业余活动（王忠飞 提供）

2013 年 10 月 6 日，哈法亚公司举办烧烤晚会（张帅 摄）

2014 年 4 月 10 日，哈法亚营地游泳馆正式启用（王多一 摄）

2014 年 8 月 26 日，员工在哈法亚营地游泳馆锻炼（胡显伟 摄）

2016 年 12 月 4 日，哈法亚营地体育馆内举办羽毛球比赛（郭冬 摄）

2019 年 9 月 14 日，哈法亚营地体育馆举办篮球比赛（陈鑫 摄）

总 篇 目

19　中国石油（伊拉克）哈法亚公司志 2009—2022

20　中油国际管道公司中缅油气管道公司志 2008—2022

21　中油国际管道公司志 2007—2022

22　中国石油俄罗斯公司志 2007—2022

目　　录

第一篇　组织机构

第二篇　管控模式

第三篇　油气勘探

第四篇　油田开发

第五篇　油田地面工程建设

第六篇　质量健康安全安防环保（QHSSE）管理

第七篇　经营管理

第八篇　科技创新与信息化建设

第九篇　企业文化建设

第十篇　人物与荣誉

概　述

哈法亚地处伊拉克东南部米桑省的阿玛拉市，阿拉伯语意为“水草丰茂”之地。2009 年 12 月 11 日，随着伊拉克第二轮国际石油招标一锤定音，哈法亚这个充满诗意的名字与中国石油天然气集团公司［简称中国石油（PetroChina）］紧紧连在一起。哈法亚油田位于伊拉克东南部，距首都巴格达约 400 千米，位于伊拉克米桑省南部阿玛拉市东南 35 千米处。开发项目合同区面积 288 平方千米，归属伊拉克米桑石油公司管辖。中国石油天然气股份有限公司［简称（PetroChina）］携手法国道达尔公司（Total）和马来西亚石油公司（Petronas），赢得原油地质储量达 160.79 亿桶的伊拉克巨型油田——哈法亚油田开发与生产技术服务合同。从此，踏上了伊拉克战后建设十大油田之一的艰难而辉煌之旅。

2009 年 6 月 30 日的第一轮石油招标，是伊拉克政府在 1972 年石油国有化以来的最大规模国际招标，拿出的都是国际石油巨头们关注的大油田、大气田。竞标的核心要素有两个，即一为高峰产量目标；二为桶油报酬费。只有两项核心要素优势都满足的条件下，才能中标。实际上，伊拉克战后百废待兴，当时伊拉克总理马利基和石油部部长沙胡塞纳・赫雷斯塔尼（Husseinal Shahristani）固然急于吸引外资、提升油气产量和财政收入，尽快恢复国民经济活力，却断然不会容忍自己成为贱卖国家资源的“历史罪人”。之所以伊拉克政府在招标价格上保持严苛，并坚持签订技术服务合同模式而抛弃“合同分成模式”，就是要借此向国际社会传递强硬信号和决心。而且，中国石油（PetroChina）谈判团队认为，国际石油市场瞬息万变，招标行情呈下行趋势，条件只会变得更差，根本原因就在于石油资源掌握在有限的国家手中，而很多国家不愿开放，机会稍纵即逝。谈判代表团为此承受了巨大心理压力，两方角力达到了白热化，多次在桶油报酬费上陷入僵局。

为实现中国石油（CNPC）“走出去”的大目标，为实现长期发展的经济效益目标，经过认真研究和精细测算。谈判团队不仅实地考察，还认真研究了地质资料、投标规则、合同条款和投资收益情况，论证不同价格情境。最终认同伊拉克石油部的说法——项目增产投资不像一些西方公司预计得那样大。如此，按照计价公式，桶油报酬也就不需要那么高。在压低成本方面，中国石油（CNPC）向来具有国际石油公司难以比拟的优势。从“集团一盘棋”的层面看，中国石油（CNPC）拿下这个合同，受益的不仅是油公司，还有旗下服务公司和工程公司。随着国内油田逐渐减产，走出国门对拓展海外油气业务和提高队伍技术水平，都有深远意义。

2009年12月11日，在伊拉克第二轮石油招标中，充分借鉴第一轮中标的成功经验，中国石油（PetroChina）、马来西亚石油公司及法国道达尔公司组成联合作业体——中国石油（哈法亚）公司[简称哈法亚公司，英文名称PetroChina（Halfaya）]，击败了另外一个由三大国际石油公司——意大利能源公司（Eni）、挪威国家石油公司和印度石油天然气公司组成的联合体，赢下了伊拉克哈法亚油田的开采权。2009年12月22日，伊拉克哈法亚油田技术服务合同草签。根据草签协议，联合体将获得每桶1.4美元的技术服务报酬费回报。每桶1.4美元的报酬费虽然不算高，但作为主要作业者，在生产服务合同执行过程中，中国石油（CNPC）可通过引入自己的工程建设和技术服务队伍，进一步提升整体现金流和整体效益。2010年1月27日签署了《哈法亚油田开发与生产技术服务合同》（英文名称Development and Production Service Contact，简称DPSC），并于2010年3月1日正式开始生效。

中国石油（伊拉克）哈法亚公司是中国石油（PetroChina）作为作业者运营伊拉克哈法亚油田的主体。经过13年（2009—2022年）的艰苦努力，哈法亚项目连跨“三大台阶”，在技术服务合同模式下，建成了国际标准的年产2000万吨大油田，是中国石油（CNPC）海外最大规模作业者项目，哈法亚公司成为互利共赢国际能源合作的建设者、“一带一路”高质量发展的实践者、中华文明与中东文明之间文化交流与经济往来的使者。

一、第一个台阶：2009—2012年实现500万吨/年原油产能建设目标

按照中国石油（CNPC）的总体部署，哈法亚公司围绕“培养一支一流的国际化队伍，创造一流的国际化管理水平，实现具有较大规模和较好效益的国际化项目的重要使命”，奋力实现500万吨/年原油产能建设目标。2010年3月4日，第一批先遣队开赴伊拉克现场开展石油会战。在伊拉克国际石油开发高端市场领域，彰显中国石油（CNPC）主导运作复杂国际化综合项目的能力，树立国际一流大公司形象。

最初到达哈法亚现场的先遣人员，在临时营地建成之前，只能暂时寄居于伊拉克阿玛拉市米桑石油公司的办公区。狭窄宿舍的椅子摆上了电脑，就是他们的办公桌；偶尔得见的方便面成了绝好的美食；长期得不到按时轮休。2010年12月8日，哈法亚营地办公生活区刚刚具备能住人的最低条件，先导团队人员就搬了进去。繁重的油田接管前准备工作全面铺开，海量的工作有条不紊持续高速推进：开展合同区块三维地震勘探，哈法亚油田初始开发方案编制及相关技术条款与伙伴、米桑石油公司多次讨论议定，钻修井地质、工艺、施工设计及实施，钻修井设备及人员动迁，单井井台、集输管网、油气处理站、临时电站、生产办公基地等地面工程设计及组织建设，大量设备采购、物资供应、技术服务招投标及商务支持工作，现场接管人员招聘及培训，管理机构设置及组织人事事务，安保及HSE管理，信息及通信等。

经过不懈努力落实工作就位，哈法亚一期初始商业产量产能建设配套工程陆续取得阶段性成果。到哈法亚一期投产前（截至2012年5月底），完钻并投产油井27口（包括老井6口），配套地面工程项目单井井台、连井集输管网、临时电站、一期营地等陆续投用。6月16日，早晨6时16分一期油气处理站CPF1正式投用，集输原油进入了缓冲罐及外输管线，17时36分火炬点燃；

6 月 17 日 11 时 30 分由 18 英寸外输干线导入米桑省巴泽干油田至法奥港 28 英寸输油管线，正式开始外输原油。

根据哈法亚初始开发方案有关初始商业产量的要求，到达 7.0 万桶 / 日产量水平以后并连续 100 天以上保持这个生产水平，即达到初始商业产量目标。2012 年 9 月 23 日，哈法亚公司达到了初始商业产量目标，仅用方案设计的一半井数，合同规定的 58% 的时间，提前 15 个月进入初始商业产量（FCP）阶段，实现每年 500 万吨原油生产能力。2012 年 12 月 14 日，哈法亚项目第一船成本提油（200 万桶）由“梦想号”自伊拉克巴士拉港启航运往中国，标志着项目已经提前 10 个月进入启动回收、规模滚动开发的良性发展阶段。

二、第二个台阶：2012—2014 年实现每年 1000 万吨原油生产能力

哈法亚初始商业产量阶段顺利投产，接踵而来的是哈法亚二期 20 万桶 / 日产能、每年 1000 万吨原油生产能力建设工程。突出抓好钻井及地面工程建设，为哈法亚二期上产奠定坚实基础。然而要想顺利达到产能建设目标，必须要先解决几个瓶颈问题：

一是原油外输的出路问题。哈法亚一期投产后原油外输需要经由一条 1955 年建成的 28 英寸管线，且需要与中国海油巴泽干油田合用。由于管线年代久远且管线泄漏问题频发，严重限制了原油外输量，双方商定每天只能各自外输 10 万桶原油。否则稍有波动导致管线泄漏问题，只能停产待修，原油外输出路受限已成为哈法亚持续上产的瓶颈问题。

二是钻井面临的技术难题与挑战。哈法亚油田开发目地层特征多样，纵向储层分布复杂，钻井中遇到高压膏盐层、疏松砂岩层等高难度钻进油层；同时为确保单井产量而通常采用钻水平井、多分支水平井，技术要求高；迅速上产要求加快钻速，控制成本要求高效落实，挑战空前巨大。

三是油气处理能力及地面工程优化配备问题。哈法亚项目油田地面工程建设项目进展情况直接影响项目运作进程，多项工程齐头并进，管理事务千头万绪，都是对哈法亚公司的严峻考验。哈法亚一期油气处理站（CPF1）投产后，仍有复杂的尾项需处理，哈法亚一期电站处在投用初期，外输中间泵站、天然气接收站及配套原油集输管网与单井平台等巨量工作，均需优化协调推进。

四是安保、经营及营商环境的问题。哈法亚项目所在地伊拉克米桑省的人文地理环境十分特殊，历来是伊拉克多种矛盾相互交织、社会关系极其复杂的地区，安全形势严峻。油田开发带来的地区经济效益增长，引发多方利益团体觊觎，地方政府、部落、社区在广泛受益的同时，均频频提出了不合理利益诉求，甚至采取阻挠作业等手段，达到其经济目的。合作方米桑石油公司（MOC），油区社会关系日趋复杂。而且油田经营过程中随着项目公司员工人数逐步增加、成员构成更加多样、人际交往时间逐渐延长，处理企业安保危机、经济情报交易、民族宗教冲突等问题隐患更为艰难。

哈法亚项目发展之快受到全世界瞩目，在伊拉克第二轮投标国际项目中引跑。不只追求产量目标的实现，更要获取经济效益，加快上产步伐之目的在于前期投资快速回收。为此，项目超前策划米桑石油外输管线（MOEP）建设方案，2011 年初就开始研讨筹划部署，与中国海油米桑油田项目共同协作，快速启动管线建设。

2013 年 4 月 4 日，伊拉克总理马利基亲自为米桑石油外输管线（MOEP）建设项目开工奠基。2013 年 7 月，米桑石油外输管线建设在底格里斯河畔北岸拉开序幕，5 个施工点同步开工。设计米桑原油外输管线全长 272 千米，管径 42 英寸。全线光缆同沟敷设，设有 14 座阀室，年设计输油能力 5000 万吨，是伊拉克战后首条全自动化战略外输通道。管线起自哈法亚油田与中国海油米桑巴泽干油田交汇处，南至法奥港，管线近 1/4 穿越沼泽，穿越 300 余条大中型河流、16 处等级公路和铁路，通过近 200 米密集高压油气管网群、30 千米雷区及未爆军火区，历经世界"热极"酷暑风沙，并经受伊拉克政局持续动荡等一系列挑战和风险考验，平均每天遭到当地百姓无理阻工 10 余次，经历了一系列的恐怖威胁。2014 年 8 月 18 日，经过 383 天的艰苦奋战，管线实现按期投产。这条外输管线不仅是哈法亚的生命线，也是伊拉克米桑省石油工业发展的生命线，同时也是中国石油（CNPC）和中国海油（CNOOC）首次海外联合、合作共赢的典范。管线的建设，节省大量的投资，还实现了中方利益最大化的目标。建设合同由中国石油天然气管道局（简称管道局）承建，42 英寸管线 50% 从宝钢采购，突破了伊拉克石油部不允许从中国采购大口径钢管的规定。

米桑原油外输管道（MOEP）的全线贯通，对进一步提高伊拉克南部原油外输的能力扮演着重要角色，对优化伊拉克国家战略管网布局、提高原油品质、促进当地和伊拉克整体经济腾飞具有举足轻重的战略意义和深远影响。这项战略工程被伊拉克政府誉为伊拉克管道建设史上深化友谊、合作多赢的典范工程。管道全线通过专业清雷公司作业，清除 6000 余枚未爆军火和地雷，堪称防恐级别管道建设之最。落实 HSSE 国际化管理措施，创造了"零事故、零伤害、零污染"良好业绩。由中国石油管道局 EPC 总承包的米桑原油外输管道，一次焊接合格率达 99%。米桑原油外输管道中有 4 千米管道在建设中创新应用"管道漂管"工艺技术，成功破解雨季沼泽施工难题，首开伊拉克管道穿越先河。

围绕哈法亚二期产能建设目标，加速油井钻建步伐。哈法亚公司共动用钻机 10 部，修井机 2 部。截至哈法亚二期投产初期（2014 年 8 月底），累计完成开钻 101 口井，完钻 92 口井，投产 73 口井，开井 70 口，日产油 19.5 万桶。

哈法亚公司围绕油田地面工程建设项目，以"最少投入，最快速度、最高回报"为目标，努力克服人员少、任务重、制约因素多等困难，围绕地面工程建设、油田基地建设两条主线，加快项目进度，控制投资成本，实现了项目低成本快速发展，为哈法亚二期产能建设项目投产奠定了基础。

2014 年 8 月 18 日，哈法亚二期产能建设项目提前两年建成投产，实现每年 1000 万吨原油生产能力，自此哈法亚项目步入规模滚动开发的良性发展阶段，成为伊拉克米桑省重要经济支柱。中国石油（CNPC）高度评价哈法亚二期投产，称"这标志着集团公司中东油气合作区揭开历史新篇章，中伊能源合作又向前迈出坚实一步"。伊拉克政府、合作伙伴也同时表示祝贺，并给予高度赞扬。

随着伊拉克国际石油合作开发模式趋向政府要价与国际石油公司出价博弈的平衡，在伊拉克技术服务合同类合作项目回报处于经济边际状态。为降低经营风险并提升经济效益，以中国石油

（PetroChina）为代表的哈法亚合同者与伊拉克政府开展了多轮紧密磋商和谈判，重点针对伊拉克存在的法律法规风险、安保形势恶化、经营环境阻碍等问题，精细剖析合同条款适应性，申明合作共赢思维和风险防控诉求，坚守谈判底线。最终在 2014 年 9 月 4 日，哈法亚公司与伊拉克米桑石油公司（MOC）成功签署合同一号修改补充协议，合同期由原来的 20 年延长到 30 年，高峰产量调整为日产 40 万桶原油，年产原油能力 2000 万吨 / 年。政府干股由 25% 减至 10%，天然气当量桶换算系数由 8000 立方英尺（1 立方英尺 =0.028 立方米）减至 6000 立方英尺，使哈法亚由最初的边际项目成为综合效益较好的大型项目。

三、第三个台阶：2014—2019 年实现 2000 万吨产能建设目标

正值哈法亚二期产能建设工程投产后不久，持续上产的步伐即将阔步前进之时，全球化石能源供应链发生巨大波动，2014 年底至 2015 年国际原油市场价格暴跌，哈法亚三期产能建设在 2015 年 2 月 9 日被伊拉克政府临时叫停，提前部署的油井钻建、地面工程建设被迫暂停。已完钻哈法亚三期产能井 23 口暂时搁置，购置的哈法亚三期油气处理站（CPF3）地面工程建设设备、物资暂时封存，各项费用支出全面压缩，人力资源被迫裁员，油田产能建设戛然而止，原油产量维持在 20 万桶 / 日的水平。

2016 年下半年，国际石油市场复苏转暖，伊拉克政府转而多次敦促哈法亚公司尽快重启三期产能建设。2016 年 9 月 25 日，在北京召开了哈法亚三期启动研讨会，伊拉克石油部与哈法亚中方代表参加会议并讨论了三期启动、合同修改、石油成本及报酬费与成本支付、修订版最终开发方案批复等重要议题。为维护合同者利益，向资源国履行合同者承诺，2017 年 4 月 1 日，哈法亚三期产能建设项目全面重新启动。

哈法亚三期项目产能规模大，建设工期短，建设安全环境差，原油外输指标苛刻。如何优化实施方案，高质量建成哈法亚三期项目是摆在投资者面前的一个课题。哈法亚项目科学管理，优选有丰富建设经验的中国石油工程建设有限公司［简称工程建设公司（CPECC）］承担项目的设计、施工和安装工作。面对伊拉克自然条件恶劣、项目工期紧、设备清关难等严峻挑战，哈法亚项目围绕打造一流国际化项目的战略部署，快速稳健推进产能建设进程。

2018 年 9 月 20 日，哈法亚三期产能建设主体工程油气处理站（CPF3）实现成功投油，9 月 29 日原油外输，12 月 12 日全面投运，仅用时 18 个月提前 70 天实现 2000 万吨产能建设目标。2019 年 3 月 7 日，实现 40 万桶 / 日高峰产量目标，使哈法亚成为伊拉克国际石油公司中第一个建成高峰期产能的项目，展示了中国石油（PetroChina）的项目运作能力，树立了快速高效和高质量的良好形象。同时，哈法亚项目也是在伊拉克的国际合作油田中，第一个实现了高峰产量目标的项目。

哈法亚公司既生产油气，也造福当地民生。哈法亚一期产能工程刚投产的第二年初（2013 年）就实现伴生气免费输送至当地燃气发电站，改善电力紧缺状况。同时，为实现节能减排、绿色开发，在 2019 年启动天然气处理厂项目建设，日处理能力 3 亿立方英尺（850 万立方米），处理的干气、液化石油气（LPG）通过管道外输创造巨大经济效益，每年将减少近 3 万吨二氧化硫排放

量，提供 22.7 亿标准立方米商品天然气。

哈法亚项目在技术服务合同模式下，以作业者身份组织运营世界级大油田的成功做法和经验，向伊拉克政府和合作伙伴展示了其高效的产能建设能力和优秀的油田生产管理水平，体现了中国石油（CNPC）重合同、守信誉的良好国际形象，为“一带一路”建设树立了良好典范。

进入 2020 年，一场突如其来的全球性新冠肺炎疫情严重影响了哈法亚公司的平稳开发运行。而且由于全球经济下行，国际原油市场波动，伊拉克政府要求哈法亚公司限产限输、缩减预算、推迟提油回收等问题，加之当地经济不景气、民生社会保障问题引起的当地居民聚集示威静坐，安保事件频发，项目生产生活运行面临诸多挑战。哈法亚公司积极落实工作部署，紧盯问题，迎难而上，坚持以经济效益为中心，坚守防疫安保与生产经营两条线，强化各项工作举措，抓实抓细并落地实施，保生产、控投资、快提油、优化招标策略及合同复议、做好风险防控等多项举措，有序有效稳步推进油田生产经营各项工作。2020—2021 年，哈法亚公司全面完成了年度原油生产和经营目标。2022 年是伊拉克大选后的政府过渡期，哈法亚公司面对严峻的防疫安保形势、不确定的提油回收状况、不明朗的限产限输等挑战，坚持以平衡年度现金流和尽快恢复产能为基本策略，科学安排配套工作量，动态优化投资安排，不断推进提质增效，顺利完成年度各项工作任务。

2009—2022 年，经过不懈努力，哈法亚公司豪迈地跨上“三台阶”，建成了国际标准的年产 2000 万吨大油田，积极践行“互利共赢、共同发展”的合作理念，项目投资、增产目标均提前实现。深藏地下的石油宝藏在中国石油人的技术攻关和高效开发下，给伊拉克政府和人民带来巨大的石油收入，为米桑省基础建设、经济发展和百姓生活水平提高作出了重大贡献。

总结哈法亚发展历程和取得的成绩，弥足珍贵，意义深远。

哈法亚公司始终围绕实现总体奋斗目标——“培养一支一流的国际化队伍；创造一流的国际化管理水平；实现具有较大规模和较好效益的国际化项目的重要使命”。哈法亚公司组建了一支以中方主导的高素质国际化队伍，国际雇员来自近 40 个国家，精诚合作，优势互补，共谋发展；凭借出色的前期工作和科学、细致、合理的论证，方案成功实现对合同的合理突破，解决天然气处理和原油外输难题，降低前期投资，缩短建设周期，提高项目收益率；借助中国石油（CNPC）一体化优势，不断发展壮大海外石油项目实力。哈法亚严格按照国际规范运作，建立以“中方为主、国际知名公司参与、充分照顾当地公司”的服务体系，在与斯伦贝谢、哈里伯顿等国际大公司同台竞技的国际高端舞台，带动和促进中国石油工程技术服务队伍协同发展；按照中国石油（CNPC）“三大一统一”战略部署，哈法亚项目形成了安保物理防御措施纵深合理、安保力量配备充足、管理措施执行到位的安防体系，努力营造与当地社区和谐友好的大环境；共建融合文化，以传承“石油精神”与国际石油公司文化相融合，形成兼收并蓄的海外特色文化体系；积极履行社会责任，将发展“红利”带给当地人民，为推进当地社会经济发展作出贡献。

展望哈法亚，虽然未来一段时间国际油气市场不确定性加剧，新冠肺炎疫情影响空前，地区地缘政治和安保形势依旧复杂，新形势下中东投资环境更趋复杂。长期来看，中东主要国家之间关系缓和催动地区局势趋向平稳，中国推动共建“一带一路”高质量发展，加快构建“双循环”新发展格局，中东油气合作迎来新的机遇期，世界能源低碳转型突显中东油气资源竞争力，要积极把握新的发展机会，为中东业务高质量发展提供有力支撑。

按照哈法亚公司业务授权和职责定位，坚持以提升经营效益为核心，以海外业务体制机制改革为遵循，全力开创项目高质量发展新局面。锐意进取，担当作为，凝心聚力，勇毅前行，统筹做好提质增效、创新驱动、能源转型和生产经营。

哈法亚公司不断发展的同时不忘奉献社会。把跨文化交流与融合、切实履行社会责任作为重要工作之一，积极开展跨文化交流及各项公益事业和社区项目建设，积极培育当地承包商、供应商以带动地方经济发展，大力创造就业机会并提高本地化率，持续提供内容丰富的培训机会，拓展本地员工职业发展通道。

中国驻伊拉克大使倪坚表示，哈法亚项目建设中所展示出的高效率、高标准、高质量，充分展示了中国石油（PetroChina）在海外市场塑造出的新形象，也用有力的事实证明了中国国力的增强和能源企业的成熟。

伊拉克石油部部长阿卜杜·克里木·鲁艾比认为，哈法亚项目是伊拉克第二轮招标中，运行最好的项目，中国石油（PetroChina）在哈法亚油田快速投产的成功实践，为进一步推进伊拉克其他油气合作项目提供了宝贵经验，为促进伊拉克油田实现快速有效开发提供了有力保障。

法国道达尔公司中东地区总裁阿里亚斯表示，作为合作伙伴，通过与中国石油（PetroChina）合作，我们看到了一个国际大企业负责任的态度和形象，让我们对项目运作充满了信心。米桑石油公司应该给你们更多支持，因为你们作业表现很好、表现出色。你们应该获得更多的回报。

作为哈法亚项目主导者，中国石油（PetroChina）严格按照国际规范运作，项目运作过程中，时刻在伙伴、资源国和国际第三方独立机构的监督之下运作。实践证明，哈法亚实际运作速度、成本控制、增产效果等各项成绩均优于预期。这或许正是获得伙伴道达尔和马来西亚石油公司，以及伊拉克政府高度肯定和赞誉的原因所在。

大 事 记

2009 年

12 月 11 日　由中国石油天然气股份有限公司（PetroChina）牵头，与法国道达尔和马来西亚国家石油公司组成投标联合体，在 8 月 25 日伊拉克石油部在土耳其推出的第二轮石油开发项目国际招标中，中标大型油田——哈法亚油田开发生产服务项目。12 月 22 日，中国石油伊拉克哈法亚油田技术服务合同草签。

2010 年

1 月 27 日　中国石油（PetroChina）作为作业者组建了哈法亚项目公司［PetroChina（Halfaya）］，并以中国石油（PetroChina）为首的哈法亚作业联合体与伊拉克南方石油公司（SOC）在伊拉克首都巴格达伊拉克石油部正式签署为期 20 年的《哈法亚油田开发与生产服务合同》（DPSC）。伊拉克石油部长沙赫斯塔尼，中国石油（CNPC）总经理，中国石油海外勘探开发分公司（简称海外勘探开发公司）总经理、伊拉克地区公司总经理、哈法亚项目总经理、伊拉克米桑石油公司总裁、南方石油公司总裁等出席合同签字仪式。

2 月 25 日　中国石油（PetroChina）向国家发展改革委提交《伊拉克哈法亚油田技术服务合同项目预可行性研究报告》，并获批准。

3 月 1 日　《哈法亚油田开发与生产服务合同》生效。

3 月 4 日　哈法亚项目中方第一批先遣人员阎世和、赵宏展到达伊拉克米桑省阿玛拉市米桑石油公司，安排落实合同区块踏勘、米桑石油公司内临时生活办公区准备及哈法亚项目办公生活基地建设的前期工作。

4 月 7 日　哈法亚项目营地安防工程建设项目招标，五道防线分为 12 个标段，分别授标给 10 家当地公司。

4 月 16 日　哈法亚项目第二批先遣人员 14 人进驻伊拉克米桑省阿玛拉市米桑石油公司办公区院内简易临时驻地，与米桑石油公司（MOC）共同开展交接前准备工作，并加紧建设哈法亚项目办公与生活基地。

5 月 10 日　哈法亚项目投资伙伴会议在阿联酋迪拜马来西亚石油公司（Petronas）办公区会议室召开，讨论 2010 年过渡期预算工作计划、运营机构设置、成本控制及人力计划等内容，重点研讨初始开发方案编制等问题。

5 月 12 日　哈法亚项目第一届联合管理委员会（简称联管会，JMC）会议在伊拉克阿玛拉市米桑石油公司会议厅召开，确立联管会成员构成。米桑石油公司阿里·默罕默德·思维戴伊当选为联管会主席，中国石油（PetroChina）伊拉克地区公司总经理王莎莉当选联管会副主席兼秘书长。会议听取并批准 2010 年度过渡期预算工作计划，并提请作业者在下一次联管会准备培训计划和保险计划汇报。

5 月 16 日　哈法亚公司与伊拉克南方石油公司代表、米桑石油公司管理层在伊拉克阿玛拉市米桑石油公司会议厅召开原油外输管线研讨会，议定哈法亚项目在初始商业产量目标及投产后原油外输暂时使用旧 28 英寸管线，管线与原来连接的马基农油田、宾乌姆油田分隔开，只连接哈法亚油田和米桑省巴泽干油田（中国海油项目）等问题。

5 月 17 日　哈法亚公司开展合同区块接管前现场原油外输、集输、采油设施状况勘察。

5 月 24 日　哈法亚公司营地建设承包商进入场地施工，进行场地平整及巡逻道路、壕沟护堤建设等大安防工程建设。

6 月 15 日　哈法亚公司清关运输管理工作由公共关系部转为采办部负责，现场库房、物资贮存场地开始建设。

6 月 18 日　完成以实现初始商业产能（FCP）为重点的《哈法亚油田初始开发方案》（PDP），比合同要求时间提前 3 个月，获海外勘探开发公司（CNODC）批准，并提交合作伙伴及米桑石油公司（MOC）开展技术研讨和补充完善。

6 月 30 日　哈法亚现场钻井井位井场开工建设。

7 月 10 日　当地承包商完成浅层水井钻井 1 口，用于生活用水及生产准备前期用水。但采出水样显示矿化度超过 13 万微克 / 克，水处理费用过高，无法经济利用，考虑使用底格里斯河支流引水，要与伊拉克当地政府协商。

7 月 25 日　米桑石油公司（MOC）向哈法亚公司提供合同区块扫雷状况报告，显示仍有大量遗留地雷需要清除。

8 月 4 日　哈法亚第二届联管会（JMC）在伊拉克米桑省阿玛拉市米桑石油公司会议室召开，讨论确认伙伴及米桑石油公司对《哈法亚油田初始开发方案》（PDP）修改意见，并研究初始商业产量阶段伴生气输送方案及由宾乌姆至法奥港的新原油外输管线建设意向。8 月 6 日，哈法亚公司提交伙伴和米桑石油公司技术团队修改完善的《哈法亚油田初始开发方案》给米桑石油公司管理层审核、批复。9 月 20 日，《哈法亚油田初始开发方案》获米桑石油公司（MOC）批复。

8 月 25 日　哈法亚公司向联管会（JMC）提交哈法亚一期油气处理站总承包模式（EPC）合同策略。

9 月 25—26 日　哈法亚第三届联管会在北京召开，审议 2010 年度过渡期预算工作计划、培训计划、三维地震合同招标、一期油气处理站建设，以及保险计划、柴油供应、油套管等物资采购等议题。

9 月 28 日　哈法亚合同区块三维地震勘探资料采集、处理、解释技术服务合同签署。11 月 14 日，哈法亚项目合同区块三维地震勘探开始现场资料采集，中国石油集团东方地球物理勘探有限责任公司（简称东方物探公司）负责野外地震勘探作业。

10 月 26 日　中国石油集团渤海钻探工程有限公司（简称渤海钻探公司）编号渤海 32（BH32）钻机（哈法亚公司第一部钻机）动迁到哈法亚油田现场。

11 月 17 日　大庆石油管理局大庆钻探工程公司（简称大庆钻探公司）编号大庆 23（DQ23）钻机动迁到哈法亚油田现场。

12 月 8 日　哈法亚公司营地初步具备办公生活条件，先遣人员搬迁入驻。

2011 年

1 月 10—11 日　哈法亚公司第四届联管会（JMC）会议在伊拉克米桑省阿玛拉市米桑石油公司召开，审议通过预算工作计划、一期油气处理站 EPC 合同策略等议题。

1 月 21 日　渤海钻探公司渤海 21（BH21）钻机抵达哈法亚油田现场。

2 月 18 日　由渤海钻探公司渤海 32 钻井队承钻的哈法亚第一口井 HF003-S001H 井，克服钻遇高压层、盐膏层等难题，历时 68 天完钻，完钻井深 3700 米。

3 月 10 日　哈法亚第五届联管会（JMC）会议在米桑石油公司（MOC）文化中心召开，审议通过一期油气处理站 EPC 招标策略议题。

5 月 5 日　哈法亚项目一期油气处理站（CPF1）项目授标，标的 1.7 亿美元。

5 月 9 日　哈法亚公司第一届伙伴会（SC）会议在迪拜办公室 1 号会议室召开，法国道达尔公司、马来西亚石油公司及中国石油（PetroChina）的代表参加会议，审议通过初始商业产量计划、2011 年度预算工作计划等。

5 月 28—29 日　哈法亚公司第六届联管会（JMC）会议在伊拉克米桑省阿玛拉市米桑石油公司召开，审议通过哈法亚项目标准财务会计程序及计算机系统、采办程序、组织机构与人力层级设置、当地雇员雇佣政策、钻井合同、独立审计等议题。

6 月 15 日　哈法亚一期油气处理站 CPF1 的 EPC 工程土建开工，6 月 30 日进场施工建设。

7 月 12 日　哈法亚公司第一部修井机——渤海钻探公司编号渤海 97（BH97）抵达哈法亚油田现场，型号 XJ750。7 月 23 日，开始新井完井试油作业。

7 月 14 日　哈法亚公司原 28 英寸原油外输管线新增中间泵站（IPS）、新建水处理厂（SWP）授标。

7 月 25 日　哈法亚公司合同区块完成三维地震勘探野外数据采集面积 496 平方千米。

8 月 6 日　哈法亚公司提交《哈法亚油田初始开发方案补充方案（SPDP）》给伙伴审核。8 月 25 日，提交米桑石油公司（MOC）审核。

8 月 22—30 日　伊拉克巴士拉法奥港储罐罐容超限及 28 英寸原油外输管线泄露，造成哈法亚公司停产。

9月19日　哈法亚项目第一口评价井水平井HF003-S001H井主力油层Mishrif层试油获高产油流，1英寸油嘴求产产量4458桶/日，井口压力415磅力/英寸^2（1磅力/英寸^2=6895帕）。

9月25日　渤海钻探公司渤海04（BH04）钻机授标，钻机型号ZJ50DB，可满足中深井钻井需要。11月18日，设备到达现场。

9月28日　大庆钻探工程公司编号大庆29（DQ29）钻机授标，钻机型号ZJ50D，可满足中深井钻井需要。10月27日，设备到达哈法亚油田现场。

9月30日　哈法亚公司第二届伙伴会（SC）会议在迪拜召开，审议通过《哈法亚油田初始开发方案补充方案》、技术支持协议、2012年预算工作计划等。

10月2日　哈法亚公司站外油气集输管网（FSF）工程建设授标。

10月16日　哈法亚公司第一口长井段取心井HF005-M316井系统取心，累计取心进尺482米。2011年开展6口新钻井地质资料录取，以及20口井地层重新对比、测井解释与测试分析等油藏评价工作。

10月23日　哈法亚公司在新建营地206会议室召开第七次联管会（JMC）会议，审议《哈法亚油田初始开发方案补充方案》提交米桑石油公司（MOC）批复、2010—2011年度技术支持计划申报、2012年度预算工作计划草案等议题。

11月7日　主力产层Mishrif直井HF004-M272井酸化后，试油产量4540桶/日，油嘴尺寸48/64英寸，井口压力939磅力/英寸^2，含水率为0。

11月10日　哈法亚公司第二部修井机渤海钻探公司编号渤海98（BH98）授标，型号XJ650。

11月20日　哈法亚公司站外油气集输管网（FSF1）工程建设开始施工。

11月23日　哈法亚至米桑天然气（伴生气）管线（GEXL）授标。

12月8日　哈法亚公司提交的《哈法亚油田初始补充方案（SPDP）》获米桑石油公司（MOC）批复。

12月11日　哈法亚公司第三届伙伴会（SC）会议在哈法亚营地召开，审议开发方案研讨会安排、米桑石油外输管线建设及油田早期集输系统建设、技术支持、三维地震勘探等议题。

12月12—13日　哈法亚公司在营地206会议室召开第八次联管会（JMC）会议，讨论通过联管会米桑石油公司成员更换3名的决议，同意提交2012年度预算工作计划，听取三维地震勘探进展、2011—2012年培训计划等议题汇报。

12月15日　大庆钻探公司编号21（DQ21）钻机授标，钻机型号ZJ70D。2012年4月16日，设备运抵哈法亚油田现场。

12月16日　哈法亚项目总经理祝俊峰主持召开哈法亚项目前线中方全体人员会议。

12月17日　哈法亚一期油气处理站（CPF1）的第一套长线设备运抵哈法亚油田现场。

12月28日　哈法亚项目合同区块三维地震资料处理与解释工作完成。

2012 年

1 月 8 日　中国石油（CNPC）庆祝建成“海外大庆”的海外油气合作表彰大会上，宣布哈法亚公司总经理祝俊峰获全国五一劳动奖章。

1 月 24 日　农历春节大年初一，伊拉克地区公司总经理王莎莉到哈法亚一期油气处理站（CPF1）建设施工现场及渤海钻探公司、中国石油集团长城钻探工程有限公司（简称长城钻探公司）、管道局、中国石油工程建设公司营地慰问坚守岗位的员工并致以新春问候。

2 月 15 日　伊拉克南方部队阿玛拉军区穆沙（Musha）准将访问哈法亚项目营地，检查指导营地石油警察部队（OPF）安全保卫工作，协调解决私人保安公司（PSC）相关问题。

3 月 11 日　哈法亚公司、中国海油伊拉克米桑巴泽干项目与伊拉克石油部（MoO）签署《米桑石油公司原油外输管线（MOEP）协议》，共建伊拉克战后首条战略性原油外输管线。

3 月 19 日　哈法亚公司第四届伙伴会（SC）会议在哈法亚营地召开，审议回收协议、二期产能建设策略、钻机延期等议题。

3 月 20 日　哈法亚第九届联管会（JMC）会议在哈法亚公司营地召开，审议钻井合同、油气处理站附加缓冲罐项目、二期产能建设策略等议题。同日，哈法亚公司总经理祝俊峰与米桑石油公司总裁阿里（Ali）签署油田生产支持合作协议，全面介入合同区块油田现场生产管理。

3 月 29 日　哈法亚公司接管伊拉克米桑石油公司在哈法亚合同区块原油生产设施和人员，接收米桑石油公司脱气站 1 座，生产井 9 口（其中老井 8 口、新井 1 口），原油生产能力 1 万桶 / 日。

4 月 9 日　哈法亚公司总经理祝俊峰到大庆钻探工程公司 DQ23 钻井队，为该队优质高速完成 HF001-M267 井钻井任务创哈法亚项目钻井速度新纪录颁发奖励证书。

5 月 10 日　哈法亚公司第五届伙伴会（SC）会议在哈法亚驻阿联酋迪拜办公区召开，审议生产初始产量定义、2013 年度套管购买协议、三维地震勘探结算等议题。

5 月 20 日　伊拉克地区公司总经理王莎莉与哈法亚项目总经理祝俊峰会晤米桑石油公司总裁阿里（Ali），磋商解决油田勘探开发重要物资运输及通关等事宜。

5 月 30 日　哈法亚公司总经理祝俊峰签署投标函，米桑原油外输管线（MOEP）建设项目开始启动。

6 月 8 日　哈法亚公司临时发电站（RPS）试运行。

6 月 15 日　哈法亚公司第十届联管会（JMC）会议在哈法亚营地召开，审议合同与采办程序、2012 年人力资源计划及相关政策、合同区块西北扩展区域评价等议题。

6 月 16 日　哈法亚一期初始商业产能建设工程建成投产，实现 500 万吨 / 年原油生产能力目标。

6 月 17 日　哈法亚一期油气处理站在 11 时 30 分由站外原油外输干线接入宾乌姆至法奥 28 英寸原油外输管线输往法奥，哈法亚公司启动原油外输。

6 月 27 日　哈法亚一期油气处理站（CPF1）原油商业外输流量计现场测试成功，米桑石油公司（MOC）、项目管理顾问（PMC）代表及哈法亚项目签署验收证书（SAT），建立米桑石油公司（MOC）和哈法亚公司的原油外输月度双签认证管理制度。

7月7日　哈法亚公司原油外输中间泵站（IPS）投运。

7月16日　哈法亚公司营地机场首飞仪式举行，伊拉克公司总经理王莎莉、伊拉克公司副总经理兼哈法亚公司总经理祝俊峰剪彩。

7月18日　哈法亚一期500万吨原油产能建设项目投产庆典在油田现场举行。伊拉克副总理沙赫里斯塔尼，伊拉克石油部部长阿卜杜·克里木·鲁艾比，中国驻伊拉克大使倪坚，中国石油（CNPC）副总经理汪东进出席庆典仪式并剪彩。中国石油（PetroChina）伊拉克地区公司总经理王莎莉、哈法亚公司总经理祝俊峰，以及联合体伙伴道达尔（Total）、马来西亚石油公司、米桑石油公司代表，中国石油（CNPC）各参建单位代表，伊拉克军方、警方代表及当地政府、社会各界人士近千人参加庆典仪式，伊拉克当地和外国37家媒体采访报道。

同日　哈法亚公司、中国海油伊拉克米桑巴泽干项目与伊拉克石油部（MoO）确定中国石油哈法亚公司作为米桑石油外输管线（MOEP）建设的操作者。

8月5日　哈法亚公司水源厂（SWP）建设通过验收并投运。

同日　伊拉克航空管理局代表团（ICAA）到访哈法亚营地，磋商机场建设等事宜。

8月27日　中国海油伊拉克巴泽干项目公司人员到访哈法亚项目，磋商建立28英寸管线外输原油管理协调机制等问题。

9月27日　哈法亚第七届伙伴会（SC）会议在迪拜召开，审议米桑石油外输管线建设与哈法亚二期产能建设、2012—2013年预算工作计划等议题。

10月3日　哈法亚公司与伊拉克石油营销组织（SOMO）签署原油外输协议。

10月9日　哈法亚第11届联管会（JMC）会议在哈法亚营地召开，审议2012年度预算工作计划修改、钻井相关设备和物资供应合同等议题。

12月11日　哈法亚第一口双分支水平井（HF121-M121ML井）完钻，第一分支完钻深度3550米，第二分支完钻深度4077米。

12月14日　"梦想号"油轮运载200万桶原油由巴士拉港驶向中国，中国石油（伊拉克）哈法亚公司提前跨入投资回收和滚动发展阶段。

12月17日　哈法亚公司第八届伙伴会（SC）会议在迪拜召开，审议米桑石油外输管线项目合同招标、钻井合同、开发方案策略等议题。

2013年

1月4日　哈法亚公司油田生产指挥控制中心（OCC）办公大楼启用，主体建筑包含多功能会议厅、视听会议室、生产指挥监控中心及办公室等。

1月11日　哈法亚公司Yamama油层第一口义务工作量评价井（HF115-Y115井）试油成功，

酸化后初期求产日产油约 5000 桶，射孔厚度为 19 米 /3 层，井口油压 915 磅力 / 英寸 ^{2}。

1 月 16 日　中国石油（CNPC）副总经济师关晓红等到哈法亚公司伊拉克现场参观慰问，向在伊拉克一线的海外石油员工致以新春问候。

2 月 4 日　哈法亚公司基于油田 3G 通信平台的车辆跟踪系统投入使用。

2 月 11 日　哈法亚一期油气处理站（CPF1）开始外输天然气（伴生气）到天然气接收站（GRS）。2 月 19 日，天然气接收站（GRS）向卡哈拉燃气发电厂（KPP）供气，哈法亚油田成为伊拉克境内首家供给当地原油伴生气发电的油田。

2 月 17 日　哈法亚公司第一口 Khasib-B 油层水平井完钻并试油获高产。

2 月 19—20 日　哈法亚公司第九届伙伴会（SC）会议、第 12 届联管会（JMC）会议在伊拉克现场营地生产指挥中心 201 会议室召开，审议联管会米桑石油公司成员更换、2013 年度培训计划、油气集输管网建设、最终开发方案等议题。

3 月 5 日　哈法亚公司第一口分支水平井（双分支）HF121-ML121 井投产，初期日产油 5800 桶。

3 月 19—20 日　哈法亚公司第十届伙伴会（SC）、第 13 届联管会（JMC）会议在哈法亚营地生产指挥中心 201 会议室召开，审议二期油气处理站建设、钻机与修井机合同延续、测井服务合同等议题。

4 月 2 日　哈法亚公司合同区块新环境保护政策发布。

4 月 9 日　中国石油大学（北京）校长张来斌、教授程林松等到访哈法亚项目，与位于阿玛拉市的米桑大学洽谈教育培训合作事宜，支持哈法亚公司中长期专业技术人才培养和员工本地化教育。

4 月 14 日　伊拉克总理马利基及石油部部长等出席哈法亚油田二期奠基仪式，为哈法亚机场、生产指挥中心（OCC）剪彩，并为哈法亚二期油气处理站（CPF2）和米桑石油外输管线（MOEP）奠基。

4 月 16 日 《哈法亚油田最终开发方案（FDP）》通过海外勘探开发公司审查获批。

5 月 9 日　哈法亚公司与米桑石油公司签署征地额外补偿雇佣协议。

5 月 14—17 日　哈法亚公司开发技术研讨会在北京召开，会议研讨《哈法亚油田最终开发方案（FDP）》优化调整、加快注水先导试验等议题。

5 月 15 日　伊拉克石油部（MoO）批准米桑石油外输管线（MOEP）建设授标管道局（CPP）及中国石油、中国海油和伊拉克南方石油公司组建的联合体（SCOP）。

5 月 18 日　由伊拉克海关总署指派南方海关、米桑海关对哈法亚项目免税区项目前期设计和现场区域检查，哈法亚免税区项目建设启动。

6 月 17 日　哈法亚第二口分支水平井（HF060-M067ML）完井。

6 月 21 日 《哈法亚油田环境管理手册》发布，包含 22 个环境管理支持性文件。

6 月 25—26 日　哈法亚第 11 届伙伴会（SC）会议、第 14 届联管会（JMC）会议在法国巴黎召开，审议钻机延续、本地员工雇佣、餐饮服务及后勤服务合同延续、《哈法亚油田最终开发方案（FDP）》提交安排、哈法亚培训中心建立等议题。

6 月 27—29 日　中国石油海外勘探开发公司 HSE 检查团到哈法亚开展以查管理、查隐患等内容的安全生产大检查。重点检查钻井队、油气处理站、甲乙方营地。

7 月 1—2 日　哈法亚公司年中领导干部会在油田现场召开。项目总经理祝俊峰作题为《加快推进哈法亚第二阶段战略部署》的工作报告。

7 月 4 日　哈法亚第三口 Yamama 油藏评价井完井，完成又一项合同规定义务工作量。

7 月 23 日　米桑石油外输管线（MOEP）开工建设。

8 月 19 日　《哈法亚最终开发方案（FDP）》获伊拉克石油部批准，是在伊拉克所有国际石油公司（IOCs）首个提交并获批的项目。

9 月 12 日　哈法亚第十二届伙伴会（SC）会议在迪拜办公区召开。

9 月 29 日　哈法亚第十五届联管会（JMC）会议在哈法亚营地生产指挥中心（OCC）201 会议室召开，审议钻机延续、二期产能建设工程筑路、2014 年度预算工作计划等议题。

10 月 13 日　国际知名风险管理公司完成哈法亚一期生产设施的安全评价。

10 月 29 日　哈法亚公司当年原油作业产量突破 460 万吨，提前 64 天完成 2013 年度原油产量目标。

11 月 2 日　中国驻伊拉克大使倪坚等到访哈法亚油田现场，肯定哈法亚公司为伊拉克石油工业发展和增进中伊友谊作出的贡献。

12 月 4 日　哈法亚油田 Jeribe-Upper Kirkuk 疏松砂岩油藏水平井 HF075-JK075H 完钻，钻深 2200 米，水平段总长 192 米，其中 125 米水平段紧邻油层顶部为 Lower Fars 异常高压膏盐岩地层，井身轨迹控制及地质导向精度难度大、要求高。酸化完井后实现产能 2000 桶 / 日。

12 月 14—15 日　哈法亚第 13 届伙伴会（SC）会议、第 16 届联管会（JMC）会议在哈法亚营地生产指挥中心（OCC）201 会议室召开，审议月报报送、2014 年度预算工作计划、国际独立审计、钻机招标等议题。

12 月 29 日　米桑原油外输管线（MOEP）建设项目周边 3 千米商业清雷工作启动。

2014 年

1 月 27 日　由大庆 1205 钻井队承钻的哈法亚 HF052-JK052 井完井，历时 28 天，比设计工期提前 17 天。设计井深 2037 米，采用四开井身结构设计。

2 月 15 日　哈法亚二期公寓、餐厅正式使用。

4 月 11 日　哈法亚油田第一口电泵试验井（HF-1 井）完成作业投产，工作频率 40 赫兹，油嘴尺寸 22/64 英寸。

4 月 14 日　哈法亚油田天然气外输管线项目（GEXL）交接给伊拉克米桑石油公司管理。天然气（伴生气）外输管线包括 18 千米天然气管线和凝析油管线，以及 1 座天然气接收站（GRS）。

4 月 15—16 日　哈法亚公司第 14 届伙伴会（SC）会议、第 17 届联管会（JMC）会议在哈法亚营地生产指挥中心 201 会议室召开，审议三期产能建设工程招标项目、组织机构调整及培训计划等议题。

5 月 11 日　哈法亚一期油气处理站输往天然气接收站管线（GEXL）投球清扫工作完成。

5 月 16 日　哈法亚给水厂扩建项目机械完工，进入试运行阶段。

6 月 28 日　国际石油价格 6 月出现大幅度下跌，且持续低水平徘徊，伊拉克政府开始对部分国际石油公司（IOC）施行限产限输保价政策，哈法亚遵照米桑石油公司要求，阶段性调整原油外输量。6 月限输 6702 桶，全年累计限输 323 万桶、约 47 万吨，获伊拉克政府补偿。

7 月 8—9 日　哈法亚第 15 届伙伴会（SC）会议、第 18 届联管会（JMC）会议在哈法亚营地、米桑石油公司和迪拜办公区三地通过网上视听系统召开，审议钻机合同、哈法亚三期燃气发电机投标及组织机构调整等议题。

7 月 15 日　HF007-M007D1 井对 Mishrif C3 油藏试油，在 3380—3389 米井段、9 米厚油层酸化后取得日产油 2263 桶（48/64 英寸油嘴）的高产优质油流，气油比 360 英尺^3/ 标准桶。该井试油获高产，证实 Mishrif C3 油藏存在，初步估计油藏原始地质储量约 2 亿桶。

8 月 10 日　伊拉克战后第一条战略性原油外输管道——米桑原油外输管道（MOEP）全线贯通投运，是中伊能源合作互利又一成果。外输管线由巴泽干支线与哈法亚支线交汇点宾乌姆（Bin Umr）清管站算起至法奥（FAO）末站全长 272 千米，管径 42 英寸。

8 月 18 日　哈法亚二期油气处理站（CPF2）启动原油外输至米桑原油外输管线（MOEP），标志哈法亚二期 20 万桶 / 日产能建设工程投产，迈上年产 1000 万吨原油生产能力新台阶。

9 月 4 日　哈法亚公司实现合同的重大修改，伊拉克政府与中方签署《哈法亚油田开发生产服务合同的第一号修正协议》，高峰产量调整为 40 万桶 / 日，稳产期要求延长为 16 年，合同有效期从 20 年延长至 30 年，中国石油（PetroChina）、道达尔（Total）和马来西亚石油（Petronas）权益分别调整为 45%、22.5% 和 22.5%，商务条款也作相应修改和补充，内部收益率由合同修订前的 10.58% 提高至 14.62%。

9 月 6 日　哈法亚项目二期投产仪式举行，伊拉克当地民众以阿拉伯传统礼仪进行庆祝，国会议员阿里（米桑石油公司前总经理），伊拉克石油部部长，米桑省省长、议长，中国石油（PetroChina）副总裁兼海外勘探开发公司总经理吕功训出席庆典仪式。

9 月 10 日　哈法亚二期投产新井累计达 34 口，项目总井数 61 口，原油生产迈上 20 万桶 / 日的台阶。

9 月 30 日—10 月 1 日　哈法亚第 16 届伙伴会（SC）会议、第 19 届联管会（JMC）会议在马来西亚吉隆坡召开，审议 2015 年度预算工作计划、本地化人力资源计划、一期油气处理站附加缓冲罐试运等议题。

11 月 16 日　HF133-M133ML1 井完井。哈法亚持续扩大水平分支井的开发规模，累计实现分支井开钻12口，完钻12口，总进尺55225米，平均机械钻速4.84米/时，平均钻井周期108.74日/口。

12月14—15日　哈法亚第17届伙伴会（SC）会议、第20届联管会（JMC）会议在哈法亚营地生产指挥中心201会议室召开，审议哈法亚三期相关项目授标、《哈法亚油田最终开发方案调整方案》（MFDP）等议题。

2015年

1月2日　哈法亚公司2014年度工作会议暨干部述职会议召开，总经理祝俊峰作题为《发扬光荣传统，坚定必胜信心，继续为打造国际一流水平项目公司而努力奋斗》的报告。

1月6日　哈法亚营地机场新办公楼和新航站楼投用。伊拉克米桑省长、米桑石油公司（MOC）管理层出席剪彩仪式。

1月14日　17时20分哈法亚一期油田处理站（CPF1）扩建项目附加缓冲储罐A投产，开始进油储油。

1月20日　海外勘探开发公司总工程师李国诚及工程建设部经理张兵到伊拉克调研哈法亚一期、二期生产情况，了解三期地面工程项目建设进展。

1月20—26日　哈法亚2014年度地质及油藏技术研究课题验收会在北京召开。中国石油勘探开发研究院中东所技术支持组向米桑石油公司（MOC）专家及哈法亚项目开发部代表汇报2014年度完成的16项技术研究成果，并进行技术交流。米桑石油公司（MOC）代表对研究成果表示满意及赞赏，也对进一步研究提出建议要求。

1月24日　伊拉克石油部副部长法雅赫·哈桑·纳玛（Fayadh Hassan Na′ma）访问哈法亚公司。

1月31日　大庆26钻井队承钻的Khasib地层第2口HF054-K054H井6英寸水平井段水平井完钻，较该地层首口井钻进周期缩短45.65%。

2月5日　哈法亚一期油气处理站（CPF1）外输商业流量计的第三方校验和取证工作完成。

2月23—26日　第三届伊拉克米桑国际石油展在米桑石油公司（MOC）举办，50余家国际和当地油公司及工程服务等相关企业参加，哈法亚公司应邀提供相关商务、技术支持。

3月8日　哈法亚公司勘探开发部经理田平获全国妇联授予的“全国三八红旗手”称号。

3月9日　哈法亚水库项目获伊拉克水利资源部长批复，哈法亚油田作业注水工程部分用水的河流取水问题得到初步解决。

3月30日15时　哈法亚公司HF009-JK009井7英寸尾管固井钻井完井，Jeribe/Upper Kirkuk（JK）储层已实施钻井完井17口，该层配套钻井技术趋于成熟，进入规模化应用阶段。

4月23日　受国际油价低迷及预算削减影响，哈法亚项目先后有4台钻机在搬至新井位后停止施工作业，仅余6台钻机运行。

5 月 18 日　哈法亚公司产出水处理厂和注水站（PWTP&WIS）完成试运。

同日　哈法亚公司第一口注水井 HF002-M325 井在 Mishrif 油藏实施注水先导性试验，该井于上午 10 时开始注水，笼统注入 Mishrif 层，启动注入量约 1500 桶 / 日。2016 年 6 月 14 日，HF002-M325 井作业下入分层配注管柱，开展分层注水先导性试验。

5 月 25 日　哈法亚机场跑道延伸工程基本完工并投入试用，紧急情况下可起降 120 座喷气式客机，增强机场航空输送能力。

5 月 30 日　伊拉克石油部部长等及中国驻伊拉克大使馆参赞访问哈法亚油田现场并参加应急响应中心投入使用开幕典礼，石油部部长阿迪勒·阿卜杜勒·迈赫迪为哈法亚油田培训中心剪彩，并参观培训中心内部设施及课堂，为 30 多名英语培训班结业的当地雇员颁发结业证书。

6 月 15—16 日　哈法亚公司第 18 届伙伴会（SC）会议、第 21 届联管会（JMC）会议在哈法亚营地召开，审议提油回收、钻井合同延续、给水厂扩建、二期产能建设工程项目相关道路建设等议题。

6 月 30 日　哈法亚公司天然气接收站扩建项目竣工并交付米桑石油公司（MOC）。

7 月 5 日　渤海 34 钻井队施工的 HF149-M149ML1 井完井，哈法亚油田已钻 13 口分支水平井，总进尺 64819 米，平均机械钻速 5.18 米 / 时，平均钻井周期 108.18 天，平均建井周期 116.88 天。

7 月 11 日　在米桑石油公司计量管理人员和第三方因特泰克（Intertek）公司监督下，美国爱默生公司（Emerson）工程师使用双向校准仪的 A-C 流量标定哈法亚首站（HPS）外输流量计。10 月 20—26 日，继续对哈法亚首站（HPS）外输计量橇全部 4 列商业流量计进行校验，结果全部合格，获米桑石油公司（MOC）及美国爱默生公司及独立第三方公司工程师签字认可，并对 9 月完成的哈法亚一期油气处理站（CPF1）外输计量橇备用列的商业流量计校验报告签字认可，哈法亚公司所有外输商业流量计均得到标定和年度官方认证。

8 月 10—14 日　中国石油勘探开发研究院代表团一行 7 人到哈法亚公司参观并进行技术交流。

8 月 20 日　200 名当地村民聚集在哈法亚项目二期油气处理站（CPF2）大门前游行示威，哈法亚项目迅速协调石油警察部队参与处置。事件发生后，哈法亚公司领导与石油警察部队高层召开会议，讨论加强对油田现场安保力量。

9 月 29—30 日　哈法亚公司第 19 届伙伴会（SC）会议、第 22 届联管会（JMC）会议在哈法亚营地召开，审议 2016 年度预算工作计划、一期油气处理站附加缓冲罐建设、钻井辅助技术服务、当地农民征地补偿等议题。

10 月 8 日　哈法亚第一口含硫化氢油井 HF258-M258 井下入电泵试验井开井生产，采用大庆力神泵业公司生产的 QN55 型变频电泵生产后，日均产量超过 1000 桶。

10 月 22 日　哈法亚公司按照米桑石油公司（MOC）要求，停止哈法亚项目一期油气处理站（CPF1）通过 28 英寸旧原油外输管线外输。此后，哈法亚公司原油全部由哈法亚首站（HPS）通过 42 英寸米桑石油外输管线（MOEP）外输。

10月28—29日　第三届伊拉克油气大会在哈法亚项目营地体育馆举行，伊拉克石油部部长阿迪勒·阿卜杜勒·迈赫迪出席开幕式。对中国石油（PetroChina）和合作伙伴在哈法亚油田开发中取得的成绩给予肯定和赞赏。大会期间，哈法亚公司油藏工程师伊拉克籍雇员阿里·艾尔苏丹尼介绍哈法亚公司开发建设情况。

11月18日　伊拉克政府内务部副部长访问哈法亚公司，就进一步加强安保合作事宜进行磋商，并表示将在哈法亚油田安全保卫方面继续给予支持。

11月20日　哈法亚公司与米桑石油公司（MOC）向合同区块周边的塔维德（Tawheed）小学捐赠两栋教室，并完成财产转移手续。

11月29日　哈法亚公司合同区块外西北扩展区域的第1口深层评价井HF-12井钻至目的层Yamama，井深4500米，是哈法亚开钻的第四口Yamama井，平均机械钻速4.46米/时，比前3口井，在平均井深增加61米情况下提高13.49%。

2016年

1月2日　2015年国际市场原油价格暴跌，伊拉克政府叫停哈法亚油田三期产能建设，中国石油（CNPC）规划计划部暂时中止《伊拉克哈法亚油田可行性研究报告》（2015年12月版）审批。

1月11日　以米桑石油公司总裁（DG）阿德南为首的米桑石油公司（MOC）代表，以中国石油哈法亚项目副总裁李庆学为代表的中国石油（CNPC）代表，以及道达尔（Total）、马来西亚石油公司（Petronas）代表参加哈法亚二期扩建给水厂交接剪彩仪式。

1月20日　伊拉克米桑省省长到访哈法亚项目。

1月25日　伊拉克石油部副部长到访哈法亚项目。

2月4日　法国驻伊拉克大使到访哈法亚项目。

3月13—14日　哈法亚第20届伙伴会（SC）会议、第23届联管会（JMC）会议在哈法亚营地现场召开，审议2016年度预算工作计划、伊拉克本地化策略等议题。

4月25—27日　应伙伴建议在北京中国石油勘探开发研究院召开技术研讨会，哈法亚公司、伙伴代表及勘探院有关专家参加会议。讨论哈法亚各油藏开发现状、阶段认识及下一步开发部署优化等问题，伙伴对勘探开发技术支持成果给予肯定，并对一些关注问题提出建设性意见。

5月17日　哈法亚公司与米桑石油公司联合向伊拉克米桑省教育局捐赠两辆中巴校车仪式在哈法亚生产指挥中心（OCC）举行。两辆校车将用于接送合同区块内学校老师和学生。哈法亚公司伊拉克现场总经理王煜、伊拉克米桑省教育局行政副局长拉易木·玛斯库尔（Raheem Mathkoor）、哈法亚联管会主席伊玛德·侯赛因（Emad Hussain）出席捐赠仪式。

5月18日　哈法亚项目第二口开展注水先导试验的注水井HF003-M279，单卡笼统注水。试验重点为检验油层底部笼统注入效果。

5月20—22日　哈法亚迎接伙伴道达尔公司安保审计组检查。审计组成员由道达尔公司中东北非安保区域经理和道达尔伊拉克公司安保经理带队，先后对哈法亚营地、钻井井场、油气处理站等核心设施进行检查审计，并对哈法亚公司安保管理现状提出建议。

5 月 24—25 日　哈法亚第 21 届伙伴会（SC）会议、第 24 届联管会（JMC）会议在哈法亚营地现场召开，审议 2016 年度预算工作计划、三期长线设备、三期油气集输管网建设、培训计划、燃气发电机采购等议题。

6 月 9 日　中国驻伊拉克使馆商务参赞李壮松等到哈法亚公司视察。

7 月 19—20 日　哈法亚第 22 届伙伴会（SC）会议、第 25 届联管会（JMC）会议在哈法亚营地现场召开，审议 2016 年度预算工作计划、测井技术服务延期合同、燃气发电机采购等议题。

7 月 22 日　渤海 34 钻井队（BH34）完成 HF057-JK057D2 井完井作业，刷新哈法亚 JK 储层定向井钻井最新纪录。该井平均机械钻速 7.53 米 / 时，钻井周期 33.21 天，同比定向井平均机械速度 3.86 米 / 时提高 95.1%，平均钻井周期 53.49 天，缩短 22.28 天，其中 12¼ 英寸高压膏盐层钻井周期历时 7.19 天，同比平均钻井周期 23.54 天，缩短 16.35 天。

8 月 10 日　中东公司副总经理黄永章等到哈法亚公司调研。

8 月 11 日　哈法亚公司党建和协调组工作座谈会召开，宣布成立中东伊拉克哈法亚项目临时党总支。

8 月 13 日　哈法亚公司召开 HSSE 工作座谈会，并成立伊拉克哈法亚片区健康安全环保和社会安全区域 HSSE 委员会。

同日　中国驻伊拉克大使陈伟庆到访哈法亚公司。

8 月 25 日　哈法亚一期油气处理站（CPF1）站内气举工艺流程改造实施，与新建一级三相分离器成功连头。

9 月 16 日　为实现主力油藏 Mishrif 规模注水，哈法亚公司编制完成《Mishrif 油藏第一阶段规模注水实施方案》。

9 月 25 日　哈法亚公司在中国北京昆仑大厦召开哈法亚三期启动会议。会议就哈法亚重启三期事宜讨论并达成一致意见，同意哈法亚重启三期并提高回收池上限、降低政府股权、欠款利息支付等 3 项条款，并批复《哈法亚油田最终开发方案（修订版）》。伊拉克石油部官员、哈法亚公司管理层人员参加会议。

10 月 1—2 日　哈法亚第 23 届伙伴会（SC）会议、第 26 届联管会（JMC）会议在中国上海浦东召开，审议 2016 年度预算工作计划、一期油气处理站注水工艺流程、外部审计等议题。

10 月 12 日　哈法亚一期油气处理站（CPF1）站内注水流程 EPC 工程建设项目、注水供水泵采购项目授标。

10 月 19 日　天然气（伴生气）24 英寸外输管线（GEXL）湿气管线完成清管和投球智能检测。

10 月 21 日　哈法亚一期油气处理站（CPF1）气举工艺流程竣工投产，支持人工举升工艺先导试验。

11 月 10 日　HF069-M258 井转注开展注水先导试验，是哈法亚第 3 口注水井，重点检验低渗透区域注水效果。

11 月 25 日　哈法亚二期两台完成维修的西门子燃气发电机核心机组从英国运回哈法亚现场。

11 月 28 日—12 月 4 日　中国石油（CNPC）国际部、海外板块及中东公司一行 6 人对哈法亚项目进行 HSE 和安保审计。

12 月 13 日　伊拉克政府批准《修改的哈法亚油田最终开发方案（MFDP）》。基于最新地质油藏认识，结合哈法亚油田开发及合同执行现状重新编制《伊拉克哈法亚油田可行性研究报告》。

12 月 15 日　哈法亚公司与米桑石油公司（MOC）及当地政府官员讨论确定了新一轮哈法亚项目社区捐赠项目，包括 2 所新建学校、1 所新建诊所、1 个市场遮阳大棚及村庄供水主干网。

12 月 19 日　哈法亚公司在 HF055-N055 井实施水力压裂工艺技术现场试验，加支撑剂陶粒 40 立方米，压后日产原油 1370 桶，是伊拉克油田开发史上第 1 口水力压裂井。

12 月 19—20 日　哈法亚第 24 届伙伴会（SC）会议、第 27 届联管会（JMC）会议在哈法亚营地现场召开，审议 2017 年度预算工作计划、钻井配套设备招标等议题。

12 月 28 日　哈法亚公司邻近井气举试验在 HF60 平台进行。HF060-N060 井气油比高达 7227，连接邻近停喷井 HF060-M067ML 井进行气举试验，该井产量提高到 1000—1300 桶 / 日。

12 月 30 日　中东地区公司总经理祝俊峰、哈法亚公司总经理王贵海与中国石油工程建设公司党委书记迟尚忠共同主持召开哈法亚三期油气处理站（CPF3）EPCC 项目建设启动会。

2017 年

1 月 12—15 日　先后对哈法亚包机航运经停的巴格达、巴士拉和哈法亚三座机场进行航空安全第三方审计，是自 2016 年 12 月 14—15 日由瑞士 SGS 检查与认证机构对包机公司所在的安曼总部第三方审计的延续。

1 月 16—20 日　哈法亚公司组织技术支持团队与伙伴在中国北京召开关于《哈法亚油田最终开发方案修正版 1 号》（FDP Revision No.1）的审查会。

2 月 27—28 日　哈法亚第 25 届伙伴会（SC）会议、第 28 届联管会（JMC）会议在哈法亚营地召开，审议 2017 年度预算工作计划、人力资源政策及培训计划等议题。

3 月 19 日　中国石油（CNPC）规划计划部副总经理张品先等 5 人到哈法亚公司调研，听取哈法亚二期进展及三期准备工作的汇报。3 月 20 日上午，参观二期油气处理站（CPF2）。

3 月 22 日　米桑石油公司（MOC）签署接管 8.96 千米长的 32 英寸哈法亚首站（HPS）外输管线协议，即日生效。

3 月 31 日　哈法亚三期产能建设工程启动开钻。4 月底，哈法亚油田现场 12 部钻机开钻。

4 月 1 日　哈法亚三期主体工程——三期油气处理站（CPF3）地面建设总包合同（EPC）签署，合同金额 8.2 亿美元，EPC 承包商为中国石油工程建设公司（CPECC），合同工期 18 个月。

5 月 24 日　哈法亚三期油气处理站（CPF3）及配套系统项目举行开工仪式，米桑石油公司

（MOC）总经理阿德南、中国石油（PetroChina）副总经理孙龙德、中油国际中东公司总经理祝俊峰、中国石油工程建设公司执行董事总经理侯浩杰及现任执行董事总经理刘海军等出席开工仪式。三期油气处理站（CPF3）是伊拉克战后重建一次性建成、产能最大的油气处理站项目，设计日处理能力 20 万桶。6 月 6 日，三期油气处理站（CPF3）区域早期已完钻 23 口油井逐步连井投产，哈法亚日外输原油 25 万桶。

5 月 27 日　哈法亚公司《伊拉克哈法亚油田可行性研究报告》由中国石油勘探开发研究院提交中国石油（CNPC）规划计划部审批。

6 月 28 日　哈法亚油田第 13 部钻机——大庆 13 钻井队（DQ13）动迁到现场就位，承钻 HF117-M117D1 井开钻。至此，哈法亚三期产能建设的 13 部钻机全部启动。

7 月 8 日　新任伊拉克石油部部长贾巴尔・阿里・侯赛因，副部长卡里姆・哈塔卜等伊拉克石油部代表团乘专机抵达哈法亚项目，为哈法亚三期开工奠基。贾巴尔代表伊拉克政府对哈法亚项目近年来取得的成绩给予充分肯定。贾巴尔一行先后参观哈法亚办公生活基地、生产作业指挥中心，听取基地建设、数字化油田建设及安保情况介绍。中国石油中东公司、哈法亚公司、米桑石油公司负责人，以及米桑省议会成员等百余人参加活动。

7 月 10—11 日　哈法亚第 26 届伙伴会（SC）会议、第 29 届联管会（JMC）会议在哈法亚营地召开，审议天然气处理厂的合同修改、油田现场供配电工程、三期燃气发电机采购等议题。

8 月 14 日　哈法亚公司完成开发调整方案修订，并及时向伊拉克政府提交《哈法亚油田最终开发方案修正版 1 号》（FDP Revision No.1）。伊拉克石油部和米桑石油公司对方案提出 4 个 138 条意见均已回复澄清。

9 月 20—22 日　在北京举办的中国石油国际勘探开发有限公司［简称中油国际（CNODC）］海外板块开发年会上，哈法亚项目发表《哈法亚项目高效开发实践》报告，哈法亚项目开发部被评为 2015—2016 年度中国石油（CNPC）海外油气田开发先进集体。

9 月 26—27 日　哈法亚第 27 届伙伴会（SC）会议、第 30 届联管会（JMC）会议在哈法亚营地召开，审议定向井钻井设备技术服务、本地化、2018 年度预算工作计划等议题。

9 月 27 日　哈法亚三期电站 5 部 30 兆瓦燃气发电机组采购合同生效。

同日 《伊拉克哈法亚油田可行性报告》通过中国石油（CNPC）董事会审议。10 月 22 日，提交国资委审批。

11 月 23 日　哈法亚公司与伊拉克驻军、石油警察、特种部队的指挥官，以及米桑石油公司（MOC）安保部和联管会（JMC）代表召开联合安保委员会，讨论哈法亚公司所面临的困难及军警保护力量业绩表现，强调哈法亚三期建设所面临的安保挑战，督促各方面加强对哈法亚公司的安保支持。

12 月 14 日　哈法亚公司获由法国船级社颁发并由英国皇家认可委员会（UKAS）认可的职业健康安全认证证书（OHSAS 18001：2007），认证范围包括一期、二期油气处理站（CPF1&2）及站外油气集输管线和平台系统（FSF1&2）、哈法亚外输泵站（HPS）、水厂、电站、库房、加油站和营地。12 月 18 日，中油国际（CNODC）发来祝贺信。

12 月 19—20 日　哈法亚第 28 届伙伴会（SC）会议、第 31 届联管会（JMC）会议在哈法亚营地召开，审议三期建设项目招投标、发电站、2018 年度预算工作计划等议题。

2018 年

2 月 28 日　伊拉克政府批准哈法亚三期产能建设工程全面启动。

3 月 12—13 日　哈法亚第 29 届伙伴会（SC）会议、第 32 届联管会会议在马来西亚吉隆坡召开，审议 2018 年度预算工作计划、三期 7 英寸套管采购招投标、安保问题、水源及伊拉克本地化等议题。

3 月 29 日　哈法亚公司第一口碳酸岩 Mishrif 油藏 HF013 — M013D1 井的酸压施工完成。4 月 1 日，完成水力加砂压裂施工。

4 月 7 日　哈法亚公司第二口 Sadi 疏松砂岩油藏 HF052 — N052 井的水力加砂压裂施工完成。

4 月 25 日　伊拉克政府各级管理机构调整导致海关清关停滞，大量哈法亚三期建设物资、材料及设备无法及时运抵哈法亚现场，影响三期建设进度并产生大量滞港费用。哈法亚公司与伊拉克政府交涉谈判，清关工作至 7 中旬恢复正常。

5 月 6—7 日　哈法亚公司 2017 年度地质及油藏技术研究课题验收会在哈法亚营地召开。中国石油勘探开发研究院技术支持组向米桑石油公司（MOC）专家及项目开发部代表汇报 2017 年度完成的 3 项技术研究课题，并进行技术交流。米桑石油公司专家对研究成果表示满意及赞赏，也对下一步研究提出建议和要求。

5 月 16 日　哈法亚公司社区援助项目——卡哈拉镇小学、本·哈施姆（Ben Hashim）初中移交当地教育局，每所学校能满足 180 名学生就读。

5 月 22—23 日　哈法亚二期油气处理站（CPF2）进行实时监控系统升级改造，完成 5 个油气集输管汇（OGM）紧急关断阀的安装，以及连接一期油气处理站（CPF1）的 4 个紧急关断阀安装等工作。

6 月 4 日　哈法亚第 30 届伙伴会（SC）会议、第 33 届联管会（JMC）会议在哈法亚营地召开，审议高压注水站招投标、钻机修井机合同延续、测井技术服务合同等议题。

7 月 6 日　哈法亚公司借助伊拉克政府限产限输时机，利用站间管线调整入站油井，分别实现一期、二期油气处理站（CPF1、CPF2）设备全面检修。

8 月 8 日　哈法亚公司社区援助项目即合同区内的穆尔（Muael）医疗中心投入使用，每天能满足 120 多名病人就诊。

8 月 31 日　哈法亚三期产能建设工程暂时租赁设计 60 兆瓦发电站完成带载测试，基本满足三期建设临时备用供电需要。

9 月 20 日　哈法亚主体工程三期油气处理站（CPF3）火炬点火成功，5 个井场 12 口油井开井产油入站，三期油气处理站（CPF3）启运，比计划提前 70 天。

9 月 24—26 日　哈法亚第 31 届伙伴会（SC）会议、第 34 届联管会（JMC）会议在哈法亚营地召开，审议三期辅助系统建设、钻井合同等议题。

9 月 29 日　哈法亚三期油气处理站（CPF3）开始外输原油到达哈法亚首站（HPS），实现原油外输。哈法亚公司外输原油产量由 25 万桶 / 日提升至 29 万桶 / 日。

10 月 21 日　哈法亚临时租赁 60 兆瓦电站开始向哈法亚三期油气处理站（CPF3）供电。

10 月 29 日　哈法亚公司部分接管三期油气处理站（CPF3）管理，设备维护按合同仍继续由中国石油工程建设公司（CPECC）承担。

12 月 6 日　在哈法亚营地一号大门前主路上，发现一枚自制炸弹。哈法亚公司紧急启动应急预案，关闭营地限制人员出入，及时要求军方介入，并拆除炸弹，未造成人员伤亡。

12 月 12 日　哈法亚公司举行哈法亚三期新增 1000 万吨产能工程全面投产庆典，哈法亚油田产能达到2000万吨级。中国石油（CNPC）副总经理侯启军，伊拉克石油部副部长克里木·哈塔布，中国驻伊拉克共和国大使陈伟庆，中国石油（CNPC）及伊拉克米桑省、米桑石油公司、法国道达尔、马来西亚石油公司等 600 余人出席庆典，并参观哈法亚三期产能建设工程项目现场。

12 月 25 日　哈法亚公司 13 部钻机全部开钻，全年开钻 73 口井，比计划增加 3 口。其中，稳产井、三期上产井及高峰产量稳产井分别开钻 17 口、37 口和 18 口。全年实际投产 57 口井，其中 21 口为稳产井、36 口为三期上产井，还有 25 口井准备集中投产于 2019 年第一季度。

2019 年

1 月 8—9 日　哈法亚第 32 届伙伴会（SC）会议、第 35 届联管会（JMC）会议在哈法亚营地召开，审议套管采购、钻井技术服务、2019 年度预算工作计划等议题。

1 月 28 日　哈法亚公司向伊拉克米桑省卫生局下辖的 14 家老年医疗中心捐赠物资仪式在阿玛拉市某老年医疗中心举行。捐赠活动是哈法亚项目响应米桑省卫生局、米桑石油公司要求，联合 16 家哈法亚项目中方承包商，集资 11500 多美元，为 14 家老年医疗中心分别捐赠轮椅、活动厕（椅）等必要物资，安装不锈钢扶手 280 米、280 个指示门牌。米桑省卫生局副局长、米桑石油公司哈法亚管理部总经理、哈法亚公司中方代表及中方承包商代表参加捐赠仪式。

3 月 5 日　哈法亚公司完成油田周边哈维泽湖（Huwaiz）大坝（邻近二期、三期油气处理站）维护和维修，伊拉克米桑石油公司（MOC）、伊拉克水利资源部及民兵组织——人民动员军军工局给予协助。

3 月 7 日　哈法亚公司日外输原油 40 万桶，并持续 30 天，达到合同（DPSC）规定要求，实现高峰产量目标，并保持 40 万桶高峰产量稳产。1—3 月，哈法亚三期上产新井陆续投产，外输产量稳步上升。哈法亚公司成为伊拉克四轮国际油气招标第一个实现高峰产量的国际石油公司（IOC）。

4月2—3日 哈法亚第33届伙伴会（SC）会议、36届联管会（JMC）会议在法国巴黎召开，审议保险计划修订、钻机招标、2019年度预算工作计划修改等议题。

4月21—24日 中国石油工程技术研究院首席专家王玺等4人在哈法亚项目开展技术交流和调研工作。

4月26日 由渤海钻探渤海34钻井队（BH34）负责施工的HF7433-M7433完井，创造哈法亚项目Mishrif储层直井中钻井时间最短纪录，用时31.07天，平均钻速10.42米/时。

5月1日 哈法亚公司旧营地宿舍区A列一座营房下方发现一枚改装反坦克地雷，项目公司安保部立即封锁营地，并上报当地石油警察（OPF SF），地雷被平安移除，未造成人员伤亡。

5月6日 哈法亚公司天然气处理厂（GPP）项目获伊拉克石油部（MoO）批复，中标单位为中国石油工程建设有限公司（CPECC），授标金额10.7亿美元，合同期60个月。

5月8日 哈法亚天然气处理厂（GPP）项目授标意向函签字仪式在伊拉克首都巴格达举行，伊拉克副总理兼石油部部长塔米尔·加德班（Thamir Ghadhban），中国驻伊拉克大使张涛，中油国际中东公司常务副总经理兼哈法亚项目总经理王贵海及中国石油工程建设公司（CPECC）总经理刘海军等出席签约仪式。

6月7日 哈法亚二期燃气发电站扩建项目1号发电机组试运行。

7月16—17日 哈法亚第34届伙伴会（SC）会议、第37届联管会（JMC）会议在哈法亚营地召开，审议安保问题、技术支持协议、天然气处理厂、独立审计招标、钻井液技术服务、2019年度预算工作计划批复等议题。

8月5—11日 中油国际（CNODC）HSE与社会安全审核团组到达哈法亚现场，开展对哈法亚项目各场站、施工现场的HSE管理状况进行检查。

8月16日 哈法亚公司参与研究的“中东巨厚复杂碳酸盐岩油藏亿吨级产能工程及高效开发”重大科研项目，获2019年国家科学技术进步奖一等奖。

8月25日 中油国际（CNODC）下发《关于中油国际（伊拉克）哈法亚公司中方机构编制职数调整的批复》文件。

8月28日 哈法亚公司从米桑石油公司（MOC）获哈维泽（Hawizeh）湿地缓冲区的坐标，并开始评估相关环保风险与预防措施。

9月24—25日 哈法亚第35届伙伴会（SC）会议、第38届联管会（JMC）会议在哈法亚营地召开，审议钻机招标、射孔技术服务、修井作业技术服务、哈法亚首站储油扩容、2020年度预算工作计划等议题。

9月25日 安东5006钻井队（Anton5006）承钻的HF1341-M1341D1井顺利钻达设计井深3328米，以31.17天时间创造哈法亚油田3300米以上深井斜角大于40度的Mishrif储层定向井最短钻井周期纪录。

10月4日 伊拉克安保环境进一步恶化，游行示威、枪击事件和油区部落冲突频发，政府和国家石油公司无法正常运作，导致海关清关停滞、签证办理延迟等问题，哈法亚油田生产作业受到严重影响。12 月 10 日，港口清关恢复。哈法亚公司与米桑石油公司（MOC）相关部门协作，并与巴士拉石油公司（BOC）、港口海关、码头作业公司沟通联络，调动 2 家清关运输代理公司，动用 638 车次，完成 1.4 万吨、1.2 万立方物资清关运输工作。

11 月 7 日　中油国际中东公司副总经理成忠良兼任中油国际（伊拉克）哈法亚公司总经理。

11 月 7—19 日　哈法亚公司完成 2019 年度哈法亚项目 HSE 管理体系内部审核，审核基于项目公司 HSE 管理体系文件及 OHSAS-180001 的相关要求，覆盖油田所有生产及服务设施和活动，审核发现 30 项问题。

11 月 17—21 日　哈法亚公司 HSE 部航空安全专家按照年度工作计划，先后对伊拉克艾尔比尔（Erbil）、巴格达 2 个包机站点进行航空安全检查。

11 月 20 日　哈法亚公司邀请国际 SOS 专业培训师在哈法亚油田现场完成 10 期由美国心脏协会（AHA）认证的基础急救培训，约 100 名新入职的当地员工参加培训并获证书。

11 月 27 日　完成哈法亚公司第一口 Sadi 疏松砂岩油藏 HF005-S005H1 水平井的分段加砂压裂施工，压裂后初期产能达到 2000 桶 / 日，是伊拉克第一口水平井分段压裂井。

12 月 2 日　哈法亚公司一期油气处理站（CPF1）13 口气举井完成连井作业，实现气举人工举升设备投用。

12 月 17—18 日　哈法亚第 36 届伙伴会（SC）会议、第 39 届联管会（JMC）会议在哈法亚营地生产指挥中心与迪拜办公区通过视讯系统召开，审议电泵井安装、2020 年度培训计划、天然气处理厂建设进度、2019 年度预算工作计划最后批复等议题。

12 月 24—26 日　米桑石油公司（MOC）完成对哈法亚公司的年度库存盘点，对项目所有 9911 项库存物资进行年度盘点，账物符合率 100%。

12 月 25 日　哈法亚三期电站 GTG-1 号机组实现并网发电。

2020 年

1 月 2 日　中国石油工程建设公司（CPECC）分包商的一辆防弹客车（B6 Bus）在哈法亚三期油气处理站（CPF3）附近被当地村民 3 人枪击，车辆外部、车胎等多处被子弹击中，无人员伤亡。

1 月 8 日　安东石油公司 3 名中方人员在 HF7635 井场施工时，在距离井场约 500 米处，1 辆不明身份皮卡车中两名伊拉克人约射击 12 发子弹，造成 2 名中方员工受伤。

1 月 23 日　中国石油工程建设公司（CPECC）报告 3 辆当地皮卡载持枪人员向其承包商（PSC）射击。

1 月 28 日　哈法亚公司接到米桑石油公司（MOC）通知，外输产量从 39 万桶下降至 15 万桶，断续开始长达两年的限产期。1 月 29 日 8 时 45 分暂时恢复正常外输，但是伊方随后以天气和储油罐位安全原因为由，当天 17 时又降至 30 万桶 / 日。

2 月 10 日　新冠肺炎疫情暴发，哈法亚公司制定发布多版新冠肺炎疫情防控方案，建立隔离营地实行当地员工轮换隔离制度，安排居家办公当地员工向哈法亚附近当地社区宣传新冠肺炎疫情防控。并根据中国红十字会与宝石花机构的医疗专家指导建议，完善新冠肺炎疫情防控应急硬件设施准备，做好防疫物资储备。

2 月 13 日　中国石油工程建设公司（CPECC）当地承包商艾尔·塔斯维德（AL Tasweeb）公司的防弹车在行驶到哈法亚二期油气处理站（CPF2）附近，遭不明身份持枪分子射击并造成车辆损坏，当时车上没有乘客，未造成人员伤亡。哈法亚公司立即向米桑石油公司（MOC）通报袭击事件，并暂时禁止该承包商车辆外出。石油警察部队（OPF）及特种部队（SF）对事件展开调查。

2 月 16 日　中国石油工程建设公司（CPECC）由 1 名石油警察部队（OPF）安保人员护送的 16 名中方人员，乘坐从其安保分包商阿布拉吉·艾尔·埃米尔（Abraaj al Ameer）公司租赁的防弹中巴车（车号 32738），前往高压注水站（WBIS4 号）附近的 HF131 平台工地施工，在平台 HF15 附近的十字路口向东大约 500 米处受到枪击，2 人受伤。车辆遭枪击后，司机加速将车开到前往高压注水站（WBIS4 号）站内。随车护卫的安保人员下车向歹徒还击，歹徒逃跑。

3 月 7 日　哈法亚项目接到米桑石油公司（MOC）限产限输通知，外输产量降低至 32.5 万桶，部分生产井陆续关停。

3 月 17 日　哈法亚第 37 届伙伴会（SC）会议在哈法亚营地生产指挥中心与迪拜办公区通过视讯系统召开，审议 HSE 及安保、2019 年 WP&B 执行情况与 2020 年 WP&B 更新确认、采办授标建议、AOB 等议题。

3 月 18 日　中国驻伊拉克大使馆参赞卞长征率中国红十字会援伊医疗专家，到哈法亚油田现场指导新冠肺炎疫情防控工作。召开哈法亚油田疫情防控座谈会，传达中国国务院和外交部对境外中资企业员工的问候；医疗专家对防疫相关知识进行宣讲。

3 月 20 日　哈法亚公司优化生产经营方案部署 11 个版本，测算不同情境方案 20 余个。

3 月 22 日　哈法亚公司协调营地服务承包商建立暂时隔离营地，供伊拉克雇员倒班轮换。3 月 29 日，第一批当地轮换人员在隔离营地开始 14 天隔离，替换超期服役现场当地人员。

3 月 25 日　哈法亚公司与米桑省政府、中国红十字会援伊医疗专家等多方沟通情况，完成并签发哈法亚新冠肺炎疫情专项应急预案。根据中国石油（CNPC）、中油国际（CNODC）相关最新防疫政策，对哈法亚公司新冠肺炎疫情防控方案进行更新升级，签署发布第 2.1 版。

4 月 8 日　哈法亚公司完成三期电站项目美国通用公司（GE）的 2 号和 4 号燃气发电机组性能测试，达到商业运行条件。

4 月 10 日　哈法亚公司根据中国红十字会与宝石花医疗专家的指导与建议，完成一级、二级隔离区建设。

4 月 16 日　哈法亚公司现场钻机陆续关停。大庆钻探公司大庆 13 钻井队（DQ13 队）由 HF0663-N0663 井将设备搬到大庆钻探公司营地封存，其余队伍陆续开始在钻井完钻当前井段后，原井位暂停作业，已钻完钻机搬家回基地封存。5 月 28 日，钻机关停 12 部。

4 月 20 日　由中油国际（CNODC）、中东公司从国内协调的大批口罩、防护服、防护手套和药品等防疫物资到达哈法亚营地，经消毒后接收存入营地。按照中东公司安排支援在伊拉克其他片区。

4 月 29 日　中油国际（CNODC）、中国石油勘探开发研究院和哈法亚公司以视频形式，召开哈法亚开发调整方案研讨会。哈法亚公司和勘探开发研究院分别作《哈法亚方案执行和下步计划》《哈法亚开发调整策略编制计划和哈法亚最终开发方案第二次修订（FDPR2）》汇报。一致同意启动《哈法亚项目最终开发方案第二次修订（FDPR2）》的编制。

5 月 3 日　哈法亚渤海钻探公司 98 修井机（BH98）在完成 HF172-M172D1 井作业后暂停作业，其余修井机在完成当前井作业后也陆续暂停作业。5 月 27 日，全部修井机关停。

6 月 8 日　哈法亚与宝石花签订新冠防疫医疗服务合同。

6 月 21 日—7 月 15 日　约两百名当地员工持续围堵哈法亚主营地大门和主路，在主路设置路障禁止任何车辆和人员出入营地，并在路边搭起帐篷，造成哈法亚油田交通中断。经各方协调，示威人群 7 月 15 日离开。

7 月 14—15 日　哈法亚公司动用 4 架次包机，组织动迁 97 名中方人员前往巴格达，乘坐首架中国石油（CNPC）包机回国。

7 月 17 日　哈法亚公司动用包机组织接回 26 名返回现场的中方人员。5 名宝石花医疗队员抵达现场接受 2 周隔离，并按计划协助哈法亚公司开展新冠肺炎疫情防控工作。

7 月 19 日　哈法亚公司与米桑石油公司（MOC）双签确认 2020 年 3—6 月限产产量。哈法亚上半年实际产量加补偿产量 1024 万吨，完成中方年度产量计划的 51.2%，为完成全年产量计划奠定基础。

8 月 10 日　启动哈法亚油田南部湿地保护区及其缓冲区评价工作。评价对于区域储量，占全油田储量的 17.1%；已有井产能评价，现产量水平 9 万桶 / 日；分油藏作业类别评价对应储量和产量损失，针对不能进行已有油井作业、转注、新井部署、生产与维护、监测及优化等。

9 月 19 日　哈法亚公司探索 Mishrif A1（MA1）风化壳不整合面储层认识，深化基尔库克水层区域地质评价研究，设计 MA1 层单独开采评价井 M026D1 井，最新计量结果显示日产油 975 桶 / 日，气油比约 4200。评价 M026D1 井试油试采数据，根据其生产动态不稳定性，研究其与上下储层连通性，进一步评价认识其储层展布及潜在资源量。并摘清地下水资源量，优化水源高效利用。

9 月 29—30 日　哈法亚第 38 届伙伴会（SC）会议、第 40 届联管会（JMC）会议在哈法亚营地生产指挥中心与迪拜办公区通过视讯系统召开，审议电泵井、外部因素产量影响、天然气处理厂建设进度、员工本地化、2021 年度预算工作计划等议题。

11 月 5 日起　哈法亚公司总经理成忠良带队，到大庆、连云港、东营、扬州等地开展防腐涂层管线考察。

11 月 24—29 日　哈法亚公司完成第二口 Sadi 储层水平井 HF0224-S0224H1 井分段加砂压裂施工。该井为 Sadi 层“次甜点区”的第一口先导试验井，水平段长 1000 米，分 12 段压裂。压裂后初期产量达 2282 桶 / 日，两年后到 2022 年底，仍有 1041 桶 / 日的产量，高于未压裂 Sadi 井平均 450 桶 / 日的水平。

12 月 6 日　哈法亚公司与米桑石油公司（MOC）召开天然气处理厂（GPP）外输管线方案研讨会。天然气处理厂是伊拉克石油部和米桑石油公司关注的重点项目，但原定由米桑石油公司（MOC）负责建设的 LNG 产品外输管线仍未启动，天然气处理厂建设投产后产品外输瓶颈问题成为高风险点。哈法亚公司对多个预定方案开展经济效益对比分析，提出液化天然气（LPG）、凝析油（C3/C4）气化方案，并在研讨会上达成共识。

12 月 16—17 日　哈法亚第 39 届伙伴会（SC）会议、第 41 届联管会（JMC）会议在哈法亚营地生产指挥中心与迪拜办公区通过视讯系统召开，审议电泵井、外部因素产量影响、天然气处理厂合同延续、一期油气处理站油处理系统升级改造、生产用化学品招标、2021 年度预算工作计划等议题。

12 月 22—24 日　伊拉克当地合同制石油警察部队（OPF）因不满降低薪酬，在哈法亚主营地门前进行罢工并封堵进出营地的道路，对油田的生产生活造成严重影响。24 日，通过石油警察部队（OPF）指挥官和政府的多方协调，罢工堵路事件暂时得以缓解。

2021 年

1 月 7 日　哈法亚公司恢复 1 部修井机运行，应用于必要性井下作业需求。4 月增至 2 部修井机运行；9 月，恢复至 4 部修井机运行。

1 月 28 日　在米桑石油公司（MOC）强烈要求下开始限输原油。

2 月 3 日　哈法亚公司与米桑石油公司（MOC）双方双签确认 2020 年 7 月—2021 年 1 月原油限产产量，为后续限产补偿协议签署做准备。

同日　中国石油（CNPC）总经理李凡荣通过视频巡检中油国际伊拉克哈法亚项目，慰问公司一线员工，并送上新春问候与祝福。中东地区协调组组长、中油国际中东公司总经理王贵海，哈法亚公司总经理成忠良参会并发言。哈法亚公司总经理助理黄洪庆汇报片区疫情防控、生产运行和安保情况。

2 月 10 日　伊方要求哈法亚公司暂停湿地缓冲区生产作业，影响区域内的生产管理和下一步复产，最高影响产量 9 万桶以上。

3 月 1 日　伊拉克巴士拉海关清关停滞。致使 3 月起，哈法亚公司近 20 个集装箱进口物资滞留乌姆卡萨港口。经长达 5 个月与米桑石油公司（MOC）、伊拉克石油部（MoO）、财政部（MOF）、南方海关等多次沟通，5 月 7 日重启免税清关，滞留物资陆续运抵哈法亚。

3 月 15—18 日　哈法亚第 40 届伙伴会（SC）会议、第四十二届联管会（JMC）会议在哈法亚营地生产指挥中心、哈法亚培训中心与迪拜办公区三地通过视讯系统召开，审议天然气处理厂进度与约束、2020 年度预算工作计划完成情况分析、2021 年度预算工作计划审核、提油滞后、限产产量补偿等议题。

3 月 28 日　哈法亚二号注水增压泵站机械完工验收，开始试运；三号和四号注水增压泵站建设进入收尾阶段。

4 月 5 日　哈法亚利用限产契机，开展生产设施、电力设施维修维护。检修各处理站原油处理装置，改造油井集输管线，检测和修复腐蚀供水管线、油气管线，大修哈法亚一期至三期油气处理站（CPF1、CPF2、CPF3）站内 6 个压缩机组、更换 5 个换热器、年度预防性维护 10 个热媒炉系统。重点完成哈法亚二期油气处理站（CPF2）站内 2 座一级分离器、2 座二级分离器、1 座甜气分离器、2 套电脱盐装置、2 套电脱水装置以及闭排系统的设备大修，为全面复产做好准备。

5 月 9 日　哈法亚公司设立内部新冠肺炎疫情防控核酸检测实验室。采购核酸检测设备，实施返岗人员岗前筛查和重点人群定期筛查制度。

5 月 10 日　伊拉克政府多次暂停发放邀请函给各国际石油公司，加上回国航班的经常性熔断，人员动迁困难，打乱甲乙方正常工作安排，导致部分承包商因安保许可停办不得不暂停作业。

6 月 10 日　哈法亚公司总经理成忠良获国务院国资委党委授予的“中央企业优秀共产党员”称号。同日，哈法亚生产党支部获中国石油（CNPC）授予的基层党建“百面红旗”称号。

6 月 29—30 日　哈法亚公司逐步复工复产，恢复运行关停 13 部钻机中的渤海 32（BH32）、大庆 23（DQ23）与安东 5006（Anton5006）等 3 部钻机。11 月 20—22 日，再恢复运行渤海 34（BH34）、大庆 29（DQ29）与大庆 1205（DQ1205）等 3 部钻机，复工总数达到 6 部钻机。

7 月 7—8 日　哈法亚第 41 届伙伴会（SC）会议、第四十三届联管会（JMC）会议在哈法亚营地生产指挥中心、哈法亚培训中心两地通过视讯系统召开，审议测井技术服务与资料解释、天然气处理厂进度、2021 年度预算工作计划优化、社区贡献项目、员工本地化等议题。

7 月 24 日　伊拉克时间 16 时，由安东 5006 钻井队（Anton5006）承钻、渤海定向负责的 HF0593-M0593H1 井，完成 1500 米水平井段钻井作业，创哈法亚油田 6 英寸井眼一支钻头一趟钻链且其水平井段最长纪录，完钻井深 4640 米，刷新哈法亚油田单井眼最大井深纪录。

8 月 26 日　中国石油（CNPC）对伊拉克进行第四轮新冠肺炎疫情防控和社会安全视频巡检，哈法亚公司汇报相关工作。

9 月 6 日　哈法亚公司针对小油藏、高部位开展潜力层兼探评价工作。在 HF0436-M0436D1 井兼探哈法亚区块 Rumaila 储层，射开厚度 4 米，试油日产近千桶，初步新增地质储量 1700 万桶。

9 月 28—29 日　哈法亚第 42 届伙伴会（SC）会议、第 44 届联管会（JMC）会议在哈法亚营地生产指挥中心、哈法亚培训中心两地通过视讯系统召开，审议一期油气处理站（CPF1）油处理系统升级改造招标、生产用化学品招标、水力压裂技术配套服务招标、钻井技术服务合同、2021 年度预算工作计划优化等议题。

9 月 30 日　哈法亚公司恢复运行修井机 1 部渤海 99（BH99），搬家至 HF1290-M1290D1 井位作业。

10 月 4 日　哈法亚公司总经理成忠良、副总经理田大军及副总经济师宋代文到伊拉克首都巴格达石油部就限产补偿、提油回收、天然气处理厂相关项目、外部因素产量影响、注水滞后及水源等问题进行谈判磋商，获重要进展，并落实年度第一批成本提油。

10月21日　哈法亚地区出现油气集输管线腐蚀泄漏问题，威胁原油产量和环境安全。分析认定由于近两年限产关停部分油井，集油管汇（OGM）连接管线在低通量状态下，内腐蚀风险增大。需加快对集油管汇（OGM）两端管线的通球清管作业和内腐蚀检测，并尽快注入杀菌剂等化学药剂、推广应用牺牲阴极或阳极防腐技术等措施。

10月26日　哈法亚公司HSSE总监何艳辉、安保部经理冯建勋会见伊拉克石油警察队南方区司令，米桑石油公司（MOC）HSSE部经理和特种部队哈法亚现场指挥官参加，讨论哈法亚油田日常护卫、安保力量和应急处置等事宜。

11月1日　哈法亚公司总经理成忠良、HSSE总监何艳辉、安保部经理冯建勋、行政部经理王忠飞会见伊拉克米桑省情报局、米桑石油公司（MOC）代表、石油警察和特种部队现场指挥官，通报哈法亚安保形势和近期发生安保事件，督促伊拉克政府相关部门尽快调查和处理安保事件，确保哈法亚油田安全。

12月21—22日　哈法亚第43届伙伴会（SC）会议、第45届联管会（JMC）会议在迪拜办公区召开，审议天然气处理厂进度、钻井钻头交接、油管采购招标、大排量潜油电泵招标、员工本地化政策等议题。

12月27日　哈法亚公司Sadi油藏第三口水平井分段压裂工艺现场试验在HF0268-S0268H1井压裂施工。压裂后初期，油嘴24/64英寸，井口压力1201磅力/英寸^2，产量1669桶/日。

2022年

1月4日　哈法亚一期油气处理站（CPF1）油处理系统升级改造项目招标结束，进入合同签署前准备阶段。

1月13日　由渤海钻探渤海32（BH32）钻井队负责钻井施工的HF117-WS117井完钻，钻井周期19.33天，创哈法亚公司水源井最短钻井周期纪录。

3月17日　哈法亚公司以视频方式召开第四十四届伙伴会（SC）会议。哈法亚项目向伙伴代表汇报讨论议题，并就近期项目周边HSE和安保形势变化，天然气处理厂项目液化天然气（LPG）外输管线建设等议题进行研讨。

3月24日　在哈法亚主营地召开哈法亚第46届联管会（JMC）会议，道达尔（英文简称Total更改TotalEnergies）、马来西亚石油公司（Petronas）代表通过视频参加会议，中方主要参会代表有王贵海、成忠良、孙开江。哈法亚公司向联管会（JMC）汇报上次会议决议执行进展情况、2021年预算工作计划（WP&B）业绩表现、2022年预算工作计划（WP&B）更新报告，天然气处理厂（GPP）项目进展、发电机租赁招标方案、伊拉克员工本地化及培训情况等议题。要求米桑石油公司（MOC）推动相关事宜，就相关招标问题与作业者召开会议进行研究，并推动石油部

（MoO）的审批通过。

4 月 14 日　哈法亚公司协同伊拉克国际油公司（IOCs）与伊拉克石油部联合起草的、适用于伊拉克境内所有国际油公司的标准采办程序，经伊拉克内阁审核通过，并开始试行 1 年。

5 月 26 日　哈法亚公司收到米桑石油公司（MOC）通知，因法奥港口油罐储存液位已达安全罐位，要求哈法亚公司外输量减半至 18.2 万桶 / 日水平，限输 5 天。通过与米桑石油公司（MOC）沟通和协商，获 86.5 万桶签字确认补偿产量。

6 月 23 日　哈法亚公司按照中油国际（CNODC）统一部署，在 HF115-Y115V2 井开展井喷突发应急四级联合演练。中油国际（CNODC）本部机关、工程院专家支持中心、川庆井控应急救援中心和渤海钻探等单位参加演练。

6 月 27 日　哈法亚公司在哈法亚主营地召开第 45 届伙伴会议，中方代表成忠良、孙开江参会。重点讨论议定 2022 年度预算工作计划（WP&B）更新、天然气处理厂（GPP）项目建设进展、近期安保和 HSE 现状等问题，并对近期 HSE 和安保情况，合同 P 因子相关问题进行汇报和讨论。

6 月 28 日　哈法亚公司在哈法亚主营地召开第 47 届联管会（JMC）会议，讨论 2022 年预算工作计划（WP&B）、天然气处理厂（GPP）、三期油气处理站（CPF3）、三期电站（PP3）与天然气处理厂（GPP）提供维护运转服务合同延期、定向钻井服务合同延期、标准采办程序（SCPP）审批、社会贡献等议题。并审议通过常规测井服务商务评标。

7 月 1 日　经中国石油天然气股份有限公司（PetroChina）批准，方甲中任中国石油（伊拉克）哈法亚公司总经理，张红斌任中国石油（伊拉克）哈法亚公司高级副总经理兼总会计师，领导班子开始工作交接。

7 月 24 日　由渤海钻探渤海 04（BH04）钻井队负责施工的 HF115-Y115V2 井完钻，该井是哈法亚 Yamama 油藏的一口深层开发井，五开 5⅞ 英寸井眼完钻井深 4512 米，钻井周期 85.75 天，同比 HF12 井五开 4500 米用时 126.47 天，缩短 40.72 天。该井创 Yamama 油藏深井开发井钻井周期最短纪录，投产后日产原油约 4300 桶。

7 月 24 日　伊拉克当地居民约 200 人因政府供水供电不足、就业困难等社会问题举行游行示威，通过检查站并试图冲击哈法亚公司主营地 2 号门，导致 2 号门附近部分公用设施损坏，并毁坏两个摄像头。在安保人员极力劝说下，最终散去。7 月 27 日，又有 200 多伊拉克当地居民以供水供电不足及失业等问题在卡哈拉镇（Khalaa）游行示威，聚集人数超过 500 人。在军警的严密防护下，游行队伍在哈法亚公司营地 2 号门持续聚集到上午 11 时，未造成财产损失和人员伤害。

7 月 31 日　中国驻伊拉克使馆大使崔巍到哈法亚公司考察，参加哈法亚甲乙方工作座谈会，指导哈法亚公司党建、安保、公共关系等工作。

8 月 7 日　上午 9 时 30 分，伊拉克部分当地人以政府供水、供电不足及就业困难等问题为由，在 7 月 24 日、7 月 27 日及 8 月 3 日未达目的之后，继续聚集约 150 人在哈法亚一期油气处理站（CPF1）示威游行，并试图冲击油田设施。当地军警在维持秩序时与游行示威人群发生剧烈肢体冲突，使用高压水枪、催泪瓦斯并鸣枪封堵、驱散人群，逮捕 19 人。期间造成 16 名警察受伤，其中 3 人被送往当地医院。

8 月 13 日　哈法亚公司召开年中工作会议，会议主题是“推进依法合规治企、强化精细管理提升，助力哈法亚高质量发展”，聚焦“稳增长、提效率、促创新、优资产、强基础、控风险”6 个方面，强调了依法合规、精细管理两条主线。

8 月 31 日　由于新冠肺炎疫情影响而停工 2 年多的大庆钻探工程公司大庆 13 钻井队钻机（DQ13）在 HF7030-S7030H1 井开钻，哈法亚公司在现场的 13 部钻机全部安全平稳复工。

9 月 9 日　中国石油（伊拉克）哈法亚公司作业部钻井班组被授予 2022 年度中国石油天然气集团有限公司质量信得过班组。

9 月 18 日　金砖国家青年能源峰会暨国际能源青年大会在北京成功举办。会上，举行能源与气候变化大赛颁奖典礼，哈法亚公司制作的微视频《坚持绿色发展，筑梦“一带一路”——伊拉克哈法亚油田节能减排实践》获“声音赛道”风采奖，哈法亚公司获最佳组织奖。

9 月 19 日　哈法亚第 46 届指导委员会会议（SC 会议）在法国巴黎召开，中东公司总经理王贵海、总经理助理孙开江作为中国石油（CNPC）代表参会，中国石油（伊拉克）哈法亚公司总经理方甲中、中国石油（CNPC）海外业务高级专家成忠良在哈法亚公司营地现场通过视频方式参加会议。会上哈法亚公司向伙伴代表汇报提交第 48 届 JMC 会议的相关议题，并就伙伴关心的近期 HSE 和安保情况，有关诉讼案件近期进展情况，LPG 外输管线建设，湿地保护区的作业，停产补偿协议，2023 年的投资计划进行讨论。

9 月 20 日　哈法亚第 48 届联管会（JMC）会议在法国巴黎召开。会上哈法亚公司向联管会汇报了 2023 年度工作计划和预算（WP&B）报告、天然气处理厂项目进展情况、相关重大合同授标、本土化及培训情况、社会贡献等议题。会议审议通过常规测井服务项目授标建议、1500 马力钻机服务（3 部）合同延期申请、2022—2024 年外部审计师招标合同授标建议，并就各方关心的问题进行讨论。

10 月 26 日　经中国石油（PetroChina）批准，田大军任中国石油（伊拉克）哈法亚公司高级副总经理；经中国石油（PetroChina）人力资源部批准，王静波任中国石油（伊拉克）哈法亚公司副总经理、何艳辉任中国石油（伊拉克）哈法亚公司副总经理兼安全总监。

11 月 4 日　管道“智能检测器”抵达集输管汇 OGM143 收球桶端，哈法亚公司首次“智能通球检测”作业完成。

11 月 20 日　哈法亚公司向米桑省学生书籍捐赠仪式在米桑教育局举行，米桑省省长代表、米桑教育局局长拉伊德 · 玛伊拜尔（Riyad Mejbel），米桑石油公司（MOC）代表、哈法亚项目部总经理贾巴尔 · 贾西姆（Jabbar Jasim），中国石油（伊拉克）哈法亚公司高级副总经理田大军等出席捐赠仪式并致辞。伊拉克迪亚拉电视台（Dijla TV）、壹新闻电视台（ I News TV）、艾尔拉比亚电视台（AlRabiaa TV）与尼娜新闻社（Nina News Agency）、艾尔萨巴政府新闻（Al-Sabah government newspaper）、艾尔伊什拉克新闻社（Al-Ishraq News Agency）、电子新闻社（Electronic News Agency）等当地媒体和报纸进行报道，米桑省石油公司（MOC）和米桑省教育局都在其官方 Facebook 进行宣传。

11 月 21 日　由国家广播电视总局主办的首届中阿短视频大赛颁奖典礼暨“共享新视听、共创新未来——中阿合作主题周”启动仪式以线上线下相结合方式举行。中国石油（伊拉克）哈法亚公司李晨光创作的讲述中国石油进入伊拉克 10 余年来当地发展重大变化的视频作品《我看这十年》，获首届中阿短视频大赛三等奖。

12 月 18 日　哈法亚第 47 届指导委员会会议在哈法亚营地现场召开，中东公司总经理王贵海、总经理助理孙开江作为中国石油代表参会，哈法亚公司总经理方甲中通过视频方式参会。会议由哈法亚项目向伙伴代表汇报提交第 49 届 JMC 会议议题，就伙伴关系的近期 HSE 和安保情况进行讨论。并就天然气处理厂项目（GPP）液化天然气（LPG）外输管线建设、限产补偿解决方案、伊政府启动 P 因子等问题与伙伴代表讨论交流，达成一致意见。

12 月 19 日　哈法亚第 49 届联管会（JMC）会议在哈法亚营地现场召开。会上哈法亚公司向 JMC 汇报 2023 年度工作计划和预算（WP&B）报告更新、天然气处理厂项目进展情况、相关重大合同授标、本土化及培训情况、社会贡献等议题。会议审议通过 2023 年度预算工作计划（WP&B），天然气处理厂 EPCCOM 合同变更申请，一期和二期油气处理站（CPF1 和 CPF2）气处理系统升级改造项目授标的请示，1500 马力钻机服务（3 部）合同延期申请，4 套 650 马力修井机服务合同延期申请，5 套 650 马力和 1 套 750 马力修井机服务合同延期申请等议题。并就各方关心的问题进行讨论。

12 月 20 日　哈法亚公司 HF0802-S0802H1 井开始 Sadi 水平井分段压裂施工，至此哈法亚公司实施井开始 Sadi 水平井分段压裂 7 口井，统计措施后平均单井日产 1400 桶以上，经 1—2 年稳定生产仍能保持在日产 1100 桶以上水平。

第一篇　组织机构

中国石油（CNPC）提出了实施可持续发展的“三大战略”，其中第三个战略即按照中央关于对外开放的方针，积极扩大对外经济技术合作与交流，扩大各种形式的对外贸易，努力开拓国际市场，参与国外油气资源的开发利用，在国际竞争中发展和壮大自己。由中国石油（PetroChina）、法国道达尔和马来西亚国家石油公司共同组建的哈法亚投标联合体在2009年底中标后，中国石油（PetroChina）批准成立哈法亚项目部。2010年初，签署《哈法亚油田开发与生产技术服务合同》（DPSC），同步启动组织机构设置和管理架构设计。同年8月，中国石油（CNPC）批准哈法亚项目中方组织机构。

中国石油（伊拉克）哈法亚公司中方人员配置严格遵守中国石油（CNPC）“三控制一规范”的规定，做好用工总量的管理。按照项目工期、工程节点控制好用工总量和用人节奏，优化人力资源配置。中方人员用工指标控制在160人以内［2022年6月中国石油（CNPC）海外业务优化调整后的指标为155人］。精心选择专业技术部门的战略合作伙伴，共同做好新增用工需求与供给人才的专业岗位匹配工作。依托中油国际（CNODC），确保中方主体人员来源主渠道的畅通；并与中国石油勘探开发研究院、管道局等单位开展人力资源共享合作，采用对口支持、技术支持等用工方式。

哈法亚项目合同为技术服务合同模式，哈法亚作业公司组织机构的设置必须遵从技术服务合同的要求。在作业公司组织架构设计上，体现以点带面、优势互补、科学配置、学习互通、构成多元化、渐进本地化特点。作业公司的决策层形式为出资伙伴指导委员会和联合管理委员会；员工来源构成为“金字塔”形式，初期基本按照伙伴派出人员、国际雇员、当地雇员1：2：7比例，逐步加大当地雇员比例，减少伙伴派出员工和国际雇员人数。实际的人员构成比例为1：1.7：11.3，本土化率达80%；职能发挥设计按照专业技术、经营管理、业务执行类别模式，优中选优，接替培养，持续强化员工队伍建设。

第一章 准备机构

哈法亚项目中标后，根据发展需要设置初期作业机构，以业务流程为中心，设立总裁、行政管理和开发生产两个大部、职能部门三级组织机构，其中按业务划分的职能部门 16 个，除了 HSSE、总裁办公室和内控审计部直接对口总裁，其余 13 个部门分别对口两个大部；成立油田作业区机构，其管理层级与勘探开发和行政大部同级，组织机构分直接管理和间接管理两类。

第一节 哈法亚投标联合体

哈法亚项目是中国石油天然气股份有限公司（PetroChina）与合作伙伴法国道达尔公司（Total）、马来西亚石油公司（Petronas）同伊拉克南方石油公司（SOC）组成联合体运作的国际石油开发项目，也是中国石油天然气股份有限公司第一次以作业者身份，在大型项目上与西方大石油公司进行合作的项目。2009 年 12 月 11 日项目中标后，中国石油天然气股份有限公司成立哈法亚项目部。2010 年 1 月 27 日与伊拉克米桑石油公司（MOC）签署油田开发生产服务合同。中国石油天然气股份有限公司担任作业者并持有 37.5% 的权益，法国道达尔公司和马来西亚石油公司分别持有 18.75% 的权益，伊拉克南方石油公司持 25% 的干股。

2014 年 9 月 4 日，合同者与资源国伊拉克政府共同对合同进行了第一次修订，各合同者权益比例分别调整为法国道达尔公司（Total）22.5%，马来西亚国家石油公司（Petronas）22.5%，中国石油天然气股份有限公司 45%，伊拉克南方石油公司（SOC）占干股 10%。哈法亚公司（PetroChina International Iraq FZE）注册地址为阿拉伯联合酋长国迪拜杰贝利·阿里（Jebel Ali）自由区，办公区编号 Office No LB192701，邮箱编号 PO Box 263108。

第二节 初设管理机构

哈法亚油田开发生产合同（DPSC）于 2010 年 3 月 1 日正式生效。基于合同要求，哈法亚项目部随即着手组建中国石油哈法亚作业公司。哈法亚公司设立最高决策机构，一是联合管理委员会（JMC）。负责审议批准油田开发方案，年度工作计划与预算、人事政策、采办程序等重大事项；2000 万—1 亿美元合同审批；联管会（JMC）会议年均会议 4 次；联管会（JMC）每人一票，一致同意形成决议。二是伙伴指导委员会（SC）。负责审议联管会（JMC）议题事项、开发方案报批、提出修改或终止开发生产服务合同、宣布商业发现、重大投资决策、政策和程序报批等。

哈法亚公司设立专业分支决策机构，一是管理委员会（Management Committee，简称 MC），审议哈法亚公司内部政策和程序，提交 SC/JMC 报告；审议决定项目重大计划、人事、财务、采办、法律事务等。二是招标委员会（Tendering Committee，简称 TC），审批招标策略、技术评标报告、商务评标报告、授标建议、合同执行中重大变化等。三是人力资源委员会（Human Resources Committee，简称 HRC），审议组织机构、年度人员预算、人事政策、部门经理级以上岗位的调整变动等，以及其他人力资源相关的重大事务。四是健康安全安保环保委员会（Healthy Safety Security Evironment Committee，简称 HSSEC）委员会，审议石油作业 HSSE 手册、组织 HSSE 检查等。

2010 年 8 月，中国石油天然气股份有限公司（PetroChina）人事部批复哈法亚项目部中方机构，设行政部、人力资源部、经营计划部、财务会计部、勘探部、开发部、生产部、工程部、作业部、HSSE 部、采办部、法律事务部、信息技术部共 13 个部门，人员编制控制在 70 人以内（含作业区中方人员），其中项目部领导职数 5 人，处级职数 39 人（含总经理助理、副总师职数 5 人）。

第二章　迪拜支持与哈法亚作业区并行机构

哈法亚公司管理机构的设置既要基于项目运作实际需求，又要充分考虑金融财务、保险、法律等社会服务体系健全程度。借鉴英国石油公司（Braitish Petroleum，简称 BP）和马来西亚石油公司（Petronas）等国际油公司的做法，哈法亚公司机构设置由支持机构（阿联酋迪拜）和哈法亚作业区（伊拉克米桑省阿玛拉市哈法亚油田现场）两大部分组成。支持机构全面负责项目运作，提供商务、技术决策和支持。哈法亚作业区机构负责作业、工程建设、油气生产活动执行。2009 年 12 月—2015 年 12 月，是迪拜支持机构与哈法亚作业区机构并行阶段。2015 年 12 月，哈法亚作业公司有中方派遣员工 208 人，法国道达尔公司（Total）派遣员工 3 人，米桑石油公司（MOC）派遣员工 345 人，国际雇员 391 人，伊拉克当地雇员 637 人。

第一节　领导机构

2009 年 12 月，中国石油天然气股份有限公司（PetroChina）任命祝俊峰为伊拉克公司常务副总经理兼哈法亚项目部总经理；郭月良为伊拉克公司副总经理兼哈法亚项目部副总经理。2010 年 3 月，中国石油天然气股份有限公司（PetroChina）任命李庆学、许岱文为哈法亚项目部副总经理。同年 4 月，哈法亚项目对领导班子进行分工。总经理祝俊峰负责班子和干部。副总经理郭月良负责 HSSE 工作，李庆学负责行政与支持大部工作，许岱文负责生产与勘探大部工作。

2014 年 3 月，哈法亚项目部根据领导人员变动对领导班子成员分工进行调整，总经理祝俊峰主持哈法亚项目公司全面工作并具体负责哈法亚三期产能建设项目筹备工作。副总经理李庆学分管人力资源部、采办部、法律部、行政部工作，负责迪拜车辆及交通安全管理。副总经理许岱文分管勘探开发生产大部各部门工作，同时代表哈法亚公司管理层负责现场 HSSE 工作。总会计师蔡勇分管财务会计部、经营计划部、信息技术部工作。

哈法亚项目部领导名录

总 经 理：祝俊峰（正局级，兼任，2009.12—2015.12）

副总经理：郭月良（副局级，兼任，2009.12—2013.11）

　　　　　李庆学（副局级，2010.3—2015.12）

　　　　　许岱文（副局级，2010.3—2015.12）

总会计师：潘成刚（副局级，兼任，2010.11—2013.11）
　　　　　蔡　勇（副局级，兼任，2013.11—2015.12）
总经理助理：邓细泉（正处级，2010.10—2015.12）
　　　　　　阎世和（正处级，2010.10—2015.12）
　　　　　　王　煜（正处级，2011.10—2015.12）
　　　　　　孙开江（正处级，2012.9—2015.12）
　　　　　　乔振勇（正处级，2013.10—2015.12）
　　　　　　朱新民（正处级，2014.7—2015.12）
副总地质师：雍凤军（正处级，2010.10–2013.2）
副总会计师：蔡　勇（正处级，2011.10—2013.10）

第二节　迪拜支持机构

在 2010 年 8 月批复的哈法亚项目部中方机构和人员编制基础上，2012 年 3 月，中国石油天然气股份有限公司（PetroChina）人事部同意哈法亚项目部增设管道部和作业控制中心，产能高峰期的中方人员编制控制在 160 人以内，处级职数调整为 46 人，其中总经理助理、副总师等职数调整为 6 人。根据业务需要，2013 年 6 月，成立井下作业部。2014 年 3 月，成立内控审计部；同年 12 月，成立电力部。

2015 年 12 月，哈法亚作业公司迪拜支持机构设总裁、副总裁；行政大部总经理、勘探生产大部总经理。总裁直管大部经理、哈法亚作业区总经理及总裁办公室、HSSE 部、内控审计部；行政大部下设行政部、人力资源部、经营计划部、财务会计部、法律事务部、信息技术部、采办部；勘探生产大部下设勘探部、开发部、工程部、作业部、井下作业部。

2010 年 9 月—2015 年 12 月哈法亚项目部中方职能部门设置。

一、健康安全安保环境部（HSSE）

2009 年 12 月，成立 HSSE 部。负责建立健全项目 HSSE 管理体系；负责审查重大建设项目职业卫生、工业安全、环境保护及社会安全工作计划与方案；负责组织制定项目重大 HSSE 突发事件应急预案及其落实的指导工作；负责组织或参与 HSSE 事故事件的调查；负责项目部 HSSE 工作动态跟踪、社会安全形势研究及突发 HSSE 事件应急处置协调或支持工作；负责配合人力资源部协调项目部 HSSE 资质培训及相关 HSSE 政策的宣传贯彻工作；负责组织开展项目部 HSSE 审计及 HSSE 绩效考核工作；负责项目部员工的职业健康管理工作。

经　理：赵宏展（2012.12—2015.12）
副经理：赵宏展（2010.9—2012.12）

二、勘探部

2009 年 12 月，成立勘探部。负责项目油气勘探规划的研究和编制工作；负责项目油气勘探年度部署及年度勘探计划的编制；负责项目地震采集设计方案的审批；负责项目地震处理质量控制；负责项目油气储量管理工作；负责编制项目探井、重点评价井井位设计方案与试油方案；负责勘探动态信息的收集、整理、分析和发布工作。

经　理：雍凤军（2010.9—2013.2）

　　　　田　军（兼任，2013.2—2015.12）

三、开发部

2009 年 12 月，成立开发部。负责组织项目油气开发业务总体规划的研究和编制工作；制订项目年度油气田开发部署，编制油气生产计划，并督促项目组织实施；编制项目油气田总体开发方案、评价方案、开发调整方案，并跟踪优化及执行；负责项目油气开发生产形势分析及油藏综合管理；负责项目业务生产运行动态信息的收集，并编制各类报告、报表；归口管理项目油气田开发技术支持工作；负责项目油气储量管理工作；负责编制项目评价井井位设计方案与试油方案。

经　理：田　平（2010.9—2015.12）

　　　　刘尊斗（2015.12）

副经理：刘尊斗（2010.9—2015.12）

　　　　欧　瑾（2012.12—2015.12）

四、生产部

2009 年 12 月，成立生产部。负责编制项目中长期和年度油气田生产总体规划及重点部署；审查项目重大生产实施方案；负责项目的生产组织协调；负责油气田生产作业新技术及新工艺的推广及应用；归口管理油气田生产技术支持工作。

经　理：朱新民（2010.9—2015.12）

五、工程部

2009 年 12 月，成立工程部。负责组织编制项目油气田地面工程建设的总体规划；组织、编制和实施项目油气田地面工程的总体设计方案；负责油气田地面工程初步设计审查、基本设计审查、协助招标评标、合同洽谈，负责油气田地面工程设计变更的审批；负责地面工程建设投资、进度、质量和信息的动态跟踪管理工作。

经　理：乔振勇（2010.9—2015.12）

副经理：谢　刚（2010.9—2015.12）

　　　　邓天文（2011.9—2015.12）

六、作业部

2009 年 12 月，作业部成立。负责编制项目中长期和年度油气田钻井作业总体规划及重点部署；审查项目重大钻井作业实施方案；负责钻井作业技术管理；负责油气田钻井作业新技术及新工艺的推广及应用；负责和采办部一同组织钻井作业相关服务、钻井材料的招标工作；负责钻井工程进度的动态跟踪和质量控制；统一归口管理油气田钻井作业技术支持工作。

经　理：梅景彬（2010.9—2015.10）
　　　　罗慧洪（2015.10—2015.12）
副经理：任智基（2010.9—2015.12）
　　　　齐文旭（2011.9—2015.12）

七、人力资源部

2009 年 12 月，成立人力资源部。负责编制项目人力资源规划及员工统计分析工作；负责项目人力资源年度需求计划的编制、员工选聘工作；负责项目新员工的配置及轮换工作；负责项目的干部管理工作和薪酬福利管理工作，参与相关政策研究和实施工作；组织协调项目员工培训计划的制订和项目专业人才的工作；负责项目员工的出国立项管理协调工作；组织协调员工调入、户口办理、技术职称评审、专家队伍建设等工作。

经　理：邓细泉（2010.9—2015.12）
副经理：迟艳波（2010.9—2014.5）
　　　　徐大鹏（2012.12—2015.12）

八、经营计划部

2009 年 12 月，成立经营计划部。负责组织编制项目中长期投资规划；负责编制项目年度生产经营和投资计划，经批准后下达；负责项目年度计划执行情况的跟踪分析、投资预算变更与调整；负责项目生产经营统计及分析工作；负责组织项目投资效益分析和后评价工作；负责项目业务计划与统计系统的归口管理和协调指导；参与项目经营策略研究；负责项目提油工作。

经　理：薛巍松（2010.9—2012.12）
　　　　唐　滨（2012.12—2015.12）
副经理：王　琪（2010.9—2012.1）
　　　　刘　昂（2012.12—2015.12）
　　　　程浪洪（2012.12—2014.9）

九、财务会计部

2009 年 12 月，成立财务会计部。负责项目的财务预算管理工作；负责项目的资金管理工作；负责项目会计管理工作。

经　理：蔡　勇（2010.9—2013.11）

　　　　魏广庆（2014.3—2015.12）

副经理：陈海燕（2010.9—2014.3）

　　　　魏广庆（2010.9—2014.3）

　　　　韩凤君（2012.12—2015.10）

十、采办部

2009 年 12 月，成立采办部。负责采办计划制定和工作程序及招标文本编制的工作；编制项目采办招标策略并组织实施，成本控制；负责项目采办业务的组织、管理和协调工作；负责项目的物资管理、清关和运输工作。

经　理：郭　延（2010.11—2014.3）

　　　　王志峰（2014.3—2014.8；兼任，2014.8—2015.12）

副经理：许多宝（2010.9—2015.12）

　　　　姚建平（2010.9—2010.11）

　　　　罗　亮（2012.12—2015.12）

　　　　李仁昌（2014.8—2015.10）

　　　　翟　墨（2015.6—2015.12）

十一、法律事务部

2009 年 12 月，成立法律事务部。负责项目重大经营决策的法律论证，负责项目重大合同的起草、审核和谈判工作；处理项目公司设立、变更、撤销等相关法律事务；处理项目法律纠纷案件；负责法律知识宣传和重大项目合同的宣贯工作；负责项目法律风险管理工作。

经　理：王志峰（2010.9—2014.3）

副经理：李　申（2014.3—2015.12）

　　　　宋近双（2015.6—2015.12）

十二、信息技术部

2009 年 12 月，成立信息技术部。负责制定项目信息化建设规范和标准；起草项目信息化规划与计划；组织信息系统建设工作；组织实施项目 IT 基础建设及运维；负责项目通信网络的建设与管理；负责项目通信及网络设备管理与技术支持；负责组织项目 ERP 实施及运维。

经　理：刘兴顺（2010.9—2015.12）

十三、行政部

2009 年 12 月，成立行政部。负责项目部办公行政和后勤管理体系和自动化办公体系的建设；负责项目部会议和会务服务、公文和档案管理；负责项目部后勤保障及外事服务。

经　理：尹小融（2010.9—2015.12）

副经理：王忠飞（2010.9—2015.12）

十四、管道部

2011 年 9 月，成立管道部。负责油气管道新项目的前期论证和相关工作；组织项目长输管道工程项目技术方案的研究与制定；组织长输管道工程初步设计和重大设计变更审查；负责项目长输管道工程投资、进度和质量的管理工作；负责项目管道的建设、运行和协调工作。

经　理：黄学东（2015.6—2015.12）

副经理：黄学东（2011.9—2015.6）

十五、内控审计部

2014 年 3 月，成立内控审计部。负责公司内控体系建设，控制项目经营管理风险，开展内部审计工作。

经　理：陈海燕（2014.3—2015.12）

十六、井下作业部

2013 年 6 月，成立井下作业部。负责各类完井设计的编写，探井、生产井井下管柱的设计，性能的测评及采购；负责作业计划、作业预算审核及准备，现场材料供应的后勤支持及成本控制；负责酸化、压裂和连续油管气举及其他 CT 作业设计的审核，作业现场的交接，安保协调，材料协调，污染，服务方的动迁协调工作；负责修井机作业现场的井场交接，作业技术支持，监督管理工作。

经　理：蔡文新（2014.8—2015.12）

十七、电力部

2014 年 12 月，成立电力部。负责组织哈法亚油田电力系统的总体规划及重点部署；负责一期、二期电厂的运行、操作、维护、备件采购；负责租赁电厂的运行、操作、维护、备件及后勤管理及协调；负责高压输电线路、变电站及井场电力设施的巡检、运行、维护、备件采购；负责电力系统的小型升级改造、系统参数整定；负责相应合同、编制、跟踪及验收；负责相应采购文件的编制、跟踪及材料接收；负责相应整改项目的管理、交接及验收工作；负责电力系统备件的库存管理、成本控制；负责电力部门的年度及长期预算编制。

经　理：杨德红（2015.6—2015.12）

第三节 哈法亚作业区机构

2010 年 9 月—2015 年 12 月，哈法亚作业区机构作为哈法亚作业公司油田现场执行机构，设作业区总经理、副总经理，职级分别对应迪拜支持机构大部总经理、副总经理，负责现场生产、作业、保障总协调、现场人员日常管理，以及与米桑石油公司（MOC）协调等，向总裁报告；设 HSSE 部、安保部、作业控制中心、生产部（采油厂）、油藏工程部、工程建设部、作业部、井下作业部、电力部、IT 部、人事部、财务部、内控与审计部、采办部、营地服务、行政部、预算与合同、社区与公共关系、巴格达办公室共 19 个部门，部门经理职级对应迪拜支持机构部门副职，日常业务向迪拜支持机构对应部门报告，没有对应的部门由作业区总经理直线管理。

中国石油天然气股份有限公司（PetroChina）批复的哈法亚项目部中方机构不单设作业区机构部门，作业区所履行的各项职责视为所批复各中方部门职责向油田现场的延伸。

一、哈法亚作业区总经理、副总经理

总经理：阎世和（2010.9—2015.12）
　　　　王　煜（2010.9—2015.12）
副总经理：杨　勇（2010.9—2015.10）
　　　　　姜卫东（2010.9—2015.12）

二、哈法亚作业区部门经理、副经理

HSSE 部经理：赵宏展（兼任，2010.9—2015.12）
人事部经理：马红强（2010.9—2015.12）
财务部经理：魏广庆（兼任，2010.9—2014.3）
　　　　　　高伟东（2012.12—2015.12）
采办部经理：许多宝（兼任，2010.9—2015.12）
　　　　　　李晓雄（2012.12—2015.12）
　　　　　　吕晓光（2015.6—2015.12）
开发部经理：刘尊斗（兼任，2010.9—2015.12）
　　　　　　何艳辉（2012.12—2015.12）
作业部经理：任智基（兼任，2010.9—2015.12）
　　　　　　齐文旭（兼任，2012.12—2015.12）
工程部经理：谢　刚（兼任，2010.9—2011.9）
　　　　　　邓天文（兼任，2011.9—2015.12）
　　　　　　杜　博（2012.12—2015.12）
生产部采油一厂厂长：闵志滨（2010.9—2015.12）

刘启智（2012.12—2015.12）

生产部采油二厂厂长：郭兴海（2010.9—2015.12）

孙　鹏（2012.12—2015.12）

井下作业部经理：胡子会（2014.3—2015.12）

营地服务部经理（营地与商务支持部经理）：郝　江（2010.9—2013.8）

社区与公共关系部经理：王钦贵（2010.9—2015.12）

作业控制中心主任：韩　飞（2011.9—2015.12）

姜卫东（兼任，2014.8—2015.12）

IT 部经理：刘　彬（2012.12—2015.12）

行政部经理：王忠飞（2013.8—2015.12）

营地服务部经理：郝　江（2013.8—2015.12）

预算与合同部经理：程浪洪（兼任，2013.8—2014.9）

安保部经理：刘忠峰（2013.11—2015.10）

冯建勋（2015.6—2015.12）

第三章 中国石油（伊拉克）哈法亚公司

2016年，应伊拉克政府要求，迪拜支持机构前移至伊拉克哈法亚油田现场，在中方所批复哈法亚项目部机构、干部职数和人员编制不变的前提下，在作业公司层面对迪拜支持机构和哈法亚作业区机构进行了整合。

作业公司下设总裁办公室、HSE部、安保部、公共关系部、内控审计部、行政部、人力资源部、经营计划部、财务会计部、法律部、信息技术部、采办部、营地服务部、勘探开发部、生产部（下设3个作业区）、工程部、作业部、井下作业部共18个部门。

哈法亚公司管理架构按职能划分为总裁直属部门、勘探与生产大部和行政支持大部。总裁直属部门包括HSE部、安保部、公共关系部和内控审计部，集中了事关项目发展未来的外部社区环境和生产经营氛围的关键管理节点，体现项目坚持“以人为本，HSSE优先”理念，强化领导直接领导和HSSE制度宣贯落实。加强与资源国属地石油公司、当地政府、社区民众的沟通联络，发展经济同时不忘履行社会责任，切实落实“共同发展、和谐共赢”的精诚合作理念。勘探与生产大部集中了勘探部、开发部、生产部、地面工程部及钻井部、井下作业部，通过加强勘探开发方案研究，围绕油田开发总体规划目标，精细分析各开发区块石油地质状况，持续增进开发认识，从地下到地上全面加强生产组织协调落实。行政与支持大部包括行政部、人力资源部、经营计划部、财务会计部、法律部、信息技术部、采办部、营地服务部，通过部门分别确立作业公司财务会计、计划财务、人力资源、采办招标商务、信息技术安全、内控风险等管理体系，确保作业公司全面贯彻落实经营策略和工作计划，实现生产经营目标。2016年，机构优化组合，对原有的迪拜支持机构与伊拉克哈法亚现场执行机构进行了有效调整，强化了靠前组织、扁平管理、执行有力的管理职能。

2016年6月，哈法亚项目更名为中国石油天然气集团公司中东公司伊拉克哈法亚项目。

2018年10月，中油国际（CNODC）对海外中方管理机构名称进行规范调整，中东公司伊拉克哈法亚项目更名为中油国际（伊拉克）哈法亚公司。

2022年5月，根据中国石油（CNPC）海外业务体制机制优化调整，中油国际（伊拉克）哈法亚公司更名为中国石油（伊拉克）哈法亚公司，为海外项目公司，列一级企业管理，等级类别初次评价确定为A级一类。

截至2022年底，哈法亚公司有来自39个国家的中外方员工2024人。其中，迪拜支持机构7人，包括伙伴派遣2人、国际雇员5人；伊拉克现场2019人，包括中方派遣154人、国际雇员 253 人、米桑石油公司（MOC）派遣 85 人、当地直接雇佣 992 人、设施巡检人员（当地雇员，Facility Keeper）535 人。

第一节 领导机构

2016 年 7 月，王贵海接替祝俊峰任哈法亚项目总经理，领导班子成员因工作调动出现较大变化。2019 年 4 月，哈法亚公司领导成员分工做出调整，总经理、作业公司总裁王贵海主持全面工作，负责 HSE、安保、公共关系、内控审计工作，分管 HSE 部、安保部、公共关系部和内控审计部；副总经理、作业公司人力资源部经理邓细泉负责人力资源、企业文化、工会等工作，分管人力资源部；副总经理、作业公司行政大部总经理王静波负责经营计划、财务、法律、采办、IT、行政管理、营地管理工作，分管经营计划部、财务会计部、法律部、采办部、信息技术部、行政部和营地服务部；副总经理、作业公司勘探生产大部总经理刘尊斗负责勘探、开发、工程建设、钻修井工作，分管勘探部、开发部、工程部、管道部、作业部和井下作业部。总经理助理、作业公司生产部经理黄洪庆负责油田生产工作，分管生产部和电力部。

2019 年 12 月，成忠良接替王贵海任中油国际（伊拉克）哈法亚公司总经理。根据哈法亚公司领导成员调整情况，2021 年 10 月对公司领导成员分工做出调整。成忠良总经理主持哈法亚片区作业公司全面工作；负责哈法亚片区工程技术服务业务协调；分管人力资源部、内控审计部、公共关系部。副总经理邓细泉分管企业文化部，协助分管人力资源部。副总经理王静波分管经营计划部、财务会计部、法律部、采办部、信息技术部、营地服务部，协助分管内控审计部；负责规划计划和预算、财务、采办、提油、IT、法律、营地工作。副总经理兼安全总监刘尊斗分管勘探部、开发部、工程部、生产部、电力部、作业部、井下作业部、天然气处理厂项目部、安保部、HSE 部，协助分管工程技术服务业务协调；负责生产运行和科技管理、质量计量标准化管理、HSSE 管理、企业管理工作；协助负责工程技术服务业务协调工作。副总经理田大军分管行政部和工会，协助分管公共关系部；负责与伊拉克政府、MOC、社区等对外事务的沟通与协调，以及公司内部的工作协调、安排和档案、保密和工会工作。总经理助理黄洪庆协助分管生产部、电力部、工程部、天然气处理厂项目部；协助负责生产运行、质量计量标准化管理工作。总经理助理王喻雄协助分管开发部、作业部、井下作业部；协助负责科技管理、企业管理工作。副总经济师宋代文协助分管经营计划部；协助负责规划计划和预算工作。安全副总监何艳辉协助分管勘探部、安保部、HSE 部；协助负责 HSSE 管理和工程技术服务业务协调工作。

2022 年 5 月，根据中国石油（CNPC）海外业务体制机制优化调整意见，规定中国石油（伊拉克）哈法亚公司设综合管理部、计划部、财务部、人力资源部、法律和股东事务部、QHSE 部（安保部）、采办部、信息技术部、公共关系部（企业文化部）、内控审计部、勘探部、开发部、生产部（含 3 个作业区）、工程部、作业部、电力部、天然气处理厂项目部、营地服务部 18 个部门。中方人员编制 155 人。其中，设总经理（一级正）1 人，高级副总经理（一级副）2 人，副总经理等（二级正）4 人，助理副总师（二级正）5 人，部门经理中二级正职 17 人、二级副职数 30 人。2022 年 7 月，方甲中任哈法亚公司总经理，张红斌任高级副总经理、总会计师；2022 年 10 月，田大军任高级副总经理，王静波任副总经理，何艳辉任副总经理、安全总监。根据领导班子调整配备情况，经哈法亚公司领导班子研究，并报中国石油人力资源部批准，对领导成员分工进行调整。总经理方甲中负责公司全面工作，主持公司管理委员会工作；负责组织建设、巡察、人力资源、行政等工作。分管综合管理部、人力资源部。高级副总经理、总会计师张红斌负责规划计划和财务工作。分管计划部和财务部。高级副总经理、工会主席田大军负责审计、内控合规、纪检、企业文化、工会、公共关系、保密、营地管理工作；协助负责组织建设和巡察日常工作。分管内控审计部、公共关系部（企业文化部）、营地服务部。副总经理王静波负责采办、法律事务、股东事务、信息化等工作。分管采办部、法律和股东事务部、信息技术部。副总经理、安全总监何艳辉负责 QHSSE、企业管理、科技、勘探、开发、生产、工程、作业等工作。分管 QHSE 部（安保部）、勘探部、开发部、生产部（含 3 个作业区）、工程部、作业部、电力部、天然气处理厂项目部。

一、2016 年 1 月—2017 年 4 月领导名录

总经理：祝俊峰（正局级，兼任，2016.1—2016.6）
　　　　王贵海（副局级，兼任，2016.7—2017.4）
常务副总经理：蔡　勇（副局级，兼任，2017.1—2017.4）
副总经理：李庆学（副局级，2016.1—2016.6）
　　　　　许岱文（副局级，2016.1—2016.6）
总会计师：蔡　勇（兼任，副局级，2016.1—2016.6）
总经理助理：邓细泉（兼任，正处级，2016.1—2017.3）
　　　　　　阎世和（兼任，正处级，2016.1—2016.1）
　　　　　　王　煜（正处级，2016.1—2016.7）
　　　　　　孙开江（正处级，2016.1—2016.6）
　　　　　　乔振勇（正处级，2016.1—2017.4）
　　　　　　朱新民（正处级，2016.1—2017.4）

二、2017 年 5 月—2019 年 11 月领导名录

总经理：王贵海（副局级，兼任，2017.4—2018.9）
　　　　王贵海（正局级，兼任，2018.10—2019.11）
常务副总经理：蔡　勇（兼任，副局级 2017.1—2018.4）
副总经理：邓细泉（正处级，2017.4—2019.11）
　　　　　朱新民（正处级，2017.4—2018.7）
　　　　　乔振勇（正处级，2017.4—2019.11）

王静波（正处级，2019.3—2019.11）
刘尊斗（正处级，2019.3—2019.11）
总经理助理：黄洪庆（正处级，2018.7—2019.11）

三、2019 年 12 月—2022 年 6 月领导名录

总经理：成忠良（副局级，兼任，2019.12—2022.6）
副总经理：邓细泉（正处级，2019.12—2022.6）
王静波（正处级，2019.12—2022.6）
刘尊斗（正处级，2019.12—2022.1）
田大军（兼任，正处级，2021.4—2022.6）
安全总监：刘尊斗（正处级，2020.12—2022.1）
总经理助理：黄洪庆（正处级，2019.12—2022.6）
王喻雄（正处级，2021.1—2022.6）
副总经济师：宋代文（正处级，2021.1—2022.6）
安全副总监：何艳辉（正处级，2021.1—2022.6）

四、2022 年 7—12 月领导名录

总经理：方甲中（一级正，2022.7—2022.12）
高级副总经理：张红斌（一级副，2022.7—2022.12）
田大军（一级副，2022.10—2022.12）
副总经理：田大军（二级正，2022.7—2022.9）
王静波（二级正，2022.7—2022.12）
何艳辉（二级正，2022.10—2022.12）
总会计师：张红斌（一级副，2022.7—2022.12）
安全总监：何艳辉（二级正，2022.10—2022.12）
总经理助理：黄洪庆（二级正，2022.7—2022.12）
王喻雄（二级正，2022.7—2022.12）
副总经济师：宋代文（二级正，2022.7—2022.12）
安全副总监：何艳辉（二级正，2022.7—2022.9）

第二节　勘探与生产职能部门

勘探与生产部分包括 9 个主要部门。

一、开发部

业务范围同迪拜支持机构与哈法亚作业区机构并行阶段部门成立时相同，省略。

经　理：刘尊斗（2016.4—2019.12）

　　　　凌宗发（2019.12-2022.12）

副经理：欧　瑾（2016.1—2019.4）

　　　　刘照伟（2018.1—2022.12）

　　　　凌宗发（2018.7—2019.12）

　　　　安益辰（2018.8—2022.12）

　　　　孙存来（2019.3—2022.12）

　　　　马英哲（2019.11—2020.5）

　　　　蔡　磊（2019.12—2022.12）

二、勘探部

业务范围同迪拜支持机构与哈法亚作业区机构并行阶段部门成立时相同，省略。

经　理：何艳辉（2018.7—2022.10）

三、作业部

业务范围同迪拜支持机构与哈法亚作业区机构并行阶段部门成立时相同，省略。

经　理：罗慧洪（2016.1—2020.11）

副经理：任智基（2016.1—2022.12）

　　　　齐文旭（2016.1—2022.8）

　　　　邹　科（2018.3—2019.8）

四、井下作业部

2013 年 6 月由作业部划分出来而成立，业务范围同迪拜支持机构与哈法亚作业区机构并行阶段部门成立时相同，省略。

经　理：蔡文新（2014.8—2022.12）

副经理：胡子会（2018.1—2022.12）

五、生产部

业务范围同迪拜支持机构与哈法亚作业区机构并行阶段部门成立时相同，省略。

经　理：朱新民（兼任，2016.1—2016.9）

　　　　黄洪庆（2016.9—2022.12）

副经理：唐雪清（2018.3—2022.12）

采油一厂厂长：闵志滨（2018.1—2022.12）

刘启智（2018.1—2019.5）

采油二厂厂长：孙　鹏（2018.1—2022.12）

六、电力部

业务范围同迪拜支持机构与哈法亚作业区机构并行阶段部门成立时相同，省略。

经　理：（空缺）

副经理：杨德红（2015.6—2022.12）

刘启智（2015.6—2019.8）

七、工程部

业务范围同迪拜支持机构与哈法亚作业区机构并行阶段部门成立时相同，省略。

经　理：乔振勇（兼任，2016.1—2016.9）

黄学东（2016.9—2022.12）

副经理：谢　刚（2010.9—2019.2）

邓天文（2018.1—2022.12）

杜　博（2018.1—2022.12）

胡元甲（2018.8—2022.12）

八、管道部

业务范围同迪拜支持机构与哈法亚作业区机构并行阶段部门成立时相同，省略。2019 年 9 月，管道部撤销。

经　理：黄学东（2015.6—2019.9）

副经理：黄学东（2011.9—2015.6）

九、天然气处理厂项目部

2019 年 8 月，设立天然气处理厂项目部，未明确编制人数。主要工作职责包括管理委员会会议相关材料的准备、技术标评估、处理厂设计、EPC 合同审核、相关采办、合同、工程建设、管理运行等工作，以及与资源国石油部和米桑石油公司的对接等。

经　理：（空缺）

副经理：朱焕军（2021.4—2022.12）

第三节　行政与支持职能部门

行政与支持部分包括 9 个部门：

一、人力资源部

业务范围同迪拜支持机构与哈法亚作业区机构并行阶段部门成立时相同，省略。

经　理：邓细泉（兼任，2016.1—2018.7）
　　　　谷孟哲（2018.7—2020.12）
　　　　徐大鹏（2021.2—2022.12）
副经理：徐大鹏（兼任，2016.1—2021.2）
　　　　马红强（2018.1—2019.12）
　　　　蔡　敏（2018.3—2018.5）
　　　　范天骁（2018.8—2019.11）

二、经营计划部

业务范围同迪拜支持机构与哈法亚作业区机构并行阶段部门成立时相同，省略。

经　理：唐　滨（2016.1—2017.6）
　　　　宋代文（2018.3—2022.12）
副经理：刘　昂（2016.1—2017.1）
　　　　邓文华（2019.3—2020.12）
　　　　刘　峰（2019.12—2022.12）
　　　　韦　旺（2019.12—2022.12）

三、财务会计部

业务范围同迪拜支持机构与哈法亚作业区机构并行阶段部门成立时相同，省略。

经　理：魏广庆（2016.1—2016.9）
　　　　王静波（2016.9—2019.12）
　　　　王　磊（2019.12—2022.10）
副经理：韩凤君（2016.1—2016.10）
　　　　王　磊（2018.3—2019.12）
　　　　高伟东（2018.1—2018.12）
　　　　杨　池（2019.11—2022.12）
　　　　薄其强（2019.11—2020.12）

四、采办部

业务范围同迪拜支持机构与哈法亚作业区机构并行阶段部门成立时相同，省略。

经　理：王志峰（2016.1—2016.8）
　　　　许多宝（2016.8—2019.3）

李庆伟（2019.8—2022.12）

副经理：许多宝（2016.1—2016.8）

卢　毅（2016.10—2019.3）

罗　亮（2016.1—2017.1）

翟　墨（2016.1—2018.8）

熊春健（2017.1—2019.2）

薛志强（2018.3—2022.9）

张　勐（2018.8—2020.12）

张　财（2019.3—2022.12）

吕晓光（2018.1—2022.12）

夏　凉（2019.11—2022.12）

周　默（2019.12—2022.12）

五、信息技术部

业务范围同迪拜支持机构与哈法亚作业区机构并行阶段部门成立时相同，省略。

经　理：刘兴顺（2010.9—2016.1）

刘　彬（2016.1—2021.11）

副经理：陈晓远（2018.7—2022.12）

六、法律事务部

业务范围同迪拜支持机构与哈法亚作业区机构并行阶段部门成立时相同，省略。

经　理：（空缺）

副经理：李　申（2016.1—2022.12）

宋近双（兼任，2016.1—2016.8）

七、行政部

业务范围同迪拜支持机构与哈法亚作业区机构并行阶段部门成立时相同，省略。

经　理：尹小融（2016.1—2016.10）

副经理：王忠飞（2018.1—2022.12）

王　睿（2018.1—2019.12）

张　琳（2018.7—2020.7）

郭　冬（2019.3—2022.12）

八、营地服务部

业务范围同迪拜支持机构与哈法亚作业区机构并行阶段部门成立时相同，省略。

经　理：姜卫东（2017.5—2020.1）

　　　　苗友良（2020.1—2022.12）

副经理：张　冲（2018.7—2019.12）

　　　　武　越（2019.11—2022.12）

　　　　司军涛（2020.11—2022.12）

九、企业文化部

2019 年 9 月，设企业文化部，未明确编制人数。主要工作职责为宣传贯彻国家的法律法规及有关规定；加强项目精神文明建设，积极开展企业文化建设活动；负责相关活动的组织和方案制定；负责相关文字材料的起草；负责先进典型选树、推荐评选工作。

主　任：（空缺）

副主任：陈　刚（2019.12—2022.12）

第四节　总裁直属部门

总裁直属部门包括 4 个部门。

一、健康安全环保部（HSE 部）

业务范围同迪拜支持机构与哈法亚作业区机构并行阶段部门成立时相同，省略。

经　理：赵宏展（2012.12—2015.12）

　　　　欧阳文（2019.12—2022.12）

副经理：赵宏展（2010.9—2012.12）

二、安保部

业务范围同迪拜支持机构与哈法亚作业区机构并行阶段部门成立时相同，省略。

经　理：冯建勋（2018.1—2022.12）

副经理：孙松林（2019.3—2022.12）

三、公共关系部

业务范围同迪拜支持机构与哈法亚作业区机构并行阶段部门成立时相同，省略。

经　理：（空缺）

副经理：王钦贵（2018.1—2022.12）

四、内控审计部

业务范围同迪拜支持机构与哈法亚作业区机构并行阶段部门成立时相同，省略。

经　理：陈海燕（2014.3—2018.4）

　　　　王家兴（2021.2—2022.12）

副经理：周　翔（2019.3—2022.12）

　　　　王家兴（2018.4—2021.2）

第二篇　管控模式

海外项目管理行为受合同模式所限，根据有限授权设置范围并按照投资规模分级别确定审批权限，实现管理过程管控。按照《哈法亚油田开发与生产技术服务合同》（DPSC）的规定，哈法亚公司的所有权和管辖权属于伊拉克政府。作为在伊拉克作业的外国投资者之一和由投资者指定的作业者，伊拉克国家内阁批准的《哈法亚油田开发与生产技术服务合同》（DPSC）是调节投资者和伊拉克政府关系的法律文件。在《哈法亚油田开发与生产技术服务合同》（DPSC）之下，企业和伊拉克政府之间通常采用通用的国际标准和规范，并在米桑石油公司（MOC）及伊拉克石油部（MoO）的参与和批准后付诸实施。

伊拉克 2005 年颁布的《伊拉克宪法》对本国油气资源的所有权和管理权进行了说明。按照宪法规定，石油及天然气等自然资源属于伊拉克人民所有；在公平分配石油收益的基础上，中央政府与油区地方政府共同管理油田生产的油气，共同制定石油行业的发展战略政策。如果中央与地方在共同权力上出现分歧，地方政府具有优先权。利益各方对宪法的解释各有不同，集中体现在地方政府是否对石油开发拥有最终权力。但从现状看，中央政府仍掌握石油开发和发展的控制权。由于所有权和管理权等权力分配不明确，尤其是执行权力不明确，将影响伊拉克石油资源的开发以及投资方式等重大问题。同时，伊拉克具有可操作性的石油行业法规严重缺失，石油部通过政府行政命令或以文件的方式控制和监督石油作业。

总结其特点为资源国政府拥有石油资源的所有权和石油勘探、开发和生产的经营管理权；合同者作为资源国的承包商提供技术、金融等服务，并担当作业者；依据勘探开发风险承担者的不同可以分为风险服务合同（合同者承担风险）和技术服务合同（资源国承担风险）；油田投产后，资源国对产出原油具有支配权，资源国将按合同有关规定在一定期限内偿还合同者的投资费用，并支付风险服务费，服务费中包括已花费用的回收和合理的利润，所建和所购置资产归资源国所有；获得的报酬是服务费（通常为现金）而不是油气份额，但服务费可能以油偿付；伊拉克指定国有石油公司与外国投资者以合资形式合作开发生产，利益一体化，既方便管理和技术经验分享，更能协调利益、快速解决问题。

针对伊拉克石油行业相关法律体系特点、营商环境及哈法亚合同区块开发前景，在管控模式设计上充分体现伙伴精诚合作，共同维护合同者利益；体现与当地伊拉克米桑石油公司密切协作，共同贯彻落实管理理念、运营策略和工作模式；体现与各承包商共同恪守契约精神，有效行使管理权和监督权，实现风险控制和投资效益最大化的管理目标。

第一章　运行模式

2008 年前，伊拉克境内的油气项目主要由本国的北方石油公司和南方石油公司运营。2008 年后，伊拉克中央政府积极吸引外资，举行战后五轮油气田招标活动，国际大型石油公司大举投资伊拉克的油气项目。伊拉克南部的大油田基本由国际大型石油公司运营，包括 BP、埃克森美孚、壳牌、埃尼、道达尔和卢克等国际大型石油公司，另外中国石油（CNPC）、中国海油（CNODC）和韩国国家石油公司等国有大型石油公司也有投资。

截至 2012 年，中国石油（CNPC）、中国海油等国内石油企业通过直接谈判、国际投标等方式取得或参与了在伊拉克 4 个油田的生产运营权。中国石油（CNPC）工程技术服务承包队伍自 2009 年起也陆续进入伊拉克，其中仅中国石油（CNPC）下属公司就有 10 余家。总结归纳伊拉克有关国际油气合作的法律法规，关注其政治、法律、投资环境的变化，对中国石油（CNPC）企业在伊拉克的持续发展具有重要意义。

国际石油合作是石油资源国与石油消费国之间进行的石油经济交往，在国际石油经济生活中发挥着重要作用，通常是通过各方之间签订的合同来进行。经过多年的发展，国际上通行的跨国石油合同形式主要有矿税制、产品分成制、技术服务制和回购合同制几种，哈法亚公司国际合作类型属于技术服务制合同，也称风险服务合同。资源国拥有矿产所有权和经营权，由外国石油公司提供油田勘探、开发、生产等作业所需的资金和技术，并负责油田的开发建设和日常生产，不享有油田生产的商业油气产量任何权利，生产的全部油气属于政府，勘探和作业风险全部由合同者承担。合同者通过获取服务费来获取自己的经济利益。服务费包括成本和报酬费，成本包括油田建设投资和操作费；报酬费是在达到初始商业产量之后开始计算的，用当季适用的每桶报酬费乘以当季增产产量，并根据绩效情况调整。合同者的投资收益通过回收投资和成本以及服务费的形式进行；合同初期各项因素高度敏感，后期对各项因素敏感性低；合同者收益水平相对稳定，获得超额收益可能性极低；项目规模与盈利水平不匹配；单桶服务费以美元计价，存在一定汇率风险。

第一节　合同要点

哈法亚公司合同模式是开发生产服务合同（DPSC），由合同者提供油田开发和作业所需的技术及资金，商业产量投产后以一定比例的石油收入回收成本和报酬费。成本主要分为石油成本和补充成本，合同者提供合同规定服务内容之外的服务项目所需费用称为补充成本（Supplementary Costs），其余全部为石油成本。不论是石油成本还是补充成本，在回收时不分投资（CAPEX）和费用（OPEX），都可以直接回收。

伊拉克政府在其标准石油合同中为投资者提供两种选择来回收成本和报酬费，一种是现金方式，另一种是投资者提油。现金方式涉及数个伊拉克政府部门之间的协调，伊拉克政府机构运行效率较低并且不是很规范，同时伊拉克外汇短缺，这些都使得现金方式回收很难得到保障。因此国际石油公司都采取提油的方式尽快回收成本和报酬费，降低在伊拉克投资的风险。

合同中规定成本回收以季度为单位，当季度原油商品量收入的 50% 用来回收累计未回收的石油成本和投资者的报酬费，如果未回收的石油成本和报酬费比 50% 的收入大，那么未回收的石油成本和报酬费结转到下期继续回收。如果 50% 的收入足够大，那么石油成本和报酬费全额回收。60% 的收入扣除当期已经确定回收的石油成本和报酬费的部分，用来回收补充成本，对当季度不能回收的补充成本按（LIBOR+1%）计息。哈法亚油田收入分配情况如图 2-1-1 所示。

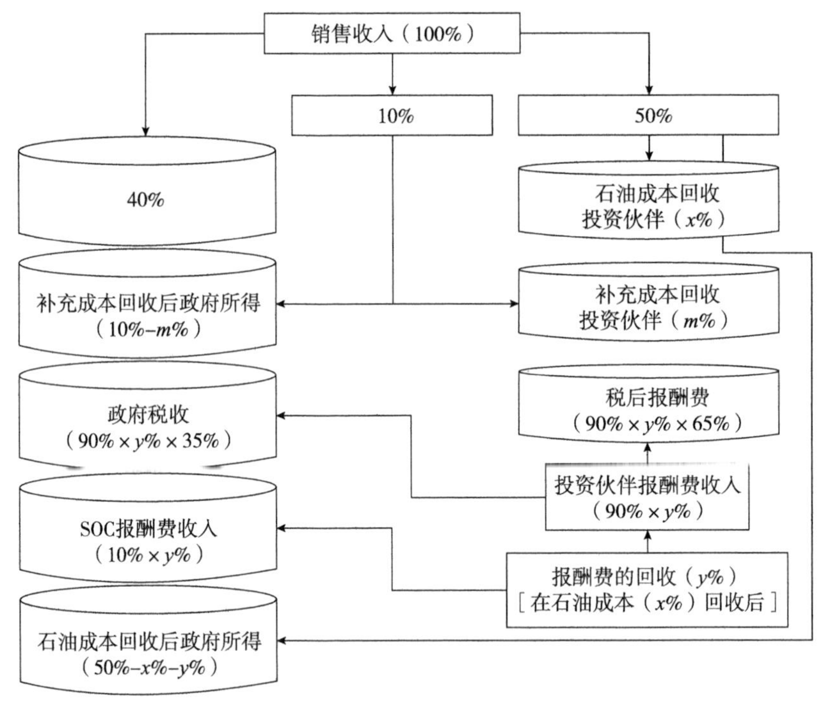

图 2-1-1　哈法亚油田收入分配流程图

合同期。原合同有效期为 2010 年 3 月 1 日至 2030 年 2 月 28 日，共 20 年。2014 年 9 月 4 日签署的一号修改协议，将合同期延长至 2040 年 2 月 29 日，共 30 年。

最低义务工作量和费用。主要义务工作量为编制油田初步开发方案和最终开发方案，包括处理、解释在内的地震研究，包括三维模拟在内的详细地质和油藏工程研究，300 平方千米三维地震采集、处理及解释，钻井深度达到侏罗系 Yamama 地层的 3 口评价井，钻井深度达到三叠系顶部的探井一口，油田维护和作业计划等。最小义务投资为 2 亿美元。

产量目标。初始商业产量不低于 7 万桶 / 日，要求在初始开发方案批准的 3 年之内或合同生效 3 年内实现，两者以早者为准。

高峰产量。原合同规定，合同生效后 7 年内达到高峰产量 53.5 万桶 / 日，并稳产 13 年。2014 年 9 月 4 日签署的一号修改协议规定，高峰产量调减为 40 万桶 / 日，要求在最终开发方案（FDP）批准后的 4 年内实现（FDP 于 2013 年 8 月 19 日获伊方批准），稳产期调整为 16 年。

费用回收。在达到商业生产日或者《哈法亚油田初始开发方案》（PDP）批复 3 年后（即 2013 年 9 月 20 日）即可开始石油成本和补充成本，获得报酬费。总产量的 50% 可用于回收石油成本（包含 1% 的上级管理费）和报酬费，先回收石油成本，后回收报酬费。60% 总产量中石油成本及报酬费回收后剩余部分可用于回收补充服务成本（包含 1% 的上级管理费），即补充服务成本最低回收上限为总产量的 10%。

报酬费。总报酬费 = 单桶报酬费 × 净油产量 ×P 因子 + 单桶报酬费 × 伴生气的油当量桶。

P 因子 = 当前实际产量 / 高峰产量（不超过 1，仅限于高峰产量期间，政府或运输无法接油导致限产不适用）。

原合同规定，最高单桶油气当量产量报酬费（RFB）为 1.4 美元 / 桶。商业生产日后开始计提报酬费。单桶报酬费由 R 因子决定，R 因子调节合同者单桶报酬费，随着合同者所得的增加，R 因子变动将导致单桶报酬费降低。2014 年 9 月 4 日签署的一号修改协议中取消 R 因子影响，即无论 R 因子如何变动，单桶报酬费均为 1.40 美元 / 桶。在修改协议中，P 因子计算公式中的高峰产量为 40 万桶 / 日。

签字费和生产定金。伊拉克规定哈法亚油田签字费为 1.5 亿美元，不可回收，但在计算 R 因子时可计入石油成本。

培训费。每年 500 万美元培训费，不可回收。

上级管理费。按年度石油成本和补充成本的 1% 支出年度上级管理费。

税收。所得税税率为 35%，税基为当年实际所得的报酬费，税损不能结转。

第二节　管控方式及人员构成

中国石油（PetroChina）在联合作业公司成立前，即高峰产量产能建设期间担任独立作业者。《哈法亚开发与生产服务合同》生效后 30 天内，须成立由 8 人组成的联合管理委员会（JMC）。高峰产量建成后，米桑石油公司（MOC）有权决定是否成立联合作业公司（JOC）。如果决定成立，JOC 将由合同者和 MOC 各自持股 50%。

截至 2022 年底，哈法亚公司有 39 个国家的中外员工 2024 人。其中迪拜支持机构 7 人，伊拉克现场 2017 人。哈法亚公司中方在册的员工总数为 154 人，其中合同化员工 109 人、社会招聘 10 人、双向交流 2 人、市场化 1 人、板块借聘 11 人、对口支持 11 人、项目借聘 6 人、项目自聘 1 人、中方第三方劳务 3 人。

第二章　经营管理与创新

2015 年 12 月，海外勘探开发公司开始整合中东油气业务，并对中东地区的油气业务发展提出新的更高的要求，确定“做大中东、打造成集团公司国际化经营和‘一带一路’油气合作的旗舰”之战略定位和部署。哈法亚公司继续加强国际化管理，围绕生产经营目标完善管理体系，提升国际竞争力，战胜面临的诸多困难和挑战。

哈法亚开发主体为碳酸盐岩油藏，在碳酸盐岩油藏开展注水开发，尚缺少足够的技术积累。借助中国石油（CNPC）驻中东地区技术支持体系，保障油田开发方案的顺利实施和油田长期稳产。作为中国石油（CNPC）海外最大的作业者项目，为进一步主导项目管理经营的话语权，在不断完善管理模式和管理体系的同时，学习借鉴其他项目和伙伴的先进管理经验，提升国际化管理和国际竞争力。面对中方管理模式与联合公司管理模式的巨大差异，需要建立有效的决策体系，落实对项目运营的有效管控，实现项目公司负责执行、地区公司负责决策的国际石油公司通用的管控模式，建立科学的管理方法和手段控制项目运行风险，落实生产经营任务。2009—2022 年哈法亚项目获得各类管理创新成果、论文发布，其中行业级成果奖 4 项，局级成果奖 9 项。

第一节　经营目标

一、作业产量和权益产量持续增长

2012 年 6 月 16 日，哈法亚一期实现初始商业产量 500 万吨产能建设提前投产，当年启动成本回收步入良性滚动发展阶段，比合同要求提前了 15 个月；2014 年的 8 月 18 日，实现了二期 1000 万吨产能建设工程投产，与此同时还建成伊拉克战后第一条战略性石油外输管线米桑原油外输管线（MOEP），解决了生产规模持续扩大的原油外输瓶颈问题；2018 年 12 月 12 日，实现三期 2000 万吨产能建设工程投产，并在 2019 年 3 月 7 日达到 40 万桶 / 日的高峰产量目标。是在伊拉克第一个实现高峰产量目标的国际石油公司。

二、树立中国企业良好品牌形象

通过哈法亚在伊拉克的发展战略成功实施，由最初进入时遭排斥、被怀疑，发展到资源国政府主动要求进行重大战略项目合作。哈法亚项目产能建设过程中充分展现“中国速度”“中国质量”和“中国创新”，推动与资源国伊拉克的战略油气合作关系向纵深发展。同时，哈法亚项目在伊拉克的产量效益、速度质量及社会贡献等方面领跑国际油田合作高端市场，成为国际油公司的战略合作伙伴，用实力赢得了合作伙伴的尊重。讲好“中国故事”，发出“中国声音”，树立了中国企业的良好品牌形象。

三、实现“一带一路”油气合作

哈法亚公司遵循“共商、共建、共享”的原则，高质量推进“一带一路”油气合作，用实际行动树立人类命运共同体理念，让伊拉克当地人民共享发展成果。截至 2022 年 12 月底，哈法亚公司累计原油产量 8.68 亿桶，累计为当地创造近亿美元商机，提供实质就业机会超过 2 千余个，为伊拉克战后重建和国家经济发展作出突出贡献。而且，哈法亚项目是伊拉克国际招标项目中首个实现高峰产量的油田，成为伊拉克南部原油外输的主要力量，被伊拉克政府称为国际合作的典范。

第二节　管理创新

哈法亚公司坚持不懈地建设国际化经营管理体系和运行机制，不断提升国际化管理水平，促进项目生产经营管理策略扎实落实，为项目持续取得良好经营业绩提供重要管理保障。

一、研究分析技术服务合同模式演变

参加伊拉克第二轮国际油气合作招标之前及中标后的生产经营策略制定，通过分析研究伊拉克 5 轮技术服务合同招标的油田规模、投标参数和评标模式、参与投标的国际石油公司特点，逐步剖析伊拉克 5 轮招标合同承包商经济指标演变及其对国际石油公司的影响。研究伊拉克如何提高资源国政府对油田作业的控制权和话语权，强化雇员及承包商本地化力度，降低管理成本；在财税条款内容上，强化与承包商分摊油价风险机制，转移油价风险，并鼓励承包商降低成本；弱化合同中的法律和经济稳定性条款，减少并转移政府在合同稳定性方面的经济和法律风险等。因此，中国石油（CNPC）要规避在伊拉克的经营风险，就要强化合同条款风险把控。随着伊拉克原油产量的提高，伊拉克政府对国际石油公司的依赖程度逐渐减弱，在伊拉克运营项目的石油公司应未雨绸缪；中国石油（CNPC）除了要加强沟通和对伊拉克合同政策研究的合作，还应加大伊拉克国内政治经济政策走向和石油工业对外合作合同模式变化趋势的跟踪研究力度。

伊拉克石油资源丰富，据国际能源署（IEA）估计，预计可采储量超过 1500 亿桶，占世界的 9%，排名世界第五；天然气探明地质储量 3.2 万亿立方米，占世界的 2%，排名世界第 11。伊拉克国民经济高度依赖石油工业，约 90% 的政府预算来自石油收入。伊拉克战争结束后，为迅速提高原油产量，引进国际成熟的开发生产技术及资金，加快油田开发节奏，增加国民收入，2009 年

6 月—2018 年 4 月，伊拉克政府共组织了 5 轮油气区块开发技术服务许可证合同招标。2009 年 6 月，伊拉克第一轮技术服务合同招标前，其原油日产量维持在 240 万桶，到 2021 年底伊拉克原油日产量达到 422 万桶。5 轮招标及中标国际石油公司在伊拉克的运营，对战后伊拉克石油工业的复苏以及国际石油公司在伊的竞争格局都具有重大影响。

（一）增进伊拉克五次石油招标特点认识

统计 2009—2018 年伊拉克进行的 5 轮技术服务合同招标情况，油田规模从大到小，从在产油田逐步过渡到新油气田，由开发区块逐步过渡到勘探区块（表 2-2-1）。

表 2-2-1　伊拉克 5 轮合同招标油田规模统计

轮　次	油田数量（个）	主要招标油田 / 区块	原油储量规模（亿桶）	总　计（亿桶）	天然气储量规模（亿立方英尺）	总　计（亿立方英尺）
第一轮	7	南鲁迈拉、北鲁迈拉、基尔库克、西古尔纳 1 期、祖拜尔、白哈桑、米桑油田群	23.97—171.67	434.21		
第二轮	10	西古尔纳 2 期、哈法亚、马基农、加拉夫、东巴格达、纳吉马赫、盖亚拉赫、东部油田群、中弗拉特油田群、巴德拉油田	1.09—128.76	412.13	670—136680	298920
第三轮	3	阿卡斯气田、斯巴气田、曼苏里气田	不详	不详	11000—56000	112000
第四轮	12	5 个石油勘探区块及 7 个天然气勘探区块	不详	不详	不详	不详
第五轮	11	基拉百特 / 库马、卡斯姆 / 因加纳、凯德　迈、纳大特　坎那、胡外扎和辛巴德等 11 个区块	不详	17.5	不详	不详

注：① 1 立方英尺＝ 0.028317 立方米。
②数据来源为伊拉克服务合同招标资料包。

伊拉克国内迅速增长的石油天然气需求，推动政府继续强化石油天然气工业对外开放的工作力度。在世界能源消费结构低碳化趋势日渐明朗，以及伊拉克经济对石油工业高度依赖的双重背景下，伊拉克政府不会对未开发的石油天然气资源置之不理。油田开发加管道带资建设模式或油田开发加炼厂带资建设模式为主的伊拉克战略基础设施建设项目绑定大型油田开发服务合同，辅以石油天然气小规模油气田勘探开发区块的招标活动还会延续。

（二）分析投标参数和评标模式演变

伊拉克五轮招标前三轮竞标的投标参数为“高峰产量”和“桶油报酬费”，第四轮的投标参数变为“桶油报酬费”，第五轮的投标参数演变为“剩余净收入百分比”（表 2-2-2）。

表 2-2-2　伊拉克油田 5 轮技术服务合同评标公式及影响因素

轮　次	评标得分公式	报酬费计算公式	P 因子	R 因子	油价关联	成本关联
第一轮	（PPT-IPR）×（100-RFB）	单桶报酬费 × 净产量 ×P 因子＋单桶报酬费 × 伴生气油当量桶	适用	适用	无关	无关
第二轮	80%×RFB＋20%×PPT	单桶报酬费 × 净产量 ×P 因子＋单桶报酬费 × 伴生气油当量桶	适用	适用	无关	无关
第三轮	80%×RFB＋20%×PPT	单桶报酬费 × 伴生气油当量桶 ×P 因子	适用	适用	无关	无关
第四轮	RFB	单桶报酬费 × 剩余净产量	不适用	不适用	无关	相关
第五轮	剩余净视同收入百分比	剩余净视同收入 × 剩余净视同收入百分比	不适用	不适用	相关	相关

注：① PPT 为高峰产量目标，IPR 为初始产量，RFB 为竞标桶油报酬费；

② P 因子＝当前实际产量 / 高峰产量（不超过 1，仅适用于高峰产量期间，政府或运输无法接油导致限产不适用）；

③ R 因子＝累计收入 / 累计支出（累计收入包括累计石油成本回收和报酬费回收，累计支出包括石油成本、培训基金和签字费）。

从第一轮投标到第五轮投标，评标依据由“高峰产量”参数占绝对主导地位，向“高峰产量”与报酬费各占权重的双确认形式转变；第四轮投标去除了高峰产量，投标参数只有报酬费，这种模式将承包商的报酬与其成本效益挂钩，鼓励作业者降低成本；第五轮招标的竞标参数为净视同收入百分比，将回收限额同油价相关联，报酬费与油价和承包商成本支出相关联，资源国将低油价风险部分转移给承包商，同时激励作业者控制成本的积极性。

（三）重新开展技术服务合同谈判

2009—2010 年，举行前三轮招标中，高峰产量目标是最重要的评标因素。2012 年，伊拉克政府综合考虑现有基础建设薄弱、国际原油市场供需、欧佩克限产及油田生产的连续性和稳定性，从经济有效和可持续发展的角度出发，重新评估了高峰产量目标。第一轮及第二轮中标的国际石油公司抓住契机，以技术服务合同中的经济稳定性条款及产量补偿条款为基础，与伊政府就合同条款修订开展谈判。通过重新谈判合同，5 个油田的承包商实现了对原服务合同关键条款的修改，大部分承包商达到了预期目的，降低了项目的经营风险，盈利能力和效益水平大幅提高，其中包括哈法亚项目（表 2-2-3）。

表 2-2-3　伊拉克油田第一轮、第二轮服务合同条款重新谈判结果对比

油　田	作业者	日均高峰产量	合同期	政府干股	R 因子	P 因子	初始产量．递减率	修改日期
西古尔纳 -2	卢克石油	由 180 万桶调减至 120 万桶，再由 120 万桶调减至 80 万桶	由 20 年延长至 25 年	未变化	未终止	P 因子适用于年度产量计划	不适用	2013 年 1 月 2018 年 5 月
祖拜尔	埃尼	由 120 万桶调减至 85 万桶	由 20 年延长至 25 年	由 25% 缩减至 5%	终止	限定性终止	未变化，仍为 5%	2013 年 7 月

续表

油　田	作业者	日均高峰产量	合同期	政府干股	R 因子	P 因子	初始产量.递减率	修改日期
西古尔纳 -1	埃克森美孚	探明已开发油藏由 180 万桶调减至 110 万桶	由 20 年延长至 25+10 年	由 25% 缩减至 5%	终止	限定性终止	未变化，仍为 5%	2014 年 2 月
哈法亚	中国石油（CNPC）	由 53.5 万桶调减至 40 万桶	由 20 年延长至 30 年	由 25% 缩减至 10%	终止	限定性终止	不适用	2014 年 8 月
鲁迈拉	英国石油（BP）	由 285 万桶调减至 210 万桶	由 20 年延长至 25 年	由 25% 缩减至 6%	终止	限定性终止	由 5% 增加至 7.50%	2014 年 9 月

（四）对比国际招标承包商油田项目的经济性

伍德麦肯兹咨询公司对伊拉克五轮技术服务合同 10 个典型资产项目进行了经济效益评估，在 2019 年各服务合同现有条款及相同的经济评价假设条件下，对比各承包商油田项目的主要经济指标（表 2-2-4）。

表 2-2-4　伊拉克 5 轮招标承包商油田项目主要经济指标对比

油气田	合同期可采储量（亿桶+亿立方英尺）	报酬费（美元/桶）	高峰产量（万桶/日）	累计净现金流（亿美元）	净现值*（亿美元）	内部收益率(%)	备　注
鲁迈拉	70.13	2	110	84.23	57.79	28.1	第一轮
西古尔那 1 期	30.75	1.9	55	26.45	16.39	26.9	第一轮
祖拜尔	38.45	2	70	45.07	26.03	29.1	第一轮
哈法亚	34.03	1.4	45	22.30	7.10	14.0	第二轮
西古尔那 2 期	49.67	1.15	85	23.35	3.25	9.5	第二轮
巴德拉	4.40 + 4760	5.5	10	10.86	-8.83	5.1	第二轮
加拉夫	9.01 + 2350	1.49	21.3	3.73	-0.65	9.1	第二轮
纳吉马赫	3.43	5 和 6	11	6.11	-3.26	5.4	第二轮
斯巴气田	0.7 + 4580	7.5	3.7	3.21	0.49	11.4	第三轮
费哈	1.35	6.24	3.2	3.67	2.08	26.1	第四轮
辛巴德	7.70	1.20	12	5.51	0.45	12.4	第五轮

注：① * 折现率 10% 的净现值，折现日为 2019 年 1 月 1 日；
②数据来源为伍德麦肯兹 2019 年伊拉克服务合同资产评估报告。

通过五轮服务合同各油田项目经济指标对比，第二轮中标的哈法亚油田的经济指标明显好于其他油田，作业者中国石油（CNPC）通过合同重新谈判，显著改善了承包商的经济指标，内部收益率提高到 14%，把油田项目从 2009 年中标时的经济边际资产项目转变为较为优质的资产项目，在经济指标上领衔第二轮中标的油田项目。从第三轮到第五轮的投标案例可以看出，如果对目标区块评价工作到位，投标策略得当，并与现有作业区块形成协同效应，则伊拉克小规模勘探开发区块仍具有吸引力。

（五）梳理主要合同条款内容变化趋势

伊拉克五轮服务合同模式没有发生变化，但合同条款的具体内容一直在调整优化。针对前四轮合同条款中存在漏洞、缺陷和模糊之处，以及不具有可操作性的条款内容，在第五轮标准合同条款中用更精准的描述进行补充、澄清和明确。合同内容修改的主要目的和导向是提高资源国政府对油田作业的控制权和话语权，与承包商分摊油价风险，鼓励作业者采取积极措施降低勘探开发生产及管理费用支出，强化政府在争议成本解决机制中的话语权，弱化合同中的法律和经济稳定性条款。

具体主要体现在以下几个方面：一是提高资源国政府对油田作业的控制权和话语权，强化雇员及承包商本地化力度，降低管理成本。二是在财税条款内容上，强化与承包商分摊油价风险机制，转移油价风险，并鼓励承包商降低成本。三是弱化合同中的法律和经济稳定性条款，减少并转移政府在合同稳定性方面的经济和法律风险。四是其他值得关注 3 个问题：（1）针对伊拉克原油的买家一直抱怨出口原油含水率过高的问题，强调不接受不符合标准的原油、天然气或液化石油气的交付 / 付款；（2）强调要求作业者要严格按批准的工作计划，结合不同的开发阶段和产量水平，分阶段建设天然气处理厂；（3）增加区块转让税内容。如果转让发生，承包商需按转让价值（或市场公允价值）的 35% 支付转让税。

（六）合同内容变化对国际石油合作模式的影响和指导意义

在 2009—2022 年伊拉克五轮服务合同许可证招标和运营过程中，国际石油公司与伊拉克政府的要价和出价博弈已相对平衡，大部分技术服务合同对于承包商的回报处于经济边际状态，政府将对承包商的经济回报会继续遵循风险与回报平衡原则。

伊拉克政府的服务合同招标将以伊拉克战略基础设施建设项目绑定大型油田开发服务合同为主，辅以石油天然气小规模油气田勘探开发区块招标。在未来投标策略上，针对石油天然气小规模油气田勘探开发区块招标，已在伊拉克运营的石油公司可结合区域资产整合能力，通过更灵活的投标策略，实现更好的经济效益。按照伊政府公布的竞标底价为基准，对目标区块采取“划分区块势力范围，组成联合财团投标，以政府基准价中标，中标后分别运营”的第三轮投标组合及运营模式，以及第四轮投标中利用现有运营区块整合能力的“卢克模式”，将有助于改善中标者的经济效益并降低投资风险。

第五轮标准合同的修改内容是伊拉克政府未来标准合同内容变化的风向标，也是其国内开放与保守势力在国际石油合作方面博弈结果的具体体现。合同条款内容更为严谨，承包商所承担的经济和法律风险也越来越大。参与伊拉克服务合同招标，投标公司要加强对目标区块在资源潜力、投资环境、技术、商务和法律及安保风险等方面的前期研究工作。尤其在合同区块经济和技术评价过程中，应牢固树立底线思维和风险防控意识，强化多情景尤其是悲观情景分析。在伊拉克石油法等法律法规不健全的情况下，石油公司要规避在伊拉克的经营风险，就要强化合同条款风险把控，通过标准合同内容中对影响承包商经济利益、法律风险和运营效率的关键性条款进行周密分析和评估，识别重要风险点，确定并坚守谈判底线。对于新参与投标的中小型独立石油公司，在合同风险识别能力、合同谈判话语权及合同谈判控制能力方面，与先期进入的国际能源巨头相比都有差距，应研究分析并借鉴他们在第一第二轮合同谈判及运营过程中控制风险的经验和做法，做好合同风险评估及合同谈判策略制定工作。

分析研究伊拉克 5 轮服务合同内容演变趋势及最新修订的内容，对在伊拉克经营的石油公司和服务公司也有警示和借鉴意义。随着伊拉原油产量的提高，伊拉克政府对国际石油公司的依赖程度逐渐减弱，政府及属地石油公司参与油田正常运营管理的冲动将进一步加大。结合伊拉克五轮合同内容的演变趋势，在伊运营项目的石油公司应未雨绸缪，进一步强化合规运作，加强经营策略研究和风险管理，防范政府执行合同向新合同条款趋同，做好有效应对。同时，伊拉克政府强化成本控制并与承包商分摊成本红利的新举措，将有助于以低成本和工期速度见长的中国石油（CNPC）服务企业在伊拉克进一步扩大服务领域和服务市场，服务企业可结合第五轮合同修改内容进行深入的市场调研和市场进入策略研究。

伊拉克服务合同谈判不仅是资源国政府和国际石油公司之间的博弈，也是伊拉克政府内部各派别开放与保守势力，以及伊拉克国内民意和舆论导向与政府执政能力业绩的博弈。正在伊拉克运营的及有计划参与伊拉克未来投标的石油公司，除了要加强同在伊国际石油公司的沟通力度和对伊拉克合同政策研究方面的合作力度，还应加大伊拉克国内政治经济政策走向和石油工业对外合作合同模式变化趋势的跟踪研究力度，准确把握伊拉克国际石油合作环境的变化趋势，做好预判和决策。

在持续优化哈法亚公司经营策略的同时，针对投资回收快、报酬费低等油气服务合同特点和伊拉克基础设施缺乏、与国际石油公司同台竞技等外部环境，哈法亚公司商务和技术策略并重，通过优化开发方案及合同修改等方式不断调整经营策略，为项目运行提供可靠指导，实现了“初始开发方案好于投标方案，执行结果好于补充开发方案（SPDP），合同修订后条款好于原先条款”的重大突破。

最初哈法亚公司以 2009 年的投标方案评价，根据伙伴的测算，哈法亚项目内部收益率、净现值、累计净现金流等指标均较差。若降低高峰产量和原合同条款为评价基础，结合合同生效以来的执行情况，哈法亚项目的内部收益率、净现值、累计净现金流有所提升，合同修改等同于在不改变哈法亚原合同其他条款的情况下，相当于将单桶报酬费提高。如按照伙伴认同的高峰产量方案评价，项目效益仍有可提升空间。

经营策略优化和合同修订使项目的效益水平大幅提升，是海外项目中主动调整经营策略、修改石油合同并取得良好效果的典型案例。

通过合理调整投资节奏提前完成初始商业产量和油田二期、三期的增产，哈法亚公司调整各个增产阶段的回收池，使得进一步上产保障回收，形成自我滚动发展局面。在全球油价大幅波动的经济大环境下，仍然保障了项目资金回收，有效抵抗经营风险。

通过合同条款的修订大幅提高了哈法亚公司盈利水平，净现值和累计现金流指标均与合同修订前相比实现翻番。合同修订同时降低了项目的日产水平，对于油田稳产和今后的生产有利。伊拉克海水工程项目进展滞后，原有的高峰产量水平很可能由于注水不足而难以实现，或者即使实现也难以稳产。通过高峰产量的降低，合同者实现高峰产量水平这一合同义务的风险大幅降低，油田稳产基础更加扎实。通过不断调整开发方案、优化经营策略和推动合同条款修订，哈法亚公司的经济效益实现相较投标方案的重大提升。

二、研究分析道达尔伙伴合作先进管理经验，创新发展哈法亚国际石油合作模式

在伊拉克哈法亚国际油气合作项目中，由于道达尔作为小股东非作业者，参与项目经营管理过程中往往面临一些困难，例如，获得的项目信息资料不够全面，在技术和管理方面了解的情况不够深入，参与项目管理和决策的渠道受限，无法派出足够人员参与项目经营管理，利用联合公司资源不够等，使道达尔在哈法亚项目经营管理中的话语权进一步受限。为学习借鉴道达尔小股东项目管理的成功经验，更好地扮演好小股东角色，发挥好小股东的作用，实现保障中方合理的经济利益，培育国际化人才队伍等目标，是海外业务实现优质高效发展的迫切需要。

哈法亚公司是中国石油（CNPC）海外最大的作业者项目，也是中国石油（CNPC）与知名跨国石油公司道达尔合作的重要上游项目。经过和道达尔的多年合作与交流，总结其作为非作业者、小股东在哈法亚公司运营过程中的管理理念、运营策略和工作模式，特别是其作为小股东，通过基础石油合同及项目管理架构行使投资伙伴权利，高效参与项目运营，及时获得知情权，有效行使管理权和监督权，取得“以小撬大”的行权效果，实现风险控制和投资效益最大化的管理目标。

（1）道达尔（Total）实施“以小撬大”行权管理，不断适应哈法亚经营管理需求。要适应在低油价条件下国际油气行业激烈竞争的需要。针对 2014 年下半年国际原油价格连续出现的断崖式下跌，国际油气行业进入低景气周期，国际石油公司利润空间受到侵蚀，业绩普遍大幅下降。低油价对油公司的生存发展构成严峻挑战，包括国际五大石油巨头在内的国际石油公司通过削减成本、提高效率、提升竞争力，逐步适应低油价情势。受世界经济延续温和增长、欧佩克国家限产政策持续性未知、美国页岩油气革命韧性增强等因素综合影响，国际油价的复苏之路将漫长而曲折。与此同时，全球油气勘探开发的潜力地区正向深水、极地、沙漠等自然条件恶劣的地域转移，页岩油气等非常规资源也日益成为全球油气投资的热点，这不仅对油气勘探开发技术提出更高要求，也对石油公司的发展战略、竞争能力和投资策略提出更高的要求。在日趋严峻的竞争环境下，如何根据自身能力，制定更为契合的发展战略，更有侧重地将资源投入到战略重点中去，平衡作业者项目和小股东项目占比，拓展作业者项目利润空间，保障小股东项目合理收益，确定并较好地执行小股东项目管理策略，这些都成为新形势下国际石油公司需要重点关注和解决的关键问题。

适应伊拉克严峻安全形势和经营环境的需要。一方面，伊拉克安保形势日益严峻。哈法亚油田作业受到的骚扰日益严重，针对承包商车辆、设备的枪击事件时有发生，当地社区间的矛盾不断激化，武装冲突不断。另一方面，伊拉克经营环境也日趋恶劣。伊拉克政府及其属地石油公司时常背离或者超越合同中明确规定的承包商与资源国的管理范畴和管理界面，不同程度地介入合同条款中赋予作业者的管理权限，干涉作业者油田日常经营管理，尤其在采办合同授标、特殊技术支持服务内容及预算、外籍雇员工资薪酬以及本地员工培训和本地化方面的阻挠和干涉已成为常态。油田周边部落和社区阻工、聚众滋事等事件频繁发生，严重影响项目正常的生产经营。在这种日益恶劣的经营环境下，哈法亚项目的小股东只能依靠可以投入的有限人力和资源，通过与作业者的良好合作关系，达到最大限度地规避安全和经济风险并保护自身投资利益的目标。

（2）道达尔“以小撬大”行权管理的主要做法。“以小撬大”行使项目运营管理权，是指小股东在项目运营管理中以较小的资源投入，抓住关键环节，针对重要问题，获得知情权、话语权和监督权，有理、有力、有节、有效地维护小股东权利，最大限度地获取合理的收益，实现“以小撬大”的效果。道达尔在哈法亚项目“以小撬大”行使项目运营管理权的主要做法如下。

明确自身定位，制定符合实际的行权目标，保障小股东的核心利益。对于权益占比较小的非作业者项目，道达尔公司确定了符合实际情况的定位和目标，在项目运营管理中，坚持以经济效益和风险防控为核心，即投入有限的人力和资金，获取合理的经济效益并有效把控风险。道达尔对哈法亚技术服务合同及运营模式有着深刻的研究，对项目产量及低回报投资对项目经济效益的重大影响有着清晰的认识。在项目运营管理过程中，不是“事事关心”，而是“有的放矢”“抓大放小”，重点围绕产量和低效投资等关键问题，坚持原则，提出意见和建议，按照合同约定保障自身利益，必要时不惜在重大决策会议上提出反对意见并威胁行使否决权，以保证重大项目实施符合其公司内部投资收益标准。

依托基础石油合同及其配套协议，明确权利义务，充分保障小股东权益。但是对于非核心利益并属于作业者权限范围内的问题，道达尔不过分追求话语权和收益权，按照国际油气行业通行的惯例，充分尊重作业者的权利，在日常经营管理方面降低参与程度，采取跟随策略。道达尔在哈法亚项目的运营中十分清楚自己的小股东地位，意识到许多业务自身无法参与，如果不涉及核心利益，在尝试改变后便不会再次追问，但会将此作为未来谈判的筹码，要求作业者按国际通行的行业惯例处理，换取作业者对其核心利益的尊重。

道达尔对于自身权益维护的最根本支撑来源于石油合同。石油合同从顶层设计的角度确立了项目公司的治理结构、组织机构和决策方式，从根本上确保了道达尔作为小股东在项目经营管理中的权利。可以说，从项目成立之初开始，小股东的权利就已经通过基础石油合同及其附属协议的规定得到明确。哈法亚项目经营管理的基础依据是投资伙伴和伊拉克政府签署的开发生产服务合同（DPSC）。在开发生产服务合同中，专门规定了石油作业的联合管理委员会（JMC）制度，该委员会是哈法亚项目的最高管理和决策机构。开发生产服务合同明确规定了联合管理委员会的职责，要求联合作业机构的年度预算、内部管理流程、重大合同授标、人员招聘和组织机构、财务报告审批以及外部独立审计师选聘等重大事项必须由联合管理委员会投票决定。联合管理委员会在决策时是每人一票，必须一致同意才能形成决议，道达尔公司虽然是小股东，但和作业者拥有相同数量的投票权，这为保障其小股东权利奠定了坚实的制度基础。

哈法亚公司的投资伙伴之间还签署了投资伙伴协议（FPJOA），对石油作业联合管理制度予以进一步细化，对作业者的义务进行了详尽规定，并在投资伙伴协议中提出设立伙伴指导委员会（Steering Committee）。哈法亚公司伙伴指导委员会是中国石油（CNPC）、法国道达尔、马来西亚石油公司面临重大事项时的议事机构。伙伴指导委员会在对开发方案、年度工作计划预算、协议修改等重大问题进行投票时也是一个伙伴一个投票权，且必须一致同意才能形成决议。 作为哈法亚项目的小股东，道达尔对项目决策的影响主要通过其在伙伴指导委员会和联合管理委员会的代表来传达和实现公司的意图，从而维护公司核心经济利益。伙伴指导委员会和联合管理委员会会议每季度召开一次，事实上，在每季度召开联合管理委员会会议前一天，伙伴之间都会先开伙伴指导委员会会议，提前就重大议题进行讨论形成共识。因此，作为小股东，道达尔通过石油合同和伙伴协议，已经提前锁定了其在项目重大经营管理决策中的话语权。

组建精干团队，以少量技术和商务专业代表和派员结合总部全方位强大支持，跟踪运营动态进展，掌握重要业务议题。道达尔坚持以少量派员实现在项目运营管理中的大量存在感，实际上道达尔公司充分尊重作业者在项目公司日常运营管理中的主导权，并未派出大量人员在哈法亚项目的所有关键岗位参与日常运营管理。其在伙伴指导委员会和联合管理委员会的 2 位成员是道达尔伊拉克国别公司的负责人，1 人熟悉石油勘探、开发与生产等领域知识和管理，另 1 人熟悉财务、预算及商务领域知识和管理。此外，还有 1 名高级顾问（Senior Advisor）常驻项目，作为联合作业机构总裁顾问在联合作业机构总裁办工作，可以视其为哈法亚项目和道达尔日常沟通的桥梁，也是联合作业机构招标委员会（Tender Committee）和管理委员会（MC）的代表。道达尔另有两人在联合作业机构勘探开发部工作，每 3 年轮换，分别负责地质和油藏工作，熟悉项目的地质和油藏情况。道达尔虽然派员不多，但并不意味着不参与油田开发生产的经营决策。通过联合管理委员会会议、伙伴指导委员会会议及其他形式的工作会议和交流会议，了解相关业务问题。同时，坚持以专业为抓手，有理有效地维护小股东权益。道达尔的派员及代表均具有丰富的油气行业生产管理经验，专业素质普遍过硬，熟悉相关业务，为其较好地履行职责奠定了坚实基础。对伙伴指导委员会和联合管理委员会会议上作业者提出的议题，道达尔的派员及代表经常能发表建设性意见，不遗余力地维护本公司的核心利益。除了技术类问题，道达尔对财务问题也非常关注，例如提油回收、筹款预测、经营分析数据以及基础的会计处理方式等，以满足其内部报表及管理需求。结合道达尔在某些重大建设项目基本设计从技术层面提出的意见建议来看，其总部配备了稳定的技术和商务团队，为前方项目组提供全天候和全方位的支持。在联合管理委员会会议期间，道达尔的代表在会议现场就相关问题请示总部支持团队可获得即时答复。稳定有效的后方团队是道达尔在项目运营管理中体现话语权的重要支持和保障。

抓住关键环节，从信息、决策和审计 3 个方面入手，获得知情权、话语权和监督权，最大限度影响经营决策；谋求合作共赢，发挥建设性作用，合理表达意见，实现项目投资利益共享。一要获取项目日常运营管理信息，确保知情权。依据开发生产服务合同和投资伙伴协议的规定，项目联合作业公司需要定期或不定期给伙伴提供各类相关报表和材料。在哈法亚项目的实践中，项目联合作业机构各部门会给政府和合作伙伴发送涉及技术和经营的各类周报、月报、季报和年报，内容涵盖勘探开发、钻井、修井、生产、地面工程、采办、HSE、人力资源、财务、营地等几乎所有业务的详细信息。道达尔人员依托公司的技术和管理团队，对这些信息进行梳理和分析，如有疑问，会要求作业者予以解释，直至获得妥善解决。通过这些报告和信息，作为小股东的道达尔可以跟踪项目进展，了解重大工程涉及的关键节点，及时提出自身关切。二要影响重大议题决策，掌握话语权。立足于维护经济利益，道达尔在投资项目管理和决策中重点围绕开发方案设计、重大工程投资决策、年度预算审查、项目执行进展监控等关键环节提出意见及建议，从而保障其利益最大化。三要充分利用伙伴审计履行监督权。按照开发生产服务合同规定，合作伙伴有对作业者每年进行伙伴审计的权利。道达尔派驻专业的审计人员对项目进行审计调查，同时进一步了解具体业务实质。对于伙伴审计中发现的问题，审计师会和作业者沟通，如果得不到满意的答复，会提出审计意见并要求作业者整改，督促作业者严格按照开发生产服务合同运营管理项目。借助伙伴审计的机会，道达尔可以开展有针对性的审查，不仅能据此加深对项目经营管理的了解，也是对自身利益的进一步保障。

在确保自身核心利益的前提下，小股东应积极参与项目发展，多提建设性建议，与作业者构建良好的合作关系，维护中方利益。在双方所追求的经营目标和策略一致的情况下，小股东采取跟随作业者的策略，能达到事半功倍的效果，实现双赢。在与作业者策略与目标不一致时，小股东代表要敢于表达立场，通过高层及伙伴会议等渠道加强与作业者的沟通，使之了解并考虑小股东的利益诉求，在不与作业者经营策略发生根本性冲突的前提下尽可能实现小股东的经营目标。

三、致力全面安全优质高效建设施工管理，打造三期产能建设项目“精品工程”

哈法亚三期产能建设项目是中国石油（CNPC）和中油国际（CNODC）2018 年重点项目，也是伊拉克战后重建以来第一个一次性建成的、产能最大的油气处理站项目。哈法亚三期项目开工建设以来，面对工期紧、自然条件恶劣、安全风险大、社区关系复杂、阻工问题不断、物资设备清关困难及建设关键期签证停办等一系列困难和挑战，在中国石油（CNPC）和中油国际（CNODC）的领导下，哈法亚项目公司以经济效益为中心，超前谋划，科学组织，统筹安排，积极应对，充分利用中国石油一体化优势，与承包商密切配合，团结各方力量，灵活调整项目执行策略，全力推进哈法亚三期产能建设工程。在确保安全和质量的前提下，主体工程三期油气处理站（CPF3）于 9 月 20 日成功投油，9 月 29 日实现原油外输，12 月 12 日全面投运，提前 70 天实现了 2000 万吨产能建设目标。2019 年 3 月 7 日，达到高峰产量 40 万桶 / 日目标，是前五轮伊拉克国际石油招标第一个实现高峰产量目标的国际石油合作项目。

（一）哈法亚三期产能工程安全优质高效建成投产的背景

哈法亚三期产能工程的建成投产对项目实现经济效益至关重要。哈法亚三期产能建设是达到合同要求的高峰产量的必要项目。经测算，三期推迟一年，项目内部收益率将降低 1 个百分点。因此尽早启动并建成哈法亚三期产能工程总体对投资者有利，尤其中方，一方面投资者可以获取更多的报酬，另一方面也可为中国石油服务队伍创造可观的市场份额。

哈法亚三期产能建设工程的工期紧、任务重、难度高。哈法亚三期是中国石油海外作业者项目一次性建设的最大产能工程项目，主要工作范围包括一座 1000 万吨 / 年的油气处理站（CPF3）及配套的维修车间、电气、通讯和安防等，工作量巨大，是一期、二期工作量的总和。政府批准的建设工期为 18 个月，而伊拉克境内同等规模的建设项目工期都在 30 个月以上，挑战巨大。

哈法亚三期产能建设工程需要克服伊拉克政治、安全和政策等困难挑战的影响。一方面，安保形势日趋严峻，社区武装冲突不断，对承包商的骚扰、偷盗、勒索和阻工愈演愈烈。另一方面，经营环境日趋恶劣，如在 2018 年 5—7 月，伊拉克海关清关停滞，多批重要材料滞留港口，同时在 6—11 月，伊拉克内政部暂停办理员工邀请函和签证申请，导致大量甲、乙方员工无法正常轮休和入境，哈法亚三期工程进度受到严重影响。

（二）哈法亚三期产能工程安全优质高效建成投产的主要做法

（1）突出协调沟通和商务筹划，实现合作各方的目标一致和互利共赢。2016 年上半年，国际原油市场整体回暖，伊拉克政府多次强力敦促中国石油尽快启动产能建设，但合作伙伴在低油价下出于投资策略的考量，对于启动哈法亚三期的时间点并不一致。哈法亚项目一方面对工程建设前期的经营策略、技术方案、商务法律等进行详细讨论，识别风险并制定出相应谈判策略；另一方面利用作业者身份启动与政府的多轮谈判，最终获得资源国保证投资成本及时回收，未来石油合同修改“最惠国”待遇及欧佩克（OPEC）限产不适用于哈法亚项目等承诺；同时利用伙伴会及其他会议交流，充分了解伙伴的诉求，就项目执行方案及和政府的谈判结果进行沟通，最终获得了伙伴的理解和支持，2017 年 4 月 1 日哈法亚三期产能建设 EPCC 合同正式签署。

（2）突出经济效益，多措并举，确保项目不出现负现金流。一方面，提前投产已完结的哈法亚三期生产井，将日产量从 20 万桶提高至 25 万桶，项目回收池从 15 亿美元提高到 18 亿美元，从而使低油价下回收池能够覆盖建设期的高峰投资，为项目在新产能建设期不出现负现金流提供了坚实的保障。另一方面，在哈法亚三期大规模投资的情况下，项目公司突出投资重点，大力实施降本增效工作，2018 年压减资本化投资超近一亿美元，控减各类费用类支出超 4000 万美元。通过一系列举措，2018 年在新产能建设投资大的情况下，实现净现金流为正，保证了投资方的根本利益。

（3）突出进度管理和控制，确保哈法亚三期建设如期实现。一是抓设计，指派项目管理团队（PMC）设计审核团队在北京全程参与设计工作，在 10 个月内完成全部详细设计工作。二是抓采办，确保物资及时到位。特别是对 12 类长线设备，协调厂家分批发货，提前准备好相关报批资料，做到货到港口无滞留。三是抓现场施工，确保工期按时完成。建立起甲乙方周会制度及管理层双周协调会制度，协调解决施工现场的各类问题。四是协调解决清关问题，保证施工顺利进行。2017 年 5 月开始的海关清关停滞一度使项目进度滞后 12%，哈法亚公司一方面协调施工单位优化关键施工路径，尽量提前完成后续工程，另一方面积极协调米桑石油公司（MOC）、伊拉克石油部（MoO）等部门解决清关问题。五是抓清关运输，缩短滞港时间。海关恢复工作后，项目派出 2 个专门清关小组常驻港口协调文件审批，仅用 22 天就将滞留在港口的 382 车物资运抵施工现场。

（4）突出质量管理，确保项目施工质量。一是引入国际知名的独立第三方检测公司，对关键环节进行监督，把好设备出厂关。二是建立严格供应商准入制度，不合格的承包商坚决不用。三是落实 QA/QC 管理程序，依托项目管理团队（PMC），对施工工序、质量等进行全方位管理。四是建立施工标准示范区和施工作业的标准模型供对照检查，及时总结整改各类问题。在投产工程中，没有发生一起跑冒滴漏事件，得到合作伙伴和资源国的认可。

（5）突出 HSSE 管理，确保优异的安全环境记录。一是全面细化安保管理，利用军队石油警察及特种部队等打击社区犯罪，保障员工人身安全和生产安全。二是开展专项安全提升活动，强化对施工现场高风险作业的检查。三是聘请专门的心理医生，对长期高强度劳作下的工人进行压力疏导，保证员工身心健康。四是强制执行现场专职 HSE 人员 1∶50 配备比例，使安全监督成为常态。

总结三期产能工程安全优质高效建成投产取得的成果：①树立高质高效的品牌形象。克服油价低迷、清关缓慢、安保形势严峻等困难，哈法亚三期主体工程 CPF3 于 2018 年 9 月 20 日实现成功投油，9 月 29 日原油外输，12 月 12 日全面投运，提前 70 天实现 2000 万吨产能建设目标，使哈法亚成为伊拉克国际石油公司中第一个建成高峰期产能的项目，投产工程没有发生一起跑冒滴漏事件，展示了中国石油的项目运作能力，树立了快速高效和高质量的良好形象，充分展现“中国速度”“中国质量”。②实现可观的经济效益。哈法亚三期新建产能的投产为实现高峰产量奠定了基础，哈法亚作业产量从 2017 年的 1226 万吨增加到 2018 年的 1371 万吨，扩大了项目的利润来源。在 2017—2018 年哈法亚三期产能建设投资高峰期间，项目先后实现净现金流为正，保证了投资方的根本利益。2017—2018 年，哈法亚项目利用作业者身份，发挥中国石油综合一体化优势，给中国石油单位合同授标额占同期项目合同授标总额的 63%，取得了显著的投资带动效应，实现了中方利益最大化，有效带动“中国制造”“中国标准”进入中东高端石油市场。③取得优异的 HSSE 业绩。哈法亚三期产能建设实现 1200 万人工时安全生产，零伤害、零污染、零事故、零社会安全责任的总体目标。2018 年，哈法亚项目甲乙方累计工时约 2100 万小时，损工伤害率 0.05（2017 年 IOGP 为 0.27），总可记录事件率 0.33（2017 年 IOGP 为 0.96），优于国际油气生产者协会（IOGP）发布的国际油气生产商安全绩效指标。哈法亚项目在 2018 年度中油国际（CNODC）22 个 A 类项目 HSE 管理评价中连续两年蝉联第一，在中东地区各片区首次进行的 HSSE 责任书评比中位居首位。

哈法亚三期建设工程取得成功，得益于中国石油重视、中油国际的支持和中东公司的指导，得益于甲乙方单位精诚团结、紧密合作，得益于有一支敢于担当、能打硬仗的石油队伍。在推进哈法亚三期产能建设过程中，哈法亚公司坚持以最严的计划、最快的节奏、最稳的措施为工作方针。一是科学决策，确保项目投资高峰期现金流为正。适时提高回收池上限，2017 年 6 月提前投产已完钻的哈法亚三期油井，将产量从 20 万桶 / 日提高到 25 万桶 / 日，使低油价下回收池能覆盖建设期的高峰投资，保证了项目在新产能建设期不出现负现金流。二是整体把控，加强工程施工全过程管理。识别并细化工程进度关键节点，落实甲乙方周会制度和管理层双周协调会制度，跟踪协调影响工程进展的关键环节，依托项目管理团队对施工程序、质量、进度及验收等工作进行全面管理。三是多措并举，保证关键物资及时到位。对清关停滞导致大量货物无法及时运达的问题，项目积极协调米桑石油公司（MOC）、伊拉克石油部（MoO）及港口，派驻工作组常驻海关港口，协调清关文件的审批，仅用 22 天将滞留的 382 车物资运抵现场。四是统筹协调，全力做好支持保障工作。动迁各参建单位共 2 万余人次，办理伊拉克签证 4000 余人次，保证施工人员及时动迁到位。密切联系军警等安保资源，协调米桑石油公司（MOC）和当地部落，及时解决施工中的阻工等问题，保障施工的顺利进行。

四、构建哈法亚项目“6+3”韧性健康卫生保障系统，创新实践 HSE 管理模式

武装冲突、自然灾害、疫情等是在海外欠发达地区运营油气项目时常遇到的潜在或现实冲击，其风险不言而喻。海外欠发达地区同时还面临医疗基础设施薄弱的现状，在员工健康卫生保障方面无法依靠油气资源国的现有医疗条件，因此在海外项目内部构建韧性健康卫生保障系统尤为重要。

哈法亚公司基于 9 年多的探索和实践，形成海外项目“6+3”韧性健康卫生保障系统框架、技术路线和实施方法，包含员工健康适岗管理、员工心理韧性提升等并行阻断健康威胁（预防健康事件）的 6 大功能模块和快速响应健康事件的网格化 3 阶医疗救助体系，是恩格尔模式在海外项目的创新应用。截至 2022 年底，形成可直接复制推广的方案类成果 10 项、准则类成果 4 项、数据库类成果 3 项。2019 年 6 月，哈法亚项目“6+3”项目创新实践入选全球企业“员工关照义务”系列奖项的“全球最佳偏远地区韧性奖”；2019 年 10 月，获“复杂环境杰出健康管理奖”；2020 年以来，新冠肺炎疫情持续蔓延，防疫形势严峻复杂，该成果为哈法亚项目疫情防控提供坚实的保障平台。截至 2022 年底，相关成果已公开发表论文 4 篇，其中 1 篇获中国石油（CNPC）一等奖。

主要创新点包括：基于领结图（BOW–TIE）模型的“健康卫生保障系统韧性”定义及“6+3”框架的构建（方法创新和应用创新）。

在 HSE 管理“两个面向”方法论的基础上，进一步提出了健康卫生保障系统“两个对接”的方法论。一是对接员工的医疗健康卫生需求；二是对接规范化和全球化的医疗健康卫生资源（方法创新和应用创新）。

提出了“以个体健康需求为关注焦点”的院前医疗救助网格化策略。该策略包括需求网格化分析和资源网格化配置两个方面，以及关键网格的定义、识别和分类；该策略有效优化了急救半径，增强了医疗救助系统的韧性（方法创新和应用创新）。

提出了医疗救助的递阶响应策略。应用多级递阶控制系统理论将油田区域内分布式网络结构的基本单元——网格，统一为有机整体，实现网格化医疗健康卫生需求和网格化医疗健康卫生资源的系统管理（应用创新）。

提出了职业健康安全语境的危险基本单元模型和员工健康适岗管理框架模型，形成了海外项目职业性有害因素扩展清单和职业禁忌证扩展清单（理论创新和应用创新）。

提出了职业健康卫生相关服务的协同机制。该协同机制包括工业卫生服务、职业卫生服务、应急医疗服务、基本医疗服务、心理韧性服务、餐饮服务、保洁服务在员工健康卫生方面的全方位协同，以及油田设施的全生命周期协同、人力资源管理的全周期协同、人—机—环的全面协同等（应用创新）。

将恩格尔医学模式与韧性健康卫生保障系统有机融合，形成“6+3”韧性健康卫生保障系统并夯实其理论基础。上述融合体现了系统管理的思想，是恩格尔医学模式（生物—心理—社会医学模式）在海外项目的创新应用。其中，流行病和传染病管理方案、保洁服务健康卫生管理方案、餐饮服务健康卫生管理方案、网格化递阶医疗救助体系主要体现了生物医学模式（疾病预防和治疗）的核心；健康卫生宣教与促进方案、员工心理韧性提升方案从员工主观感受出发，将心理因素纳入健康卫生保障系统；健康适岗管理方案则是将员工状态与工作要求结合起来，是社会医学的组成部分，也是生物和心理两种模式的组合（理论创新和应用创新）。

五、秉持“绿色”油田开发理念，创立“一带一路”国际油气合作环保典范

哈法亚公司成立以来，在国务院国资委、中国石油（CNPC）、中油国际（CNODC）及中东公司的正确领导下，在全体干部员工的共同努力下，引入了中国石油成熟油田开发技术优势，建成了伊拉克最现代化的后勤基地，积极开展公益事业，促进用工本土化，实现了多项第一，这一系列举措充分展示了“中国技术”“中国制造”“中国速度”“中国质量”“中国文化”的强大力量，践行了国家“一带一路”倡议，为“中伊国际合作树立了典范”。项目公司在做好生产经营的同时，持续加强环境保护管理，以“合规、履约、环境友好、可持续发展”作为哈法亚油田绿色开发的主题，防治污染，保护和改善生态环境，环境保护业绩良好，社区关系和谐融洽。在绿色油田开发过程中的经验可归纳为以下几个方面：

（1）分阶段、多层次的环境影响评价，为油田环保工作指明方向。在早期开发阶段，考虑到哈法亚油田部分区域生态环境的敏感性，哈法亚油田对合同区块内当时环境的主要特征包括当地气象气候、水文地质、水源、空气质量、噪声环境、生态环境、文物保护、放射性等进行环境基线调研，列出了关键环境事项，也为油田初期商业产能开发建设方案的环境影响评价提供了基础性资料。

在哈法亚项目初始商业产能建设前，开展哈法亚一期建设项目的环境影响评价。同时，哈法亚油田对最终开发方案开展了环境及社会影响评价。此规划环评为项目长期运行的环境保护指明了方向。随着油田的开发，陆续开展了米桑原油外输管道建设项目、哈法亚二期产能建设项目、哈法亚三期产能建设项目、油田中心废物处理设施建设项目环境及社会影响评价。

分阶段、多层次的环境影响评价，使哈法亚油田深入认识和记录了油田开发活动开始前的环境现状，鉴别明确了油田开发过程中环境敏感受体和重要环境事项，为油田环境保护工作指明了方向。

（2）全方位环境监测，做履约合规典范。在分阶段、多层次的环境影响评价的基础上，哈法亚项目邀请专业的环境监测公司每季度对油田的地下水、地表水、土壤、空气质量、NORM 等进行监测，监测结果与伊拉克法律法规或国际标准（WHO、荷兰、澳大利亚等）进行对标分析，从项目开始到目前所有轮次监测结果无明显差异。

（3）多种绿色技术源头控制，全方位减少污染、节能减排。在最初设计阶段考虑到哈法亚油田富含硫化氢（H_2S），油田采用密闭集输流程，站场储罐采用甜气密封，火炬系统采用甜气吹扫工艺，减少有毒有害气体排放；采用电脱水和电脱盐自循环掺水流程，提高原油脱盐效率，节约掺水消耗，保护水资源；火炬头设计采用旋开线消烟技术，确保正常工况下无烟燃烧，保护环境，遵循当地的 HSE 政策。努力降低生产过程能耗，生产吨油耗电 21.2 千瓦·时，吨油耗气 7.4 立方米。

钻井工程是油田勘探与开发的重要环节，钻井过程中钻屑和废弃钻井液无害化处理，对于环境保护非常重要。哈法项目初期，经过与伊拉克政府和米桑石油公司的多次技术交流和研究，最终确立钻屑和废弃钻井液的处理方法。应伊拉克米桑石油公司（MOC）的选择和要求，采用“自然蒸发干化，密封掩埋保存”，即用熔焊的防渗布做底，待废弃物自然蒸干后泥沙回填，再用防渗布铺设和浮土铺盖密封保存。如此方法可以完全阻断钻屑及钻井废弃物对地表和地下水体的污染，达到保护环境的目的。

哈法亚油田通过技术创新，采用原油返排技术进行清井作业，在伊拉克境内首次实现了原油回收不落地、燃烧无黑烟，降低了环保风险并缩小了井场征地的面积，达到了环境保护与经济效益的双赢。

为有效控制污染，管理油田废物，哈法亚油田按照“整体规划、分步实施”策略和国际规范正在分阶段建设中心废物处理设施。该中心废物处理设施包含高温焚烧单元、填埋单元、危废临时储存单元等功能单元。2017 年 1 月，废物中心处理设施的安防工程建成；2017 年 11 月包括废润滑油池、污泥池、含油污土池、危废储存区和非危废储存区的“三池两区”项目完工投入使用。

（4）清洁能源促进油田节能减排，改善民生、造福当地。哈法亚油田将生产的伴生天然气输送到米桑省阿玛拉市卡哈拉电厂，为其提供燃力之源，使其成为伊拉克第一个有效利用伴生天然气发电的电厂。从项目启动至 2022 年 12 月底，共外输伊拉克当地卡哈拉燃气发电厂伴生气 56.8 亿标准立方米商品天然气。这一民生工程有效解决了当地燃料不足、电力紧缺的问题，对改善当地民众生活条件、减少环境污染和能源浪费起到了积极作用，赢得了当地政府和民众的赞誉。

哈法亚油田所在的伊拉克米桑省面临严重的电力短缺，为维持油田正常生产，减少油田伴生气燃烧带来的污染，哈法亚油田建设了采用燃气轮机发电技术的电厂，通过将油田生产分离出的伴生气处理后在电厂燃气轮机中燃烧，将化学能转化为电能，为油田正常生产活动提供电力保证。截至 2022 年 12 月，哈法亚电厂累计发电量 1016312 兆瓦·时。

同时，筹备设计建造一座天然气处理厂，每年将减少近 3 万吨二氧化硫排放量，生产的液化石油气每年可为当地电站提供 22.7 亿标准立方米商品天然气，实现 50 亿千瓦·时的发电量。

（5）原油外输管道全程绿色穿越，降低生态环境影响。米桑原油外输管道（MOEP）全线 272 千米，管道整体在两河流域铺设，沿途所经之处穿越类型复杂，高风险雷区、宾乌姆（Bin Umm）油田油气管网、湿地沼泽纵横交错，仅穿越河流、水渠达上百条之多。为避免对大河进行节流影响河流生态，采用定向钻穿越施工方案，并选取环保钻井液材料及钻井液回收系统，钻井液重复利用率达 80% 以上，极大地避免因开挖河流导致环境破坏，也避免了水污染及污泥对环境的污染。穿越前后，严格按照原地貌进行恢复。在成功穿越阿拉伯河流之后，专门购置了 1 万多尾鱼苗放入河中，对生态保护、渔业发展起到了积极的保护作用。

（6）多措并举保护湿地，保持生物多样性。哈法亚油田合同区块向东南方向延伸至哈维则湿地，是伊拉克唯一的一处受《国际湿地公约》(《拉姆萨尔公约》的湿地，全称为《关于特别是作为水禽栖息地的国际重要湿地公约》）保护的湿地，生态环境高度敏感。

哈法亚油田严格执行 HSE 标准，努力保护湿地候鸟，减少人为活动给湿地带来的污染，捡拾废弃物，在油田回收电池、垃圾分类，在油区及周边安装垃圾箱及环保标识，倡导承包商开展油区及周边垃圾拾捡，不仅促进了“哈法亚居民”良好环保意识及习惯的形成，也有效保护了候鸟栖息生活的“乐园”。哈法亚油田合同区块向东南方向延伸至哈维则湿地，是伊拉克唯一受《国际湿地公约》(《拉姆萨尔公约》的湿地，全称为《关于特别是作为水禽栖息地的国际重要湿地公约》）保护的湿地，生态环境高度敏感。哈法亚油田严格执行 HSE 标准，努力保护湿地候鸟，减少人为活动给湿地带来的污染，捡拾废弃物，在油田回收电池、垃圾分类，在油区及周边安装垃圾箱及环保标识，倡导承包商开展油区及周边垃圾拾捡，不仅促进了“哈法亚居民”良好环保意识及习惯的形成，也有效保护了候鸟栖息生活的“乐园”。

哈法亚公司以“合规、履约、环境友好、可持续发展”的油田开发理念及卓越的项目执行力，赢得了合作伙伴和伊拉克政府的认可和信赖；用真诚沟通、共享共赢的行动，获得项目周边社区的信任和认同。

“一带一路”倡议，为全球共赢合作带来了新的机遇。中国石油（CNPC）作为“一带一路”的先行者，将继续秉承“共商、共建、共享”的原则，牢固树立“环保优先”的发展理念，与国际同行、合作伙伴密切携手，努力打造绿色可持续的能源企业，深度融入伊拉克经济社会发展进程，促进平衡普惠发展，努力为当地利益相关方创造和分享价值。

第三节　经营策略

作为伊拉克七大油田之一，哈法亚油田也是开发难度最大的油田之一。伊拉克国际著名石油公司云集，竞争十分激烈；各种矛盾交织，恐怖事件频发，安全形势一直十分严峻，投资环境十分复杂。面对复杂而艰巨的挑战，哈法亚项目短短不到 2 年时间，建成哈法亚一期 500 万吨产能油田，比合同要求时间整整提前 15 个月，遥遥领先伊拉克第二轮国际招标中标的其他 6 个项目。

哈法亚一期、二期、三期产能建设目标圆满实现，建成两千万吨级油田，迈上高峰产量持续稳产阶段。

一、哈法亚公司的主要经验是创新国际化管理

在经营管理上，哈法亚公司始终立足于开发服务合同，着眼于国际化经营理念，细研并合理地拓展合同外延，以经济效益和现金流为核心，采取三步上产方案，实现了提前投产，并有效控制投资节奏，通过建立高效的提油体制，加速成本回收过程。

（1）通过强化方案前期论证，注重过程控制，成功实现前期低成本战略。根据开发服务合同（DPSC）相对苛刻的特点，哈法亚项目先后优化比选 20 余套方案，提出“最快的速度，最少的投资，最高的产量”的初期发展战略。针对哈法亚油田油藏埋藏深、钻井难度大的实际，广泛应用丛式井、水平井等新技术；加强与斯伦贝谢、贝克休斯、威德福等西方大公司合作，引进先进技术，有针对性地开展技术攻关。针对钻井、工程建设技术含量高、投资大的特点，项目特别注重加强过程控制，严格按照国际规范招标，强化现场监督指导，中方服务队伍都配了国际监督，关键工程配合西方监督。通过一系列措施，哈法亚项目实际成本较原预测下降约 20%，增产效果、成本控制和工期均创伊拉克同类油田最好水平。

（2）通过加强合同研究，实现 4 个重要突破，为哈法亚项目健康快速发展扫除障碍。按照合同（DPSC）要求，哈法亚一期只能日产 7 万桶，同时必须进行伴生天然气处理和建立独立的原油外输管线，并且从生产之日起，90 天后开始计算产量，二期工程上马必须在提交 20 年开发部署后才能启动。如果完全按合同步骤进行，就不可能实现“三最”的初期战略目标，二期日产目标至少推迟到 2015 年下半年，还带来前期投资将大幅度增加、严重影响项目经济效益的问题，三期工程的建产目标将更为遥远。

为此，哈法亚公司精心策划商务、技术方案，与伊拉克政府和油公司进行多轮次艰苦谈判，最终实现 4 个关键性突破：推迟伴生天然气处理；推迟外输管线建设，并与中国海油合建；允许提前启动二期 20 万桶 / 日产能建设，并克服困难及时完成三期产能建设；提前安排好提油的运行节奏。这四项突破，成功化解了既有合同条款造成的发展困境，不仅为哈法亚公司快速实现上产目标赢得了时间与空间，同时还大大节省了投资。

（3）通过加强国际化管理体系建立，为提升国际化管理能力筑牢根基。哈法亚公司在苏丹 1/2/4 项目管理模式的基础上，充分借鉴委内瑞拉服务合同的特点，建立了一套完整的、具有国际水准的人事、财务、招标、采办、生产指挥和 HSSE 管理体系，并及时获得伊拉克政府和合作伙伴的批准，为哈法亚在复杂的环境下健康快速发展提供了制度和法律保障。

哈法亚公司运行过程中，始终秉承公正、透明、竞争的原则，严格遵守伙伴协议，履行作业者的合同义务，恪守国际规范，展示一个负责任国际大公司的良好形象，得到伙伴的高度信任和强有力支持。哈法亚公司团队的敬业精神得到各方称赞，管理层对项目的控制力、中方派遣人员精湛的业务能力、娴熟的语言能力及丰富的国际化管理经验，得到伊拉克政府、合作伙伴的高度认可。

（4）建立高效提油机制，加速成本回收过程。2012 年 12 月首船成本油按时提取，创造了当年投产、当年启动回收的佳绩，使哈法亚项目成为伊拉克第二轮中标的 7 个国际项目中第一个实现投产，第一个进入投资成本回收阶段的项目。通过经济评价模型测算，当年投产、当年提油可以将项目的内部收益率提高约 5%。

由于伊拉克的财政收入主要用于国内的土建和电力等基础设施的重建，国际油公司基本都采用提取原油冲抵石油成本和报酬费。但各国际油公司都在提油工作中遭遇了严峻挑战：首先，伊拉克石油部批准发票过程繁琐，落实油量往往错过原油交易窗口；其次，巴士拉原油出口量大幅上升，但缺少将巴士拉轻油作为常规加工原油的炼厂，国际市场需求疲软；同时，伊拉克原油官价体系定价偏高，直接造成油公司经济损失；最后，巴士拉港口装运能力有限，造成装船滞期现象严重，影响船期和结算。因此，如何在困境中建立高效的提油机制，确保顺畅的成本回收，是提高项目经济效益的关键。哈法亚公司针对伊拉克提油工作遇到的挑战，结合具体特点，提前筹划、积极沟通、严密组织，采取了一系列措施确保提油工作的顺利进行。

（5）营造与当地社区和谐友好“大环境”，杜绝任何重大人身伤害事故。哈法亚所在地米桑省位于伊拉克边境，毗邻伊朗，政治、宗教、部落、国外势力各种矛盾交织，社会环境十分复杂，安全形势非常严峻。为此，哈法亚项目建立了防御纵深合理、警力网点布设有效，军警、石油警察、私人安保、联防互动的安保管理体系；在油田现场修建飞机场，建立人员动迁空中走廊；充分考虑油区百姓的利益，努力营造和谐的外部环境，实现本质安全。

在伊拉克第二轮中标的 7 个国际项目中，哈法亚公司创造了多个第一，即第一个获得初始开发方案批复，使项目提前 3 个月正式启动；第一个投产，提前 15 个月踏上合同要求的 7 万桶 / 日产量目标；第一个进入投资成本回收阶段；第一个启动二期日产 20 万桶产能建设；第一个完成并提交 20 年开发部署，顺利完成合同变更，提前投产二期，加速实现三期投产且第一个实现高峰产量目标。创造了令人瞩目的“哈法亚速度”，领跑伊拉克高端国际市场。伊拉克石油部部长称赞哈法亚是“速度最快、执行最好的对外合作项目”，是在伊拉克所有外国石油公司的榜样。哈法亚项目通过艰苦的努力，充分展现了中国石油（PetroChina）作为项目主导者的国际化运作效率和实力，赢得了伊拉克政府、米桑石油公司（MOC）、合作伙伴的高度评价和认可。

二、哈法亚公司存在的问题及未来的风险挑战

随着资源国政府及其国家石油公司实力的增强，在自然资源的勘探与开采领域，资源国逐步寻求更大的控制权。服务合同是实现资源国政府对项目拥有更大控制的一种机制，它多为主张民族主义的国家所采用，伊拉克就采用这种合同模式。在风险服务合同下，资源国可以利用外国石油公司的技术和管理专长及资本，同时保证资源国国家石油公司维持对资源的控制和所有权。风险服务合同对资源国来说是有利的，但对合同者来说是风险很大的一种合同模式。合同者被要求承担全部的勘探风险，但获得的收益却是相对固定的，与其承担的风险不对称，并且外国石油公司在服务合同作业权益下控制的储量和产量通常无法作为公司油气储量和产量进行报表披露。在

服务合同下，资源国政府与外国石油公司仅就完成规定的服务签订合同，外国石油公司通常并不分享油气生产带来的利益，资源国政府不用向外国公司转移资源的控制权。因此，对外国石油公司而言，在风险服务合同下，所拥有的权益范围是极为有限的。

中国石油（CNPC）在伊拉克的艾哈代布、鲁迈拉和哈法亚 3 个项目签署的均为风险服务合同，这类合同条款较为苛刻，主要体现在两个方面：一是财税条款的设计是从伊拉克政府利益最大化的角度出发的，这决定了伊拉克政府将获得极高比例的石油收入，还可以控制因油价上涨而产生的全部利润；二是合同条款的灵活性较低，大部分的条款都是标准化的规定，可谈判的条款只有报酬费与高峰产量目标，这使得中国石油（PetroChina）可以争取利益的途径减少，内部收益率较低，可得利益较低，增加了中国石油公司在伊拉克投资的经济收益风险。

哈法亚公司存在的主要问题如下：

（1）安保形势依然严峻。哈法亚公司所在地伊拉克米桑省的人文地理环境十分特殊，历来是伊拉克多种矛盾相互交织、社会关系极其复杂的地区，哈法亚公司仍然面临着严峻安全形势。一是油田开发带来的地区经济效益增长，引发多方利益团体关注。近年来，随着哈法亚油田的快速开发，地方政府、部落、社区在广泛受益的同时，频频提出不合理利益诉求，甚至采取阻挠作业等极端手段，达到高额土地索赔、提供工程服务等目的。米桑石油公司（MOC）在这方面无作为，当地军警不配合，油区社会关系日趋复杂。二是油田生产规模不断扩大，社会安全责任更加凸显。哈法亚公司尽管前阶段没有发生任何重大安保事故，但是伊拉克安全形势仍然十分严峻。随着三期建设项目的全面展开，生产规模的不断扩大，哈法亚公司与当地社会接触面进一步扩展，社会安全的风险持续增大。三是油田经营过程中人文环境更趋复杂，企业管理难度增大。随着哈法亚公司员工人数逐步增加、成员构成更加多样、人际交往时间逐渐延长，处理企业安保危机、经济情报交易、民族宗教冲突等问题隐患更为艰难。

（2）产能建设任务重，外输管线压力大，油藏管理难度高。哈法亚项目的发展之快受到全世界瞩目，在伊拉克第二轮投标国际项目中领跑。现阶段不只要追求产量目标的实现，更为重要的是获取经济效益，加快上产步伐的目的在于前期投资的快速回收。

哈法亚一期受外输管线的不确定性因素影响，原油生产不稳定。二期、三期工作时间交叉，项目多，工期紧张，给工程管理带来极大挑战；安保环境较一期项目有逐步变坏的趋势；石油警察（OPF）和车辆短缺影响承包商和项目管理公司（PMC）的正点出行，导致施工人员不能及时施工，监理人员无法及时赶到施工现场；米桑石油公司（MOC）、当地承包商公司、安保、海关和签证等环节办事效率低下，给货物清关和西方设备服务商到现场服务等带来了很大不确定性；征地、清雷工作异常艰难。阻工现象频繁发生，几乎每天都有几起阻工现象发生，严重影响建设进度；受伊拉克安全局势的影响，西方设备的现场服务人员动迁和现场服务，协调难度大，不能按时到位。

在 40 万桶高峰产量中，Mishrif 油藏承担 70% 以上的产能，且必须保持高速水驱开发（采油速度 1.3%—1.5%），对这种平面和纵向非均质很强、亲油特性的块状（厚层状）碳酸盐岩油藏如何有效地进行水驱开发还存在着很多不确定性，该油藏高产稳产 16 年是哈法亚项目开发的关键；注水开发是保持油藏压力、实现长期高产稳产的主要方式，但水源尚未落实，地表水、地层水或海水等均存在不足，这也是哈法亚油田开发面临的最大挑战；在高峰产量稳产期，两个主力油藏（Mishrif 和 Jeribe/Upper Kirkuk）的采油速度都必须保持在 1.3%—1.5%，且必须保持 16 年长期稳产，如果没有后备储量接替，哈法亚项目存在难以满足合同要求实现高峰产量长期稳产的风险；特低渗透等难动用储量约占全区地质储量的 30%，如 Sadi B 油藏地质储量约 40 亿桶，这部分储量的单井产量低，有效开采工艺手段尚不完备，暂不能分担主力油藏的产量负担；在做好 Mishrif 等主力油藏的地质油藏研究的同时，还需要先进适用的钻完井技术提供保障，包括复杂压力剖面下的油层保护技术、长井段固井工艺、水平井分支井的完井工艺、分层注水工艺及水平井找堵水技术等。

（3）伊拉克方国际合作经验欠缺。近年来，伊拉克投资环境有所改善，但并不明显，政府不作为，多种矛盾相互交织，形势更为错综复杂。问题突出表现在以下几个方面：一是伊拉克对外合作政策调整更趋严酷，评标和授标难度挑战巨大。二是项目公司生产经营过程频遭米桑石油公司（MOC）无理干扰。伊拉克将清关作为控制国际石油公司（IOC）的手段，政策朝令夕改，已经成为制约项目运作的主要瓶颈。米桑石油公司（MOC）为达到全面控制项目运作的目的，在清关和大额度合同审批方面设置重重障碍，严重影响项目运作进度。三是合作经营风险随油田发展趋势良好而增大。哈法亚公司前期的开发成果显著、经营基础夯实、管理模式形成，当地政府和米桑石油公司（MOC）由被动合作逐步向取而代之的想法转变，在经营过程中不断增加障碍，增大难度。

（4）公共设施不配套，HSE 管理依然面临挑战。由于连年战乱，哈法亚油田基础设施老化严重且遭受较大破坏，且由于阿马拉是伊拉克相对落后的地区，电力、水、燃料供应等各种资源非常短缺，交通、港口和管道输送能力不足。随着油田生产规模的不断扩大，对 HSE 管理水平的要求越来越高。随着伊拉克安保形势复杂化，引入高水平咨询服务的难度加大。为适应项目发展需要和克服外部环境制约，HSE 管理文件的充分性、适用性、规范性和有效性有待进一步提高；HSE 知识、信息和管理要求的可视化工作需要继续推进；哈法亚公司人员和承包商人员的 HSE 培训及帮扶工作还需要不断强细化和强化，并形成体系；工艺安全和设施完整性的体系化管理还有较大提升空间；体系化的内外部审核还需要继续推进和强化；在对接项目实际需要和 HSE 国际通行做法及成熟技术方面，还有较大改进空间；HSE 整体规划和配套工作，还需要进一步加强。同时合同区内生态环境敏感，伊拉克政府及米桑石油公司（MOC）对环保越来越关注，环保风险日益增大。

（5）随哈法亚油田现场生产规模不断扩大，人力资源需求急迫。哈法亚公司所在地阿马拉是伊拉克相对落后的地区，哈法亚公司按照用工本土化的原则积极扩大当地就业，但由于项目对现场操作人员有一定的技术和语言要求，由于连年战乱，多数青年劳动力未接受过良好教育，很难找到适合的、熟练的油田现场操作人员；又由于受伊拉克劳动法和地方保护主义政策影响，哈法亚公司员工在伊拉克境内流动受到限制。哈法亚公司在当地招白领管理人员难度很大，尤其是石油技术人员，不得不转向招聘国际雇员，而国际雇员又受签证办理难等问题影响无法及时到岗，严重影响油田现场生产管理。随着生产规模的不断扩大，矛盾更为突出。

三、哈法亚项目针对问题和挑战的对策

针对目前哈法亚项目面临的主要风险以及存在的主要问题，将采取如下对策：

（1）不断完善 HSE 管理体系。坚持安全发展、清洁发展，杜绝一般 A 级及以上工业生产安全事故和较大及以上交通事故、火灾事故，实现员工零死亡，百万工时损工伤害率和总可记录伤害率达到上年度国际行业水平；杜绝较大及以上环境污染和生态破坏事件，实现废水、废气、固体废物规范处置、达标排放；杜绝群发性疾病及因传染性疾病、流行性疾病导致员工死亡事件，实现员工职业病患病率为零，体检率 100%。

（2）持续完善 HSE 管理体系。完成哈法亚项目公司层面 HSE 管理体系文件的升级换版，筹备环境管理子体系的优化和应急管理子体系的整合，编制、发布和实施必要的职业健康管理子体系文件；在国际雇员和当地雇员中全面推行健康适岗性评估项目，并进一步强化员工健康档案的管理；启动实施哈法亚三期规划项目环境影响评价，满足项目合规性和项目后评价的要求；继续完善油田环境监测网络，筹备项目健康影响评价；对三期新建项目（包括一期升级扩建项目）开展定量风险评估、事件后果分析、火灾模拟和毒害气体扩散分析等技术安全研究，满足项目合规性和项目后评价的要求；分步实施 HSE 关键能力评估和训练项目；完成 HSE 管理信息系统的概念设计和初步设计，强化 HSE 数据信息的有效管理和深度分析，提高 HSE 日常管理工作的效率；推动 HSE 可视化一期、二期、三期项目的顺利实施；抓好营地、油气处理站、应急响应中心和营地新诊所的投用及功能完善工作，推动油田自建废物处理设施的建设和部分投用，组织开展伙伴 HSE 审计、第三方安全管理审计、航空安全审计、环境管理审计和职业健康审计。

（3）不断强化现场安保措施。根据中国石油的总体要求，结合作业区具体的安全形势和存在的主要风险，坚持充分与米桑石油公司、当地驻军、警察结合，引入西方安保管理理念和标准，制定适应哈法亚合同区特点的安保方案和具体安保措施，继续完善以当地驻军、油田警察为主体的安保体系；同时充分利用当地资源，重点强化安保人员培训，确保安保人员责任到位、措施执行到位。坚决杜绝因社会安全原因造成中方员工被绑架或致死事件。

（4）不断提升油藏开发水平。实施注水采油先导试验，跟踪分析试验动态，优化和落实注水方案编制，继续加强难动用储量的技术攻关，着眼长远，重点加强 Sadi B 特低渗透油藏和 Khasib 低渗透油藏的技术攻关，为主力油藏的储量接替做好准备。做好油藏监测，充分利用已经获得的动静态资料，深入开展地质油藏研究，做好开发方案的优化与调整。积极开展地层水水源的评价落实工作，着手准备水源井的钻探和测试工作。重点开展的配套工程工艺专题研究和试验。

（5）继续与米桑石油公司建立互信机制。面对伊方的各种干涉，哈法亚项目公司将妥善处理当前分歧，与米桑石油公司形成稳定的互信机制。第一，要严格要求自己，按照国际惯例规范运作，信守承诺，认真履行合同义务；第二，既坚持原则又要表现出灵活性，逐步引导其遵守国际准则；第三，加强巩固与伙伴的良好合作关系，确保重大事宜高度一致；第四，避免正面冲突，

重大分歧请伙伴出面协调，并加强与其他国际公司沟通，共性的重大问题采取一致行动。

（6）持续加大员工培训力度。针对伊拉克劳动力市场不成熟、不完善的现状，从加强内部员工培训入手，首先积极开展岗位技能培训，在此基础上，选拔一批有发展前途的当地雇员进一步深层次培训，长期目标是力求建立一支既懂生产、又懂管理的当地人才体系。

第三篇　油气勘探

中东地区区域构造主体为阿拉伯板块，所在沉积盆地为阿拉伯板块内的阿拉伯盆地和扎格罗斯前陆盆地。阿拉伯盆地又称波斯湾盆地，自北向南分为西阿拉伯次盆、维典—美索不达米亚次盆、中阿拉伯次盆、鲁卜哈利次盆和阿曼次盆等 5 个次盆，盆地面积约 300 万平方千米，跨越 16 个国家和地区。伊拉克项目位于维典—美索不达米亚次盆，哈法亚油田位于伊拉克美索不达米亚盆地南部前渊带内，储层发育于碳酸盐岩台地边缘附近。与其他伊拉克大部分油田一样，哈法亚油田是一个北西—南东向的背斜构造，其构造长 30 千米、宽 10 千米，高点在 HF-1 井附近，北翼较陡，约 3.5 度，南翼缓，约为 2.5 度。本区的储层主要形成于早—晚白垩世和中新世—早渐新世温暖的浅水碳酸盐岩台地环境，在早白垩世和晚中新世时偶尔出现碎屑岩沉积。

哈法亚油田合同区范围内，在早期开展二维地震勘探。共部署二维地震测线 18 条。已有资料测网密度 3 千米 ×5 千米，18 条地震测线中 11 条采集于 1980 年以前，6 次覆盖；7 条测线采集于 1980 年，30 次覆盖。油田内目的层段地震资料品质较好，信噪比高，反射波连续，易于追踪解释。自 2010 年 3 月 1 日起，哈法亚联合作业体（中国石油、法国道达尔、马来西亚石油）签署的合同生效后，接管合同区块，开展勘探开发部署工作，逐步增进和深化区域构造认识，为进一步开展油田开发部署奠定基础。合同中对哈法亚油田区块勘探部署工作任务进行了说明。

第一章　勘探概况

哈法亚油田位于伊拉克米桑省阿玛拉市（Amara）东南 35 千米，巴格达东南部 400 千米。1974—1978 年哈法亚油田采集二维地震，1976 年完钻第一口探井 HF-1 井，测试层位有 Jeribe、Mishrif 和 Nahr Umr，测试产量在 900—12650 桶 / 日，从而发现了哈法亚油田。1977—1980 年，相继完钻 HF-2 井、HF-3 井、HF-4 井、HF-5 井，并进行测试，自上而下共 8 套地层中发现含油气层系。2008—2009 年又相继完钻 HF-6 井和 HF-7 井，2009—2010 年完钻 HF-8 井，至此米桑石油公司（MOC）在哈法亚油田共打井 8 口。油田共涉及 8 套含油目的层系，估算的原始石油地质储量 160 亿桶。

中国石油（PetroChina）作业后，于 2010 年 11 月 14 日开始三维地震采集，2011 年 7 月完成野外作业。项目接管后，2012 年 2 月在 HF001-M267 井上对 Hartha 层进行了试油，获得了 API 32.8 度，日产 3041 桶的高产油流，从而发现了新的含油层系 Hartha。到目前为止，在哈法亚油田已发现的含油层系达 9 套。哈法亚油田哈法亚是一个以中孔低渗碳酸盐岩为主的大型整装油田，有多套含油层系，具有复杂岩性剖面和复杂压力系统，灰岩油藏地质储量接近 90%。但无论是砂岩还是灰岩，各油藏储层均具有极强的非均质性。原油性质纵向变化大，属中等偏差，以重油为主，Mishrif 油藏天然气含有硫化氢。总的来说，哈法亚油田含油范围大、储层物性差、多数油藏天然边底水能量明显不足。

第一节　区域地质背景

伊拉克哈法亚油田处在阿拉伯板块，阿拉伯板块北部和东北部边界以扎格罗斯（Zagros）和比特利斯（Bitlis）缝合线为界，西北边界至塞浦路斯及地中海东部，西南边界是红海裂谷系统和亚喀巴（Aqaba）湾，东南边界是欧文（Owen）裂隙带和亚丁湾裂谷。阿拉伯板块在漫长的地质演化过程中主要表现为陆块性质，自西向东由侵蚀区向沉积区过渡，西部的阿拉伯地盾一直演化至今，东部发育巨大的古生代、中生代大陆边缘和新生代前陆叠合盆地，西南部发育一系列北北西—北西西（NNW—NWW）方向展布的中生代裂谷盆地。板块基底埋深自西南向东北逐渐增大。

阿拉伯板块在全球构造中处于一个比较特殊的位置，它经历了多次的板块间相互作用，在反复的板块离散—聚敛、扩张—碰撞过程中形成了现在的构造格局，阿拉伯板块内地层沉积就是在这种区域构造背景下进行的。长期以来阿拉伯板块与非洲板块连在一起，一个巨大的刚性地体导致其内部的构造运动相对平稳，除了板块边缘外，板块内部未曾发生强烈的造山运动和火山活动，使得被动大陆边缘沉积的生储盖组合得以保存，这是阿拉伯板块内的沉积盆地成为世界上油气资源最丰富的沉积盆地的重要前提。

阿拉伯板块内构造单元的展布受南北向、北西—南东向和南西—北东向断裂系统的控制。南北向的构造单元主要发育于沙特中、东部。北西—南东向的构造以中生代发育起来的地堑和前寒武纪末期—寒武纪初期形成的 Najd 走滑断裂系统为代表。北东—南西向的构造包括 Dibba 断层、Batin 断层和阿曼的盐盆等。这些构造在基底构造图上有明显的显示，表明基底断裂的重新活动在盆地演化过程中起了重要作用。

伊拉克哈法亚油田在区域构造上位于古冈瓦纳大陆北缘波斯湾盆地北部的不稳定大陆架区域。波斯湾盆地主要受阿尔卑斯构造运动的影响，发育地台型沉积。在伊拉克境内的地台区自西向东可以划分为两个大的构造区域，即西部的稳定陆架区和东部的不稳定陆架区，后者以发育厚层的沉积盖层为其主要特征。

伊拉克境内基底大地构造格局受一系列北西—南东或北东—南西走向的主断裂控制，可将基底划分为断块和次断块。根据构造变形程度进一步划分为主带和亚带，东部不稳定陆架区主要有美索不达米亚带、山前带和褶皱变形带 3 个主构造带。哈法亚油田在构造区划上处于美索不达米亚前渊带，该带是美索不达米亚盆地埋藏最深、沉积最厚、构造相对稳定的三级构造单元。

整个显生代期间，包括伊拉克哈法亚油田的中东大部分地区都接受沉积，在前寒武纪基底上最早的沉积物是始寒武纪的 Hormuz 混杂岩，而后随着盆地的演化而发育不同的沉积环境，导致盆地现今形态，形成于新近纪。因此，在不同地质历史阶段，盆地具有不同的特点。总体看来，可以将波斯湾盆地的形成和发展过程分为 5 个阶段，即始寒武纪盐盆发育阶段，古生代碎屑岩发育阶段，浅海陆架发育阶段，陆架内盆地发育阶段，盆地定型阶段。

在白垩纪的大部分时间里，中东油气区继承了侏罗纪期间建立起来的沉积格架，即浅海碳酸盐岩陆架沉积环境。白垩纪期间，发生于现今扎克罗斯山脉之下的地壳俯冲对阿拉伯地台几乎没有影响。直至坎潘期（晚白垩世中期），沉积物开始沉积于正在发育的前陆坳陷，这个前陆坳陷的出现标志着新特提斯洋闭合的开始，以及阿曼和伊朗境内推覆体和蛇绿岩的置入。自坎潘期起，阿拉伯地台逐渐消亡，海域的局限程度逐步加强，最终形成现今中东油气区的地理景观。哈法亚油田主要油气资源也是分布在白垩系的碳酸盐岩储层，根据白垩纪的沉积演化阶段分为 3 个阶段。

（1）早白垩世。白垩纪早期，隆起区的陆源碎屑物质沉积在阿拉伯地盾的周边，总体呈放射状指向四周的盆地区，并呈舌状逐渐变化为海进的碳酸盐岩相。自巴列姆阶初期的 Ratawi，海水逐渐淹没大陆区，在白垩系内部的 Yamama、Shuaiba 组的顶部是不整合面。

贝利阿斯期—凡兰吟期间，阿曼东部发育了沉积碎屑岩的狭长深海区，向西是一个更为狭窄的中间带，再向西则是一个宽广的浅水碳酸盐岩沉积区。欧特里期—巴列姆期期间（早白垩世中期），中东油气区演化为一个巨大的碳酸盐岩斜坡，该斜坡自阿拉伯地盾向东朝阿曼倾斜。阿曼莱赫韦尔隆起的轻微构造运动改变了这个巨大的碳酸盐岩斜坡，结果在该地区的东部形成了一个宽广的南北向跨越阿曼的中间带。巴列姆期晚期，来自阿拉伯地盾的粗碎屑增多，从而使得浅水碳酸盐岩沉积区东移。陆架碳酸盐岩沉积区向海外的迁移表明陆源碎屑的供应量进一步加大。在阿普第期（早白垩世晚期）早期，浅水碳酸盐岩沉积区扩大，海岸平原的沉积范围缩小。发生于中阿普第期的海退终止了早白垩世沉积，形成了一个在阿拉伯半岛范围内都可以追踪的区域不整合面。

（2）中白垩世。继晚阿普第期隆升之后，阿拉伯地盾遭受剥蚀，源于地盾的碎屑沉积物沉积于波斯湾／扎格罗斯盆地，这标志着中白垩世沉积在阿拉伯半岛的开始。在现今波斯湾的西北面，一个三角洲沉积体系发育起来，占据了伊拉克南部，并扩展到科威特、沙特和巴林，其前缘位于伊朗。在波斯湾／扎格罗斯盆地的西南部，宽广的冲积平原和下海岸平原沉积环境向东过渡为滨岸相和范围巨大的浅水台地相（Alsharhan and Aairn，1988；Alsharhan，1994）。因上超，沉积物向南变薄。阿尔比期（中白垩世早期）晚期的迅速海进结束了碎屑岩的沉积，又重新建立起了碳酸盐岩台地沉积，台地碳酸盐岩沉积一直延续到土伦期早期。波斯湾／扎格罗斯盆地内不同地区的差异性升降导致了一个大型克拉通内盆地的发育。森诺曼期（中白垩世中期）期间，用于解释早白垩世沉积的碳酸盐岩斜坡沉积模式仍然适用。水深是主控因素，它控制着台地上厚蛤壳组合的发育。中白垩世的沉积一直延续到土伦期。土伦期后的剥蚀作用不仅剥蚀掉了古隆起上的中白垩统地层，而且也剥蚀掉了扎格罗斯破碎带的中白垩统地层。

伊拉克中南部美索不达米亚地区的中白垩系可以划分为两个沉积旋回。早期的旋回发生在早阿尔比阶至早森诺曼阶，包括了 Nahr Umr 组和 Mauddud 组。上部旋回（森诺曼阶—早土伦阶）以海进的 Ahmadi 泥岩开始，上覆 Rumaila 组含白垩的浅海陆棚相碳酸盐岩沉积。然后再转入海退的以含厚壳蛤类碳酸盐岩为主的 Mishrif 组、顶部 Khasib、Tanuma 组为开阔台地相的碳酸盐岩沉积。土伦期末海退使碳酸盐岩建造出露地表并发生喀斯特作用。在美索不达米亚地区的西部，Mishrif 组顶部逐渐过渡到 Kifil 组的蒸发岩沉积，而在东部（包括哈法亚油田附近）Kifil 缺失，Mishrif 组直接与 Khasib 组不整合接触。

晚阿普第期和早土仑期形成了两个区域性的不整合面。在中东地区的白垩系层序划分中，根据这两个不整合面通常划分为 3 个单元。从伊拉克中部开始远至北部的哈姆林山脉以及整个伊拉克的东南部，大部分油田都发现了 Mishrif 油藏；在伊拉克东南部，Mishrif 组厚度可达 350—400 米（靠近伊朗边界），而在西部和西南部则变薄并尖灭。伊拉克南部，Rumaila 组和 Mishrif 组的沉积过程表现的较为稳定。Rumalia 组的海进碳酸盐岩是在海平面相对高的时期沉积的。其后，在海平面逐渐下降期间，形成了 Mishrif 组的海退的浅陆棚碳酸盐岩沉积。伊拉克北部及东北部，古新统—始新统由于盆地持续变浅，最终导致潮上的蒸发环境，尤其在西部，海退终止。但在一些地区，如西南部地区，Mishrif 组顶部出露地面，形成局部剥蚀的淡水灰岩沉积。在美索不达米亚盆地的其他地区，Mishrif 组顶面出露并遭受严重的剥蚀，后被砾岩所覆盖。标志着森诺曼—早土仑期海退沉积旋回结束。早土仑期存在一次较长的沉积间断，随后土仑—下坎佩尼期发生了一次新的沉积旋回。该旋回导致上白垩统碳酸盐岩 Khasib、Tanuma 和 Sadi 组含硅质的碎屑岩沉积，这些沉积物不整合于森诺曼—下土仑阶层序之上。

（3）晚白垩世。在阿拉伯地台，沃希亚群和阿鲁马群之间的沉积间断被康尼亚克期（晚白垩世早期）的海侵所继承，晚白垩纪海侵（康尼亚—梅斯特里克蒂阶）淹没区范围越来越大，初期（康尼亚—三冬阶）只淹没到阿拉伯地盾边缘，这次海侵一直延续到早坎潘期（晚白垩世中期），自坎潘阶之后，海水向西推进，越过现在红海区域。康尼亚克期期间，波斯湾 / 扎格罗斯盆地的东部为一浅水开阔海陆架环境，主要沉积了泥质沉积物，该沉积过程一直延续至三冬期（晚白垩世早期）。随着陆源碎屑供应的减少，建立起了浅海灰岩沉积环境。在波斯湾 / 扎格罗斯盆地，包括盖瓦尔（沙特阿拉伯）、布内干（科威特）、法尔斯台地（伊朗）和阿布扎比南部的部分地区在内的局部高地一直为露出水面，这种情况一直持续至三冬期。坎潘期—马斯特里赫特期（晚白垩世晚期）期间，新特提斯洋开始闭合，阿拉伯板块与中伊朗板块发生碰撞，结果在现今的扎格罗斯盆地处形成了一个前缘坳陷，该坳陷内沉积了源自逆冲推覆体的碎屑岩。在推覆体附近，碎屑岩以砾岩为主，远离推覆体，沉积的碎屑岩由砂岩，粉砂岩和页岩组成。晚白垩世的整体沉积特征表现为沉积盆地向东南方向逐渐迁移。

晚白垩世的构造运动在伊朗和阿曼表现得最为明显，这些构造运动之后，波斯湾 / 扎格罗斯盆地在古近纪时进入了一个相对较平静的构造时期。古地理景观为一个与稳定的陆地接壤的宽广陆架，向东水体逐渐变深，过渡到深水前缘海槽。在美索不达米亚地区，晚白垩纪保持浅海碳酸盐岩台地相环境。此时阿尔卑斯运动所产生的褶皱作用已开始波及不稳定陆架区域。白垩纪末期发生的拉拉米构造活动，在白垩系顶部形成一个广泛的区域性不整合面。这次构造活动代表了中生代的结束以及晚阿尔卑斯构造旋回的开始。

第二节　盆地概况

在伊拉克境内的地台区自西向东可以划分为两个大的构造区域：西部的稳定陆架区和东部的不稳定陆架区，后者以发育厚层的沉积盖层为其主要特征。

伊拉克境内基底大地构造格局受一系列北西—南东或北东—南西走向的主断裂控制，可将基底划分为断块和次断块。根据构造变形程度进一步划分为主带和亚带，东部不稳定陆架区主要有美索不达米亚带、山前带和褶皱变形带 3 个主构造带。美索不达米亚带又可细分为祖拜尔亚带、幼发拉底亚带和底格里斯亚带。哈法亚油田在构造区划上处于美索不达米盆地前渊带。晚侏罗—早白垩纪期，构造活动进一步加剧，由于隆升剥蚀作用强烈，导致白垩系与侏罗系呈现不整合接触关系，在白垩系内部的 Yamama、Shuaiba、Mauddud、Mishrif 和 Sadi 几个层系的顶部也存在局部的不整合面。

白垩纪，伊拉克美索不达米亚地区以浅海碳酸盐岩沉积为主，只有在 Nahr Umr 组形成了广泛的碎屑岩沉积。该区中白垩系可以划分为两个沉积旋回：下部旋回发生在阿普第阶—阿尔比阶，包括 Nahr Umr、Mauddud 组；上部旋回发生于森诺曼阶—早土伦阶，以海进的 Ahamadi 泥岩开始，上覆 Rumaila 组为含白垩的浅海陆棚相碳酸盐岩沉积，再转入海退的以含厚壳蛤类碳酸盐岩为主的 Mishrif 组、顶部 Khasib、Tanuma 组为开阔台地相的碳酸盐岩沉积。伊拉克南部，在 Rumaila

组和 Mishrif 组的沉积过程表现的较为稳定。在 Rumaila 组的海进碳酸盐岩是在海平面相对高的时期沉积的。其后，在海平面逐渐下降期间，形成了 Mishrif 组海退期的浅海陆棚碳酸盐岩沉积。伊拉克北部及东北部，古新统—始新统由于盆地持续变浅，最终导致潮上的蒸发环境，尤其在西部，海退终止。但在一些地区，如西南部地区，Mishrif 组顶部出露地面，形成局部剥蚀的淡水灰岩沉积。在美索不达米亚盆地的其他地区（研究区的东部 Amara 地区），Mishrif 组顶面出露并遭受严重的剥蚀，后被砾岩所覆盖，森诺曼至早土仑期海退沉积旋回的结束。在美索不达米亚地区，晚白垩纪还是保持浅海碳酸盐岩台地相环境。此时阿尔卑斯运动所产生的褶皱作用已开始波及不稳定陆架区域。白垩纪末期发生的拉拉米构造活动，在白垩系顶部形成一个广泛的区域性不整合面。这次构造活动代表了中生代的结束，以及晚阿尔卑斯构造旋回的开始。

综上所述，在研究区经历了侏罗纪末期的隆升作用（第一次反转）、阿普蒂地貌剥蚀夷平阶段、土伦期的构造活化阶段和渐新世—上新世前陆盆地的演化阶段（第二次构造反转期），现今发育北西—南东走向的窄条状的低幅度背斜构造，在中白垩世—土伦期开始发育，进入早第三纪背斜暂停活动，在中新世—上新世受阿尔卑斯造山运动影响，背斜构造得以进一步发育并最终定型，形成现今的构造形态。

第三节　石油地质特征与油气富集规律

根据已钻井资料，哈法亚油田自下而上揭示了白垩系、古近—新近系、第四系等地层。古近　新近系地层厚 2450　2490 米，主要包括 Upper Fars 砂泥岩；Lower Fars 泥岩、硬石膏和盐岩互层；Jeribe 白云岩、灰质白云岩和白云质砂岩；Kirkuk 砂岩、泥岩、砂质灰岩和白云岩条带；Jaddala 白垩灰岩夹薄层泥灰岩和泥页岩和 Aliji 生物碎屑灰岩、泥质砂岩和白垩灰岩。

白垩系地层厚度一般在 1830—1920 米，包括上白垩统、中白垩统、下白垩统。上白垩统有 Shiranish 泥灰岩、灰岩和生物灰岩；Hartha 生物碎屑灰岩及致密灰岩；Sadi 泥灰岩、灰岩和薄层页岩；Tanuma 灰岩夹钙质页岩和 Khasib 生物碎屑灰岩和薄层页岩组成。

中白垩统有 Mishrif 富含生物碎屑灰岩；Rumaila 泥质灰岩夹白垩化灰岩；Ahamadi 灰岩夹泥灰岩；Mauddud 灰岩夹泥灰岩；Nahr Umr 灰岩与砂泥岩组成。下白垩统有 Shuaiba 白垩灰岩、页岩、泥灰岩；Zubair 页岩为主夹灰岩；Ratawi 灰岩、泥岩；Yamama 有孔虫灰岩夹薄层泥岩。

白垩系成藏组合内发现油气藏较多，在波斯湾盆地内，该成藏组合主要分布于美索不达米亚前渊带——波斯湾海上，包括伊拉克中部、东南部，科威特，沙特北部，巴林，卡塔尔，阿联酋等地区和国家，大多呈北西—南东向分布，哈法亚油田便是其中之一。成藏组合内储盖层普遍沉积，油田分布主要受生油岩和圈闭分布控制。勘探潜力主要在波斯湾海上和低孔渗储层发育带。储层为白垩系各层组的砂、灰岩地层，盖层为层间致密灰岩和泥岩。

古近—新近系油气成藏组合主要包括 Asmari 和 Kirkuk 灰岩，Ahwaz 三角洲砂岩储层。盖层主要是 Fars 膏岩和泥岩。白垩系和古近—新近系的圈闭类型在美索不达米亚前渊带主要是北西向长轴背斜构造，中阿拉伯次盆和鲁卜哈利次盆主要是南北向隆起的晚期披覆背斜。哈法亚油田地层定名和界线划分是在米桑石油公司（MOC）提供的 6 口老井分层数据基础上进行的。井间对比时发现，米桑石油公司（MOC）给出的界线和对比标志有明显错动，因此，研究中充分利用了地震、岩屑录井、测井等资料、根据层序界面、沉积旋回和标志层特征，对地层进行重新对比划分。在哈法亚油田划分了 23 个三级层序。依据层序界面及标志层等特征从白垩系 Sulaiy 组到古近—新近系 Jeribe 组总计细分为 74 个小层。对含油层系细分小层，其中目的层 Jeribe 层细分为 2 个小层，Upper Kirkuk 层细分为 8 个小层、Hartha 层 2 个小层、Sadi B 层 7 个小层、Khasib 层 6 个小层、Mishrif 层 17 个小层、Nahr Umr B 层 6 个小层、Yamama 层 6 个小层。

由地层对比可知，哈法亚油田地层稳定，厚度变化小，对比一致性好，储层和含油气层段的对比可靠性较高。在目的层中厚度最薄的地层为 Jeribe 组，平均约为 8 米，最厚的为 Mishrif 组，约为 401 米。小层厚度主要在 6—30 米之间。

第二章 勘探部署与勘探成果

哈法亚合同模式决定了勘探部署规模与范围。结合早期二维地震勘探及钻井、测井及生产数据成果，开展局部区块评价井资料、三维地震勘探处理及解释成果及生产井相关数据研究分析，指导后续油田开发。

第一节 地震勘探

1976—1978 年，哈法亚油田累计采集 18 条二维地震测线，测网密度 3 千米 ×5 千米，其中合同区内地震测线 12 条，合计 334 千米（表 3-2-1）。1976 年完钻第一口探井 HF-1 井，测试层位 Jeribe、Mishrif 和 Nahr Umr，测试产量 900—12650 桶 / 日，发现了哈法亚油田。

表 3-2-1 哈法亚早期二维测线地震数据统计表

测线名称	采集年度	测线长度（千米）
Am18	1977	79.5
Am26	1976	17.2
Am16	1976	46.9
Am244	1980	18.3
Am24	1980	13.3
Am146	1980	18.7
Am140	1980	13.9
Am14	1980	70.4
Am224	1976	11.9
Am22	1976	17.4
Am15	1976	39.9

续表

测线名称	采集年度	测线长度（千米）
Am17	1980	41.5
Am171	1980	24.9
2HH13	**1978**	**21.5**
2HH14	**1978**	**14.5**
2HH15	**1978**	**13.7**
2HH17	**1978**	**18.3**
2HH18	**1978**	**7.8**
合计（千米）	490（334+155）	

注：2005 年巴格达勘探石油公司重新处理，加粗测线为合同区范围外的测线。

经过地震资料数据处理发现，早期勘探基础资料存在以下问题:（1）二维地震测网太稀，不能很好地控制构造形态。（2）声波测井资料缺少 1900 米以上的数据，影响目的层的速度分析。（3）缺少二维地震速度谱资料，难以建立准确的速度模型，尤其是对无井区时深转换具有不确定性，由此早期地震资料解释哈法亚背斜构造形态同样具有不确定性，为此需要开展二维和三维地震资料采集、处理和解释，结合早期评价井的钻探，油藏结构会逐步落实。陆续开展二维地震勘探 489.6 千米重新解释，三维地震 496 平方千米资料处理、解释（表 3-2-2），垂直地震测井（VSP）2 口井（HF-1 井和 HF-5 井），以及常规测井、地层微电阻率成像测井（FMI）、核磁测井（CMR）等。

中国石油（PetroChina）作业后，2010 年 11 月 14 日开始三维地震采集，2011 年 7 月完成野外地震资料采集作业。2011 年 10 月底完成叠前时间偏移资料 PSTM 的处理，地表满覆盖面积 330 平方千米，地下满覆盖面积 280 平方千米，140 次覆盖（表 3-2-2）。三维地震资料（PSTM）品质好，信噪比、分辨率高，连续性好。

表 3-2-2 哈法亚油田地震资料及井资料统计表

序号	资料（项目）	数 量
1	地震资料	三维 PSTM 496 平方千米（280 平方千米满覆盖面积）；二维 18 条 489.6 千米
2	速度谱资料	三维均方根速度谱
3	VSP 资料	M272，M316，HF-6
4	测井曲线	40 口井的 las 文件

续表

序号	资料（项目）	数 量
5	井斜数据	32 口井
6	地质分层数据	40 口井

注：井资料截至 2012 年 10 月底。

第二节 勘探钻井

1977—1980 年相继完钻 HF-2 井、HF-3 井、HF-4 井、HF-5 井并进行测试，自上而下在 Jeribe、Upper Kirkuk、Sadi、Tanuma、Khasib、Mishrif、Nahr Umr 和 Yamama 共 8 套地层中发现油气。

2008—2009 年又相继完钻 HF-6 和 HF-7 井，2009—2010 年完钻 HF-8 井，至此米桑石油公司（MOC）在哈法亚油田共打井 8 口。油田共涉及白垩系和第三系 8 套含油目的层系，油藏埋深 1900—4360 米，估算的原始石油地质储量 160 亿桶，其中米施瑞夫（Mishrif）灰岩和萨迪（Sadi）灰岩是最主要含油层系，其地质储量占总探明地质储量的 80% 以上。

本区勘探潜力主要体现在两方面：一是已发现油藏以外的新层系，即 Yamama 油藏之上的新发现油藏；二是深层侏罗系，这是合同要求的义务工作量。在开展产能建设的同时，用兼探的方法加强了对合同区内 Yamama 地层以上可能潜力层位，包括 Hartha、Mishrif C2、Mishrif C3、Rumaila、Shuaiba、Zubair 和 Ratawi 等的综合评价。

第三节 新层系潜力与侏罗系勘探潜力

在产能建设阶段，同时兼探合同区内 Yamama 地层以上可能潜力层位，包括 Hartha、Mishrif C2、Mishrif C3、Rumaila、Shuaiba、Zubair 和 Ratawi 等的综合评价。

为完成合同规定义务工作量中规定在哈法亚合同区内钻一口至三叠系顶部的深层探井的要求，收集了伊拉克已完钻的深层探井资料及区域地震资料，针对侏罗系勘探潜力开展了相关研究。距哈法亚油田以南 114 千米的鲁迈拉油田 RN-172 井钻穿侏罗系地层，包括上侏罗统 Najmah、中侏罗统 Sargelu 和下侏罗统 Alan、Mus/Adaiyah 和 Butmah 层。在 4671—4675 米进行了测试，1 英寸的油嘴时的产量是 3550 桶 / 日，原油密度为 0.78 克 / 厘米^3，明确 4385—4788 米 Najmah-Adaiyah 为有效灰岩储层。

通过分析表明，伊拉克南部地区侏罗系具有一定含油气潜力。通过区域资料调研及对比分析，结合哈法亚地区二维、三维地震资料解释，分析其地球物理响应特征、分析构造形态、断层分布特征，认为本区深层侏罗系具有一定的勘探潜力。

哈法亚侏罗系为北西—南东走向的背斜圈闭，长约 33 千米（合同区内 27 千米），宽约 7 千米，圈闭面积 120 平方千米，闭合幅度 200 米。构造东部主体部位为宽缓背斜，长约 15 千米，宽约 7 千米，顶部埋深 5100 米；西部为长条状背斜，长约 18 千米，宽约 3 千米。在构造高部位，沿背斜长轴方向侏罗系及三叠系地层发育一系列北西—南东向走滑断层，断距不大，5—30 米，延伸长度 3—15 千米。

第四篇　油田开发

哈法亚油田是一个以中孔低渗透碳酸盐岩为主的大型整装油田，有多套含油层系，具有复杂岩性剖面和复杂压力系统，灰岩油藏地质储量接近 90%。哈法亚油田含油范围大、储层物性差、多数油藏天然边底水能量明显不足，在伊拉克开采的储量中，哈法亚属于品质相对较差的油田。

按照《哈法亚油田初始开发方案》（PDP）、《初始开发方案的补充开发方案》（SPDP）、《哈法亚油田最终开发方案》（FDP）、修订版《哈法亚油田最终开发方案修订方案》（MFDP），根据实际开发地质认识深化完善的《哈法亚油田最终开发方案修正方案 1》（FDP Revision 1），以及结合开发实际成果正在编撰优化与进一步拓展的《哈法亚油田最终开发方案修正方案 2》（FDP Revision 2）要求，哈法亚油田开发持续优化发展的过程，体现出哈法亚油田的油藏分布复杂性、动态变化多样性的特点。

2011 年 11 月 8 日，《初始开发方案》和《初始开发方案的补充方案》（PDP 和 SPDP）获得批准后，哈法亚项目公司按两期产能建设，分别启动了一期初始商业产能（FCP）500 万吨产能建设和二期日产 20 万桶、年产 1000 万吨产能建设。2012 年完成油田上产建设一期工程（2012 年 6 月 16 日投产）实现了合同规定的日产 7 万桶的初始商业产量（FCP），并于同年 9 月踏上方案设计日产油 10 万桶的台阶。

在初始商业产量产能建设的同时，开展了资料录取工作，为最终开发方案（FDP）的编制提供了大量的油藏评价资料。2012 年初正式启动《哈法亚油田最终开发方案》研究，2013 年初正式提交伙伴和米桑石油公司（MOC）审查，2013 年 8 月 19 日方案获伊拉克政府的正式批准。2014 年 4 月中旬通过了海外勘探开发公司审查（中文版，2013 年 12 月）。

在《哈法亚油田最终开发方案》（FDP）获伊拉克政府批准之后，哈法亚项目一边按照《初始开发方案的补充方案》（SPDP）加紧实施二期产能建设，一边按照“两步走”的部署开始三期产能建设的准备工作。2014 年 8 月 18 日，二期产能建设工程正式投产。同年 9 月，全油田累计投产井数达到 74 口井，实现了日产油 20 万桶的目标。

2014 年 3 月，哈法亚公司按照海外勘探开发公司指示，根据伊拉克方曾经提出过的降低哈法亚油田高峰产量至 40 万桶的建议，启动了与伊拉克石油部就新的高峰产量方案技术商务谈判。经过 3 个多月的谈判，2014 年 9 月 4 日，伊拉克政府与合同方正式签署《哈法亚油田开发生产服务合同的第一号修正协议》，高峰产量调整为 40 万桶 / 日，稳产期要求延长为 16 年，合同延长至 30 年，商务条款也做了相应的修改和补充。

2014 年，完成哈法亚油田上产建设二期工程（截至 2014 年 8 月 18 日）。主要工作量：累计完钻 92 口井；投产 65 口，其中二期油气处理站（CPF2）投产 25 口井，一期油气处理站（CPF1）投产 40 口井；地面建设主要内容有二期油气处理站（CPF2）、二期电厂、二期站外配套集油系统（FSF）、水厂扩建、气体接收站扩建、米桑原油外输管道（MOEP）、哈法亚首站泵站、营地建设项目［体育馆、游泳馆、停车场（包括调度办公室、司机休息室等）、培训中心、消防站、石油警察营地改造、航站楼、营地变电站、公寓三期项目、水厂二期项目、办公楼二期项目、维修车间等］。

基于合同的变更，《哈法亚油田最终开发方案》在原开发方案研究和对各油藏进一步评价认识的基础上，按高峰产量40万桶的目标进行调整，编制《修改的哈法亚油田最终开发方案》（MFDP），并于2014年底正式提交伙伴和MOC审查，与此同时，哈法亚公司重新上报开发方案。但由于2015年国际市场原油价格暴跌，在《哈法亚油田开发方案》即《哈法亚油田开发项目可行性研究报告》上报审批期间，哈法亚油田三期产能建设被伊拉克政府叫停，为此2016年初中国石油规划计划部中止了该方案（2015年12月版）审批。

2016年下半年，伊拉克政府开始强力敦促哈法亚项目尽快重启三期产能建设，要求“不得延误”三期产能建设，要求主体工程三期油气处理站在2017年哈法亚项目工作计划和预算（Working Plan and Budget，简称WP&B）批准后的18个月内投产，投产后6个月内达到高峰产量（即2018年8月28日前投产，2019年2月28日达到高峰产量）。要求在2017年哈法亚项目工作计划和预算中安排三期产能建设工作量及投资预算。2016年12月13日，伊拉克政府正式批准《修改的哈法亚油田最终开发方案》（MFDP）。为此，基于近几年研究的最新地质油藏认识，结合油田开发及合同执行现状重新编制了《伊拉克哈法亚油田开发可行性方案》。

为避免中国石油的形象和在伊拉克利益受到损害，在获得资源国政府对哈法亚三期油气处理站合同总包授标额确认、2017年工作计划和预算批准、未来石油合同修改“最惠国”待遇、保证投资及时回收及欧佩克限产不适用于哈法亚油田等承诺后。2017年4月初，哈法亚三期产能建设工程全面启动。钻井、完井和新井投产各项工程全面推进，并在6月率先投产已在2015年完钻的哈法亚三期产能建设新井23口，实现日产25万桶原油生产能力，为项目实现2017年度生产经营目标和效益指标争取主动。各项注水和人工举升先导试验均取得进展，为哈法亚三期上产创造条件。

2018年9月20日，哈法亚三期产能建设主体工程——三期油气处理站（CPF3）一列实现投产试运，首油进站；9月29日，实现原油外输；12月12日，三期油气处理站（CPF3）全面投运。2019年一季度，随着三期新井陆续投产，日产油能力逐步提升。2019年3月7日，日外输原油达到40万桶，并按照石油合同要求保持连续达产40万桶/日以上一个月时间，标志着伊拉克国际招标石油公司中第一个实现高峰产量的国际石油合作项目，率先进入高峰产量稳产阶段。

虽然哈法亚油田储量185亿桶，但碳酸盐岩油藏储量就占90%，且储层物性差、多数油藏天然能量不足，注水效果不确定，是伊拉克开发难度最大的油田之一。而且随着油田开发的持续推进，实际的油田开发形势较可行性研究预估成果有较大出入。一是主力油藏Main Mishrif在合同区西北和西南翼部构造幅度变化较大；二是构造边部隔夹层非均质性增强，储层厚度减薄；三是加快纵向产液剖面调整，接替产能油田Mishrif A（MA）、Hartha、Khasib和Sadi等非主力油藏的开发技术政策仍有待明确，且需相应增加钻井工作量。迫切需要开展《哈法亚油田开发方案修订方案第二版》（FDP Revision Ⅱ）研究及编制，不断适应油田开发实际需要，提升哈法亚生产经营效益，维护合同者利益。

第一章　油田地质特征

根据已钻井资料，哈法亚油田自下而上揭示了白垩系、古近—新近系、第四系等地层。古近—新近系地层厚 2450—2490 米，主要包括 Upper Fars 砂泥岩；Lower Fars 泥岩、硬石膏和盐岩互层；Jeribe 白云岩、灰质白云岩和白云质砂岩；Kirkuk 砂岩、泥岩、砂质灰岩和白云岩条带；Jaddala 白垩灰岩夹薄层泥灰岩和泥页岩和 Aliji 生物碎屑灰岩、泥质砂岩和白垩灰岩。

白垩系地层厚度一般在 1830—1920 米，包括上白垩统、中白垩统、下白垩统。上白垩统有 Shiranish 泥灰岩、灰岩和生物灰岩；Hartha 生物碎屑灰岩及致密灰岩；Sadi 泥灰岩、灰岩和薄层页岩；Tanuma 灰岩夹钙质页岩和 Khasib 生物碎屑灰岩和薄层页岩组成。中白垩统有 Mishrif 富含生物碎屑灰岩；Rumaila 泥质灰岩夹白垩化灰岩；Ahamadi 灰岩夹泥灰岩；Mauddud 灰岩夹泥灰岩；Nahr Umr 灰岩与砂泥岩组成。下白垩统有 Shuaiba 白垩灰岩、页岩、泥灰岩；Zubair 页岩为主夹灰岩；Ratawi 灰岩、泥岩和 Yamama 有孔虫灰岩夹薄层泥岩。

哈法亚油田地层定名和界线划分是在米桑石油公司（MOC）提供的 6 口老井分层数据的基础上进行的。在井间对比时发现，米桑石油公司（MOC）给出的界线和对比标志有明显错动，因此，研究中充分利用地震、岩屑录井、测井等资料，根据层序界面、沉积旋回和标志层特征，对地层进行重新对比划分。

由地层对比可知，哈法亚油田地层稳定，厚度变化小，对比一致性好，储层和含油气层段的对比可靠性较高。在目的层中厚度最薄的地层为 Jeribe 组，平均约为 8 米，最厚的为 Mishrif 组，约为 401 米。小层厚度主要在 6—30 米之间。

第一节　油层与构造

哈法亚油田为一北西—南东至北西西—南东东走向的长轴背斜，长约 35 千米（合同区内约 30 千米）、宽 8—9 千米。背斜构造形态完整，主体部位两翼地层倾角 2—3 度，高点位于 HF-1 井附近。

古近—新近系目的层 JK 闭合高度 75 米、区内圈闭面积 74—75 平方千米；白垩系目的层 Hartha-Yamama 闭合高度 135—210 米、区内圈闭面积 149—162 平方千米。

哈法亚背斜形成于第三纪末期，自下而上背斜高点基本一致，具有继承性。油田范围内古近—新近系及白垩系地层断裂不发育，而深层侏罗系和三叠系发育一系列走滑逆断层，断距 30—50 米。

哈法亚油田圈闭情况见表 4-1-1。

表 4-1-1　哈法亚油田圈闭要素表

<table>
<tr><th rowspan="2">No.</th><th rowspan="2" colspan="2">目的层</th><th rowspan="2" colspan="2">高点埋深（米）</th><th rowspan="2">闭合等值线（米）</th><th rowspan="2">闭合高度（米）</th><th colspan="2">圈闭面积（平方千米）</th></tr>
<tr><th colspan="2">（合同区内）</th></tr>
<tr><td rowspan="2">1</td><td rowspan="2" colspan="2">Upper Kirkuk</td><td>E</td><td>-1881</td><td>-1958</td><td>77</td><td>77（77）</td><td rowspan="2">83（83）</td></tr>
<tr><td>W</td><td>-1928</td><td>-1940</td><td>12</td><td>6（6）</td></tr>
<tr><td>2</td><td colspan="2">Hartha</td><td colspan="2">-2538</td><td>-2665</td><td>127</td><td colspan="2">137（134）</td></tr>
<tr><td>3</td><td colspan="2">Sadi B</td><td colspan="2">-2640</td><td>-2780</td><td>140</td><td colspan="2">182（164）</td></tr>
<tr><td>4</td><td colspan="2">Tanuma</td><td colspan="2">-2715</td><td>-2860</td><td>145</td><td colspan="2">175（155）</td></tr>
<tr><td>5</td><td colspan="2">Khasib</td><td colspan="2">-2721</td><td>-2880</td><td>159</td><td colspan="2">173（166）</td></tr>
<tr><td rowspan="6">6</td><td rowspan="6">Mishrif</td><td>MA</td><td colspan="2">-2820</td><td>-2980</td><td>160</td><td colspan="2">165（159）</td></tr>
<tr><td>MB1-2A</td><td colspan="2">-2845</td><td>-3015</td><td>170</td><td colspan="2">173（163）</td></tr>
<tr><td>MB2</td><td colspan="2">-2945</td><td>-3110</td><td>165</td><td colspan="2">163（158）</td></tr>
<tr><td>MC1</td><td colspan="2">-2995</td><td>-3160</td><td>165</td><td colspan="2">168（162）</td></tr>
<tr><td>MC2</td><td colspan="2">-3078</td><td>-3240</td><td>165</td><td colspan="2">166（157）</td></tr>
<tr><td>MC3</td><td colspan="2">-3170</td><td>-3335</td><td>165</td><td colspan="2">162（154）</td></tr>
<tr><td>7</td><td colspan="2">Nahr Umr B</td><td colspan="2">-3623</td><td>-3800</td><td>177</td><td colspan="2">175（161）</td></tr>
<tr><td>8</td><td colspan="2">Yamama</td><td colspan="2">-4190</td><td>-4370</td><td>180</td><td colspan="2">131（114）</td></tr>
</table>

第二节　沉积与储集层

哈法亚油田自上而下揭示了第四系、古近—新近系和白垩系等地层。已在古近—新近系与白垩系的碳酸盐岩和砂岩储层中发现 9 套含油层系：（1）古近—新近系 Jeribe 组白云岩；（2）古近—新近系 Upper Kirkuk 组砂岩；（3）上白垩统 Hartha 组灰岩；（4）上白垩统 Sadi B 组灰岩；（5）上白垩统 Tanuma 组灰岩；（6）中白垩统 Khasib 组灰岩；（7）中白垩统 Mishrif 组灰岩；（8）中白垩统 Nahr Umr 组 B 段砂岩；（9）下白垩统 Yamama 组灰岩。

哈法亚油田储层有两类岩性分布。一类是 Jeribe、Hartha、Sadi、Tanuma、Khasib、Mishrif 和 Yamama 层以碳酸盐岩为主。Jeribe 层岩石矿物主要为白云石（72.3%）、其次是硬石膏（15.4%）、石英（9.9%）及极少黏土矿物；Hartha-Mishrif 层岩石矿物组成主要为方解石（93.7%）、其次是白云石（3.4%）、石英（1.3%），黏土矿物含量 1.7%。

碳酸盐岩储层分布连续性较好，具有中低孔、特低渗—低渗的特征，主要沉积于碳酸盐岩台地边缘的浅滩、陆棚和泻湖环境，以铸模 / 溶蚀孔隙、微孔为主，微裂缝不发育。另一类是 Upper Kirkuk 和 Nahr Umr B 主要以砂岩为主。Upper Kirkuk 岩石矿物主要为石英（52.6%）、其次为白云石（27%）、黏土矿物（12.6%）、硬石膏（3.8%）；纳哈乌姆（Nahr Umr）B 层岩石矿物组成主要为石英（80%—90%），其次是白云石、菱铁矿，黏土矿物含量 3%—13%。储层为细—中粒砂岩与泥岩互层，在纵向上有多个单砂层叠置而成，平面上具有多个砂体不连续或局部不连续的特点。具有中高孔、中高渗特征，主要沉积于潮坪和潮控三角洲沉积环境，以粒间孔隙为主。

其中以主力油层 Mishrif 组碳酸盐岩储层孔隙结构研究分析，对储层细部差异性认识及其控制因素的认识，将对储层分类评价次第动用具有十分重要的指导意义。

综合利用岩心、铸体薄片、扫描电镜、常规物性、压汞分析等手段及统计分析方法对储层的主要孔隙类型、喉道类型、喉道分布特征进行研究，确定孔隙结构划分依据和方案，并划分出了中低孔超低渗细喉型、中低孔低渗细喉型、中高孔中低渗中细喉型、高孔中低渗细喉型、中高孔中低渗细喉型、中高孔中低渗中喉型六种孔隙结构类型，并通过毛管压力曲线的形态划分出Ⅰ—Ⅴ 5 类线型；研究区主要发育开阔台地相，并划分出 8 种储集岩类型，分别是泥晶灰岩、生屑粒泥灰岩、生屑泥粒灰岩、砂屑生屑泥粒灰岩、生屑颗粒灰岩、砂屑生屑颗粒灰岩、介壳类漂浮岩和岩溶建造岩，其中岩溶建造岩储层具有较特殊的网络状孔隙结构。因此，可以认为哈法亚 Mishrif 组储层主要受早成岩期岩溶作用影响，其早成岩期溶蚀具有明显的相控特征，是孔隙结构差异性的主要控制因素，将极大地改善了该套储层的物性。

一是哈法亚地区整体处于近地表的成岩环境，早成岩期溶蚀作用对储集层改善作用最大，形成了绝大多数的有效孔隙，其孔隙类型主要由生物体腔孔、格架孔、粒内溶孔、粒间溶孔、充填物间微孔隙组成，其中充填物间微孔隙是该储层中较特殊的一类孔隙类型；喉道主要包括孔隙缩小型喉道、片状喉道、管束状喉道、网络状喉道 4 类，其中网络状喉道是该地区 Mishrif 组较为常见且特殊的一种喉道类型，其主要受溶蚀作用影响，形成于充填物间微孔隙中，对该地区岩石渗透率的提高有积极的作用。

二是孔隙结构差异主要由喉道类型分布特征的多样化造成，根据薄片及压汞分析资料，将喉道的分布分为偏细单峰型、偏粗单峰型、偏细双峰型、偏粗双峰型和多峰型 5 类。具备偏粗单峰型喉道分布曲线的岩溶建造岩具有相对较好的物性特征；喉道分布曲线呈偏细单峰型、偏细双峰型的储层段物性相对较差；偏粗双峰型喉道和多峰型喉道物性也较好，其中多峰型喉道分选较差，喉道粗细不一，分布呈多峰状特征，偏细喉道占主导。

三是储层的孔隙结构类型可以通过组合孔隙的物性参数及孔隙结构参数中的孔喉半径均值、压汞数据将其划分为中低孔超低渗细喉型、中低孔低渗细喉型、中高孔中低渗中细喉型、高孔中低渗细喉型、中高孔中低渗细喉型、中高孔中低渗中喉型六类，其中，中低孔低渗细喉型、中高孔中低渗细喉型和中高孔中低渗中喉型的储层物性相对较好。将 Mishrif 组的毛管压力曲线形态划分为Ⅰ、Ⅱ、Ⅲ、Ⅳ、Ⅴ 5 类，根据其优势线型的分布频率判断其孔隙结构好坏，依次为生屑颗粒灰岩、岩溶建造岩、介壳类漂浮岩、砂屑生屑泥粒灰岩、生屑泥粒灰岩、砂屑生屑颗粒灰岩、粒泥灰岩、泥晶灰岩。

四是造成储层孔隙结构差异性的主要成岩作用为早成岩期溶蚀作用，其他成岩作用影响相对较弱；该区早成岩期岩溶具明显的相控特征，对孔隙结构的改造起非常积极的作用。

第三节 油藏

哈法亚油田钻遇的含油层系主要分布在古近—新近系和白垩系，埋藏深度 1900—4400 米。从上往下分别为 JK 油藏，该为层状边底水油藏。其中 Jeribe 油藏主要为低渗透白云岩，渗透率 2—10 毫达西。Upper Kirkuk 油藏为高渗透疏松砂岩，渗透率 800—10000 毫达西。Hartha 油藏非均质性强，为近饱和油藏岩性灰岩油藏。Sadi 油藏特低渗，渗透率 0.1—3 毫达西。Khasib 油藏为非均质性强，带有挥发性油顶的构造岩性灰岩油藏。Mishrif A2 油藏为薄层边水灰岩油藏，Main Mishrif（MB1—MC1）油藏为弱边底水的生物灰岩，低渗透，其中，MB1 低于 20 毫达西，MB2—MC1 一般小于 50 毫达西，Mishrif C3 为边水灰岩油藏。Nahr Umr 砂岩油藏，砂体分布不稳定，多油水界面，油水关系复杂。Yamama 油藏埋深 4400 米，为高温高压裂缝性灰岩油藏。

主力油藏 Mishrif 由于储层的强非均质性及分布特征，单井的产能在平面上显示出较大的差异，同样的井型在油藏的中部产量最大，东部次之，西部最低；不同井型对比，分支井的单井产能高于直井和水平井，对油田初期快速上产贡献较大；由于油藏天然能量较弱，在衰竭开采阶段，同样井型 的新井产能，随压力递减逐年下降。

次主力油藏 Nahr Umr 砂体分布不稳定，厚度变化大，油井初产产能差异较大。储层物性及油品性质好，有一定的边水能量；油井自喷能力强，无水采油期较长，但突破后含水迅速上升。油井生产时，井筒有沥青析出并且影响油井正常生产，需要定期清洗井筒维持正常生产。

次主力 JK 为高孔、高渗、疏松砂岩油藏，生产动态表明防砂效果良好。油藏有较强的边底水能量支持，地层压力下降缓慢，油井产量未见明显递减，基本不含水。

Hartha 和 Khasib 油藏，储层非均质性强，流体分布复杂，存在高挥发轻质油区和常规油区。产能差异大，轻质油区投产即脱气。

Sadi 油藏为超低渗透油藏，单井产能低。由于地层供液不足，酸化后产量递减快且生产不连续。

Yamama 油藏为高温高压裂缝型油藏，测试产量较高。

按储量丰度、油藏类型、原油重度、渗透率、埋藏深度及稳定日产量等对哈法亚油田各油藏进行统计，总体认为，哈法亚油田是一个特大型、高丰度、低渗透、原油以中—重质为主、具有边底水的多层系背斜构造—岩性油田。

第四节 储量

通过采用容积法，依据新的构造成图、测井解释等结果对哈法亚油田 9 个含油层系、16 个油藏（组）、27 个小层为储量单元的原始地质储量进行估算。

Jeribe 油层分布在 J−1 和 J−2 两个小层，油层厚度约 4.3 米；Upper Kirkuk 油层主要发育于 1—4 小层，油层厚度 7—45 米，平均厚度为 21.3 米，新钻井证实，由于构造高点位于东南部，油层主要分布在油田中—东南部。

Hartha 油层厚度变化范围在 4—17.8 米之间，平均厚度为 7.5 米。合同区中部（构造高部位）油层厚度在 10—16 米。

Sadi B1 层在研究区西北部由于物性变差而油层消失，平均厚度为 12.8 米；Sadi B2、Sadi B3 和 Tanuma 层油层分布受到构造的控制，含油边界超出了合同区范围，Sadi B2 的厚度最大，平均厚度 17.9 米，Sadi B3 次之，平均厚度为 6.3 米。Tanuma 层最薄，为 3.8 米。Khasib 层有 3 个油藏，整体上受到构造的控制，局部区域内由于物性变差而成为非储层。

MA2 层、MB—MC1 层油藏受到构造的控制。MA2 层的厚度较薄，约为 7.3 米。MB1-2、B2 和 MC1 油层最厚的油层均位于构造最高部位，MC2 层油藏也主要分布在构造高部位，但受构造控制，平均厚度约 4.4 米。MC3-2 层油藏亦受到构造控制，高部位油层较厚，平均约 16.7 米。

Nahr Umr B 层油层分布受到岩性控制，每个小层在平面上分成多个含油砂体。Yamama 层油藏受到岩性控制，在 HF-2 井处油层厚度最大，约 28 米，平均油层厚度为 8.7 米。根据油藏工程研究推荐的开发方式，利用数值模拟动态模型预测各油藏采收率。假设合同期结束后无任何措施和新井补充，预测到 2050 年末（预测约 40 年开发期）累计产油量约为 37.99 亿桶，油田采收率可达到 20.6%。暂时按此阶段采出量作为标定可采储量。

根据油藏工程研究推荐的开发方式，利用数值模拟动态模型预测各油藏采收率。假设合同期结束后无任何措施和新井补充，预测到 2050 年末（预测约 40 年开发期）累计产油量约为 37.99 亿桶，油田采收率可达到 20.6%。暂时按此阶段采出量作为标定可采储量。

第五节　流体特征

哈法亚油田各油藏原油性质差异较大，有重油、中质油，也有轻质油。

储层原油密度 19.1—40°API。其中 JK、Sadi、Mishrif 原油重度为 19—25°API，而 Hartha、Nahr Umr 和 Yamama 原油重度为 29—32°API，而 Khasib 原油分布较为复杂，重度为 18.6—54.1°API。

原油饱和压力 765—4291 磅力 / 英寸 ^{2}，其中 Hartha 层、Khasib A1 和 Khasib B 油藏顶部原油饱和压力接近原始地层压力，其余均为未饱和油藏。

油藏条件下原油体积系数 1.149—3.3。埋深浅的 JK 和 Tanuma 油藏油的原油体积系数在 1.2 左右，埋藏较深的 Mishrif、Nahr Umr 和 Yamama 油藏油的原油体积系数在 1.3—1.5。而 Hartha 油藏油的原油体积系数在 1.5 以上；Khasib 油藏常规油的原油体积系数在 1.264—1.533，轻质油的体积系数预测在 3.3 左右。

地下原油黏度 0.39—5.7 厘泊。JK 油藏油黏度较高，为 4.9—5.7 厘泊，其次为 MB2-1（3.29 厘泊）、MA1 和 MB1-2（分别为 1.15 厘泊和 1.6 厘泊），而 Hartha、Khasib 油藏轻质油，Sadi、Nahr Umr 和 Yamama 油藏原油黏度低，小于 1 厘泊。而 Khasib 常规油的原油黏度在 0.8—3.7 厘泊之间。

原始溶解气油比为 229—1491 英尺 ^{3}/ 桶。埋深浅的 JK 和 Tanuma 油藏油的原始气油比为

229—337 英尺 ³/ 桶，埋藏较深的 Mishrif、Nahr Umr 和 Yamama 油藏油的原始气油比为 547—733 英尺 ³/ 桶，Hartha 油藏油的原始气油比为 1491 英尺 ³/ 桶，Khasib 油藏常规油原始气油比为 532—1027 英尺 ³/ 桶，预测轻质油的原始溶解气油比为 5000 英尺 ³/ 桶左右。

原油压缩系数为 4.18—11.21。埋深浅的 JK、Tanuma、Mishrif MB2-1 层和 Nahr Umr 油藏油的压缩系数在 4.18—7.571，其他油藏油的压缩系数在 8.86—11.21。

原油含硫量 1.49%—4.5%（质量百分比）。

第六节 温压系统

哈法亚油田各地层温度范围、原始地层压力及压力梯度统计见表 4-1-2，各井测试的温度、压力随深度变化的曲线见图 4-1-1 和图 4-1-2。

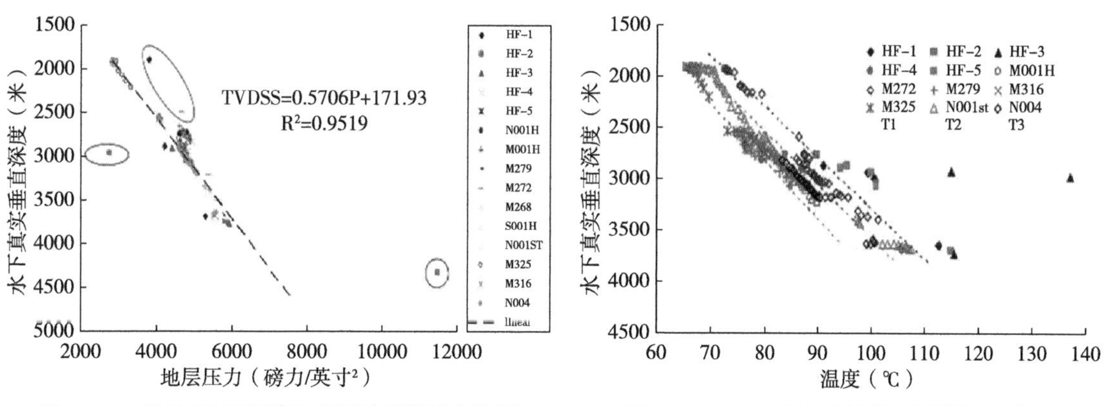

图 4-1-1 哈法亚油田原始地层压力随深度变化图

图 4-1-2 哈法亚油田地层温度随深度变化图

表 4-1-2 哈法亚油田油藏压力系数统计表

地层		深度（米）	温度（℃）	压力（磅力 / 英寸 ²）	压力系数
J/K		1950	67—74	3076	1.11
Middle Kirkuk		2140	73—78	3375	1.11
Hartha		2630	74—80	4335	1.16
Sadi		2750	76—82	4846	1.24
Tanuma		2800	75—80	4934	1.24
Khasib	KA1-2	2850	80—88	5025	1.192
	KA2	2850	80—88	5042	1.2
	KB	2850	80—88	4755	1.121
Mishrif	MA	2950	83—88	4905	1.17
	MB1-MC1	3050	84—89	5027	1.16

续表

地层		深度（米）	温度（℃）	压力（磅力/英寸²）	压力系数
Mishrif	MC2	3160	89—95	5209	1.16
	MC3	3200	89—96	5275	1.16
Nahr Umr		3750	100—108	6050	1.11
Yamama		4300	137—148	11610	1.9

JK—Hartha、Khasib B、Mishrif—Shuaiba 层为正常压力系统（压力系数 1.11—1.16）；Sadi、Tanuma 和 Khasib A1 和 A2 层具有异常压力特征（压力系数分别为 1.27、1.25 和 1.2）；Yamama 层为异常高压，压力系数高达 1.9。

哈法亚油田在 3500 米以上地层温度偏低，地温梯度为 2—2.7℃/100 米；3500 米以下地层温度正常，地温梯度为 3℃/100 米。

第七节　水源层评价

哈法亚油田注水水源缺乏，而政府推荐的海水供给工程投产时间具有较大的不确定性。考虑到油田长期稳产需要解决注入水源这个瓶颈问题，为此开展了水源层研究。

通过测井资料解释，识别了砂岩水层 Middle Kirkuk 和灰岩水层 Mauddud。经测试发现 Mauddud 水层高含硫化氢，放弃，而 HF-4 井在井段 2181—2191 米处试水，发现该储层有一定的产能，确定为水源层。储层厚度为 51—98 米，储层主要分布在研究区的北部。垂向储层分布连续，储层内存在隔夹层（图 4-1-3）。依据地质模型对水源层地质储量进行了估算，储量约为 219 亿桶（表 4-1-3）。

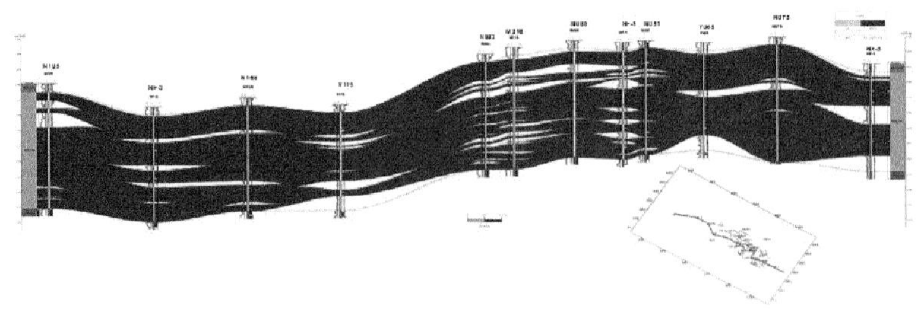

图 4-1-3　哈法亚油田 Middle Kirkuk 层长轴方向储层分布剖面图

表 4-1-3　哈法亚油田 Middle Kirkuk 水资源量计算表

地层	埋深（米）	面积（平方米）	储层厚度（米）	有效厚度（米）	孔隙度（%）	含水饱和度（%）	Bw	地质储量（百万桶）
Middle Kirkuk	2060—2440	288	108	69.6	24.6	70	1	21926

注：含水饱和度取值于 HF-1 水源井的核磁共振解释的可动流体饱和度。

第二章 开发部署

在哈法亚公司30年合同期内，计划部署750口开发井（含老井8口）和40口水源井。总井数中包括741口生产井、9口直接注水井（另有256口生产井进行转注）及40口水源井，其中306口井将用于实现高峰日产油40万桶。产能建设完成后，全油田将维持高峰产量稳产16年。根据推荐方案预测，在高峰产量稳产阶段，同时生产约320百万英尺^3/日伴生气。2017—2018年，在Mishrif开展规模注水。全油田所需补充注入水最大约为50万桶/日，注水水源优先考虑产出水和地层水。

哈法亚油田从逐步上产到高峰稳产经历多次的适应性调整，凸显油田地质状况的复杂性。达到高峰产量40万桶/日，油田地质储量采油速度为0.84%，并要求稳产16年，期间的开发调整均基于持续深化油田油藏地质认识和经济有效的动态开发。

（1）地层特征。根据2016年10月已完钻的179口井（8口老井+171口新钻井）资料，从早白垩系到古近—新近系，划分60套层组，对比显示地层分布稳定。全区总发育11套灰岩及砂岩含油层系，分别为Jeribe、Upper Kirkuk（砂岩）、Hartha、Sadi B、Tanuma、Khasib、MA2、MB1—MC1、MC2/MC3、Nahr Umr B（砂岩）和Yamama，油藏埋深1900—4400米。

（2）构造特征。哈法亚油田构造是一个北西—南东走向的长轴不对称背斜，构造倾角2.1—3.2度，北翼相对陡。合同区内，长轴约31千米，短轴约12千米，圈闭闭合高度85—225米，闭合面积84—223平方千米。自下而上，构造具有继承性，背斜高点基本一致。目的层没有发现明显的断层。

（3）储层特征。在哈法亚油田目的层中，Jeribe、Hartha、Sadi B、Tanuma、Khasib、Mishrif和Yamama组主要为碳酸盐岩，储层分布比较连续，具有中低孔、特低—低渗特征，主要沉积于碳酸盐岩台地边缘的浅滩、陆棚和泻湖环境，以铸模/溶蚀孔隙、微孔为主，微裂缝不发育；Upper Kirkuk和Nahr Umr B主要为细—中粒砂岩与泥岩互层，储层有多个单砂体叠置而成，纵横向变化较大，具有中高孔、中高渗特点，主要沉积于潮坪沉积环境，以粒间孔隙为主。所有的目的层在纵向和横向的非均质性均较强。

（4）油水系统及油藏温压系统。9套含油层系分属4种油藏类型。其中：JK油藏属底水油藏；Mishrif组MB1—MC1油藏为厚层状边水油藏，MA2为薄层状边水油藏，MC2和MC3也为边水油藏；Hartha、Sadi B、Tanuma、Khasib组KA1-2、KB、Mishrif A和Nahr Umr B属于构造—岩性层状边水油藏；而Khasib组的KA2和Yamama油藏属于岩性油藏。

哈法亚油田在3500米以上地层地温梯度为2—2.7℃/100米，3500米以下地温梯度为3℃/100

米。大多数油藏地层压力系数在 1.1—1.16 之间；Sadi B、Tanuma、Khasib A1—A2 层压力系数大于 1.2，特别是 Yamama 层压力系数高达 1.9，属于异常高压。

（5）流体性质。JK、Sadi B、Tanuma、Khasib 各层和 Mishrif 油藏原油密度是 19—25°API，Hartha、Nahr Umr B 和 Yamama 层的原油密度是 29—32°API。除 Hartha 为近饱和原油外，其他油藏均属于未饱和油藏，泡点压力为 900—4300 磅力 / 英寸 ^{2}。JK 原油的黏度最高 4.9—5.7 厘泊，其次为 MB2-1（3.29 厘泊）和 MA1 和 MB1-2（分别为 1.15 厘泊与 1.6 厘泊）。Hartha、Sadi B、Khasib、Nahr Umr 和 Yamama 油藏原油黏度低于 1 厘泊。

溶解气属于湿气范畴，甲烷含量约 70%。在 Mishrif 层发现硫化氢，含量约 0.5%，二氧化碳含量 2.2 摩尔百分比。地层水属于氯化钙型，矿化度高达 15 万—20 万微克 / 克。

（6）地质储量复核。用容积法重新计算了储量。合同区范围内总地质储量约为 173.68 亿桶。

（7）各油藏产量分配。在整个合同期内，为实现高峰 40 万桶的产能规模并稳产 16 年，动用已发现的所有油藏，包括 Yamama、Nahr Umr B、Mishrif、Khasib（KA1、KA2 和 KB）、Sadi B、Tanuma、Hartha 及 JK。

根据各油藏原始石油地质储量分布状况、油藏储层物性、流体性质、投产井产能、压力及合同期内可能采用的开发方式，在平面上、纵向上分阶段逐步开发。其中初始商业产能阶段以 Mishrif 和 Nahr Umr B 油藏为主要开发层，产能分别约占 75% 和 20%；20 万桶产能阶段，增加动用 JK 油藏，产能分别约占 62%、16% 和 15%；40 万桶高峰产量建成后，主力油藏为 Mishrif（含 MA2、MB1—MC1 和 MC2/MC3）和 JK，产能分别约占 75% 和 15%。整个哈法亚项目合同期内，碳酸盐岩油藏 Mishrif 为主力油藏，其日产水平将保持在 30 万桶之上；疏松砂岩油藏 JK 为次主力油藏，其日产油量为 6 万桶。高峰产量稳产阶段，将加强对特低渗透油藏技术攻关，酌情增加对包括 Sadi 层在内的难动用油藏的产量。

（8）开发方式。Nahr Umr B、Mishrif 及 JK 3 个油藏适合注水开发。其他油藏主开发过程中将根据开采状况对生产井做适当控制，避免油藏过快脱气，并且与下部的 Nahr Umr 和 Mishrif 共享注水井实行分注，适当的是否注水补充能量。为补充油藏能量，除油田污水（产出水和原油洗盐水）回注油藏外，深层水将作为优先使用的注入水源，同时积极争取地面水源。在 2022 年底之前主要以 Middle Kirkuk 层作为主要的注水补充水源，2023 年之后考虑以海水作为主要注水补充水源。

（9）开发井型井网。对于大多数碳酸盐岩油藏，包括 Mishrif、Khasib、Sadi 及 Hartha 油藏等，将采用大斜度—水平井与直井 / 斜井的混合井网，水平井为采油井、直井为注水井。对于不同的油藏，根据井组模型的优化结果，水平段长度 800—1500 米，初期产能为 1000—6000 桶 / 日。砂岩油藏及深层油藏采用直井为主开发，包括 JK、Nahr Umr B 和 Yamama 油藏。

Mishrif 油藏采用分层开采、分层注水的开发策略，以五点法注采井网为基础的水平井与直井的混合井网，排距和井距分别约为 500 米和 1400 米。MB1—MC1 作为油藏的基础井网，MA2 水平井尽量按照 MB1—MC1 的井网和优质储层区域优化部署，其注水井与下部 MB1—MC1 注水井共享；MC2/MC3 水平井主要沿轴线利用已有平台优化部署。其他油藏与 Mishrif 共享地面井平台，在各油藏平面连续性分布较好的区域，井距及井网形式基本保持一致。对于岩性油藏或者具有多个油水界面的复杂油藏，比如 Hartha、Khasib、Nahr Umr B 及 Yamama 等油藏，则采用不均匀井网，优化井位部署。

第一节　开发方案

一、开发方案设计原则

哈法亚油田开发方案设计要符合 DPSC 及 1 号修改协议的产量目标和要求。即自初始开发方案（PDP）获批起,3 年内达到初始商业产量，实现（FCP）7 万桶 / 日以上；最终开发方案（FDP）获批后 4 年内达到高峰产量（PPT）40 万桶 / 日，并稳产 16 年。

根据 1 号修改协议产量目标的要求，油田初始商业产能建设（一期）已在 2012 年 6 月 16 日完成投产，全油田实际实现产能 10 万桶 / 日。油田二期产能建设（CPF2 上产 10 万桶 / 日，油田达到 20 万桶 / 日的生产能力）于 2014 年 8 月 18 日建成投产，全油田产能规模达到 20 万桶 / 日。油田三期产能（高峰产量目标）建设原计划在二期投产后（2014 年底前）随即启动，但由于 2015—2016 年国际原油价格伊拉克方面要求暂停建设。2016 年下半年伊拉克方面强烈要求重新启动三期产能建设。三期产能建设的主体工程 CPF3 于 2017 年 4 月重新启动，2018 年 12 月 12 日建成投产，2019 年第一季度全油田产量达到高峰产量 40 万桶 / 日，满足合同规定的高峰产量目标。方案具体设计原则为按照从构造高部位，到油藏东部，然后到西部区域的开发顺序进行部署开发；部署井时考虑各油藏在全油田产量剖面中的贡献要相对平衡，同时油藏压力衰竭在平面上要均衡；最大程度提高单井产能，尽可能减少井数；尽可能提前注水，保持地层能力；最小投资获取最大回报。

二、主力油藏多方案优化

根据开发方案总体设计原则，要求实现哈法亚油田高峰产量 40 万桶 / 日，地质储量 55% 的 Mishrif 油藏地质储量、单井产能落实，无疑是上产和稳产的主力产层；其他油藏在一期至三期阶段通过逐步深入评价，地质油藏的不确定性也相对减少，特别是砂岩油藏 JK 油藏的良好动态表现，是次主力油藏。而 Sadi 油藏，虽然地质储量占哈法亚总储量的四分之一，但是由于低渗及特低渗透储层单井产能较低，开采效益相对较差，即便该油藏水平井分段加砂压裂（4 口井），取得较好效果，但是限于规模差距，近期尚不能承担与其储量相匹配的产能。按照“先肥后瘦、均衡开采”的原则，尽可能确保主力油藏保持 16 年稳产，已实现全油田的总体部署目标。

（1）Mishrif 油藏。Mishrif 油藏为哈法亚油田主力的油藏，包含 4 个独立的油藏，即 MA2、MB1—MC1、MC2 和 MC3 油藏。

根据地质储量品质、单井产能、实际生产动态及合理的采油速度，Mishrif 的 4 个油藏共设计 4 个不同对比方案，对应高峰产量分别为 34 万桶 / 日、32 万桶 / 日、30 万桶 / 日和 28 万桶 / 日，对应的采油速度分别为 1.28%、1.21%、1.13% 和 1.06%。经过对比分析，优选对应 30 万桶 / 日的方案执行，考虑到 Hartha、Sadi 和 Khasib 等次产能和接替产层的单井产量尚不确定，将根据实际开发情况进一步优化调整开采方案，合理分配分层系钻井井数。

（2）JK 油藏。JK 油藏主要分布于油田中—东部，尤其分布在油田东部，大约占 2/3。基于 JK 的生产动态分析，具有单井产能较高、天然能量较强的特点。根据数值模拟预测，6 万桶 / 日的高峰产量可以维持 16 年以上稳产。根据方案优化对比，推荐高峰产量为 6 万桶 / 日，油藏主要采取直井开发，边缘注水。

（3）Nahr Umr 油藏。Nahr Umr 油藏埋藏较深，储层及流体物性好，适宜用较高速度开发，先采快采的原则，其采油井在后期可上返其他层系开发。高峰产量已达到 3.5 万桶，以后通过挖潜，在控制含水和控制压力递减等合理的生产条件下开采，降低油田产量递减，尽可能延长油田高峰产量。

（4）其他油藏。Khasib 常规油主要分布在哈法亚油田西部区域，油藏高部位主要是轻质油区，是三期建产的次主力油藏。在高峰产量阶段，该油藏预计 1.5 万桶 / 日的产能可维持 16 年。Sadi 油藏储层物性较差，但储量基数大，部分区域储层物性相对较好。可在有利区域部署大斜度水平井，适度动用，开展加砂压裂现场试验，暂定高峰产量 5000 桶 / 日，后续根据现场试验成果优化调整。Hartha 油藏为近饱和油藏，在油藏高部位投产的油井较短时间即开始脱气，气油比呈现快速上升趋势，而在构造相对较低的井区，生产相对稳定。可以在有利区部署新井，达到 5000 桶 / 日的高峰产量。Yamama 油藏为异常高压油藏，作为油田高峰产量的补充。

第二节　开发技术要点

一、开发方式

（一）弹性及溶解气驱采收率

利用弹性驱及溶解气驱采收率计算经验公式，对各油藏衰竭开发采收率进行预测。弹性采收率主要受束缚水饱和度、岩石压缩率、流体压缩率和地饱压差影响比较大；溶解气驱采收率更受到渗透率影响，因此对于动态渗透率较好的 Upper Kirkuk 层、Hartha 层、Nahr Umr 层，其溶解气驱采收率明显高于其他层。对于 JK、Mishrif、Nahr Umr 及 Yamama 等油藏，弹性驱加溶解气驱总的采收率超过 10% 以上，而其他层难动用储层低于 10%（表 4-2-1）。

需要说明的是，实验发现，Nahr Umr 油藏原油随着压力下降会出现沥青质析出沉淀现象，根据实验结果，在压力降至 5522 磅力 / 英寸 ^{2} 时开始析出沥青，当地层压力下降到 3114 磅力 / 英寸 ^{2} 时（饱和压力为 2790 磅力 / 英寸 ^{2}），沥青析出较多，可能会造成油藏渗流通道堵塞。因此该油藏不适合采用溶解气驱开发，需要保持适当的压力水平开采。对于以上主力油藏，弹性驱采收率只有 2%—4%。从各油藏天然能量的总体情况来看，初期采取衰竭开发，适时采取人工补充能量以维持合理地层压力水平是十分必要的。

表 4-2-1 哈法亚油田各油藏弹性驱及溶解气驱采收率计算表

油藏		采收率 (%)			备注
		弹性驱	溶解气驱	一次开发	
JK		2.69	10.13	12.82	渗透性好
Hartha A		0.05	9.19	9.24	近饱和油藏
Sadi B		2.96	7	9.96	
Tanuma		3.12	7.18	10.3	
Khasib	KA1	1.85	7.05	8.9	
	KA2	1.94	7.09	9.03	
	KB	1.76	7.55	9.31	
Mishrif	A2	3.92	7.37	11.3	
	B1—C1	3.15	7.44	10.59	
	MC3	3.49	7.44	10.93	
Nahr Umr B		5.8	8.99	14.79	渗透性好
Yamama		15.85	7.08	22.92	异常高压油藏

（二）水驱 / 气驱采收率预测

为预测油藏的水驱采收率及水驱可行性，应用各油藏的岩心进行水驱油室内实验。实验结果表明，哈法亚油田各油藏相渗曲线计算的水驱效率在 47.8%—72.3%，其中 Upper Kirkuk、Mishrif B2 及 Nahr Umr 等油藏显示出较高的水驱油效率。Sadi B 的岩心微观孔隙结构分析结果表明，其岩石孔喉半径非常小，尤其 Sadi B1 和 Sadi B2 的孔喉半径多数小于 1 微米，对于注入水质的要求将会极其严格，因此暂不推荐对该油藏注水。该油藏注气可行性研究结果表明，当油藏压力保持在原始地层压力附近时，Sadi B 油藏可达到注入气混相驱油条件，获得较为理想的油藏采收率，但考虑到伊拉克对天然气的需求，不推荐注气开发（表 4-2-2）。

表 4-2-2 哈法亚油田各油藏水驱效率计算表

油 藏		样品数	孔隙度（%）	空气渗透率（毫达西）	束缚水饱和度（%）	残余油饱和度（%）	水驱效率（%）
Jeribe		2	17.3	24.8	21.6	41	47.8
Upper Kirkuk		3	32.5	2807.9	16.2	27.1	67.6
Sadi	B2	4	26.1	43.5	30.9	30.1	56.4
	B3	3	15.3	8.8	37.5	28.9	53.8
Tanuma		5	19	5.6	35.8	29.5	54
Khasib	A1—A2	2	22.2	1.7	44.6	23	58.5
	B	8	16.9	8.8	25.5	30.1	59.6

续表

油藏		样品数	孔隙度（%）	空气渗透率（毫达西）	束缚水饱和度（%）	残余油饱和度（%）	水驱效率（%）
Mishrif	MA	2	18.8	4.6	15.9	26.4	68.7
	MB1-2	29	20	25.8	22.9	32.6	57.7
	MB2-1	4	23.8	239.6	37.1	30.4	51.7
	MB2-2	6	24.5	46.4	19.5	30.5	62.1
	MB2-3	2	27.4	10.7	19.8	27.2	66
	MC1	2	25.3	193.5	16.7	33.5	59.8
Nahr Umr		8	21.2	730.1	16.1	23.3	72.3
总计		82					

（三）油藏开发方式优选

按照伊方要求油藏压力必须高于饱和压力以上开发的原则，考虑到各油藏不同的地质及油藏流体渗流特征，以及各油藏不同开发方式采收率对比结果，Nahr Umr、Mishrif 及 Upper Kirkuk 油藏适合采用注水开发。其他油藏，由于其储量较小，或者储层非均质性较强，或采油速度较低，在合同期内地质储量采出程度较低（在 15% 以内），推荐早期采用天然能量开发，后期共享 Mishrif 油藏和 Nahr Umr 油藏的部分注水井，实行分注，从而为 Hartha、Sadi 和 Khasib 油藏注水，保持合理压力水平开发（表 4-2-3）。

表 4-2-3　哈法亚油田各油藏开发方式选择一览表

油藏		地质特征	水体类型	地饱压差（磅力/英寸²）	推荐开发方式
Jeribe		低渗透白云岩储层	底水	1992	先天然能量，后注水开发
Upper Kirkuk		非胶结砂岩			
Hartha		岩性油藏，灰岩	弱边水	46	先衰竭开采，适时注水
Sadi B		低渗灰岩油藏	边水	1721	先衰竭开采，适时注水
Tanuma				3753	
Khasib		特低渗灰岩油藏	边水	849	先衰竭开采，适时注水
Mishrif	MA2	灰岩油藏，油层有效厚度约 10 米	边水	2200	初期天然能量开发，适时注水开发
	MB1—MC1	灰岩油藏，油层有效厚度超 100 米	边水	2254	初期天然能量开发，适时注水开发
	MC3	灰岩油藏，油层有效厚度 10—20 米	边水	2300	天然能量开发
Nahr Umr B		层状多套砂体叠置，岩性油藏	边水	3261	初期天然能量开发，适时注水开发
Yamama		超高压岩性油藏		8781	天然能量开发

二、开发层系及井网井距

（一）全油田划分 9 套开发层系

哈法亚油田共发现 16 套含油层，综合考虑油藏埋深、地质储量、纵向分布、流体性质、压力系统和单井产能等，自上而下分为 9 套独立开发层系。

（1）JK 层为第一套开发层系。Jeribe 层与 Upper Kirkuk 层顶部埋深分别为 1890 米和 1900 米，尽管之间存在局部的夹层，但不能完全隔开，为同一油藏，特点是上部的 Jeribe 为白云岩储层，储量较小，而下部的 Upper Kirkuk 层为疏松砂岩，储量较大，上下两层的储层渗透率差异较大。

（2）Hartha 层为第二套开发层系。Hartha 层（顶部埋深 2550 米）属于近饱和油藏，与下伏的 Sadi（顶部埋深 2600 米）纵向上距离约为 50 米，但两油藏储层物性、单井产能差异很大，且原油性质完全不同，因此 Hartha 油藏需要单独开发。

（3）Sadi 和 Tanuma 层为第三套开发层系。Sadi B 油藏和 Tanuma 上下紧邻，之间只有一层 2 米左右的稳定泥岩层，两油层的岩性、物性、流体和地层压力系统均相似，可合为一套层系开发。

（4）Khasib 层为第四套开发层系。Khasib 层顶部埋深 2730 米，包括 Khasib A1、A2 和 B 三套油藏。Khasib 油藏地质储量 11.24 亿桶，3 个油层上下紧邻，具有一套层系开发的储量基础。但 KA1、KA2 地层压力系数为 1.26，而 KB 地层压力系数 1.18；两者间差别较大，尽管采用同一套井网，但 3 个油藏并不合采。大斜度水平井先开发下部渗透率相对较好的 KB 油藏，然后上返开发上部的 KA1 和 KA2 油藏。

（5）Mishrif 层 MA2 为第五套开发层系。MA2 与下部主力 MB1—MC1 之间具有稳定的隔层，油藏平均厚度为 10 米，采用水平井开发，与下部油藏共享注水井实行分注。

（6）Mishrif 层 MB1—MC1 为第六套开发层系。该油藏为主力油藏，Mishrif 层顶部埋深 2800 米左右，地质储量占油田总储量的比例接近 50%，单独作为一套开发层系。

（7）Mishrif 层 MC2/MC3 为第七套开发层系。MC2 和 MC3 均为独立的边水油藏，油藏分布范围小，储量较小；MC2 和 MC3 的油藏在纵向上重合度较高，采用同一套水平井井网，天然能量开发，水平井段先开发 MC3 层，后期上返至 MC2 生产。

（8）Nahr Umr 层为第八套开发层系。Nahr Umr B 层顶部埋深 3650 米，中高渗透性砂岩，单井产能较高，为哈法亚油田最早动用的油藏。该油藏在纵向上距其他油藏较远，具备单独开发的产能和储量基础，需要用单独一套井网开发。

（9）Yamama 层为第九套开发层系。Yamama 层顶部埋深 4210 米，为异常高压碳酸盐岩油藏，处于评价阶段。

（二）开发井型

基于各油藏不同的地质特征、开发方式、合理单井产能以及钻完井研究，利用数值模拟技术，初定各层系开发井型。灰岩以大斜度 + 水平井为主，砂岩以直井为主。其中，JK、Nahr Umr 和 Yamama 3 个油藏推荐直井井网开发，对于 Hartha、Sadi 和 Khasib 等油藏，为获得较高的单井产量，推荐大斜度 / 水平井开发。主力油藏 Mishrif 推荐井型为大斜度井 + 水平井作为生产井，直

井 / 定向井作为注水井的混合注采井型。考虑到开发前期稀井高产的总体开发策略及浅层存在异常高压膏岩层，需降低钻井风险的情况，在油藏局部有利区域适当部署分支水平井，以期减少开发前期基础井网的开发井数。在超低渗透油藏 Sadi，需进一步对分支井的应用开展技术攻关。Jeribe 水平井可作为后期挖潜使用。

JK 油藏岩性为砂岩、泥岩、砂质灰岩和白云岩条带互层。上部 Jeribe 层为薄的白云岩储层，Upper Kirkuk 层为胶结疏松的砂岩油藏，尽管下部存在底水，但油层较厚，且层间夹层发育，推荐采用直井开发。Jeribe 层试验完钻 2 口水平井，初期产能 500—1000 桶 / 日，可在开发后期酌情应用水平井技术挖潜。

Nahr Umr 油藏为砂岩油藏，油藏内砂体平面、纵向分布及油水关系比较复杂，加上油层顶部存在一套易碎泥页岩，在水平井钻井过程中容易垮塌，经现场钻井试验，不宜钻水平井。故推荐该油藏采用直井开发。

Sadi 层属于低渗透碳酸盐岩油藏，采用大斜度加水平井的井型，可以增大单井的泄油面积，提高单井产量。Khasib 层属于碳酸盐岩油藏，纵向上由 3 个油藏组成，油层厚度相对较薄、物性变化较大，且压力系数差异较大，推荐的大斜度加水平井井型可以穿过 3 个小层，先开采 KB 然后再上返开采上部层。

Mishrif 油藏纵向上非均质性较强，平面上，在构造高部位（油藏的中—东部），分布着 MB1 和 MB2 两个相连的含油层，但两者物性差异较大，MB2 物性相对较好。为在开发早期充分发挥 MB2 的生产潜力，推荐大斜度 + 水平井复合井型为比较合理有效的开发井型。这一井型已经在一期初始商业产量（FCP）产能建设阶段获得了成功应用，同时对于 Mishrif 油藏开发过程中的分采开发策略，该井型具有较强的灵活性，尤其在构造高部位，由于 MB1 层内隔夹层的存在，与直井及水平井相比，大斜度加水平井井型在 MB1 层可以穿过更多油层，获得更高的单井动用储量，同时位于 MB2 层内的水平段可以获得较高的产量。在生产过程中，可以利用水平段优先开采 MB2，待 MB2 段较高含水后再上返至 MB1 大斜度段。为 Mishrif 油藏实行 MB2 水平段和 MB1 大斜度段的分采以及逐层控水生产，Mishrif 层的大斜度水平井尽量采用分段完井。而对于注水井，考虑到可操作性，推荐直井 / 定向井作为主要注水井井型。为进一步提高单井产量，减低钻井风险、减少井数，推荐局部有利区域部署分支水平井。

对于 MA2 层和 MC2/MC3 的井网，均采用水平井生产。MA2 主要以水平井生产，共享下部 MB1—MC1 的直井注水井，实行分注。而 MC2/MC3 主要为水平井生产，先产 MC3，然后上返 MC2。

表 4-2-4　哈法亚油田各油藏优选开发井型

油　藏	初始开发方案推荐	最终开发方案推荐
JK	水平井	直井（Jerlbe 水平井作为备选）
Hartha		直井 (已投产井)+ 水平井
Sadi	水平井	大斜度段加水平井段

续表

<table>
<tr><th colspan="2">油　藏</th><th>初始开发方案推荐</th><th>最终开发方案推荐</th></tr>
<tr><td colspan="2">Khasib</td><td>水平井</td><td>大斜度段加水平井段</td></tr>
<tr><td rowspan="4">Mishrif</td><td>MA2</td><td></td><td>水平井，共享 MB1—MC1 直井注水井</td></tr>
<tr><td rowspan="2">MB1—MC1</td><td>构造高部位部署直井（油层厚度大于 150 米）</td><td rowspan="2">大斜度段加水平井段的井型作为生产井，直井注水</td></tr>
<tr><td>构造翼部部署水平井（油层厚度小于 150 米）</td></tr>
<tr><td>MC2/MC3</td><td></td><td>MC3 水平井，适时上返开采 MC2</td></tr>
<tr><td colspan="2">Nahr Umr</td><td>水平井</td><td>直井</td></tr>
<tr><td colspan="2">Yamama</td><td>直井</td><td>直井</td></tr>
</table>

各油藏水平井水平段方向主要沿油藏构造的长轴方向布置。实钻时，水平段方向按照与构造线平行设计，以避免生产井过早见水。

（三）井网、井距

根据各开发层系的产能目标，采用油藏数值模拟技术，优化各油藏水平井水平段长度、井距及注采井网参数，以获得合同期内较高的采收率。

根据水平井水平段长度优化研究结果，Mishrif 主油藏（MB1—MC1）推荐大斜度段加水平段总的长度为 1000—1200 米。Sadi 和 Khasib 等油藏与 Mishrif 油藏共享一个钻井平台时，Sadi 等层的水平井段长度可与 Mishrif 水平井段长度相当。

主力油藏 Mishrif 采用直井加大斜度水平井的交错线性混合注采井网，基础井网井距及排距分别为 1400 米、500 米，对于局部有利区域部署的分支井单元，优化调整了注采单元中的注水井位，确保分支井不同泄油微单元能够多向一线受效，同时保持注采井间距离在 500 米以上。油藏整体上为底水驱油与线性注水驱油相结合的水驱开采机理。

JK 层采用直井网，基础井网井距为 1000 米，后期井网加密方式将结合剩余油富集区的预测，主要采用边缘注水方式，后期逐步加密。

Nahr Umr 油藏，在油层连片发育区，原则上为 1000 米 ×1000 米井网，边缘注水方式。

对于油层分布在平面上较为连续的油藏，包括 Mishrif、JK 和 Nahr Umr B 等油藏，基本采用均匀的井距及井网形式。对于具有多油水界面的岩性油藏或者储层平面分布连续性较差的油藏，包括 Hartha、Sadi B、Khasib 及 Yamama 等油藏，将根据储层、油层的发育情况，具体优选井位。

三、注采参数

（一）油藏压力保持水平

按照伊拉克政府的开发原则，哈法亚油田所有油藏都要保持油藏压力在饱和压力以上开发。根据哈法亚各油藏生产压差、单井产能预测的注水油藏压力保持水平在 70%—75%。对推荐采用注水开发的油藏，通过适当补充油藏能量，维持油藏的长期稳产。

对于 Mishrif 油藏，当油藏压力下降到大约 3500 磅力 / 英寸 ^{2} 时，需要开始启动注水；对于

Nahr Umr 油藏，为了防止油藏压力下降造成油藏中沥青质的大量析出及沉淀影响产能，油藏压力下降到大约 4400 磅力 / 英寸 ^{2} 时即需要开始注水开发（表 4-2-5）；对于 Upper Kirkuk 油藏，尽管地饱压差较大，但考虑到压降对出砂的影响及保持较高产能的需要，需将压力水平保持在较高水平上。将根据油藏压力下降实际状况来确定各油藏具体的注水时间。对 Hartha 和 Khasib 油藏，为防止脱气，需要在地层压力达到饱和压力附近时，补充能量。

表 4-2-5 哈法亚油田各注水开发油藏注水时机统计表

油 藏	原始压力（磅力 / 英寸 ^{2}）	原始启动压力（磅力 / 英寸 ^{2}）	基准压力（磅力 / 英寸 ^{2}）	生产压差（磅力 / 英寸 ^{2}）	井底流压下限（磅力 / 英寸 ^{2}）	注水启动压力（磅力 / 英寸 ^{2}）	注水启动压力 / 原始压力
上基尔库克 Upper Kirkuk	3076	3030	1084	1100	1200	2300	75
哈撒 Hartha	4335	试采，压力下降很小	4305			4300	
萨迪 Sadi	4846		3125			3150	
卡塞卜 Khasib	4849		4000			4000	
米什瑞夫 Mishrif	5027	3621（中部） 3771（东部）	2773	547	2775	3500	70
纳哈乌姆 Nahr Umr B	6050	4700—4800	2790	433	3500	4400	75

（二）注采比

哈法亚油田主力 Mishrif 油藏属于碳酸盐岩油藏，储层非均质性较强，基于该类型油藏注水实例调研认识，注水初期一般采用温和注水（注采比小于 1），可以有效避免油井过早见水及含水上升过快。利用数值模拟方法，对 Mishrif 油藏规模笼统注水或底部注水，注水初期注采比进行的优化研究发现，初期注采比为 0.8 时，油藏压力水平基本可以满足稳产要求，而含水上升速度较慢，注水效果明显优于高注采比方案。因此建议注水初期注采比 0.8，中后期逐渐提高注水强度，注采比保持在 1 附近，使油藏压力维持在 3500 磅力 / 英寸 ^{2}（70% 原始启动压力）的水平。

对于 JK 及 Nahr Umr 砂岩油藏，具有中等或较强的天然能量，注采比小于 1 即可保持稳产，注水初期暂推荐采用注采比小于 1，后期根据油藏单砂体深入评价认识，结合砂体分布规律，开展进一步的精细注水参数研究。Hartha 和 Khasib 的天然能量较弱，同时地饱压力比较接近，油井开井生产即容易脱气，建议注采比保持 1 ∶ 1。

（三）单井合理注入量

哈法亚油田除 Mishrif 油藏有注入能力测试外，其他油藏没有进行吸水能力测试，因此根据各层测试的采油指数，通过水油流度比之间的关系公式，换算出各层对应的米吸水指数。

注入压力上限的确定：依据 HF001-M276 井在 Sadi 进行的现场酸压施工数据，折算 Sadi 层井底破裂压力梯度约为 6480 磅力 / 英寸 ^{2}，对应破裂压力梯度约为每米 2.47 磅力 / 英寸 ^{2}。Upper Jeribe、Mishrif 及 Nahr Umr 等层的地层破裂压力根据 M276 井的压裂数据近似折算，各层井底最大注入压力取破裂压力的 90%，其中 JK 约为 5000 磅力 / 英寸 ^{2}，Mishrif 约为 6500 磅力 / 英寸 ^{2}，Nahr Umr 约为 7500 磅力 / 英寸 ^{2}。最大井口注入压力 3000 磅力 / 英寸 ^{2}。

表 4-2-6 为计算的在最大注入压力条件下，各层的最大注入能力，在油藏压力下降到原始地层压力 70%—80% 开始进行注水，预测此时 Mishrif 油藏直井的最大注水能力约 10000 桶 / 日；Nahr Umr 单井最大注水能力 8000 桶 / 日；JK 直井最大注入能力约为 9000 桶 / 日。在各油藏规模注水之前，将还需继续开展不同规模的注水先导性实验，来进一步落实单井注水量。

表 4-2-6 哈法亚油田各油藏注水参数计算参数表

油 藏	最大井口注入压力（磅力 / 英寸 ^{2}）	最大井底注入压力（磅力 / 英寸 ^{2}）	最大注入能力（桶 / 日）		
			原始压力	80% 地层压力	饱和压力下
Nahr umr B	2070	7500	5000	8000	15000
JK	1350	5000	3000	9000	12000
Mishrif	2040	6500	2000	10000	12000

Hartha 层和 Khasib 层，设计分注时的注水能力为 2000 桶 / 日，持续优化调整。

（四）合理注入方式

哈法亚油田主力碳酸盐岩油藏 Mishrif 储层非均质性较强，推荐大斜度加水平井井型为采油井，直井 / 定向井为注水井的混合井型开发。考虑到纵向层间差异及高渗条带的存在易造成油藏平面上水驱前缘单层突进，油井过早见水，推荐分层注水方式。特别要避开对“贼层”直接注水。考虑到油藏下部储层物性好的特点及其储量动用程度高的状况，根据 Mishrif 两组先导注水井的地质油藏认识，Mishrif 主力油藏规模注水初期，以油藏底部注水为主。

（五）注入水源

哈法亚油田可供注入的水源包括产出水、油田生产用洗盐水、深层水源层水及海水。原则上，油田所有产出水均将被回注油藏。

根据初步评价，Middle Kirkuk 深层水源候选层共计约有 451 亿桶水体储量。早期注水主要针对 Mishrif 油藏，其他油藏注水略晚。基于 Middle Kirkuk 水层动态模型预测结果，可采水源 7.6 亿桶，采出程度 1.7%。考虑到水源的不确定性，还应继续寻找补充水源。在海水供应之前，油田将采取使用 Middle Kirkuk 水源层提供额外的注水水源。

四、增产措施

哈法亚油田主力油藏 Mishrif 属于低渗透碳酸盐岩油藏，平均岩心渗透率在 10—20 毫达西，在一期及二期新井投产过程中，该油藏已累计在 50 余口井中采取酸化措施，获得显著增产效果。Mishrif 层酸化后采油指数提高 5 倍左右，产量达 3000—5000 桶 / 日。渗透率相对较低的 Sadi 和 Khasib 层油井酸化以后表皮系数小于 0，表明酸化可解除地层污染。

对碳酸盐岩油藏，直井 / 斜度井推荐深度酸化，必要时酸压作为增产措施；大斜度 + 水平井水平井段长度 800—1000 米，推荐采用连续油管拖动酸化技术进行解堵，在适当的条件下建议采用连续油管 + 水力喷射酸压技术以获得更好的增产效果。为提高残酸返排效率，酸化后采取氮气 + 连续油管气举的方式，以提高返排效率和改善增产效果。在油田开发过程中，可在哈法亚油田引进应用其他先进技术，以改善措施增产效果。

Sadi 超低渗透储层改造主要采用大型酸化、酸压措施及加砂压裂。针对直井增大改造规模，采用酸压或压裂措施，下入作业管柱提高酸压施工排量，酸压规模根据储层物性特征进行优化设计，推荐采用清洁自转向酸或胶凝酸液体系。针对水平井，首先考虑采用连续油管大型酸化、酸压及压裂措施。对于一些渗透率极低的水平井，推荐采用连续油管水力喷射酸压或加砂压裂技术。

两个次主力油藏均为砂岩油藏，储层物性较好，初期不需要采取专门的增产措施。对于投产后沥青析出、出砂、出水的油井、注水后吸水能力下降的注水井，需采用相应的补救措施。

第三节　开发生产动态监测

一、操作和维护的原则

哈法亚油田开发阶段设计和建造的设施应符合如下要求：

（1）为减少劳动力和人为错误，建议哈法亚油田地面设施采用自动化智能设备。油气处理站 CPF1—CPF3、发电厂、泵站、气体处理装置和站外集输管网等地面设施均应用的先进自动化系统。

（2）通过精确的工程设计和详细的 HAZOP（危险与可操作性分析）研究，油田地面设施将采用高可靠性设备建设，确保油田长期生产安全平稳。

（3）良好的可操作性和友好的维护是主要设备的选型指南。

（4）生产人员将确保提供及时正确的操作和维护。

（5）在操作过程中，预防性维修是减少过早失效和设备损坏的最重要的方法，将按生产厂商的建议进行所有的维修维护工作。

（6）纠正性维修和原始设备制造商（OEM）维护将作为必要补充和备份实施。

二、生产计量要求

哈法亚油田地面设施的每个设施都应配备计量系统，以便在设备进口、处理罐和外输之前准确测量原油的体积流量。根据测量介质和精度要求选择计量装置，且计量装置将定期按照 API 标准校准；第三方必须参加见证装置的校核。每口井的产量将在站外集输管线（FSF）通过测试分离器与多端口选择器（IFS）每月计量 2—3 次，油井测试序列和过程将被编程，测试结果将自动生成以便于采油工程分析。

为满足油气传输协议要求，配备有压力温度补偿装置的托管转输计量装置将安装在测量点/转运站，以最后计量标准温度和压力条件下的全哈法亚合同区域日产原油量和天然气产量。

三、监测的主要内容

哈法亚油田开发生产动态监测和注水系统监测内容与方法如表4-2-7和表4-2-8所示。

表4-2-7 哈法亚油田生产动态监测内容与方法

监测部位	监测参数	监测方法	监测频率
自喷井	油套压、温度、产量	压力计、温度计、计算机	实时监测
电泵	电流、VSD的频率	仪表和计算机	实时监测
气举	注气量、温度、压力	仪表和计算机	按需测试
井筒	腐蚀速率	挂片	按需测试
	结垢	取样	按需测试
井口	含水	取样化验	按需测试
井下	产液剖面	PLT：气举和自喷井采用钢丝测试，电泵井采用“Y”型工具	按需测试

表4-2-8 哈法亚油田注水系统监测内容与方法

监测部位	监测参数	监测方法	监测频率
注水站	出口压力、温度、流量	仪表和计算机	实时监测
	注入水质或气体组分	取样化验	按需测试
注水井井口	油套压、温度	仪表	每天一次
井筒	吸水剖面	PLT	按需测试
腐蚀	腐蚀速率	挂片	按需测试

第四节 开发历程

一、哈法亚一期初始商业产量阶段

截至2012年6月15日初始商业产量投产前，哈法亚油田投产7口井（其中HF006-M268井为中国石油接管后钻的新井），开井6口（HF-7井作业关井），日产液7480桶，日产油7324桶，平均单井日产油1221桶，日产气532万立方英尺，含水率2.85%，气油比727英尺^3/桶。油田累计采油约1610万桶，累计产水75.2万桶。按本方案最新地质储量计算，采油速度0.017%，采出程度0.06%。其中：Nahr Umr层采油1269万桶，采出程度4.5%；Mishrif和Sadi油藏采出程度分别仅为 0.02% 和 0.04%。除 Nahr Umr 油藏部分动用外，哈法亚油田各油藏基本处于未开发状态。

哈法亚公司开发思路，一是推动新井投产和措施实施，强化油井管理，确保日产水平稳定在 10 万桶以上；二是动态优化哈法亚二期井钻井方案，加快钻井运行，为二期投产做准备工作；三是开展油藏研究，增进油藏地质特征认识，满足哈法亚油田高效高速开发需求；四是落实油藏监测计划，为油藏动态分析提供全准资料；五是开展 JK 油藏水平井先导性试验，指导油藏开发。

开发中存在的主要问题：一是原油外输受限，已有的 28 英寸管线建于 1975 年，已超期服役；二是主力油藏 Mishrif 产量分担过重，需要纵向调整产油剖面；三是 Nahr Umr 油藏含水上升较快，部分井出现沥青析出堵塞问题；四是 JK 油藏完井需采取防砂工艺措施；四是非主力油藏 Khasib 和 Hartha 储层均表现出较强的非均质性和复杂性。

二、哈法亚二期 20 万桶产能建设阶段

哈法亚油田按照整体部署、分区动用、逐步上产的思路，根据《哈法亚项目初始开发方案》及《哈法亚项目初始开发方案的补充方案》，分别于 2012 年 6 月 16 日和 2014 年 8 月 18 日完成两期产能建设，实现了日产 20 万桶的原油生产能力。

2012 年 6 月 16 日，随着哈法亚一期产能（500 万吨）建设工程配套基本完成，22 口新井投产，实现合同规定的日产油不低于 7 万桶初始商业产量（FCP）。同年 9 月底，实现日产油 10 万桶，并保持稳产，实现《哈法亚初始开发方案》设计指标。截至 2012 年底，哈法亚油田共投产 35 口。其中：Mishrif 油藏投产 19 口井，日产量 7.8 万桶，约占总产量的 73.9%；Nahr Umr 油藏投产 12 口井，日产量 2.1 万桶，占总产油量的 19.9% 左右。

2014 年 8 月初，新建 42 英寸外输管道竣工，8 月 18 日哈法亚二期建设（新增日产 10 万桶能力）的二期油气处理站（CPF2）主体工程投产。至 2014 年 9 月 10 日，38 口新井连入二期油气处理站（CPF2），哈法亚油田踏上日产油 20 万桶的新台阶。至 2014 年底，哈法亚油田共投产 86 口，日产能力 20.5 万桶，由于限产的影响，日产量为 18.9 万桶。其中：Mishrif 油藏投产 53 口井，日产量 14.1 万桶，约占总产量的 74.4%；Nahr Umr 油藏投产 17 口井，日产量 3.2 万桶，占总产量的 16.9%；JK 油藏投产 9 口，日产油 1.1 万桶，占总产油量的 5.8% 左右。

哈法亚油田开发思路，一是开展注水先导试验，跟踪分析试验动态，持续优化和落实注水方案；二是加强难动用储量的技术攻关。重点针对 Sadi B 特低渗透油藏、Khasib 低渗透油藏；三是持续做好油藏监测，充分利用已有动静态资料，深入开展油藏地质研究；四是开展地层水水源的评价落实工作，做好水源井的钻探和测试工作；五是开展 Mishrif 油藏水平井开发配套工艺技术，Upper Kirkuk 疏松砂岩油藏完井，Yamama 油藏高温高压深层完井，Nahr Umr 油藏开发防沥青沉淀及人工举升方式优选等技术的研究与试验。

开发中存在的主要问题，一是 Mishrif 主力油藏急需开展水驱开发现场试验；二是注水开发的水源准备尚未落实；三是接替产层选择还需开展地质研究；四是难动用储层开发技术尚不完备；五是 Mishrif 油藏水平井、油层保护、完井工艺、找堵水工艺技术还需开展研究。

注水开发是哈法亚油田高产稳产的保障，项目正按照计划全面推进注水工作。2014 年在开发

方案确定的 Mishrif、Nahr Umr 和 JK 油藏水驱开发设计的基础上，组织研究院、斯伦贝谢等单位精心研究水驱先导试验方案，优选 3 口井、2 个井组作为第一批试验井，完成先导试验实施方案。2015 年 5 月 18 日，第一口井 HF002–M325 井顺利转注，注水方式为笼统注水，储层显示较好可注入性，观察到个别井注入水沿着高渗带突破，正在加强油藏监测，以优化注水方案。按照注水计划，在注水先导试验区将 2 口油井转注，将采用分层注水的方式；2017—2018 年，每年约有 20 口井转注，Mishrif 油藏首先实现规模注水开发。

哈法亚油田自 2012 年 6 月初始商业产量阶段（FCP），2014 年 8 月达到 20 万桶 / 日，实现《初始开发方案补充版（SPDP）》最重要的达产目标。《初始开发方案补充版》SPDP 设计开发规模也与实际的认识基本一致，设计的井数、含水、气油比和主力油藏贡献等重要开发指标也基本符合油田实际情况，在开发方案实施过程中根据新的油藏认识及时调整开发部署，保证了油田的成功达产；另一方面，方案预测的中长期开发指标亦与目前的认识差别不大。总体上，开发方案具有很好的前瞻性、合理性和适应性。

三、哈法亚三期高峰产量 40 万桶产能建设阶段

2015 年，由于国际市场原油价格暴跌，已部分启动的哈法亚油田三期产能建设准备工作被伊拉克政府叫停。2016 年下半年，国际市场原油价格有所回升，伊拉克政府开始强力敦促哈法亚项目尽快重启三期产能建设。2017 年 4 月初，哈法亚三期产能建设工程全面启动。钻井、完井和新井投产各项工程全面推进，并在 6 月率先投产已在 2015 年完钻的三期产能建设新井 23 口，实现日产 25 万桶生产能力，为项目实现 2017 年度生产经营目标和效益指标争取主动。各项注水和人工举升先导试验均取得进展，为 2018 年 25 万桶 / 日的稳产及三期上产创造条件。

2018 年 9 月 20 日，哈法亚三期产能建设主体工程——三期油气处理站（CPF3）一列实现投产试运，首油进站；9 月 29 日，实现原油外输；12 月 12 日，三期油气处理站（CPF3）全面投运。2019 年一季度，随着哈法亚三期新井陆续投产，日产油能力逐步提升。2019 年 3 月 7 日，哈法亚油田日外输原油达到 40 万桶，并按照石油合同要求保持连续达产 40 万桶 / 日以上一个月时间。这标志着哈法亚项目是伊拉克国际招标石油公司中第一个实现高峰产量的国际石油合作项目。截至 2019 年 12 月底，全油田油井总井 306 口，开井 297 口；油井生产以自喷为主，另外有 58 口电泵井（ESP）生产井，16 口气举生产井。日产油能力约 40.0 万桶。12 月平均气油比 775 英尺^3/ 桶，综合含水率 8.5%，地质储量采油速度 0.8%。2019 年，Mishrif（不含 MC3）年度产量贡献率 50.6%，Nahr Umr B 为 7.8%，JK 为 34.2%，其他油藏 7.3%。

2020 年，新冠肺炎疫情全球蔓延，国际油价大幅下跌，伊拉克安保形势进一步恶化，哈法亚项目生产经营面对伊拉克政府对国际石油公司削减预算、推迟提油回收进度、大幅限输限产等诸多不利因素，实现了年度生产经营目标。2020 年 12 月，哈法亚项目油井总井 306 口，因政府限产开井仅 155 口，日产油 15.5 万桶，平均气油比 785 英尺^3/ 桶，综合含水率 9.7%，地质储量采油速度 0.3%，地质储量采出程度 3.6%，可采储量采出程度 20.0%。水井总井 50 口，开井 40 口，日注水平 10.8 万桶。2020 年，Mishrif（不含 MC3）油藏产量贡献为 37.5%，Nahr Umr B 为 8.4%，

JK 为 45.7%，其他油藏 8.4%。

哈法亚油田开发思路，一是推进 Sadi 低渗透油藏水平井多级水力压裂试验，为规模开发积累经验；二是加强油藏管理，加强注水管理，各油藏合理配产，优化油井工作制度，有效控制油田递减；三是推进风化壳等潜力储层评价和地下水源论证；四是推动油田南部湿地保护区及其缓冲区的评价工作，为争取项目权益做技术储备；五是推动开发调整方案编制工作，为油田开发提供技术依据。

哈法亚油田开发中存在的问题和挑战。一是缺乏成熟完善的开发调整方案，项目中长期发展急需方案支持。二是在注水开发、控水堵水工艺、采油工艺等方面强有力的技术支持。三是主力油藏注水开发效果仍面临很大不确定性。分层系注水开发适应性尚待验证、注水后油井含水上升快、注水滞后、注入水质及注水系统等问题，还需开展对策研究。四是超低渗 Sadi 油藏规模开发仍存在较大的不确定性。已开展 2 口井水平井分段压裂工艺现场试验，但在非甜点区的增产效果还需进一步验证。五是次主力 JK 油藏中后期开发效果不确定。六是外部影响因素不容忽视。例如新冠肺炎疫情持续影响复工复产、湿地缓冲区开发尚待伊方批复、安保事件频发及海水水源不能按时到位等问题。

第三章 钻采工程

哈法亚公司为解决钻井过程中难题，配合开发方案研究，进行复杂地层如盐膏层、页岩层的井壁稳定研究、高压盐膏层钻井液技术、钻井及固井过程中的防漏堵漏技术、储层保护技术、高压盐膏层固井技术、小间隙固井技术、深探井钻井、多分支井钻井技术等专题研究，基本形成适用于哈法亚油田的钻井技术，提高了钻井效率。随着油田各种井型钻井施工的实施，不断优化钻井工艺，加深对地层的认识，积累更多的钻井经验，各种井型的钻井周期不断缩短，钻井非生产时间降低，钻井效率不断提高，各井型井身结构、钻井液、固井、钻头以及井下复杂问题处理等技术基本成熟，满足现场的要求。

同时，哈法亚油田厚层碳酸盐岩油藏复杂地质状况，也为采油工程技术配套提出了更高的要求。根据哈法亚油田的地质油藏特点，多层系复杂的储层、油藏流体性质和开发方案部署多种井别（采油井、注水井、水源井）和不同井型（直井、定向井、大斜度水平井和多分支井）等，采油工程设计应遵循坚持实用性为主的原则；利用已获得的数据资料与资源；坚持采油工程与其他相关专业（地质、油藏工程、钻完井工程和地面工程）协调一致原则；采用先进、经济、可靠的采油工艺技术；推荐使用与 API 标准相同或相近，性能可靠的设备与材料；坚持方案灵活性的原则。

第一节 钻井工程

哈法亚油田采用丛式井开发，主要井型包括水平井或大斜度水平井，直井或定向井及分支井等，单井进尺 2200—4900 米。丛式井钻井平台井数在 4—10 口不等，平台内井口间距 20 米左右，合同期内共需新建 133 座钻井平台。

针对不同储层的油井设计 4 开或 5 开的井身结构。Hartha、Sadi B、Khasib、Mishrif 水平井及 Yamama 直井采用五开井身结构；JK、Mishrif、Nahr Umr 等直井或定向井采用四开井身结构。在适合油藏推广实施不同完井级别分支井。将深层探井（5800 米）设计为七开井身结构。

对定向井，除 JK 定向井外，主要在 8½ 英寸井眼造斜，直井段采用钟摆钻具组合 + 单点或多点井斜测量防止井间碰撞；造斜段 / 稳斜段 / 水平段根据需要选用动力钻具组合 + 随钻跟踪 MWD/LWD 或 RSS 旋转导向系统 +LWD 地质导向系统，造斜率应控制在 4—7 度 /30 米的范围内。

根据地层特点，26 英寸、17½ 英寸井眼选用预水化膨润土钻井液体系与预水化膨润土聚合物钻井液体系；对 12¼ 英寸高压盐膏层，选用高密度饱和盐水钻井液体系，对 8½ 英寸、6 英寸、5⅞ 英寸井眼，推荐使用具有较强抑制性及封堵性能的抗盐聚合物钻井液体系，为保护储层，储层段钻井采用低固相屏蔽暂堵抗盐聚合物钻井液体系。该油田碳酸盐地层钻井过程中发生较多渗漏、部分漏失及失返性漏失问题，根据不同情况选用相应堵漏材料和合适防漏堵漏措施以避免或减小漏失。

20 英寸表层套管采用 1.90 克 / 厘米 ^{3} G 级快凝水泥浆体系，插入法固井，13⅜ 英寸、9⅝ 英寸技术套管主要采用双凝双密度水泥浆体系一级固井；Nahr Umr、Yamama 井 7 英寸油层套管选用双级固井，其余储层的井如钻井过程中未发生严重漏失，7 英寸油层套管可采用双凝双密度水泥浆体系一级固井，如果钻井过程中或固井循环前发生严重漏失，采用双级固井，为提高固井质量，油层套管固井水泥浆具有低失水、防漏、抗盐等基本性能。

随着哈法亚油田开发的深入和注水开发的推广实施，各储层压力系数预计下降 0.24—0.5 克 / 厘米 ^{3}，为钻井及固井工程带来较大风险，需在之后钻井实践中更新钻井方案并采取相应措施。哈法亚三期上产及后续稳产阶段，需要 13 部 1500 马力 /2000 马力钻机同时作业。深探井需要动员 3000 马力钻机进行相应的钻井作业。

一、钻井要求

根据哈法亚油田各油藏工程的要求，合同期内将对 JK、Hartha、Sadi、Khasib、Mishrif、Nahr Umr 和 Yamama 等 8 套开发层系进行开发。

新钻开发井 800 余口，主要井型包括直井 / 定向井、水平井或大斜度水平井，其中 Hartha、Khasib 水平井水平段长 800 米左右，Mishrif 水平井水平段长 800—1000 米，Sadi 水平井水平段长 1000—1500 米。包括生产井、注水井、水源井和 1 口深层探井，主要为丛式井钻井（表 4-3-1）。

表 4-3-1 哈法亚油田不同开发层系的钻井要求

序号	地 层	井 型	拟钻井深（米）	水平段长（米）	拟钻井数（口）
1	JK	直井 / 定向井	2200		126
2	Hartha	水平井	2700	800	4
3	Sadi	水平井或大斜度水平井	2750	1200—1500	20
4	Khasib	水平井	2800	800	26
5	Mishrif	直井 / 定向井	3300		320
6		水平井或大斜度水平井	3000	800—1200	191
7		MC3&2 水平井	3000	800—1200	6
8	Mid Kirkuk（水源井）	直井 / 定向井	1960		38
9	Nahr Umr	直井 / 定向井	3800		34

续表

序号	地　层	井　型	拟钻井深（米）	水平段长（米）	拟钻井数（口）
10	Yamama	直井	4500		0
11	侏罗系—古近—新近系深探井	直井	6500		1
平均（或合计）			3319		766

注：根据丛式平台的部署，一些直井可能被定向井代替。

二、完井要求

哈法亚油田根据井型、储层和未来开发特征，推荐不同开发层系的采用不同完井方式（表 4-3-2）。

表 4-3-2　哈法亚油田不同开发层系的完井要求

序号	地　层	井　型	推荐完井方式
油井			
1	J/K	推荐直井	直井管内砾石充填防砂完井
		备选水平井	水平井裸眼砾石充填 + ICD（如需要）
2	Hartha	水平井	尾管 + ECP 完井
3	Sadi	大斜度水平井	· 尾管 + ECP 完井
			· 分段酸化或者酸压完井
4	Khasib	大斜度水平井	· 尾管 + ECP 完井
			· 分段酸化或者酸压完井
5	Mishrif	直井	套管射孔完井
		大斜度水平井 (MA+MB1+MB2)	MA + MB1 段套管固井射孔完井
			MB2 段
			选项 1：裸眼完井
			选项 2：预打孔尾管 + ECP 完井
		大斜度水平井 (MA+MB1)	尾管 + ECP 完井
6	Nahr Umr	直井	套管固井射孔完井
水源井			
1	Middle Kirkuk	直井	裸眼防砂完井

三、丛式井钻井

哈法亚油田根据井位部署、井深结构、地面条件及油田安保、安全等方面的要求，主要采用通平台丛式井开发。一是钻井平台主要根据钻进目地层确定井位部署，严格控制平台数量，减小征地面积。对于水平井将沿构造主体部位同一方向，构造边部水平井背对背钻井（一个平台钻两口水平井）。同时，尽量部署二维水平井而不推荐三维水平井，降低钻井风险。二是每个平台钻3—6 口井，计划部署钻井平台 133 个。三是控制钻井平台井口井距。为适应 Lower Fars 高压盐膏层的钻井要求，除 JK 定向井及水平井外，所有丛式井选用 8½ 英寸井眼深部造斜，丛式井口间距为 20 米（图 4–3–1）。

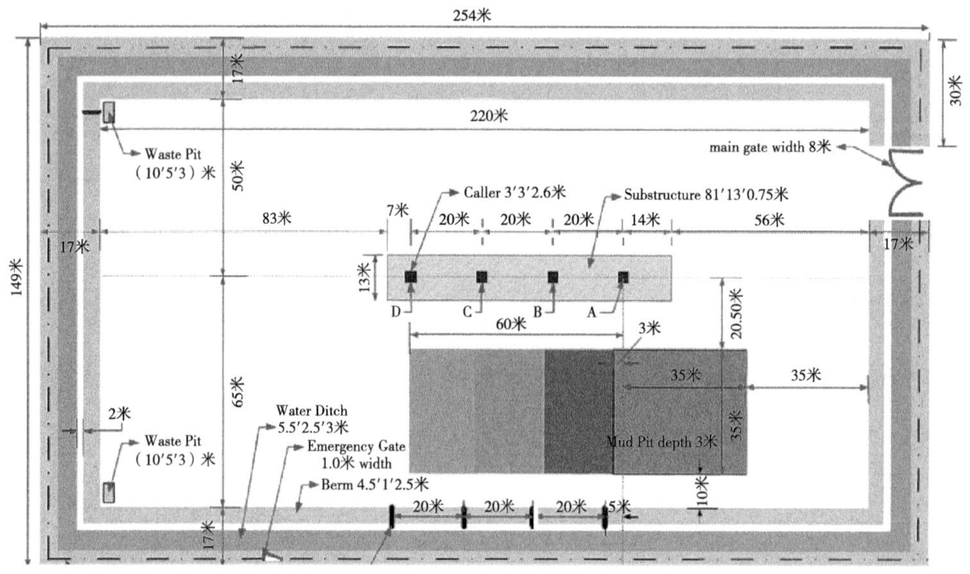

图 4–3–1　哈法亚油田丛式平台钻井井场布置示意图

四、钻遇地层特点及地层压力测试

哈法亚油田钻遇地层复杂多样，包括黏土及泥岩、硬石膏及盐层夹层、碳酸盐岩等，钻进过程将面对较大困难和挑战。同时，在钻井过程中，根据测井数据研究分析地层孔隙压力、坍塌压力、漏失压力及破裂压力等参数，落实地层强度并绘制地层压力预测剖面图，并开展地层温度梯度、酸性气体含量、地层水矿化度与密度等数据，指导钻井实践。

五、井身结构设计

哈法亚油田钻遇地层包括黏土及泥岩、硬石膏及盐层夹层、碳酸盐岩等，上部地层疏松坍塌、中部地层高压、中下部地层存在压力系数低，存在漏失风险，经过不断优化形成系列化井深结构设计工艺组合。

（一）直井、定向井

通常采用 36 英寸导管、20 英寸表层套管、13⅜ 英寸与 9⅝ 英寸技术套管，但生产套管或尾管的设计将根据其钻井目标层分别作以调整。JK 层系直井采用 7 英寸生产套管，防砂完井；Mishrif 与 Nahr Umr 层系直井采用 7 英寸生产套管，无须采用防砂完井工艺；Yamama 层系直井采用 7 英寸生产套管，并在套管鞋以上 150 米处悬挂 4½ 英寸尾管，同时，由于 Yamama 井钻井井眼封固段长，情况相对复杂，将根据实际情况进一步优化。

（二）水平井或大斜度水平井

直井段采用 36 英寸导管、20 英寸表层套管、13⅜ 英寸与 9⅝ 英寸技术套管，生产套管和尾管分别采用 7 英寸生产套管和 4½ 英寸打孔尾管（或水平段裸眼完井），通常 Mishrif、Hartha 和 Khasib 层系井采用上述井身结构，Sadi 水平井则需使用 7 英寸尾管作为生产套管，裸眼完井。如 Sadi 水平后期需要水平段分段压裂，则需采用 7 英寸生产套管和 4½ 英寸尾管加套管封隔器。

（三）侏罗系深探井井身结构

侏罗系深层探井井深 5700 米左右，未钻遇地层达到 1500 米，根据邻井资料，Yamama 下部地层可能还存在一个高压层和低压层，深层探井至少要求七开井身结构，则需另行开展井身结构设计。

六、套管设计

由于哈法亚油田储层流体含酸性气体，且地层水矿化度较高，需选用适宜防腐钢级套管。通常根据层系钻井要求分别选用 K−55、N−80、L−80 钢级套管，个别深井需要选用 T−95 和 P−110 钢级套管，以保证井身结构安全。Yamama 直井套管设计选型如表 4−3−3 所示。

表 4−3−3　哈法亚油田 Yamama 直井套管选型列表

套管程序	深度（米）		规范				安全系数			
	起点	终点	套管类型	级别（磅 / 英尺）	壁厚（毫米）	扣型	抗拉	抗挤	轴向	三轴
20 英寸表层套管	0	± 150	K−55	94	11.13	BTC	2.82	2.2	10.94	3.52
13⅜ 英寸技术套管	0	± 1390	N−80	68	12.19	BTC	1.92	1.53	4.7	2.43
9⅝ 英寸技术套管	0	± 1950	L−80	47	11.95	BTC	1.66	1.54	4.1	2.03
7 英寸生产套管	0	± 4150	C−95	32	11.5	BTC	1.67	1.27	2.57	1.82
4½ 英寸尾管	4000	± 4450	P−110	15.1	8.56	BTC	6.77	1.07	15.16	1.29

七、其他钻井参数要求

（一）井眼轨迹设计

哈法亚油田丛式井造斜点（KOP）以深度确定钻井次序，邻井之间造斜点应有 50 米的间距并应考虑井眼轨迹的方位；定向井造斜率为 4—7 度 /30 米，降低钻井难度并减少钻井成本，井斜控制为 84—90 度，稳斜段长度 50—60 米。根据井位部署，Mishrif、Sadi、Hartha、Khasib 水平井靶前位移在 250—650 米。同时，按照保障钻井井眼质量及防碰和提速的要求，推荐合理的定向井钻具组合。

（二）钻井液

充分考虑高压盐膏层和高温高压储层的情况。对于 Lower Fars 层钻井要求钻井液密度高至 2.25 克 / 厘米 ^{3} 以上并应具有较强的抗盐钙污染能力；Yamama 层钻井要求钻井液密度高至 2.1 克 / 厘米 ^{3} 并具有抗高温的能力；Jeribe-Ratawi 灰岩地层泥岩、砂岩含量较高并存在局部的页岩层，要求钻井液应具有较强抑制性，以防止套管卡钻和井眼缩径。在已钻井中，部分井已发生渗漏、部分漏失和完全漏失，要求钻井液具有良好的封堵性能，需要处理各种漏失的材料及配套措施，以减小或避免漏失特别是完全漏失等复杂事故的发生；定向井段和水平段钻井，要求钻井液具有优良的井眼清洁、携带、润滑及低摩阻的性能，以保证造斜段、水平段的顺利钻进。同时，考虑储层保护及废钻井液处理环保要求，钻井液体系渗透率恢复值要大于 85%，且对废钻井液采取无害化处理、回填等多种处理方法，保护油田环境。

（三）测、录、固井及井控要求

常规测井采用大满贯测井，其中电阻率测井采用高分辨率阵列侧向测井，同时建议每次测井加测自然伽马能谱测井；严格按照地质路径操作规范开展综合录井；优化优选合理水泥浆体系，严格执行固井质量标准，通过严格的交接验收程序，确保优质固井质量要求。根据各开地层压力大小确定各开钻井防喷器压力等级及试压要求，Hartha、Sadi、Khasib、Mishrif 层系的水平井、直井、定向井防喷器压力等级要求。

《哈法亚油田开发生产服务合同》2010 年 3 月 1 日正式生效后，哈法亚公司按照中国石油中东地区的总体部署，在海外勘探开发公司和伊拉克地区公司的统一领导下，协调资源国政府和合作伙伴全面快速启动哈法亚项目建设，各项工作走在了伊拉克第二轮中标 7 个项目的前列。实现了第一个提交初始开发方案（比合同要求提前 3 个月）并第一个获得批复、第一个完成油田生产基地初期建设并进驻、第一个开始三维地震、第一个开始钻井作业、第一个完成油田交接准备“五个第一”，受到了伊拉克政府、米桑石油公司（MOC）及合作伙伴的称赞与认可。

由于哈法亚油田钻遇地层复杂，地层压力不同，储层纵向分布多，钻井井型多样。通过在钻井实践中不断优化钻井工艺技术，对钻井过程中出现的难题开展针对性研究，分别在 Nahr Umr、Shuaiba、Zubair 页岩层，Lower Fars 盐膏层井壁稳定，防漏堵漏，提高固井质量，储层保护，分支井钻井及深探井等方面，对应开展了研究与适用技术推广应用并取得成效，形成了适应哈法亚油田实际配套的钻井技术体系。

第二节　采油工程

一、完井、射孔工艺

根据哈法亚油田各开发层系的储层特征和开发方案要求，完井、射孔设计要有效封隔油水层，防止水窜，防止层间干扰；要有效防止井壁坍塌，确保油水井长期生产；有效开展油层保护，减轻作业过程中对油层的损害，满足后期增产作业需求；所采用完井、射孔工艺要求工艺成熟可靠，施工简便适用，在适应油田开发技术需求的前提下满足油田成本要求。

按照哈法亚开发方案设计结果，分井型设计完井、射孔工艺方式。

（一）水平井完井

对于低渗、特低渗透的 Sadi 和 Khasib 层系水平井主体采用纯裸眼完井，为大规模酸化、连续油管拖动酸化、分段压裂创造条件；并根据水平段多段压裂需求可选择裸眼下分层压裂完井工具，具体措施改造方案由专题研究结果确定。Hartha 碳酸盐岩油藏的物性中等，采用常规水平井开发，故其完井方式推荐采用预打孔尾管配套管外封隔器（ECP）分段酸化完井。Mishrif 油藏水平井应根据隔夹层的发育情况，将套管鞋下至钻遇的隔夹层的底部固井，余下井段采用预打孔尾管配套使用管外封隔器分段酸洗完井，有助于后期控水。推荐水平段采用多级套管外封隔器（ECP）配套分段控水完井方式。

（二）直井、定向井完井

Jeribe 灰岩油藏与 Upper Kirkuk 砂岩储层作为一套层系开发，开发井井型为直井或定向井，开发方式为先期天然能量后期注水。由于 Upper Kirkuk 为胶结疏松的层状、块状边底水砂岩储层，故需要采用 7 英寸套管固井选择性射孔利用隔夹层防砂控水完井。对于 Nahr Umr 和 Mishrif 层系的直井或定向井，推荐采用 7 英寸套管固井射孔完井，为后期调层、控水、分层注采提供条件。Yamama 油藏为低孔低渗的灰岩储层，对于该油藏的直井，设计采用裸眼完井或 4½ 英寸尾管固井电缆传输射孔投产联作工艺完井。

（三）水源井完井

对于 Middle Kirkuk 弱胶结砂岩层水源井，推荐采用油管砾石充填防砂完井。

（四）射孔工艺

推荐 Mishrif 储层直井定向井、Nahr Umr 储层直井和 Middle Kirkuk 水源直井均可以采用油管传输射孔工艺，Nahr Umr 直井也可采用电缆传输射孔工艺。射孔穿深大于或等于 600 毫米；射孔孔径超过 12 毫米；射孔密度大于或等于 16 孔 / 米；相位角 90 度或 60 度；布孔方式为螺旋式；射孔液采用无固相低密度盐水或地层产出水。

二、生产油、套管尺寸、井口装置选择

油井的油套管尺寸需要综合考虑油水井的井型、开采方式、节点分析、流体特征及采油工程要求等因素，并在钻完井前确定；生产套管及油管尺寸需满足自喷阶段实现最大产量、人工举升系统要求、井下作业施工要求和具备采取其他特殊工艺的条件。

（一）油管选择

油管选择液量分级标准如下：（1）产量＜ 2000 桶 / 日，采用 2⅜ 英寸（双管完井）—3½ 英寸油管；（2）2000 桶 / 日＜产量≤ 4000 桶 / 日，采用 3½—4½ 英寸油管；（3）产量＞ 4000 桶 / 日，采用 4½ 英寸油管。根据上述标准，哈法亚油田油管尺寸优选结果见表 4-3-4。

表 4–3–4　哈法亚油田油管尺寸推荐表

序　号	开发层系或产能	井　型	单井产液量范围（桶油 / 日）	推荐油管尺寸（英寸）
1	JK	直井	1000—3000	2⅞ 或 3½
		水平井	3000—6000	3½ 或 4½
2	Hartha	水平井	3000—6000	3½ 或 4½
		直井	1500—3000	3½
3	Sadi	水平井	750—2500	2⅞ 或 3½
4	Khasib	水平井	750—2500	2⅞ 或 3½
5	Mishrif	直井	2500—5000	3½ 或 4½
		水平井	5000—10000	4½
6	Nahr Umr	直井	2000—6000	3½ 或 4½
7	Yamama	直井	1000—2000	3½ 和 2⅞
8	低产能自喷井	双管采油井		2⅜ 和 2⅞

（二）生产套管尺寸选择

油管尺寸主体为 3½ 英寸和 4½ 英寸，根据油套管尺寸匹配关系，同时考虑部分井防砂和双管采油的要求，哈法亚油田油水井生产套管尺寸推荐以 7 英寸为主；对于双管采油井，为实现合理产量，可以考虑 9⅝ 英寸生产套管（表 4–3–5）。

表 4–3–5　哈法亚油田油套管尺寸匹配关系表

序号	油管外径（英寸）	匹配生产套管尺寸（英寸）
1	≤ 2⅜	5
2	2½	5½
3	2⅞	5½
4	3½	6⅝—7
5	4	7
6	4½	7
7	双管采油井	7 或 9⅝

（三）井口选择

根据井口最大关井压力确定井口压力等级，JK、Hartha、Sadi、Khasib、Nahr Umr 和 Mishrif 层系油井，井口额定压力等级推荐 5000 磅力 / 英寸 ^{2}，对于 Sadi 水平井实施水平段分段压裂工艺的油井井口，额定压力等级推荐调整为 10000 磅力 / 英寸 ^{2}；Yamama 储层生产井推荐井口压力等级为 10000 磅力 / 英寸 ^{2}。根据油田已有的原油溶解气组分分析，仅有 Mishrif 油藏溶解气中同时含有二氧化碳和硫化氢；JK、Sadi、Khasib、Nahr Umr 和 Yamama 储层的溶解气中只含有二氧化碳。根据 API 标准，Mishrif 层及以下层油井井口主阀需采用 EE—FF 抗腐蚀等级。对于后期调层开采 Mishrif 油藏的油井，同样需要将井口的防腐等级升级至 EE—FF 级。推荐井口耐温等级为 U 级，耐温范围 −18—121℃。

（四）人工举升

随着含水的上升，当油井的自喷产量达不到配产油量要求时，就要把自喷井转人工举升生产。根据油藏方案配产，分析油藏压力下降和含水率上升的趋势，预测哈法亚油田 7 套开发层系的自喷转人工举升时机（表 4-3-6）。由于 Yamama 层压力系数高（压力系数 1.9），暂不考虑转人工举升生产。考虑哈法亚油田单井产量较高，优先选择电潜泵作为主要的人工举升方式，气举方式作为补充。

表 4-3-6 哈法亚油田油井自喷转人工举升时机预测表

开发层系	JK	Hartha	Sadi	Khasib	Mishrif	Nahr Umr	Yamama
配产（桶油 / 日）	1500	4000	1500	1000	5000（水平井） 2500（直井）	2000	2000
转人工举升时间	2016—2018 年	自喷	2017—2018 年		2016—2019 年	2016—2020 年	自喷
井　型	直井	水平井	水平井	水平井	直井 / 水平井	直井	直井

（五）注水工程

根据方案部署，JK、Mishrif 和 Nahr Umr 采用注水补充地层能量开发；注水水源主要有产出水和水源地层水。

表 4-3-7 哈法亚油田开发方案设计注水参数表

储　层	井　型	开发方式	最大注入量（桶 / 日）
J/K	直井	笼统注水	9000
Mishrif	直井 / 定向井	分层注水	7500—15000
Nahr Umr	直井 / 定向井	笼统注水	8000

从表 4-3-7 中可以看出，JK 油藏和 Nahr Umr 油藏采用笼统注水方式，单井最大配注量 8000—9000 桶 / 日；Mishrif 层系又分为 MA、MB1、MB2、MC 油层，层间存在非均质性，采用分层注入方式，单井最大配注量 10000—15000 桶 / 日。

（1）水源井。油藏方案确定砂岩储层 Middle Kirkuk 为主要水源层。Middle Kirkuk 水源层为胶结疏松的砂岩，生产过程中极易出砂，需要考虑防砂完井。依据油藏工程方案设计的配产水量，Middle Kirkuk 层水源井采水管柱结构为油管 + 电泵总成 + 多功能传感器 + 扶正器。水源井电泵的沉没度至少保持 200 米以上，电泵吸入口安装在 Middle Kirkuk 裸眼砾石充填防砂段顶部 150 米以上。电泵机组装机功率根据水源层参数和设计产水量确定。

（2）注水工程要求。一是要满足开发方案提出的长期安全高效注水需求；二是注入水与地层岩石、流体配伍性好，污染小；三是确保注水井井底压力不超过地层破裂压力的 90%，以免压开注水目的层，造成水窜；四是注水方案可操作性好，经济有效；五是注水管柱完整性好，井下工具配套可靠，能满足生产测试需要。

（3）注水管柱设计。考虑到 Mishrif 油藏层间物性差异，对于发育有 MA+MB1 层与 MB2 层共有的注水井推荐采用分层注水管柱；对于只有 MA 和 MB1 层的 Mishrif 注水井，JK 层注水井和 Nahr Umr 层注水井推荐采用笼统注水管柱。井底注入压力不超过地层破裂压力 90% 计算，井口最大注入压力 3000 磅力 / 英寸 ^{2}，选择注水井井口的额定压力为 5000 磅力 / 英寸 ^{2}。

（六）增产措施

哈法亚油田含油层系较多，各层储层物性、岩性、非均质性及温压系统差异巨大，且各层布井方式、井型及完井方式各不相同，储层改造效果差异大，需要根据各储层的特点，按照岩性、物性分类，采取针对性的技术措施。

哈法亚油田前期已经针对部分层系进行了增产措施改造，但各层的酸化效果差异较大。这需要根据各储层的特点，按照岩性、物性分类，采取针对性的技术措施。哈法亚油田的碳酸盐岩储层采取酸化或酸化压裂等油层改造措施工艺。开发过程中一些其他适宜的增产增注措施也可以用来改善油水井的生产动态（表 4-3-8）。

表 4-3-8　哈法亚油田储层改造工艺技术对策统计表

层　系	储层特点	措施技术对策
Jeribe	白云岩，层薄	与灰岩储层相比，酸岩反应动力学研究难度大，酸液体系需优化，如高浓度胶凝酸或清洁自转向酸
Hartha	水平井井型	采用连续油管变速回抽酸化
Sadi	垂直层段厚度 20—32 米，厚度较小；定向井 + 水平井，产层段长；平均渗透率 0.2—2.7 毫达西，物性差，初期部分井措施效果差。	针对直井，增大改造规模，考虑下人酸压作业管柱提高施工排量；针对水平井，增加用酸强度，连续油管作业配备喷射工具，定点喷射酸化；低渗透水平井采用连续油管水力喷射酸压；重点井层考虑水力加砂压裂工艺
Khasib	水平井，产层段长；物性差，产量相对低	直井进行酸压改造；水平井实施多点连续油管喷射酸化；低渗透水平井连续油管水力喷射酸压
Mishrif	大斜度水平井，产层段长；物性较好，产量高；直井、水平井、多分支井等多种井型	非均匀布酸工艺，采用连续油管变速回抽酸化
Yamama	高温高压地层，直井井型	酸化或小型酸压

根据不同井型，在油井需要的时候，采用化学或机械刮削工艺来预防、清除和防止井筒中的沥青质和无机杂质沉降。同时，采用机械封堵或物理充填封堵实现堵水和换层，纵向实现产油储

层结构调整。另外考虑到哈法亚油田的实际状况，初始阶段油井均采用自喷方式生产，利用天然能量开发。随着储层地质特征、油藏动态调整数据的日益丰富，及时优化完善采油工程方案，增强方案可操作性，提高采油工程配套工艺技术适应性。通过不断完善 Kirkuk 油井的防砂控水工艺技术和 Mishrif 油藏水平井的找水、控水工艺等技术，配套发展各开发层系油水井防腐、清防蜡、沥青沉积、清防盐垢工艺技术，确保油田长期安全高效生产。

三、采油工程现状

随着中方在 2012 年 3 月 29 日正式接管油田，哈法亚一期产能工程全面启动，并在 2012 年 6 月 16 日正式投产，进入初始商业产量阶段，相应配套的采油工程工艺技术在上产期间也已全面铺开。

（一）采油井

2011 年 7 月 4 日，哈法亚公司第 1 台修井机 BH97 抵达油田现场，型号 XJ750；并于 7 月 23 日开始新井完井试油作业。2011 年 11 月 10 日，哈法亚项目第 2 台修井机 BH98 抵达现场，型号 XJ650。满足哈法亚一期初始商业产量阶段、二期上产至 20 万桶 / 日阶段的井下作业需求。

2011 年 9 月 19 日，哈法亚油区主力产层 Mishrif 第 1 口水平评价井 HF003–M001H 井成功完井，酸化及测试工作，获高产油流：酸化前产量 1211 桶 / 日，井口压力 428 磅力 / 英寸 ^{2}；酸化后用 48/64 英寸油嘴求产产量 4458 桶 / 日，井口压力 415 磅力 / 英寸 ^{2}。2011 年 11 月 7 日，哈法亚油区主力产层 Mishrif 的直井 HF004–M272 井完成酸化试油，用 3/4 英寸油嘴求产，井口压力 935 磅力 / 英寸 ^{2}，日产油 2880 桶。

截至 2022 年 12 月底，哈法亚油田现场修井机已达到 10 部，另外配套有连续油管 2 套、酸化车组 2 套、压裂车组 2 套，测试车组 2 套，液流返排设备 6 套（表 4–3–9），支持后续的哈法亚二期上产建设和三期上产建设。随着三期投产步入高峰产量稳产阶段，陆续增加配套采油工程技术服务井下作业能力，以适应大量的测试、措施及维护工作量需求。

表 4–3–9　2022 年哈法亚油田采油工程配套作业设备一览表

设备类型	设备总数	备　注
钻井机	13 部	
修井机	10 部	
酸化车组	2 套	
压裂车组	2 套	
测试车组	2 套	
液流返排车组	6 套	作业井出井液处理

截至 2022 年 12 月，已投产油井 334 口（开井 293 口，含电泵井 63 口），注水井 64 口。其中多分支水平井 13 口、水平井 79 口、定向井及直井 201 口（表 4–3–10）。

表 4-3-10　哈法亚油田采油工程技术应用状况表

油　藏	井　型	井数（口）	初期产量（桶/日）	目前产量（桶/日）	完井方式	措施类型	生产套管（英寸）	油管尺寸（英寸）	备　注
Mishrif	直井/定向井	106	2739	1108	套管射孔	酸化	7	3½	
	水平井	50	3875	1614	4½ 打孔尾管 +ECP	酸化	7	3½	
	多分支水平井	13	4797	2133	4½ 打孔尾管	酸化	7	4½	
Jk	直井/定向井	63	1736	1401	套管射孔 + 防砂	酸化、防砂	7	3½	Jeribe–Upper Kirkuk 合采
	水平井	2	1046	1551	裸眼 + 衬管	酸化、防砂	7	3½	
Hartha	水平井	2	2189	3166	裸眼	酸化	7	3½	
Sadi	水平井	6	710	1114	裸眼 +4½ 打孔尾管 +ECP	压裂、酸化	7	3½	借助套管外封隔器水平井分段压裂
Khasib	水平井	16	1171	732	裸眼 +4½ 打孔尾管 +ECP	酸化	7	3½	
Nahf Umr	直井/定向井	32	2018	1987	套管射孔	酸化	7	3½	
	水平井	3	1924	2180	套管射孔	酸化	7	3½	
合计（平均）		293	—	1406.5					

对于 Mishrif 油藏直井和定向井均采用套管射孔完井，初期自喷平均单井产量超过 2000 桶/日；水平井采用 4½ 英寸预打孔尾管完井，多分支井采用裸眼完井，初期自喷平均单井达 2500 桶以上；Mishrif 井生产套管多为 7 英寸，油管尺寸以 3½ 英寸为主，少数井采用 4½ 英寸油管完井。Mishrif 油藏的物性好，平均孔隙度 13.9%—25%，平均渗透率 1.4—20.6 毫达西，地质储量约占哈法亚油田的 55%，为哈法亚油田的主力油藏。4 个主力层 MA2 和 MB1 为中孔低渗透；MB2 和 MC3 为中高孔中低渗透碳酸盐岩油藏。已有完井方式和措施改造工艺能够满足开发方案的配产要求。但在钻 Mishrif 油藏水平井的过程中，由于下带有管外封隔器的 4½ 英寸预打孔尾管完井时阻力大，未下入管外封隔器，不利于开展分段酸化改造及后期控水；多分支水平井采用裸眼完井，不利于后期分支井段重入和控水，尚待开展进一步研究与分析。

Jeribe 油藏直井或定向井采油井，初期自喷方式生产，生产套管为 7 英寸，油管尺寸为 3½ 英寸，采油井口的额定压力等级为 5000 磅力/英寸^2；由于 Upper Kirkuk 油藏为胶结疏松的砂岩油藏，直井与定向井采用 7 英寸套管管内防砂工艺。在用的防砂工艺有 3 种，即绕丝筛管 + 砾石充填防砂工艺，绕丝筛管防砂工艺，PMC 防砂筛管防砂工艺。

Hartha、Sadi、Khasib 为 3 个碳酸盐岩油藏。这 3 个油藏的直井或定向井，均采用套管射孔完井，生产套管为 7 英寸，油管尺寸为 3½ 英寸；水平井多采用 4½ 英寸预打孔尾管完井，由于管外封隔器下入困难，仅有少数水平井在水平段安装了管外封隔器，水平井的生产套管为 7 英寸，油管尺寸也为 3½ 英寸，部分 Sadi 水平井需要采用水平段多段压裂工艺的油井，要求提前下入裸眼分段压裂专用工具完井；Sadi 油藏由于物性较差，开展了适用完井方式现场试验，截至 2022 年 12 月底已实施水平井分段压裂 7 口井，直井水力加砂压裂 2 口井，投产后平均单井日产超过 1100 桶，均好于未实施压裂井平均单井日产 700 桶的水平。

Nahr Umr 为砂岩油藏，主力储层为 Nahr Umr B，平均孔隙度为 15%—18%，平均渗透率为 150—320 毫达西，中孔中渗透。采用生产套管尺寸为 7 英寸。Nahr Umr 油藏的直井与定向井，全部采用油管传输（TCP）射孔完井，油管尺寸为 3½ 英寸，井口额定压力为 5000 磅力 / 英寸 ^{2}。有的完井方式能够满足油藏开发方案的配产要求。

（二）注水井

在大规模注水之前，开展了注水井先导试验，初期选择 HF0325-M325 井和 HF003-M279 井开始现场试验。HF0325-M325 井于 2015 年 5 月 18 日笼统注入，配注水量 7500 桶 / 日，后期在 2019 年也转为分层注水井；HF003-M279 井于 2016 年 6 月 18 日投注，作业下哈里伯顿同心分层注水管柱，但是只注下层，日配注 9000 桶。

分层注水管柱特点为，注水管柱中心通道为投捞通道，下入后投送死嘴芯子，正注打压座封隔器，验封后打捞死嘴芯子，投入可调孔眼配水芯子，确定分注水量。考虑到 Mishrif 油藏层间物性差异，对发育有 MA+MB1 层与 MB2 层共有的注水井采用分层注水管柱；对只有 MA 和 MB1 层的 Mishrif 注水井、JK 层注水井和 Nahr Umr 层注水井采用笼统注水。按照井底注入压力不超过地层破裂压力 90% 计算，井口最大注入压力 3000 磅力 / 英寸 ^{2}，选择注水井井口的额定压力为 5000 磅力 / 英寸 ^{2}。通过先导试验，确定了哈法亚油田注水指导方向，同时通过研究分析测试资料，进一步明确了注水参数设置原则、井下分注管柱作业规范等配套技术细节，为规模化注水奠定基础。

截至 2022 年 12 月，哈法亚油田已投产注水井 64 口，开井 53 口。其中分层注水井 39 口井，单卡单层注水井 17 口，笼统混注井 8 口井（表 4-3-11）。

表 4-3-11 哈法亚油田注水井投注情况统计表

注水井类型	总井数（口）	日注水量（桶 / 日）	完井方式	配水管柱类型	措施类型	生产套管（英寸）	油管尺寸（英寸）
分层注水井	39	2374	套管射孔	同心集成	酸化	7	3½ 或 4½
单卡单层注水井	17	1210	套管射孔	双封隔器	酸化	7	3½
笼统混注井	8	963	套管射孔	—	酸化	7	3½
合计（平均）	64	1888.4					

（三）水源井

截至 2022 年 12 月底，哈法亚油田投产水源井 15 口，开井 11 口，均开采 Middle Kirkuk 水源层。根据油田注水水源不足的现实，在深化水源层地质认识过程中，逐步增加水源井数量，满足油田注水需求。

（四）采油工程配套技术推广应用

1. 储层保护技术

（1）储层伤害分析。统计哈法亚 11 口井压力恢复数据，部分井中存在一定程度的储层伤害，如 HF-3 井和 HF-6 井 Nahr Umr 层表皮系数分别为 27.7 和 32.6。

对于碳酸盐岩储层，通过比较酸化前后的表皮系数，发现酸化措施能有效解除伤害，改善储层渗流能力，如 HF001-M268 井 Mishrif 层的表皮系数由酸化前的 3.58 降低为酸化后 -4.24，测试产量在油嘴为 24/64 英寸时由酸化前 1390 桶 / 日增加到酸化后 1841 桶 / 日。钻完井过程中储层伤害严重的井，可选恰当酸液体系进行酸化解堵。

（2）储层潜在敏感性分析。结合哈法亚油田储层敏感性实验结果，利用储层矿物分析结果和物性参数进行了敏感性预测。哈法亚油田的 Kirkuk、Nahr Umr 砂岩储层的水敏及盐敏中等偏强；Jeribe、Sadi、Khasib、Yamama 储层的水锁为中等偏强，可能发生固相入侵和无机沉淀、有机沉淀。根据敏感性实验及预测分析认为，储层潜在的伤害类型主要为水锁、水敏及固相入侵（表 4-3-12）。

表 4-3-12　哈法亚油田储层敏感性分析统计表

编号	储层		速敏	水敏	酸敏	碱敏	水锁
1	Jeribe		无	中等偏强	无	无	强
2	Kirkuk		中等偏强	中等偏强	中等偏弱	弱	中等偏弱
3	Hartha		弱	中等偏弱	无	弱	强
4	Sadi	B1	弱	中等偏弱	无	弱	强
5		B2	弱	中等偏弱	无	弱	强
6		B3	弱	中等偏弱	无	弱	中等偏强
7	Tanuma		弱	中等偏弱	无	弱	强
8	Khasib	KA	弱	中等偏弱	无	弱	强
9		KB	无	弱	无	弱	强
10	Mishrif	MA1	无	中等偏弱	无	弱	中等偏强
11		MA2	无	中等偏弱	无	弱	中等偏强
12		MB1	无	中等偏弱	无	弱	中等偏强
13		MB2	无	中等偏弱	无	弱	中等偏强
14		MC1	无	中等偏弱	无	弱	中等偏弱
15	Nahr Umr	NU-B2	弱	中等偏强	中等偏强	弱	中等偏弱
16		NU-B3	中等偏强	强	强	中等偏弱	中等偏弱
17		NU-B4	弱	中等偏强	中等偏强	弱	中等偏弱

续表

编号	储层		速敏	水敏	酸敏	碱敏	水锁
18	Nahr Umr	NU-B5	中等偏弱	中等偏强	中等偏强	弱	中等偏弱
19		NU-B6	强	中等偏强	强	中等偏弱	中等偏弱
20		NU-B	中等偏弱	中等偏强	中等偏强	弱	中等偏弱
21	Yamama		中等偏弱	中等偏强	中等偏弱	中等偏弱	中等偏强

（3）储层保护对策与建议。根据储层伤害类型，对射孔液、压井液等性能指标建议如下：一是添加表面活性剂，降低入井液表面张力和界面张力，减轻水锁损害，促进返排。二是对于Kirkuk、Nahr Umr砂岩储层，入井液添加聚季胺盐等黏土稳定剂，以防止入井液进入储层引起水敏伤害。三是针对不同储层孔喉半径优化设计固相颗粒粒度，减小固相入侵伤害。四是入井液密度需要根据不同产层压力系数进行调整。

在作业、生产过程中，储层保护的对策建议：一是如Nahr Umr和Kirkuk等具有强水敏性的砂岩储层，应优化设计注入水防膨剂段塞。二是对水平井和定向井，根据水平井椭圆锥台伤害特征进行水平井酸化、酸压设计。三是优化施工设计，简化作业工序，尽可能开展联作技术，缩短浸泡时间，减少重复压井引起的储层伤害。

2. 清防井筒沉积物技术

哈法亚油田的原油中含有一定量的沥青和石蜡，地层水矿化度高达160万—220万毫克／升，在油井生产过程中，可能在井底、井筒及地面管线中析出有机沉淀和无机沉淀，对油井正常生产造成极大的影响。实际生产中HF-1井、HF-6井、HF-3井、N008井、N010井和N109井等已产生井筒沉积物。因此，有必要明确井筒沉积物的组成、沉积规律及清防措施。

（1）井筒沉积物分析。取HF-6井井筒沉积物作为分析样本，采用溶剂萃取（索氏抽提法）和高温灰化法分析有机物和无机物含量。HF-6井油管内沉积物中有机物与无机物的相对含量分别为84.2%和15.8%。有机物以胶质沥青质和固体蜡为主，无机物中含有8.75%的铁腐蚀产物，无机物可溶于酸，有机物可采用芳烃溶剂和酸清洗剂复合配方清除。

（2）无机沉积物在井筒中的沉积规律。运用ScaleChem软件模拟井筒温度压力下产量为3000桶／日时无机沉积规律，对Mishrif层MB1、MB2和Nahr Umr 3个储层地层水分析研究无机垢形成规律。预测结果显示，Mishrif（MB1）和Nahr Umr储层，无机沉淀主要为碳酸钙和硫酸锶，Mishrif（MB2）储层仅有碳酸钙。碳酸钙由井底到井口，随温度压力下降，碳酸钙沉淀量逐渐减少，即析出量在井底最大、井口最小，温度影响比压力影响大。硫酸锶析出量在井筒中部最大，温度与压力的影响相当。氯化钠的溶解度在井筒中大于27%，地层水中氯化钠的含量低于溶解度，所以氯化钠析出的可能性较小。

（3）有机沉积物在井筒中的沉积规律。哈法亚油田的原油组成中，硫含量1.49%—4.3%，沥青质含量0.09%—11.1%，硫和沥青质含量中等偏高。Hartha、Mishrif MB2、Nahr Umr层原油等温降压实验结果发现，Hartha层没有观察到沥青析出点；MB2和Nahr Umr层沥青析出压力分别为 5840 磅力 / 英寸 ^{2} 和 5530 磅力 / 英寸 ^{2}（表 4-3-13）；随压力下降，沥青颗粒没有显著增大，但数量明显增多，表明由井底开始沥青以胶体颗粒形态存在，如果存在砂子、腐蚀产物、石蜡等条件，可能产生沥青沉淀。

表 4-3-13　哈法亚沥青析出分析评价表

井　号	储　层	油藏压力（磅力 / 英寸 ^{2}）	油藏温度（华氏度）	试验始点压力（磅力 / 英寸 ^{2}）	试验终点压力（磅力 / 英寸 ^{2}）	饱和压力（磅力 / 英寸 ^{2}）	沉积启动压力（磅力 / 英寸 ^{2}）	NIR 沉积启动压力（磅力 / 英寸 ^{2}）
HF001-267 井	Harhta	4289	187	10000	4400	4327	ND	ND
HF001-M276 井	MB2	4977	192.5	10000	3700	3580	5840	5710
HF001-N002H 井	Nahr Umr	5818	237	12000	2700	2650	5530	5522

哈法亚油田原油含蜡量 1.3%—2.8%，析蜡点在 50℃左右，对应生产井段为井筒上部。同时，饱和烃中重组分含量较少，预计油井结蜡对生产影响不大。

（4）井筒沉积物清防工艺。根据分析，井筒沉积物主要是沥青、腐蚀产物、碳酸钙、硫酸锶等无机沉淀，所以，沉积物清防工艺如下，建议及早开展化学清防垢、清防沥青沉积矿场试验。一是预防井筒沉积物方法，推荐采用注入化学剂的方法预防沉积物在井筒中发生沉淀。二是清除井筒中沉积物方法。根据哈法亚油田的实际，推荐化学和机械两种清除井筒沉积物的方法。化学方法：先往井中注入芳烃溶剂，关井浸泡以清除沥青沉积；再注入酸清洗剂以清除无机物沉淀；机械方法：机械清除方法简单有效，在直井、结盐不严重、盐较软时，采用钢丝刮盐工艺技术，清理油管内盐垢；在水平井或者结盐严重、盐较硬时，采用连续油管循环清洗，甚至用液力驱动马达钻磨。

3. 防腐工艺

（1）哈法亚油田腐蚀环境分析。根据哈法亚油田 PVT 原油性质研究结果，除 Yamama 储层，其余各油藏温度均低于 120℃。除 Hartha 储层外，其余各油藏压力与泡点压力差值在 981—8781 磅力 / 英寸 ^{2} 之间。哈法亚油田原油溶解气组分分析结果，哈法亚油田所有油藏溶解气中均含有二氧化碳气体，Mishrif 油藏还含有硫化氢气体。当井筒压力低于泡点压力时，溶解气从原油中逸出并与井筒中的水相反应，井筒易发生腐蚀。

哈法亚油田地层水分析结果显示，各储层地层水中氯离子含量较高，在油田生产过程中，由于氯离子半径较小，很容易穿透已形成的腐蚀产物膜，而产生局部腐蚀。如应用地层水作为注入井水源，高矿化度、高氯离子的特点将使注入井存在严重腐蚀的可能性。

（2）材质选择在选择油管、井下工具及辅助设备的材质时，要考虑相关的腐蚀影响因素，包括流体中的二氧化碳、硫化氢气体含量，井筒真实压力，温度，含水率和产量等，同时要借鉴相似油田的防腐经验。哈法亚油田 Mishrif 储层含有硫化氢气体，材质选择时要考虑硫化氢导致的材质开裂问题。根据最新油藏数据及结合美国腐蚀工程师国际协会（NACE）标准的要求：当硫化氢分压大于 0.3 千帕时即存在开裂的可能；结合 Mishrif 层压力及硫化氢气体含量，Mishrif 层腐蚀环境落在硫化氢应力开裂的区域；Mishrif 层及与合采层的材质需选用抗硫材质。

（3）对其他层，如 JK、Hartha、Sadi、Khasib、Mishrif 和 Nahr Umr 油藏的油井，根据管柱力学校核结果，选用 L80 或 C90 材质。在开采后期，根据腐蚀监测结果及油田含水情况，添加缓蚀剂。油田开发初期（低含水），油管材质可以使用 L80，但井下工具和辅助设备材质等级应高于 L80，比如 Mishrif 层可以使用 316L 材质，其他油藏可使用超级 13 铬（Cr）材质。考虑到 Yamama 油藏异常高温高压，其油井油管材质初期建议使用 C90，但井下工具和辅助设备材质等级应高于 C90。

建议在完井管柱中安装封隔器，选择适当的腐蚀抑制剂和杀菌剂注入油套环空保护套管。在油田生产过程中，根据监测到的腐蚀情况注入腐蚀抑制剂。比如在油井生产过程中应密切监测井筒腐蚀情况，并根据监测的腐蚀情况调整防腐材质和腐蚀控制措施。

（4）腐蚀状况监测。在井口安装腐蚀监测设备，利用挂片和电阻探针法进行腐蚀监测，挂片的材质要求与油管材质一致。挂片法是通过挂片失重确定材质的腐蚀速率。电阻探针法可以提供连续的腐蚀监测并提供电信号。以上两种方法不仅可以监测井筒的腐蚀情况，还可以为腐蚀抑制剂使用时间的确定提供依据。也要对油井产出液进行监测与检测，监测缓蚀剂浓度；对亚铁离子、钙离子、镁离子、碳酸氢根、硫酸根离子、氯离子浓度检测。对于井筒腐蚀状况可以采用多臂井径仪 MIT 和磁测厚仪 MTT 以及电磁探伤仪器 EMDS 组合，在不压井的条件下，对油井油、套管进行腐蚀监测。

4. 卡堵水工艺技术

为控制油井（地层）产水，应在完井时安装控水装置。直井完井时，必须明确油水分布，避免误射水层，严格控制储层的打开程度。一旦产水严重影响原油生产，可用像桥塞或水泥塞措施堵水。为控制油井早期产水，建议垂直注水井采用分层注水，以确保注入水可以按比例注入产层驱油。对于水平井，在完井时使用套管外封隔器（ECP）、盲管等工具组合，以备将来堵水利用，建议套管外封隔器（ECP）采用遇油膨胀封隔器，也可采用化学堵水工艺堵水。

5. 气举

2016 年，哈法亚油田开展先导性气举试验 5 口井，后扩展到 18 口井。设计气举压力 11 兆帕，单井气举湿气消耗量（0.55—3.9）百万英尺^3/ 日。根据气举试验成果，确定今后的推广应用规模和技术应用优化方向。在油气处理站 CPF1 站内建设气举站 1 座，通过将高压压缩机方向来的伴生气预冷致 45℃以下进行除液，再经气举压缩机增压后，通过输气干线送至计量站（OGM）或井场平台（Wellpad），再分配至各气举井。

截至 2022 年 12 月，哈法亚油田有气举井 18 口（其中 Mishrif 井 16 口、Sadi 井 2 口），开井 15 口，关井 3 口。平均单井日产 1054 桶，含水率 6.8%。

6. 电潜泵

JK、Mishrif 和 Nahr Umr 油藏存在边底水且后续开展注水开发，陆续需要推广应用人工举升技术弥补自然产能递减。哈法亚油田电潜泵设计参数情况见表 4-3-14。

表 4-3-14 哈法亚油田电潜泵设计参数表

油层	JK	Mishrif		Nahr Umr
深度（米）	1935	3050		3750
产液量（米³/日）	1000—3000	2000—4000	2500—5000	1000—3000
套管（英寸）	7	7		7
油管（英寸）	2⅞ 或 3½	3½	4½	2⅞ 或 3½
井型	直井	直井	水平井	直井
功率（千瓦）	80—160	150—300	180—360	100—300

截至 2022 年 12 月底，哈法亚油田已经陆续推广应用 71 口井（包括 2 口水源井），开井 63 口（包括 1 口水源井），平均单井日产液 1278.3 桶，平均单井日产油 1003.9 桶，含水率 21.47%。

7. 防砂工艺

针对哈法亚油田 JK 油藏在开发过程中的严重出砂、无法投产的难题，研究发展了复合防砂工艺技术系列，有效实现 JK 油藏单井顺利投产释放产能。为对比研究防砂技术系列适应性，先后开展了多种防砂技术应用试验，确定 3 种主要的防砂完井工艺组合：一是筛管砾石充填防砂完井工艺；二是绕丝筛管防砂完井工艺；三是 PMC 复合筛管防砂完井工艺。截至 2022 年 12 月，在 JK 油藏油井推广应用防砂工艺 73 口井，其中筛管砾石充填防砂完井工艺 62 口井，绕丝筛管防砂完井工艺 6 口井，PMC 复合筛管防砂完井工艺 5 口井。

8. Sadi 水平井分段压裂

为有效发挥难动用储层 Sadi 油藏油井产能，在伊拉克首次应用水平井分段压裂工艺技术，实现了 Sadi 油井高产。通过在钻井完井阶段提前下入多段裸眼封隔器，后续实施多段投球打开滑套分段加砂压裂工艺，有效发挥 Sadi 储层产能。截至 2022 年 12 月，已实施水平井分段压裂 7 口井，直井水力加砂压裂 2 口井，投产后平均单井日产超过 1100 桶，均好于未实施压裂井平均单井日产 700 桶的水平。

第五篇　油田地面工程建设

自然环境条件将持续影响油田地面工程建设的设计与施工。伊拉克哈法亚油田位于首都巴格达东南约 400 千米，米桑省南部，西北距首府阿玛拉市约 35 千米，南距港口城市巴士拉约 180 千米。油田隶属于米桑石油公司，合同区域总长约 30 千米，宽约 10 千米，总面积约 288 平方千米。油田区域内地势平坦，海拔 0.5—6 米，东邻伊朗边界，西邻卡哈拉河。油田地貌以农田和沼泽为主，零星散布着村落。油田区域雨季河流水量充足，旱季水位线下降明显。另外，油田附近零星散布着一些人工水渠，供当地农业灌溉和居民生活用水。

哈法亚油田位于伊拉克米桑省，远离政治、经济和文化中心，工业、农业不发达，种植作物和经济作物少，主要工业以石油开采为主。因受战争的影响，当地生产资料匮乏，因此，油田开发所需的相关配套基础设施、生产材料和生活供给以外运为主。油田附近尚无铁路、港口。油田内部铺设沥青公路与 6 号国家公路相连，6 号公路是连接巴士拉和阿玛拉的主要道路，沿途建有多处安全检查站。整条运输线路总体使用情况良好，可作为油田地面工程施工和建设依托。油田建设物资经过海运到达的港口为伊拉克的乌姆卡萨港（Umm Qasr）。

根据当地的自然环境、基础设施、人文环境、经济发展状况，结合哈法亚生产经营规划目标，确定油田地面工程建设条件，围绕建成哈法亚一期、二期、三期及后续高峰产量稳产的地面工程建设项目，遵守当地国家和地方政府的有关法律、法规和政策；执行国际通用标准和规范；根据地下开发方案及上产步骤，油田地面建设统筹规划、分期实施；采用先进、高效的工艺设备，提高油气处理效率；采用先进的自控和通信系统，提高油田自动化水平；充分利用已建设施，降低前期投资和优化投资节奏，提高经济效益；遵循国际 HSE 规则，采取积极有效的措施防止环境污染。

第一章 总体布局与部署

哈法亚公司地面建设总体布局及部署遵守并依据相关合同、规章及方案，如境外投资油田开发项目可行性研究报告编制规定（2014版）、伊拉克石油部第二轮招标最终招标文件及《哈法亚油田开发生产服务合同》《哈法亚油田初始开发方案》《哈法亚油田初始开发方案的补充方案》《哈法亚油田开发生产服务合同的第一号修正协议》《哈法亚油田最后开发方案》《伊拉克哈法亚油田项目可行性研究报告》《哈法亚油田最后开发方案第一次修订方案》等与伊方签署的相关协议等。

依据《哈法亚油田开发生产服务合同的第一号修正协议》，哈法亚油田总体建设规模为40万桶/日，其中哈法亚一期工程初始商业产量（FCP）7万—10万桶/日，2012年6月投产；哈法亚二期工程新建10万桶/日（CPF2），增产至20万桶/日，2014年8月投产；哈法亚三期工程新建20万桶/日（CPF3），2018年9月投产；2019年3月，哈法亚三期油气处理站（CPF3）周围站外集输系统及配套设施实现20万桶/日，全油田增产至40万桶/日；2020—2035年高峰稳产阶段维持高峰产量40万桶/日；2036—2040年，产量递减阶段由40万桶/日开始逐步降产。

哈法亚油田合格原油输至伊拉克南部港口法奥港；油田伴生气输至哈法亚天然气处理厂，处理后干气输至30千米外的天然气接收末站（合同指定输送地点），供给卡哈拉电厂及阿玛拉电厂发电或其他用户；液化石油气交付给米桑石油公司MOC管输和部分汽车装车外运或者建设液化石油气外输管线（需由米桑石油公司落实用户）；处理后轻烃（$C5^+$）回掺至外输原油中；硫黄交付给米桑石油公司MOC储存或者运输。

2010年1月，哈法亚项目按照合同要求，启动项目前期工作。2010年6月，比合同要求的时间提前3个月完成了以实现商业产能（FCP）为重点的《哈法亚油田初始开发方案》(PDP)，并于2010年9月20日获米桑石油公司批复。2011年初，哈法亚公司抓住伊拉克政府急需原油、天然气的时机，完成实现日产油20万桶/日产能为目标的《初始开发方案的补充方案》(SPDP)，并在2011年12月8日米桑石油公司批准。《初始开发方案》(PDP和SPDP）获得批准后，哈法亚公司按两期产能建设，分别启动一期初始商业产能（FCP）建设和二期日产20万桶产能建设，分别于2012年6月和2014年8月成功投产。2014年9月，根据DPSC合同1号修正协议，哈法亚油田高峰产量由53.5万桶/日调减至40万桶/日。三期工程总体布局基于一期及二期工程已建设施进行规划和实施，于2018年12月全面投产，并在2019年3月实现高峰产量40万桶/日的目标，步入高峰产量稳产阶段。

哈法亚油田产量降为40万桶/日后，对总体布局进一步优化。布局原则一是结合产品流向，考虑油田发展，做好长远规划并分期实施；二是以油气集输系统为主体，充分综合利用一期及二期工程已建设施，统筹考虑站场部署及水、电、路、信等配套系统；三是考虑油田区域自然地形地貌和当地居民分布，合理规划油田生产、生活设施。

第一节　哈法亚一期至三期油田地面建设

一、哈法亚一期油田地面工程建设

哈法亚油田一期初始商业产量（FCP）产能建设工程主要包括新建采油井 22 口，分布在 9 座丛式井平台上，利用原有老井 6 口；新建油气处理站（CPF1）1 座，最大处理能力 10 万桶／日，含水率低于 5%，其进站压力为 1.1 兆帕，进站温度高于 45℃。站内建有 3 列原油处理设施，2000 立方米缓冲罐和 2000 立方米的不合格油罐各 1 座，外输泵 3 台。在初始开发方案阶段，经过论证，哈法亚一期工程生产的合格原油可利用已有的 15 千米 18 英寸管线输至已建 28 英寸原油外输管线（1975 年建设），最终输至法奥（FAO）港。在 28 英寸原油外输管线上新建中间泵站（IPS）1 座，提升老管线的输量（图 5–1–1）。

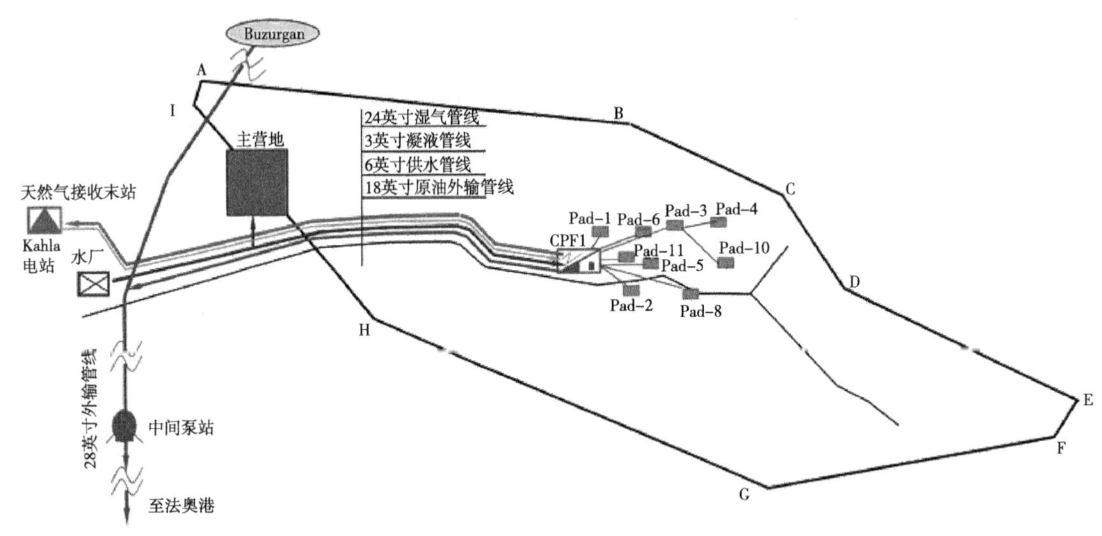

图 5–1–1　哈法亚油田一期地面工程总体布局示意图

除哈法亚一期油气处理站（CPF1）自用气外，剩余 110 万米^3/ 日的湿气作为燃料气增压后经由新建的 19 千米 24 英寸的天然气外输管线（GEXL）输至卡哈拉电厂，毗邻卡哈拉电厂建设天然气接收末站（GRS）1 座，分离湿气中的凝液，加热计量后送至电厂，分离出的凝液通过一条 3 英寸管线输回一期油气处理站（CPF1）混掺至原油处理设施。

在卡哈拉河边新建水源站（SWP）1 座，设计规模 3000 米／日，自卡哈拉河取水，净化后通过管线输至油田基地和一期油气处理站（CPF1）。

在哈法亚一期油气处理站（CPF1）附近新建双燃料透平发电机 1 组（3 台），机组配置为

3×5.5 兆瓦。油田采用丛式井平台，合同期内平均 5—7 口井 / 平台，但前期工程仅约 2—3 口井 / 平台（每个平台预留将来接井的空间）。油气集输系统为原油通过单井管线输至计量站然后通过集输干线输至集中处理站。每口油井在计量站上实现气液计量，为生产和开发提供所需的数据。同时，由于一期油气处理站（CPF1）内热媒炉和密封气需要甜气（不含硫化氢），因此在集输系统中将酸性流体介质与非酸性流体介质分开输送。

营地建设一期。包括大安防设施、主营地、仓储区、油库加油站等生活生产设施。哈法亚油田基地占地面积 2 千米 ×4 千米，环绕基地设置壕沟、土堤、巡检车道、刺丝网、HESCO 横断面 30 米的大安防工程。基地内北侧为机场，南侧为生产、生活区域。生产生活区按照功能规划为业主营地、乙方营地、仓储区、维修区、加油站、培训中心、消防站等，满足基地生产、生活、仓储，维修、安全，全方位要求。基地建设满足约 438 人住宿和 840 人办公。

二、哈法亚二期油田地面工程建设

哈法亚二期工程新建产能 10 万桶 / 日，使油田原油生产规模达到 20 万桶 / 日。二期工程主要包括：

（1）站外集输系统。新建采油井 65 口及配套油气集输系统。

（2）哈法亚二期油气处理站。新建油气处理站（CPF2）1 座，位于合同区东南部，建设规模 10 万桶 / 日，前期适应含水率低于 30%，进站压力为 1.1 兆帕，进站温度高于 45℃。站内建有原油处理设施 3 列，3 万立方米原油储罐 2 座，外输泵 3 台。

（3）原油外输首站（HPS）。哈法亚二期工程新建原油外输首站（HPS）1 座，设计规模 20 万桶 / 日（外输泵及计量装置建设规模达可满足 40 万桶 / 日）。站内建有 50000 立方米储罐 1 座，建有给油泵、外输泵，并设置计量系统及发球设施等。

（4）原油外输管线。米桑石油外输管线（MOEP）于 2014 年 8 月建成投用。

（5）水厂扩建。哈法亚油田生产用水取自卡哈拉河，二期工程中将一期已建水源站（SWP1）扩建至 6000 米^3/ 日，同时，新建一条从水源站至二期油气处理站（CPF2）的 24 英寸供水管线。

（6）油田发电站（PP）及电力系统。哈法亚二期工程新建油田电站 1 座，装机规模为 30 兆瓦，毗邻二期油气处理站（CPF2）建设；新建 33/11 千伏开关站 1 座。一期电站（发电机组）和二期电站并网运行。从二期电站至一期电站需新建 66 千伏输电线路，作为两个电站的联络线路。从一期油气处理站（CPF1）开关站至油田基地新建 33 千伏输电线路，为油田基地供电。新建 33 千伏双回路铁塔线路约 5 千米，搭接（T 接）于自一期油气处理站（CPF1）至油田基地的 33 千伏架空输电线路上，为水厂供电。

（7）生产辅助设施。在二期油气处理站（CPF2）附近建有倒班营地、油田警察营地、消防站、维修车间等生产辅助设施。

（8）天然气接收站（GRS）扩建。

（9）营地建设项目。包括体育馆、游泳馆、餐厅、停车场（包括调度办公室、司机休息室等）、培训中心、消防站、石油警察（PSD）营地扩建、机场航站楼、营地变电站、公寓、办公楼二期项目、维修车间等。

哈法亚油田二期地面工程建设情况如图 5-1-2 所示。

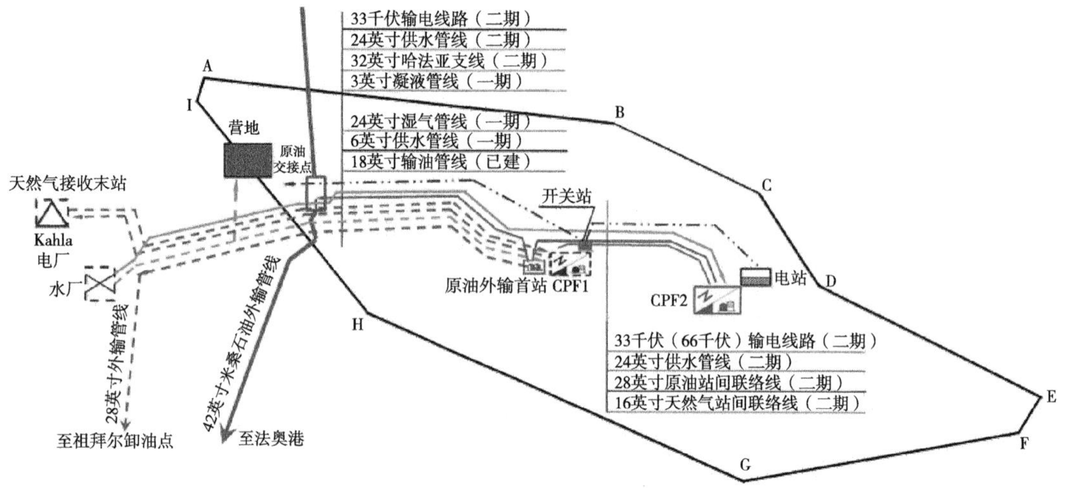

图 5-1-2 哈法亚油田二期地面工程总体布局示意图

三、哈法亚三期油田地面工程建设

哈法亚三期工程新建产能 20 万桶 / 日，使油田原油生产规模达到 40 万桶 / 日。三期工程主要包括：

（1）站外集输系统。哈法亚三期新建油井 215 口。

（2）哈法亚三期油气处理站（CPF3），原油处理规模 20 万桶 / 日，适应油田含水率（0—10%），进站温度高于 45℃，进站压力低于 1.1 兆帕。

（3）水厂处理能力扩展至 29500 米^3/ 日。

（4）哈法亚三期电站新建 5×30 兆瓦。

（5）注水井及水源井 40 口。

（6）高压注水站扩建至 33 万桶 / 日注水能力。

第二节 高峰产量稳产期油田地面工程建设

哈法亚油田高峰产量稳产期工程主要包括：

（1）站外集输系统。继续延用单井管线不加热密闭输送流程，采油井井口设置紧急切断阀。高峰产量稳产期计划新建油井 440 口，布站方式采用计量站加选井站方式。

（2）哈法亚一期至三期油气处理站升级改造（CPF1、CPF2 和 CPF3）。为满足日产 40 万桶连续稳产 16 年及后续工程要求，后期将实施大规模注水及人工举升采油，综合含水和气油比将会升高，需要对建成的 3 个油气处理站进行改造升级。

①哈法亚一期油气处理站（CPF1）的升级改造。在含水率不高于 50.0% 时增加两级分离器及换热器等配套设备，适应含水条件改变、液量大幅增加的情况；当含水率超过 50% 后，对分离器水出口管线系统进行改造以适应含水量增加的工况。改造后，原油处理规模 10 万桶 / 日，适应油田含水率不高于 78.4%，进站温度不低于 45℃，进站压力不高于 1.1 兆帕的情况。

②哈法亚二期油气处理站（CPF2）的升级改造。在含水率高于 10% 低于 50% 时，升级两级分离器及换热器等配套设备，与 CPF1 相比工艺改造内容大体相同，仅多增一组油—油换热器；当含水超过 50% 后，对分离器水出口管线系统进行改造以适应含水量增加的工况。改造后，原油处理规模 10 万桶 / 日，适应油田含水率不高于 76.6%，进站温度不低于 45℃，进站压力不高于 1.1 兆帕的情况。

③哈法亚三期油气处理站（CPF3）的升级改造。在含水率高于 10% 低于 50% 时，升级改造保持原工艺流程，每列增加一级分离器、二级分离器、导热油—油换热器和常规油—油换热器各 1 台；当含水率超过 50% 后，对分离器水出口管线系统进行改造以适应含水量增加的工况。原油处理规模 20 万桶 / 日，适应油田含水率不高于 72.4%，进站温度不低于 45℃，进站压力不高于 1.1 兆帕的情况。

（3）天然气处理厂（GPP）。处理能力 3 亿英尺^3/ 日（850 万米^3/ 日），设计 2 列处理工艺流程，天然气进站压力 4.0 兆帕，进站温度 35—60℃。

（4）注水系统。

①站外注水系统：设计规模为扩建至 150 万桶 / 天；注水井数新增 237 口；注水井口操作压力 14—15 兆帕；注水井口设计压力 16 兆帕。

②根据开发方案注水井位分布预测及注水量需求，站外设置 5 座注水增压泵站，每座注水增压泵站设计规模 15 万—45 万桶 / 日。

（5）采出水处理系统。扩建哈法亚三期油气处理站（CPF3）污水处理系统至 109 万桶 / 日。

（6）供配电系统。从哈法亚三期油气处理站（CPF3）的户外开关站引二路单回 33 千伏架空输电线路至 CPF3 周围丛式井平台。采用环网式供电型式，各丛式井平台设预装式箱式变电站 1 台，内设环网柜为丛式井平台上的电潜泵供电。同时，设 33/0.4 千伏配电变压器为平台内低压负荷供电。电力数据采集与监视控制系统（SCADA 系统）扩建，将哈法亚三期稳产工程增加内容接入已有 SCADA 系统。

第二章　油气处理系统

哈法亚油田一期至三期油气处理系统建设，其设计原油处理能力及原油伴生气处理能力需要满足哈法亚公司分阶段上产需求。同时借鉴国内成熟的油气处理系统建设经验和配套系列工艺技术，通过国际化管理团队经营运作，扎实落实油田开发方案及配套油田地面工程设施建设方案，为哈法亚分阶段上产及后续持续稳产提供有力保障。

油气处理系统建设需要随哈法亚开发方案作适应性优化，根据配套井网分布、电力供应状况、钻井修井现场作业、生产运行维护等多方面因素考虑。油气处理系统工艺设计应满足如下要求：

（1）适应哈法亚油田产出油品特征及产量要求。哈法亚油田主要为中—重质油为主，也有少量轻质油。储层原油重度 19.1—40° API，地下原油黏度 0.39—5.7 厘泊，原始溶解汽油比为 229—1491 英尺^3/ 标准桶。

哈法亚一期工程（CPF1）原油处理采用两级分离、两级脱水脱盐、一级稳定的工艺流程，适应含水率级别小于 10%。进入稳产期含水逐步上升后，需要进一步开展油气处理系统的升级改造。哈法亚二期工程油气处理站（CPF2）的主要工艺流程跟一期基本相同，也是采用两级分离、两级脱水脱盐、一级稳定的工艺流程，适应含水级别小于 30%，后期根据条件变化开展升级改造。

（2）伴生气量包括甜气或酸气。哈法亚油田主力油层 Mishrif MA2 与 MB—MC1 产出油含有硫化氢，含量摩尔百分数 0.5（相当于 5000 毫升 / 米^3），其他油藏不含硫化氢。3 座油气处理站（CPF）的伴生气增压后输至天然气处理厂，经脱硫、脱水脱烃后，一部分作为油田自用气输至 3 座油气处理站和燃气发电站，其余干气经 24 英寸天然气管线输至天然气接收站，然后供给阿玛拉电站、卡哈拉电站或其他用户。伴生气中的凝液进凝析油稳定处理单元进行处理，3 座油气处理站（CPF）的凝液也输至天然气处理厂进行分离稳定，处理后产出的压缩天然气（LPG）交付给米桑石油公司管输和部分汽车装车外运或者建设液化石油气外输管线（需由米桑石油公司落实用户），产出的轻烃（$C5^+$）输至原油外输首站掺入外输原油。脱硫单元的酸气进入硫黄回收和尾气处理单元进行处理，产出硫黄成型包装后由米桑石油公司装车外运。尾气排放满足伊拉克环保要求。

（3）含油污水处理需求。例如，哈法亚一期油气处理站（CPF1）和二期油气处理站（CPF2）的含油污水处理后，用于先导性注水试验，回注到指定的油藏地层。处理后水质指标，含油量小于 50 毫克 / 升；悬浮物含量小于 20 毫克 / 升；中值粒径小于 8 微米。同时随着后期含油污水（含采出水和洗盐水）增加，污水处理系统进行扩建或升级改造。

（4）处理量及配套计量。随含水率逐步上升，为确保油田稳产，井口产液量随之大幅增多，现有油气处理系统处理能力必须开展适应性改造，满足油气分离处理需求。同时，处理后合格油气配套相应的计量系统，确保商业油气产品量的准确标定。

（5）其他需求的配套工艺改造。主要原因是随着油田进入稳产期，综合含水率逐步上升，现有油气处理工艺系统已经不能适应此时的含水级别原油有效分离，必须开展工艺系统升级，适应更高含水条件。另外，开展气举现场试验的气源配套系统工艺改造等，满足自喷井逐步转向人工举升井的配套工艺需求。

第一节 哈法亚一期至三期油气处理系统建设

一、哈法亚一期油气处理系统（CPF1）

哈法亚油田一期（FCP）工程于2012年6月16日投产。哈法亚一期油气处理站CPF1最大设计原油处理能力10万桶/日（含水率不高于5%），进站压力为1.1兆帕，进站温度45—55℃，站内建有3列原油处理设施，2000立方米缓冲罐和2000立方米的不合格油罐各1座，外输泵3台。

进站原油首先进入一级两相分离器进行气液分离，脱气后的原油经油—油换热器和导热油—油换热器升温至90℃，然后进入二级两相分离器进行二次脱气，再经电脱水泵增压后进入电脱水器和电脱盐器进行脱水、脱盐，然后经油—油换热器降温（余热回收）后进入稳定塔，而后进入2000立方米缓冲罐储存，最后经喂油泵和外输泵增压后经18英寸管线输至已建28英寸原油外输管线，最终输至法奥（FAO）港。

当进站原油含水率高于5%时，原油处理系统的热媒炉负荷不足，需新增1台热媒炉与现有热媒炉并联运行；当含水率继续升高至10%时，需将现有一级和二级两相分离器替换成三相分离器，增加导热油—油换热器与已建导热油—油换热器并联运行，同时新增一套热媒炉系统。

二、哈法亚二期油气处理系统（CPF2）

哈法亚二期工程新建产能10万桶/日，使油田原油生产规模达到20万桶/日，于2014年8月18日正式投产。新建中心处理站（CPF2）1座，位于合同区东南部，建设规模10万桶/日，前期适应含水低于30%，进站压力为1.1兆帕，进站温度大于45℃。站内建有原油处理设施3列，30000立方米原油储罐2座，外输泵3台。

站外来油首先进入一级三相分离器，经油—油换热器和导热油—油换热器后，升温至90℃后进入二级三相分离器，分离出的原油经脱水泵增压后进入电脱水器和电脱盐器进行脱水、脱盐，脱后原油经过油—油换热器降温后进入稳定塔，而后流入30000立方米原油储罐储存，最后经转油泵增压后经站间联络线将合格原油输送至哈法亚外输首站。

三、哈法亚三期油气处理系统（CPF3）

哈法亚三期工程新建产能20万桶/日，使油田原油生产规模达到40万桶/日，于2018年12

月 12 日全面投产。新建油气处理站（CPF3），原油处理规模 20 万桶 / 日，适应油田含水率 0—10%，进站压力为 1.1 兆帕 MPa，进站温度大于 45℃。

哈法亚三期油气处理站对比一期和二期有所不同，工艺流程进行了优化，提高单列设施处理能力，减少设备数量，降低投资。站外来油首先进入一级三相分离器，经油—油换热器和导热油—油换热器后，升温至 105℃后进入二级三相分离器，分离出的原油进入电脱水器和电脱盐器进行脱水、脱盐，脱后原油进入稳定塔，稳定后原油经油—油换热器降温至 71—78℃后进入 30000 立方米原油储罐储存，最后经转油泵增压后通过站间联络线将合格原油输送至哈法亚外输首站。

稳定塔分离出的伴生气首先进入稳定气压缩机，增压后与二级分离器分离出的伴生气汇合进入低压压缩机，再次增压后再与一级分离器分离出的伴生气汇合进入高压压缩机，最后输至天然气处理厂进行处理。

第二节　高峰稳产期油气处理系统升级改造

哈法亚油田建成高峰产量 40 万桶 / 日的生产能力，并于 2019 年 4 月实现高峰产量目标，步入高峰产量稳产阶段。为满足日产 40 万桶连续稳产 16 年及后续工程要求，后期将实施大规模注水、气举工程，综合含水和气油比将会升高，需对 3 个油气处理站 CPF 的站内处理设施进行改造升级。主要工程包括对哈法亚一期至三期油气处理站（CPF1、CPF2 和 CPF3）进行升级改造，适应最大含水工况，在实施过程中按照实际含水上升情况分步实施。

第三章 油气集输管网系统

哈法亚油田为控制油田开发过程征地面积，采用丛式平台设置单井井位，平均每个平台 5—7 口井分布，前期工程每个平台上设置 2—3 口井，预留将来逐步增加的井位。原油通过单井管线（Flowline）输至计量站（OGM）然后通过集输干线（Trunkline）输至油气处理站（CPF）。每口油井在计量站上实现气液计量，为生产和开发提供所需的数据。

选井站内设有选井阀组，收集该选井站自身及附近 2—3 个丛式井平台上的来油，然后通过集输干线将原油输送至附近的计量站。同时，通过选井站与计量站之间的计量管线进行选井计量。计量站内设有选井阀组和多相流量计，收集该计量站附近 2—3 个丛式井平台上以及周围附近 1—2 个选井站的来油，并通过多相流量计对单井进行计量。最后通过集输干线将原油输至附近的油气处理站。同时，由于油气处理站内热媒炉和密封气需要甜气（不含硫化氢），因此在集输系统中将酸性流体介质与非酸性流体介质分开输送。

第一节 哈法亚一期至三期油气集输管网建设

一、哈法亚一期油气集输管网（FSF1）建设

哈法亚油田采用丛式井平台，合同期内平均 5—7 口井 / 平台，但前期工程仅 2—3 口井 / 平台（每个平台预留将来接井的空间）。原油通过单井管线输至计量站然后通过集输干线输至集中处理站。每座计量站最多可接入 21 口井，且每口油井在计量站上实现气液计量，为生产和开发提供所需的数据。同时，由于集中处理站内热媒炉和密封气需要甜气（不含硫化氢），因此在集输系统中将酸性流体介质与非酸性流体介质分开输送。

哈法亚一期油气处理站 CPF1 周围新建 22 口采油井，分布在 9 座丛式井平台上，建有 2 座计量站，已于 2012 年 6 月投产。

二、哈法亚二期油气集输管网（FSF2）建设

哈法亚二期站外集输系统共新建采油井 43 口，分布在 11 座丛式井平台上（图 5-3-1）。建有 4 座计量站，已于 2014 年 8 月投产。

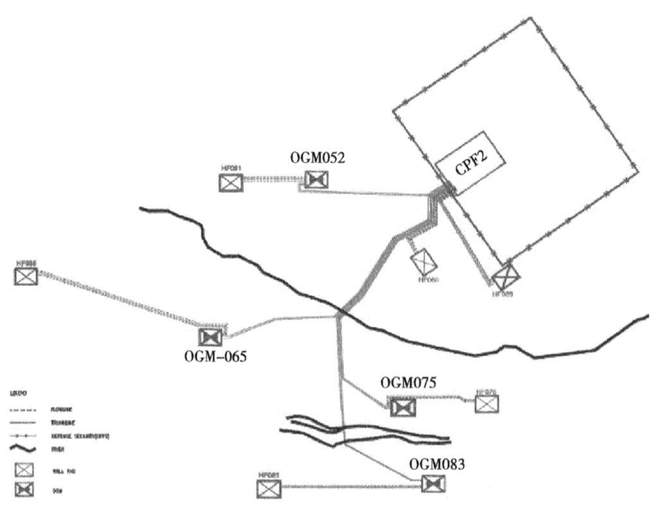

图 5-3-1　哈法亚油田一期至三期站外集输系统

三、哈法亚三期油气集输管网（FSF3）建设

哈法亚三期工程采用单井管线不加热密闭输送流程，工艺与一期、二期相同。根据油田开发方案，哈法亚三期工程共投产新井 215 口，分布于 58 座平台上（包括在已建的 18 座平台上钻加密井），平均每个平台上有 5—7 口单井。哈法亚三期产能建设工程已于 2018 年 12 月 12 日全面投产，并在 2019 年 3 月 7 日达到 40 万桶 / 日的高峰产量。

第二节　高峰产量稳产期的油气集输管网

哈法亚油田高峰产量稳产期的站外集输系统工艺与哈法亚三期工程相同。高峰稳产及后期降产后至合同期末共投生产井 440 口，分布于 112 座从式井平台上（包括在已建的 52 座平台上钻加密井），选井站、计量站 25 座，集输管线 510 千米，集输干线 113 千米，并陆续随开发进程开展地面建设。

第四章　采出水处理系统

哈法亚油田在一期油气处理站中由撇油罐、污油泵与污油罐、污泥泵与污泥罐、配套管线、蒸发池等组成的含油污水处理流程。由于开发初期原油含水较低，含油污水量较小。处理后的含油污水主要用于站内应用及先期的注水先导性试验。进入稳产期后，含油污水量逐步增大，需要开展相应的工艺改造，加大含油污水处理量，提供部分注水来源。

为减少哈法亚一期油气处理站（CPF1）蒸发池内的生产污水排量，同时为后期油藏注水提供支持数据，需要开展污水处理系统升级改造和先导性注水试验工程建设。污水处理规模 3000 米^3/ 日（约为 2 万桶 / 日），处理后水质指标，含油量小于 50 毫克 / 升；悬浮物含量低于 20 毫克 / 升；中值粒径小于 10 微米，达到先期注水水质指标要求。处理后的污水，通过注水增压泵回注到指定油藏。实现了所产含油污水处理后全部注入地下，污水蒸发池仅作污水处理系统事故工况的一个备用措施。

第一节　哈法亚一期至三期采出水处理系统

一、哈法亚一期采出水处理系统

在哈法亚一期油气处理站 CPF1 西北部建设蒸发池 1 座，含油污水处理系统设计规模 1 万桶 / 日，经撇油罐处理后的生产污水（含油量小于 100 毫克 / 升）排至该蒸发池；站内污泥排至污泥罐，经污泥泵提升至蒸发池。污油排至污油罐，经污油泵提升至油区处理。当含油污水（含采出水和洗盐水）量大于 1 万桶 / 日或当一期油气处理站 CPF1 开始注水而需提高污水处理指标时要对一期油气处理站 CPF1 污水处理系统进行扩建或升级改造。一期采出水处理系统已在 2012 年 6 月投用。

二、哈法亚二期采出水处理系统

哈法亚二期油气处理站 CPF2 污水处理系统新建规模为 2.5 万桶 / 日，油区含油污水储存于缓冲罐经提升泵提升至撇油罐，经沉降处理后的污水重力流至悬浮污泥过滤器，过滤后的污水储存于注水罐，CPF2 的污水通过喂水泵提升经联络线输至哈法亚一期油气处理站 CPF1。哈法亚一期和二期油气处理站（CPF1 和 CPF2）的含油污水处理后，用于先导性注水试验，回注到指定的油藏地层。处理后水质指标，含油量不高于 50 毫克 / 升；悬浮物含量不高于 20 毫克 / 升；中值粒径小于 10 微米。当含油污水（含采出水和洗盐水）量大于 2.5 万桶 / 日或当由于开始注水而需提高污水处理指标时要对二期油气处理站（CPF2）污水处理系统进行扩建或升级改造。二期采出水处理系统 2014 年 8 月投用。

三、哈法亚三期采出水处理系统

随着生产开发，油田综合含水率不断上升，哈法亚一期油气处理站（CPF1）和二期油气处理站（CPF2）原有污水处理能力不能满足后期需求，需对其进行扩建。由于在各油气处理站站内油系统均脱水且采出水水量较大，因此，在各油气处理站均建污水处理站，即扩建一期油气处理站和二期油气处理站污水处理系统及新建三期油气处理站污水处理系统，三期油气处理站新建采出水处理能力 5 万桶 / 日。

各油气处理站含油污水处理后将与补充的清水混合注入其周围注水井以提高采出率。在哈法亚三期油气处理站（CPF3）附近新建一座蒸发池，作为应急用。

为适应采出水物性，降低高矿度采出水对系统的点蚀风险，工艺流程采用密闭流程，并投加缓蚀阻垢剂，污水处理设备采用内涂及牺牲阳极，地上管道系统和阀门接液部件均采用双相不锈钢材质，地下管道系统采用玻璃钢。哈法亚三期含油污水处理系统于 2018 年 9 月投产。

第二节　高峰稳产期采出水处理系统

哈法亚油田高峰稳产期采出水水质要求、工艺流程与哈法亚三期工程相同，根据三期工程运行资料进一步完善优化流程及相关参数。高峰稳产阶段，对三期油气处理站（CPF3）污水处理系统进行扩建，扩建后处理能力为 109 万桶 / 日。

第五章 注水工艺系统

根据开发方案，为持续上产并维持高峰产量 40 万桶 / 日，需要逐步在哈法亚油田实现规模注水。在规模注水前，需要开展先导性注水试验，根据试验结果和油藏压力实际情况，调整各油气处理站及配套注水泵站、注水管网、注水井点，乃至注水井下配注管柱等。同时需要开展井下注水水质配伍性试验，确定注水水质标准。

第一节 水源

海水是伊拉克政府推荐的注水水源，伊拉克政府尝试进行招标准备。按照伊拉克政府要求计划 2023 年初可投入使用，自此海水必须作为中后期注水补水水源，设计规模为 43 万桶 / 日，但是截至 2022 年底尚未落实。在 2023 年之前注水补充水暂按地层水设计，设计规模为 36 万桶 / 日，单井产水量约 1 万桶 / 日，水源井数 40 口，水源井口操作压力 1.5—3.5 兆帕，水源井口操作温度 41—47℃。

地层水是否满足注水水质要求需要对比验证，暂未考虑对地层水进行处理，根据开发部门研究情况调整工艺和工程量，工艺流程为：地层水→供水管线→注水干线→注水增压泵站→配水阀组→单井管线→注水井口。2022 年开钻水源井 9 口，总数达到 12 口井。

第二节 注水泵站

根据开发方案，为实现维持哈法亚油田高峰产能 40 万桶 / 日 16 年目标，哈法亚一期至三期油气处理站（CPF1、CPF2、CPF3）周围部分生产井分别于 2017 年、2017 年、2020 年开始注水。在规模注水前，已于 2015 年进行现场注水试验，并根据试验结果和油藏压力实际情况，调整各油气处理站（CPF）规模注水的压力。根据哈法亚一期油气处理站（CPF1）先导注水测试情况分析，注水系统前期所需的压力较低，为减少前期投资，注水系统的增压系统将分为两个阶段实施。

第一阶段为低压注水阶段，井口压力 2—3 兆帕，利用各油气处理站（CPF）站内喂水泵实现低压注水。

第二阶段为高压注水阶段，井口压力 14—15 兆帕，站外设高压注水泵实现高压注水。根据开发方案提供的注水井数量和井位分布预测，在站外规划 5 座注水增压泵站，增压泵站与油井平台紧邻设置。哈法亚一期油气处理站（CPF1）、二期油气处理站（CPF2）及三期油气处理站（CPF3）站内将分别设置注水罐和喂水泵，注水系统按照注水量需求和注水井分布，分期建设。由于地面工程建设周期较长，因此，在哈法亚三期新建原油产能的同时，提前两年启动注水工程的建设。

第三节　注水管网

哈法亚油田注水管网设计规模扩建至 38 万桶 / 日（含已建先导注水系统）单井注水量 3000—15000 桶 / 日，注水井数 84 口（含先导注水井 3 口），注水井口操作压力 2—3 兆帕，注水井口设计压力 16 兆帕，注水干线设计压力 4 兆帕，单井管线设计压力 16 兆帕，埋地注水干线及单井管线材质为 GRE（API 15HR、API 15LR）。

油气处理站 CPF 站内处理后处理污水首先储存于注水罐内，经过喂水泵增压后，通过低压注水干线将水输送至注水增压泵站内高压注水泵和注水阀组，经过增压、计量、调压后通过单井管线注入注水井口，单根注水干线输水能力 18 万—20 万桶，6 口井共用一套注水阀组，单根注水干线长度 22 千米，单根单井管线长度 2 千米。根据开发方案注水井位分布预测及注水量需求，站外设置 5 座注水增压泵站，每座注水增压泵站设计规模 15 万—45 万桶 / 日。

第六章　油气生产配套系统

在建设哈法亚油田地面工程设施过程中，相关配套工程必须考虑在内，例如持续上产乃至稳产期的油气外输、存储能力问题，伊拉克政府严格的环保要求条件下的天然气处理及利用问题等。

第一节　油气存储能力设置

哈法亚一期至三期产能建设工程投产后，实现日产油 40 万桶生产能力。相应建成配套的油气外输前暂储设施，满足油气生产过程中的生产能力调整及外输量调整，达到计划与实际运行的良性平衡。哈法亚油田的储罐总容量合计为 29 万立方米（表 5–6–1）和总体储存天数约 3.9 天（表 5–6–2）。

表 5–6–1　哈法亚油田储罐设置一览表　　单位：万立方米

项目	CPF1	CPF2	CPF3	外输首站（HPS）	合计
哈法亚二期	2×3（拱顶罐）	2×3（拱顶罐）	—	1×5（外浮顶罐）	17
哈法亚三期	—	—	4×3（拱顶罐）	—	12
总储罐容积	6	6	12	5	29

表 5–6–2　哈法亚油田总体储存天数一览表　　单位：日

项目	CPF1	CPF2	CPF3	外输首站（HPS）
二期	3.2	3.2	—	1.4
三期	3.2	3.2	3.2	0.7
总储存天数	3.9			

第二节　米桑原油外输管线（MOEP）

哈法亚一期产能建设工程投产后，实现日产油 10 万桶生产能力。哈法亚一期工程生产的合格原油可利用已有的 15 千米 18 英寸管线输至已建 28 英寸原油外输管线，最终输至法奥（FAO）港。

在 28 英寸外输管线上新建中间泵站（IPS）1 座，提升 28 英寸老管线的输量。但是 28 寸原油外输管线服役年限超长（建于 1975 年），腐蚀严重，在日外输 20 万桶条件下即出现频繁的管线穿孔、泄漏事件，造成被迫停产等严重后果，迫切需要重新修建一条管线，解决哈法亚二期产能建设工程建成后的原油出路问题。

根据中国石油（PetroChina）、中国海油（CNOOC）、伊拉克政府之间达成的协议，哈法亚二期工程中新建一条米桑原油外输管线（MOEP），由中国石油（PetroChina）和中国海油（CNOOC）共同投资建设。该管线始于原油管道连接点（JP）的宾乌姆（Bin Umr）清管站，止于法奥（FAO）港，其管径为 42 英寸，设计压力 8 兆帕，全线总长 272 千米。该管线于 2014 年 8 月 18 日正式投用（图 5–6–1）。

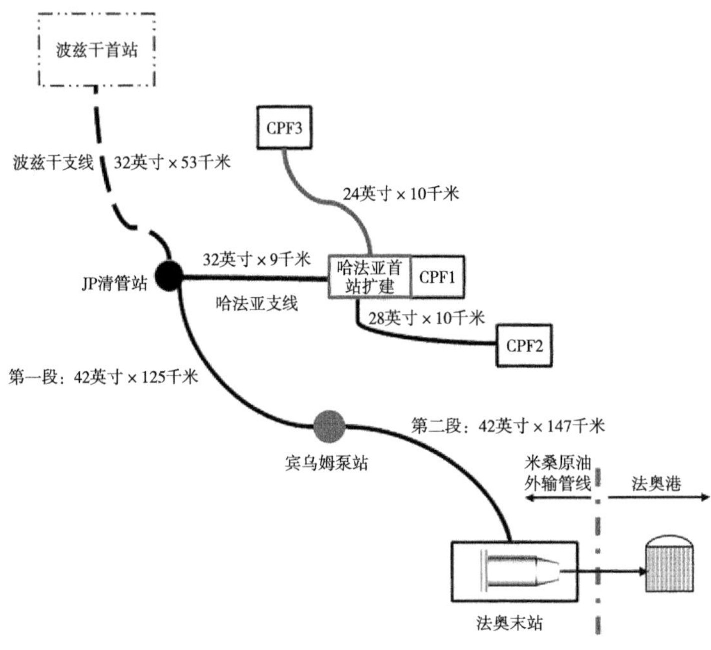

图 5–6–1　米桑原油外输管线（MOEP）示意图

为满足哈法亚油田的外输需求，在哈法亚二期新建 1 座哈法亚外输首站，毗邻一期油气处理站（CPF1）西侧建设，主要流程为：一期油气处理站（CPF1）和二期油气处理站（CPF2）处理后的合格原油通过管线输至原油外输首站（HPS）储罐，然后经给油泵、外输泵增压，调压后进入交接计量橇，计量后外输。经外输泵增压后通过新建的 32 英寸原油外输支线输送至米桑石油外输管线（MOEP），最终通过米桑石油外输管线（MOEP）将合格原油输至伊拉克南部的法奥港（FAO）。

哈法亚三期完成后，哈法亚首站外输量为 40 万桶 / 日，二期首站（外输泵及计量装置建设规模达 40 万桶 / 日）所建增压设施能够满足输量需求，哈法亚外输首站（HPS）不需进行扩建。当米桑石油外输管线（MOEP）输量不超过 69 万桶 / 日时，宾乌姆（Bin Umr）清管站不需要改扩建。

第三节 天然气处理厂

毗邻哈法亚二期油气处理站（CPF2）新建成一个日处理能力30000万立方英尺（850万米³/日）的天然气处理厂（GPP），设计2列处理工艺流程，天然气进站压力4.0兆帕，进站温度35—60℃。并为将来扩建一列预留接口和位置。除部分干气用作油田生产燃料气外，剩余干气通过管道输送至米桑石油公司指定点，即已建的天然气接收站，再由米桑石油公司供给阿玛拉电厂和卡哈拉电厂或其他用户；液化石油气（LPG）在天然气处理厂（GPP）界区交付给米桑石油公司管输＋汽车外运或者建设液化石油气外输管线；根据合同要求，处理后的轻烃（C5+）回流掺至外输原油中；回收的硫黄成型后装车外运。

天然气处理厂总体工艺流程包括天然气增压装置、脱硫装置、脱水脱烃装置、轻烃处理及产品储运设施、产品计量系统及硫黄回收与成型设备、配套管网。

2019年5月8日，授标中国石油工程建设公司（CPECC），工期28个月。受新冠肺炎疫情蔓延、伊拉克政府提油滞后及安保形势恶化等因素影响，天然气处理厂建设进度被迫推迟。截至2022年12月底，工程总体进度71.3%。

第四节 伴生气外输管线

哈法亚一期油气处理站（CPF1）分离的天然气（伴生气），除部分自用外，每天还需将剩余的湿气（约110万米³/日）作为燃料气增压后，经由新建的19千米、24英寸的天然气外输管线（GEXL）输至伊拉克当地卡哈拉燃气发电厂，满足当地供电需求。毗邻卡哈拉电厂还建设天然气接收末站（GRS）1座，分离湿气中的凝液，加热计量后送至电厂，分离出的凝液通过一条3英寸管线输回一期油气处理站（CPF1）混掺至原油处理设施。该伴生气外输管线于2013年2月11日竣工输气并在二期投产后对天然气接收站（GRS）进行扩建。

第七章　生产生活辅助系统

哈法亚油田生产及生活辅助系统建设要求，即“生产兼顾生活，高端定位筹划，高速协同发展，创一流国际合作水平。”按照统筹安排、齐头并进、次第优化、平衡运作的原则，落实与油田生产休戚相关、不可或缺的给排水、供电、自控、通信、安防、办公与生活等配套辅助地面工程的系统建设。

第一节　给排水与消防系统

一、给水系统

给水厂（SWP1）在哈法亚三期工程阶段进行扩建，最终扩建后规模达到 2.95 万米^3/ 日，为一期油气处理站 CPF1、二期油气处理站（CPF2）、三期油气处理站（CPF3）及天然气处理厂（GPP）提供生产用水、消防、生活用水及营地等其他公用水，并新建一根从 24 英寸供水干线接点至三期油气处理站（CPF3）供水管线。给水厂（SWP1）扩建工艺流程：卡哈拉河水→取水头→取水泵→沉砂池→反应沉淀池→微滤（含泵）→清水池→外输水泵→输水管线→用户。

根据米桑石油公司（MOC）和投资伙伴的要求，为减少水流对卡哈拉河的河床稳定性的影响，并满足当地水利部分的要求，取水构筑物采用岸边式。为减少对取水点下游用户影响及满足当地环保要求，水厂的污泥进行浓缩、脱水及干化处理，干化的泥饼将进行填埋或焚烧处置。2022 年 6 月底，已完成水源厂的扩建。

二、排水系统

含油污水处理后回注，生活污水经化粪池及一体化污水处理装置处理后排入蒸发池，无外排。

哈法亚一期油气处理站（CPF1）及外输首站（HPS）站内洁净雨水经场区雨水管网重力流至站外壕沟蒸发；二期油气处理站（CPF2）、三期油气处理站（CPF3）及天然气处理厂（GPP）站内洁净雨水经雨水管网收集至雨 9 水池，经雨水泵提升至站外壕沟蒸发。各站罐区受污染的雨水将储存于防火堤内经污水泵提升至站外蒸发池处理。

三、消防系统

哈法亚油田建设 2 座消防站，均为一级消防站，1 座位于油田基地，将保护油田基地设施、一期油气处理站（CPF1）、哈法亚首站（HPS）、三期油气处理站（CPF3）及附近井场，1 座位于二期油气处理站（CPF2）北侧，将保护二期油气处理站（CPF2）、天然气处理厂（GPP）及周围井场。一期油气处理站（CPF1）、二期油气处理站（CPF2）已建消防系统可满足三期本站内的扩建需要，需扩建新增设备所需的消防管网等。三期工程，已完成在三期油气处理站（CPF3）、天然气处理厂（GPP）内各新建 1 套消防系统。

三期油气处理站（CPF3）内最大保护对象是 4 座 3 万立方米立式拱顶油罐，采用稳高压消防系统，站外油井及选井阀组站设置移动式灭火器保护。油罐区采用固定式空气泡沫灭火系统和固定式冷却水系统，其他生产装置区采用移动式冷却水系统及泡沫灭火系统。（CPF3）最大冷却水量为 910 米^3/ 时，最大泡沫混合液量为 568 米^3/ 时。

天然气处理厂（GPP）内最大保护对象是液化天然气 LPG 罐，C3$^+$ 罐及 C5$^+$ 罐，采用稳高压固定式消防冷却水系统。凝液处理区和 C5$^+$ 罐区设置移动式泡沫灭火系统，其他生产装置区采用移动式冷却水系统。天然气处理厂（GPP）最大冷却水量为 1100 米^3/时，最大泡沫液量为 2 米^3/ 时。

第二节　供配电系统

伊拉克哈法亚油田外部电网匮乏，电力线路数量少且极不稳定，故油田总体供电方案为自备燃气发电。哈法亚一期工程在油气处理站 CPF1 站内建有燃气轮机电站 1 座，电站机组配置为 3×5.5 兆瓦，主要为油气处理站 CPF1 站内供电，于 2012 年 6 月投产。哈法亚二期工程在 CPF2 附近新建 1 座电站，电站机组配置为 3×10 兆瓦，主要为油气处理站 CPF2 站内、外输首站、油田基地、站外系统等负荷供电，于 2015 年 1 月投产。哈法亚一期油气处理站 CPF1 电站与二期油气处理站 CPF2 电站通过约 10 千米 66 千伏（二期 33 千伏降压运行）架空电力线路及联络变压器并网运行。对毗邻二期油气处理站 CPF2 的电站进行扩建，新增燃气发电机组 5 台，单台机组 30 兆瓦。同时新建自二期油气处理站（CPF2）开关站至三期油气处理站（CPF3）开关站 66 千伏双回路铁塔线路，以满足一期油气处理站（CPF1）扩建、二期油气处理站（CPF2）扩建、新建天然气处理厂（GPP）及三期油气处理站（CPF3）等油田地面设施供电。

第三节　自控系统

伊拉克哈法亚油田一期地面工程项目，在一期油气处理站 CPF1 设置 1 套分布控制系统（DCS）和 1 套紧急关断系统（SSS）。分布控制系统只要用作站场工艺设备的监视和控制；紧急关断系统用于站场的紧急关断、紧急放空及火气监控。同时分布控制系统与紧急关断系统相互传递通信信号，日常工作参数将各油气处理系统采集信号通过软点方式传输到分布式控制系统（DCS），进行集中显示。站外集输管网（FSF），每个平台（Well Pad）设置一套远程终端单元（RTU），负责平台中工艺设备的控制与单井油、气、水的计量和井口压力温度信号的采集，同时平台和井口的火气信号也传输至远程终端单元。每个远程信号传输单元使用光缆（或无线通信）与分布式控制系统联通，以软点方式传输，并集中显示，减少人员外输巡检的频率。

哈法亚一期在天然气接收站（GRS）中设置 1 套可编程逻辑控制器（PLC）和 1 套紧急关断系统。可编程逻辑控制器负责天然气接收站的工艺参数监测与控制；紧急关断系统负责该站场的工艺流程紧急关断、放空和火气信号的采集。紧急关断信息与可编程逻辑控制器通讯，工艺参数及火气信息在可编程逻辑控制器操作员在站上集中显示。

哈法亚二期项目油气处理站（CPF2）站场中设置 1 套数据采集与监测控制系统（SCADA），1 套分布控制系统及 1 套紧急关断系统。站场采集到的信号通过软点方式传输到分布控制系统集中显示。站外油气集输系统（FSF），每个平台设置 1 套远程终端单元，负责平台设备控制及单井油、气、水的计量和井口压力温度信号采集。同时油井平台和井口的火气信号也传输至远程终端单元。每个远程终端单元使用光缆（或）与数据采集与监测控制系统进行通讯，将所有信号输到数据采集与监测控制系统集中显示，同时也可反向进行远程自动选井测量。分布控制系统数据也同时通过厂家内部协议传输至数据采集与监测控制系统显示。

哈法亚二期油气处理站（CPF2）增设 1 套数据采集与监测控制系统，将原来传输至分布控制系统的远程终端单元信号全部转移至数据采集与监测控制系统，使控制系统层次更加鲜明，网络结构更加清晰。同时原哈法亚一期处理站（CPF1）中分布控制系统的信号也传输至数据采集与监测控制系统集中显示。

哈法亚二期天然气接收站新建可编程逻辑控制器和紧急关断系统均在原天然气接收站控制系统的基础上，对软件和硬件集成更新。

哈法亚三期油气处理站（CPF3）设置分布控制系统、安全仪表系统、火气监控系统、数据采集与监测控制系统各 1 套，实现站内 / 外过程控制和紧急关断控制，生产数据将通过光缆传送至生产指挥中心。所有原油商业交接计量均在哈法亚外输首站内实现。

天然气处理厂（GPP）设置一体化站控系统（IPCS），包括分布控制系统、安全仪表系统、火气监控系统等系统，可实现站内过程控制和紧急关断控制，数据将通过光缆传送至生产指挥中心（OCC）。通过交接计量橇对天然气处理厂（GPP）内天然气计量。给水厂将设置 1 套可编程逻辑控制系统（PLC）对给水厂工艺过程控制。发电站设置 1 套可编程逻辑控制系统、静电防护系统、火气监测系统各 1 套，用以对出发电机组之外的开闭排，气处理橇的过程控制、连锁、紧急关断和火灾检测。所有发电机组的控制和 监控均由发电机厂家提供的设备管理系统 / 单元控制面板（PMS/UCP）来完成。

第四节 通信系统

哈法亚油田通过一期和二期工程形成 5 个通信网络，基本覆盖油田大部分地区：光传输网络（SDH）用于油田的 SCADA 数据传输（工业、电力）、调度电话系统提供通道及作为局域网（LAN）和工业电视监控网络的各站之间的通信的备份电路。局域网（LAN）主要承载的行政电话（电话和调度电话系统）、管理信息系统（MIS）、门禁、公共紧急广播。工业电视监控网络主要承载业务工业电视监控视频信号。火灾自动报警网络主要承载业务有火灾（感烟、感温）、火气信息。无线通信网络在营地设置 CDMA2000 和 LTE（4G）无线通信中心站、在哈法亚一期处理站（CPF1）和哈法亚二期处理站（CPF2）设置无线端站，该无线系统可覆盖整个油田部分地区，可以用于无线数据传输和手机语音通信。油田对外主要采用租用当地公网 90 兆字节电路和设置 VAST 端站 1 座，实现与北京、迪拜、以及世界各地的语音通信和上网。同时，在哈法亚油田配备海事卫星电话，用于紧急情况下的联络设备。

第五节 辅助生产设施

哈法亚二期油气处理站（CPF2）改扩建配套辅助生产设施。在现有员工营地（100 人）的预留用地内，再扩建满足 100 人的住宿、餐饮的营地。建筑单体均采用钢筋混凝土框架结构，包括宿舍、餐厅和配套的生活设施。

哈法亚三期油气处理站（CPF3）配套辅助生产设施。油田基地至油气处理站（CPF3）站址的距离约 10 千米。考虑到伊拉克的安全环境，现场作业安排了专门的安保措施，人员白天由油田基地至三期油气处理站（CPF3）需要约 1 小时，而晚上则需要更长的时间。因此，在三期油气处理站（CPF3）内建设 1 座员工营地，满足 100 人的食宿。建筑单体均采用钢筋混凝土框架结构，包括办公室、祈祷室、宿舍、餐厅、HSE 安保办公室、服务用房和配套的生活设施。另外新建 2 个安保营地，满足 100 人的食宿，建筑单体均采用钢筋混凝土框架结构，包括办公室、宿舍、餐厅、弹药库、卫生间、淋浴室、祈祷室及门卫等，并建设 3 个检查站和一个维修车间。

第六节 办公、生活基地

哈法亚油田基地占地面积 2 千米 ×4 千米，环绕基地设置壕沟，土堤，巡检车道，刺丝网，HESCO 横断面 30 米的大安防工程。基地内北侧为机场，南侧为生产、生活区域。生产生活区按照功能规划为业主营地、乙方营地、仓储区、维修区、加油站、培训中心、消防站等，满足基地生产、生活、仓储，维修、安全，全方位要求。

主营地建设满足约 438 人住宿和 840 人办公。哈法亚主营地一期建设大安防、业主营地一期（150 人）、仓储区、油库加油站等生活生产设施，于 2011 年底建成；基地二期建设生产指挥中心（OCC）及营地机场于 2012 年完成；公寓二期 13 栋（154 人）于 2013 年完成，后勤中心于 2014 年完成，维修中心于 2015 年完成；基地三期建设公寓 8 栋（132 人）于 2014 年完成；基地公寓 4 期共 2 栋（32 人）于 2014 年完成；办公楼（一期）于 2014 年完成；体育中心于 2014 年完成；基地四期办公楼（二期）建设于 2015 年完成；保税区于 2015 年完成；生活配套系统工程扩建于 2014 年完成。

第六篇　质量健康安全安防环保（QHSSE）管理

哈法亚公司坚持“以人为本，HSE 优先”理念，强化有感领导和 HSE 制度宣贯落实，积极开展 HSE 培训，加大 HSE 检查和审计力度。哈法亚项目运行 13 年以来，一直保持良好的健康安全环保绩效，未发生可记录的环境污染事件和群发性疾病及因传染性疾病、流行性疾病导致员工死亡的事件。

逐步建立起由管理层、各直线部门、HSE 部门、投资方、第三方构成的、全员参与的安全管理体系，形成由制度在先、培训紧随、实施到位、沟通及时、奖惩分明、外部协作、内部协同、自省提升等 8 个环节构成的有效健康安全环境管理流程，保证现场 HSE 问题的及时发现、沟通和整改，并有效促进工程安全管理的持续改进。

消防队伍通过境外培训和现场培训演练大大提升消防队伍的应急响应和处置能力，营地新建应急响应中心，哈法亚项目二期油气处理站（CPF2）的应急响应中心，油田的应急保障能力得到进一步加强。

在项目合同期内，哈法亚项目将根据中国石油（CNPC）的总体要求，结合作业区具体的安全形势和存在的主要风险，坚持与米桑石油公司（MOC）、当地驻军、警察结合，引入西方安保管理理念和标准，制订适应哈法亚合同区特点的安保方案和具体安保措施，继续完善以当地驻军、油田警察为主体的安保体系；同时利用当地资源，重点强化安保人员培训，确保安保人员责任到位、措施执行到位。要坚持安全发展、清洁发展，杜绝一般 A 级及以上工业生产安全事故和较大及以上交通事故、火灾事故，实现员工零死亡、百万工时损工伤害率和总可记录伤害率超国际同行业平均水平；杜绝较大及以上环境污染和生态破坏事件，实现废水、废气、固体废物规范处置、达标排放；杜绝群发性疾病及因传染病、流行性疾病导致员工死亡事件，实现员工职业病患病率为零，体检率达中国石油（CNPC）总体要求。

第一章 管理制度

哈法亚公司 QHSSE 委员会负责哈法亚合同区块内管理质量、健康、安全和环保管理工作，成立哈法亚片区应急小组，哈法亚公司 HSSE 部是具体执行机构。通过建立 HSSE 管理平台，形成哈法亚片区统一管理、甲乙方统筹协调、统一应急、整体联动的 HSSE 管理格局。根据哈法亚项目周边安全形势和合同区块实际情况，哈法亚公司制定相应的管理体系文件，包括管理办法、应急预案等。

第一节 QHSSE 制度建设

通过持续多年的逐步建立、优化、调整、修改多项 QHSSE 管理体系文件，哈法亚公司 QHSSE 管理制度日臻完善。

一、搭建 QHSSE 制度建立健全平台

2010 年，哈法亚公司 HSE 管理体系 1.0 版由总经理祝峻峰签署发布实施，包含 HSE 方针、HSE 管理手册、25 个 HSE 管理体系程序及 52 个 HSE 管理指南。哈法亚油田现场 HSE 与安保委员会会议以周例会形式（每周四下午 3 点）由管理层主持，各部门经理参加。通过例会形式及时对 HSE 管理中发现的问题进行讨论并提出决议，最终达到解决问题和强化提升的目的，为哈法亚公司 HSE 管理工作搭建一个高效的交流和决策平台。

哈法亚油田新《环境保护政策》由哈法亚项目公司总经理祝峻峰签署发布，并通过专题讲座向所有承包商讲解，手册包含 22 个环境管理支持性文件。

搭建油田现场操作 HSE 管理制度架构。2013 年，与合作伙伴之一的马来西亚石油公司在哈法亚油田现场召开 HSE 研讨会，对天然气（伴生气）接收站、哈法亚二期油气处理站（CPF2）施工现场、大庆 1205 钻井队井场、哈法亚一期油气处理站（CPF1）实验室及米桑石油外输管线（MOEP）1 号营地进行现场检查。研讨会议题涉及上次研讨会决议的落实情况、项目正在使用的车辆跟踪系统和设备维护系统、上次研讨会期间检查问题的整改情况、本次检查发现的整改建议及废物管理方面的经验交流。编制完成适合哈法亚项目特点的《井控应急计划》，并与作业部和现场其他部门密切合作，将应急计划的每项任务及措施落实到位；2017 年，哈法亚项目发布并实施《管理人员深入现场检查方案》（Leadership Site Visit Program）。哈法亚公司管理层、业务部门经理、

副经理及科室科长均需按照制订的年度计划前往指定场所开展对应主题的安全检查。该方案开发了 22 个主题的安全提示卡（既包括安全检查提示性问题，也包括安全观察与沟通的内容）供参考使用。同年，哈法亚项目发布实施《化学品管理程序》(《Procedure on Chemicals Management》) 和《实验室化学品管理规范》(《Specification on Laboratory Chemical Safety Management》)。

修订完善合同区块内交通管理制度。2014 年，哈法亚公司第三版《交通安全程序》发布，修订了对哈法亚公司所有及租赁车辆、驾驶员及乘客的安全要求。同年，对《交通安全程序》做了进一步更新（第四版），进一步强化了承办商在交通安全中的责任与义务；发布并实施《机场安全程序》，规定了对机场所有工作人员和乘客的要求、机场起飞前和降落前的安全注意事项、应急响应程序等；发布实施《车辆及移动设备安全认证及通行控制程序》发布并实施。该程序的发布进一步强化了公司所有、公司租赁及承包商所有和租赁车辆及移动设备安全状况的控制要求。

建立油田现场作业资质审核和作业许可管理制度。2014 年 6 月 9 日，哈法亚公司《作业许可程序》修订版发布并实施，结合执行过程中出现的问题，并综合生产部、作业部、工程部、井下服务部等生产部门的意见，对程序做进一步的优化；2014 年 10 月 14 日，《开挖作业安全程序》经生产部、工程部、作业部等生产部门确认，由勘探与生产大部总经理签发批准。该程序对油田现场高风险开挖作业的审批程序、注意事项及防范措施进行详细的规定；2017 年 1 月 28 日，发布 8 个作业许可相关文件（1 个程序文件和 7 个响应规范）。结合国际最佳实践和现场运行经验，经与勘探开发部、生产部、工程部、电力部、作业部和井下服务部留个部门的深入讨论，更新并发布了试运行的 2.1 版本作业许可程序以及配套的 7 个管理规范，包括热作业、冷作业、受限空间作业、高空作业、吊装作业、开挖作业和隔离作业。2017 年，哈法亚公司结合国际油气生产商（IOGP）标准与现场实际开展最佳实践，开发或更新了针对性更强的一系列文件，发布实施 62 个程序和规范，包括《HSE 能力管理程序》(《Procedure on HSE Competence Management》)《承包商 HSE 管理程序》(《Procedure on Contractor HSE Management》)《交叉作业管理程序》(《Procedure on HSE Management in Simultaneous Operations》)《电气安全管理程序》(《Procedure on Management of Electrical Safety》)《事件管理程序》(《Procedure on Incident Management》)《变更管理程序》(《Procedure on Management of Change》)《项目 HSE 计划和交付物管理规范》(《Specification on Project HSE Planning & Deliverables》)《航空安全管理规范》(《Specification Air Transport Safety》) 等。

建立 HSE 检查及整改制度。2016 年 1 月 3 日，《HSE 不合规项（NC）跟踪关闭表单》正式发布。该文件是结合现场实际，对现有的管理体系文件 3.22《不合规项及其整改指南》的补充和完善。“HSE 不合规项（NC）” 涵盖 HSE 检查发现、内部和外部 HSE 审计发现、事故事件分析发现等事项。开发此表单的主要目的是在《月度高风险 HSE 事项（汇总）报告》的基础上，加强每一个 “高风险 HSE 事项” 整改工作的过程跟踪和过程记录，确保最终的关闭是可靠的、高质量的。同年，在充分征求生产大部各部门意见后，新修订《工作危害分析规范（试行版）》，针对发布的《工作危害分析规范》，HSE 部在哈法亚一期油气处理站（CPF1）、二期油气处理站（CPF2）等区域对甲乙方关键岗位人员组织 13 期次互动式“工作安全分析”辅导，累计 246 人。

建立完善环保管理制度。2015 年 3 月 18 日，哈法亚项目编制并发布新一期的《环保指导说明系列》，主题为“如何制定环境管理计划”，并通过讲座等形式强化承包商制定环境管理计划的能力；2017 年 1 月 1 日，结合国际最佳实践和现场实际，经与工程部充分讨论，发布《硫化氢安全设计规范》，对设施管线的硫化氢设计要求、应急响应要求、厂区硫化氢危险分区等作详细规定；2017 年 1 月 9 日，《环境与社会环境影响评价管理规范》试行版发布，对如何进行环境与社会影响评价做详细规定。

建立完善职业健康管理制度。2017 年，发布 1 个《职业健康与卫生管理程序》和物理、生物、电离辐射、毒害气体 4 个方面职业健康危害的管理规范，即《物理伤害与控制规范》《生物伤害与控制规范》《电离辐射危害与控制规范》《有毒气体接触和蒸汽控制规范》，以及《职业卫生监测管理规范》，并持续继续完善更新油田“化学品健康影响及其预防和应急措施”数据库，对油田的职业健康危害实现全面覆盖和管理。2017 年，哈法亚公司发布《Fit to Work Program for PetroChina（Halfaya）Employees》，对入职体检、年度体检、离职体检和返岗评估进行详细规定。

持续更新 HSE 管理制度体系。2020 年 2 月 10 日，建立发布实施应对新冠肺炎疫情的预防和控制工作计划《Covid-19 Prevention and Control Program（1.0 版）》根据运行情况，持续更新，到 2022 年 8 月 16 日，更新到 2.5 版；2022 年 3 月 21 日，《公共卫生突发事件应急预案》通过中油国际（CNODC）本部的评审；2022 年 12 月，发布《中国石油伊拉克哈法亚公司 QHSE 委员会管理规定》及《关于成立中国石油哈法亚公司 QHSE 委员会的通知》；2022 年 5 月 30 日，完成所有 HSE 管理体系的更新换版（2.1）版，由总经理方甲中签署发布实施，包含 HSE 方针、HSE 管理手册、30 个 HSE 程序文件、50 个 HSE 标准、15 个 HSE 应急预案、15 个 HSE 规范、7 个 HSE 计划。

二、拓展 HSE 专业国际认证

为实现以简洁实用、灵活多样的形式对 HSE 体系进行宣贯实施，哈法亚项目先后发布了中文、英文、阿文版《哈法亚项目 HSE 入门指引》、安全提示卡、HSE 宣传海报、HSE 快速指南、针对全体员工与来访者的 HSE 快速指南视频等；2017 年 12 月 14 日，哈法亚项目获得了由法国船级社颁发并由英国皇家认可委员会（UKAS）认可的职业健康安全认证证书（OHSAS 18001：2007），认证范围包括 CPF-1&2、FSF-1&2、哈法亚泵站、水厂、电站、库房、加油站和营地；2018 年 8 月 16 日，哈法亚公司依照国际惯例于编制完成 3 个安全例证报告，分别为 CPF1&HPS Safety Case，CPF2 Safety Case，FSF Safety Case；2018 年 7 月，哈法亚公司组织完成 ISO14001 环境管理体系第三方年度审核，将认证证书从 ISO14001：2004 升级为 ISO14001：2015 环境管理体系认证证书。

2018 年 11 月，完成职业健康安全管理体系（OHSAS 18001：2007）的年度监督审核，保持了证书的有效性。同时，完成 OHSAS 18001：2007 与 ISO 45001：2018 的差距分析。2019 年 1 月

17 日，哈法亚公司 HSE 管理体系通过由英国皇家认可委员会（UKAS）认可的职业健康安全管理体系（OHSAS 18001：2007）年度监督审核，保持了证书的有效性，证书的适用范围在哈法亚一期、二期的基础上，增加了哈法亚三期生产设施。2020 年 12 月 27 日，哈法亚职业健康安全管理体系完成从 OHSAS 18001：2007 到 ISO 45001：2018 的证书迁移，获得了由法国船级社颁发并由英国皇家认可委员会（UKAS）认可的环境管理体系（ISO 45001：2018）认证证书。2021 年 4 月 1 日，哈法亚取得由法国船级社颁发并由英国皇家认可委员会（UKAS）认可的环境管理体系（ISO 14001：2015）认证证书。2022 年 2 月 26 日—3 月 5 日，开展 ISO 14001：2015 环境管理体系外部审核认证，2022 年 12 月，开展了 ISO 45001：2018 管理体系外部审核认证。

三、强化 HSE 应急反应机制

哈法亚公司将油田层面的应急响应计划整合优化为 10 个应急预案，覆盖了哈法亚油田各生产和办公场所。其中，为生产设施的应急预案配套了多张应对不同应急场景的“事件响应流程图”，明确标记了关键决策节点，提高了应急响应效率和准确性。2017 年 9 月 3 日，哈法亚公司发布并实施《现场医疗应急响应预案》《Primary Medical Emergency Response Plan》，对 13 个具体的油田现场进行专门应急演练，并建立每个现场的医疗应急响应流程。

2019 年 10 月，发布 10 项保命原则的单项检查表和 10 项保命原则的张贴海报；以此作为哈法亚安全工作现场检查的和交流的最低 HSE 标准。2021 年 10 月按照溢油的应急要求；重新更新了河面溢油应急计划；明确界定了溢油的应急方式，职责和溢油严重程度的分级。2020—2021 年，哈法亚公司根据新冠肺炎疫情防控的要求，先后 5 次更新和发布《新型冠状病毒感染的肺炎疫情哈法亚现场防控方案》与《新型冠状病毒感染的肺炎疫情应急响应预案》。为哈法亚公司甲乙方的防疫工作提供了坚实的政策和程序保障。2021 年 6 月，哈法亚公司结合现场实际制定了以“落实安全责任，推动安全发展”为主题的安全生产月活动，哈法亚公司各部门设置联络人，负责协调组织沟通安全生产月活动，并组织承包商开展相关活动。2021 年 8 月，按照 7 月 30 日中国石油（CNPC）安全环保疫情防控视频会议的工作部署，以及中油国际（CNODC）《关于开展“反违章专项整治”活动的通知》要求，哈法亚公司组织开展为期 3 个月的“反违章专项整治”活动。

2021 年 10 月，哈法亚公司开展主题为“积极井控，警钟长鸣”的井控警示月活动，进一步吸取井控事故事件教训，贯彻落实中国石油集团公司党组关于井控工作的要求，深入践行积极井控理念，牢固树立大抓基层的鲜明导向，全面提高全员井控意识，切实防范井喷重大风险，杜绝井喷失控事故，确保井控绝无一失工作目标的实现。2021 年 11 月 14 日，更新完成《溢油应急反应方案》明确界定了溢油的应急方式、管理职责和溢油严重程度的分级。2022 年 1 月，哈法亚公司按照中国石油（CNPC）《关于切实加强特殊敏感时段安全环保升级管理工作的通知》及第 260 次疫情防控例会关于高风险作业升级管控有关工作要求，每周准确报告有关高风险作业相关信息，做好特殊敏感时段高风险作业管控工作。2022 年 3 月，哈法亚项目结合安全生产专项整治三年行动计划工作部署，开展重点领域安全生产集中整治工作。

2022 年 2 月 22 日，中油国际（CNODC）开展对哈法亚公司 QHSE 和新冠肺炎疫情应急在线巡视会，哈法亚公司安全总监汇报相关工作。2022 年 2 月 9 日、6 月 29 日，开展了两次河面溢油应急演练，测试了应急设备和应急反应能力。2022 年 4 月，哈法亚公司 HSE 部深入学习习近平总书记关于安全生产的重要指示精神，进一步提高全体干部员工安全生产政治站位和责任担当，清醒认识当前海外疫情、社会安全外部复杂环境冲击下安全生产形势的严峻性、复杂性，树立底线思维，强化红线意识，坚定统筹企业发展改革和安全生产，坚持“四全”管理，落实“四查”要求，压紧压实全员安全生产责任，结合 HSE 体系审核全面开展安全生产十五条硬性措施落实和全方位安全风险隐患排查整治，统筹一体推进重点领域安全生产专项治理，全面排查整治各类安全风险隐患，有效遏制事故事件发生，开展安全大检查工作。

四、推进 HSE 管理标准化建设

哈法亚公司在 HSE 管理体系 2.0 版主文件的基础上，结合实际情况，侧重操作层面文件的更新与开发。其中，修订主文件 15 个，组织完成 6 个 HSE 专项计划、2 个 HSE 专项方案、9 个 HSE 专项规定等。截至 2018 年底，哈法亚公司建成了一套系统全面、层次清晰、立体动态的具有自主知识产权的 HSE 制度标准体系，可供中油国际（CNODC）陆上油气田新作业者项目直接采纳。有效运行的 HSE 制度标准构成了哈法亚项目 HSE 风险管控的技术准则和行为准则，涵盖了地面工程设计审查 HSE 规范、生产设施运行维护安全规范、高危作业 HSE 规范等方面的制度规范，涉及工艺安全管理体系、应急医疗体系、职业健康卫生体系、环境管理体系、航空与陆地运输安全管理体系、应急管理体系等 HSE 管理子体系。哈法亚项目的整套 HSE 制度标准，集成了中国石油（CNPC）的优良传统和国际最佳实践。

第二节　伊拉克社会安全形势简析

2003 年，以英美军队为主的联合部队对伊拉克发动军事行动（又称第二次海湾战争）。2005 年 10 月，伊拉克的“永久宪法”获得通过，确认伊拉克为伊斯兰、民主、联邦议会共和国。2006 年 5 月 20 日，由马利基领导的第一届伊拉克政府成立。2006—2007 年是伊拉克教派冲突最为严重的时期。2009 年 1 月举行的选举中，伊拉克政府承担维护社会秩序任务，经济重建也缓慢启动。2010 年 12 月，联合国通过决议，取消根据对伊拉克在大规模杀伤性武器、导弹的制裁，结束“石油换食品”计划。2011 年第二次海湾战争结束。

2013 年后，宗教极端武装开始在伊拉克崛起。2014 年起“伊斯兰国”在伊拉克攻城略地，一度威胁到政权的存亡。伊拉克战后重新建立起来的秩序再次陷入分裂状态，国家处于内战的边缘。2017 年 12 月，随着“伊斯兰国”最终被击溃，总理阿巴迪宣布政府军已收复“伊斯兰国”在伊拉克所控制的领土，伊拉克政府 2017 年底开启再度重建。

2018 年 10 月 25 日，伊拉克新一届政府成立，新上任的阿德尔・阿卜杜勒・迈赫迪总理得到

什叶派两大政治联盟的支持。2018 年 11 月新一届政府组建以来，对外交往活跃，希望平衡发展与周边国家间关系。2019 年以来，伊拉克持续爆发游行，抗议腐败、美军干涉、军阀林立和经济低迷，这也导致伊拉克政坛持续动荡。2019 年 11 月，伊拉克前总理阿卜杜勒·迈赫迪宣布辞职。2021 年 10 月 10 日伊拉克大选。2021 年底，美国五角大楼宣布停止撤出战斗部队和设备设施，停止在伊拉克的军事行动。

第三节　安保制度

一、人员设置与职责

2013 年，哈法亚公司为有效应对伊拉克严峻的社会安全形势，成立独立的安保部，配备专职的安保管理人员。安保部设营地安保科、现场安保科、安保通讯科和当地协调科，分别负责营地安保、油气处理站（CPF）和井场安保、安保通信和视频监控系统（CCTV）系列，协调与伊拉克当地政府和军警的关系；安保部有员工 80 人，其中中方人员 3 人、国际雇员 11 人和当地雇员 66 人。

哈法亚安保部贯彻执行中国石油（CNPC）和中油国际（CNODC）各项社会安全管理规定，建立、备案、更新和实施哈法亚公司社会安全管理体系，负责哈法亚公司社会安全（人防、物防、技防、信息防）重要项目的采购、实施、管理和维护；负责公司主营地、各个生产设施、作业现场和流动单元的安保管理；负责公司社会安全突发事件的处置和上报；负责公司社会安全风险评估和上报；负责公司应急领导小组办公室工作，协助公司应急领导小组开展应急处置工作。负责公司社会安全管控体系和社会安全知识的培训与演练。哈法亚公司安保管理机构设置见图 6-1-1。

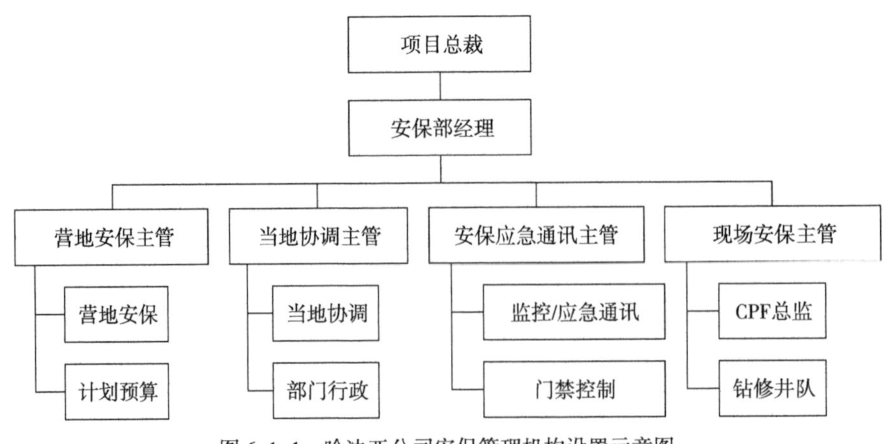

图 6-1-1　哈法亚公司安保管理机构设置示意图

二、建立安保管理体系

哈法亚公司依据中国石油（CNPC）国际业务社会安全管理体系文件，结合实际情况，组织整理和编写哈法亚公司的社会安全管理体系文件，其中包括一级文件 1 个安保程序手册，是安保管理的指导性文件；二级文件 19 个，包括程序文件、管理标准和安保方案；三级文件 21 个，包括工作流程、安保许可办理、门禁与数据库的管理等。2022 年，对所有体系文件进行审核升级，修订发布门禁管理、通讯管理等 10 个体系文件。

2021 年，哈法亚公司社会安全应急预案和撤离预案参加中国石油（CNPC）组织的备案评审，并通过评审。哈法亚公司将照预案要求组织年度应急演练，及时收集发布预警信息，落实外部军警支援力量、食品准备、包机和车辆、应急资金储备等应急保障资源。同年，哈法亚公司在风险评估、应急预案管理、应急演练、社会安全信息报送等方面均高分通过中油国际（CNODC）本部年度绩效考核。2022 年，《伊拉克哈法亚社会安全风险评估报告》《中石油伊拉克哈法亚项目脆弱性评估报告》通过中油国际（CNODC）审核备案。

2011 年，编写《哈法亚项目未引爆军火风险管理方案》。

2013 年，编写《哈法亚一期、二期油气处理站（CPF1、CPF2）社会安保计划》《哈法亚公司纪律处罚办法》。

2015 年，编写《哈法亚公司安保应急响应预案》《哈法亚公司主营地及机场安保计划》《哈法亚公司设备材料动迁安全管理程序》《哈法亚公司安保许可办理程序》《哈法亚公司进入管理程序》《哈法亚公司安保通信技术人员操作规程》《哈法亚公司钻机和无钻机安全通信程序》。

2016 年，编写《哈法亚安保手册》《哈法亚井场最低物理安防建设标准》《哈法亚承包商营地最低物理安防建设标准》《哈法亚视频监控系统（CCTV）最低标准及采购注意事项》《哈法亚私人安保公司最低标准》《哈法亚出入证及门控管理政策》《哈法亚设备及访客进入申请政策》《哈法亚承包商及访客进出管理政策》《哈法亚机场人员及车辆进出管理政策》《哈法亚主营地私人安保公司人员及车辆进出管理政策》《哈法亚事故事件和紧急能知政策》。

2017 年，编写《哈法亚安全护卫申请程序》《哈法亚一期、二期油气处理站（CPF1、CPF2）进入控制程序》《哈法亚井场进入管理程序》等。

2019 年，编写《哈法亚安保方案》《哈法亚安保应急响应方案》《哈法亚承包商安保管理政策》《哈法亚主营地机场进入管理程序》《哈法亚安保培训管理程序》《哈法亚安全风险管理程序》《哈法亚安全信息管理政策》《哈法亚安保豁免管理政策》。

2020 年，编写《哈法亚项目移动过程中发生安保事件的应对》《哈法亚主营地材料进出管理程序》。

2021 年，编写《哈法亚公司防绑架管理方案》。

2015 年，根据中国石油（CNPC）的安保体系文件和哈法亚公司的安保管理实际，起草了和更新了包括营地，哈法亚一期、二期油气处理站（CPF1、CPF2）的《安保评估及计划》《出入控制管理程序》《ID 卡申请和审批程序》《应急撤离计划等程序》等文件，初步完善了哈法亚项目的安保文件体系。

2016 年，按照标准化管理的理念，起草并经审核发布《钻修井队及井场安保标准》《承包营地安保管理标准》《CCTV 系统最低配置标准》《私人安保公司（PSC）最低标准》4 个标准文件，基本涵盖人防、物防、技防 3 个方面的安保标准，使哈法亚公司安保管理做到有章可循、有标准可依。

2018 年，对 28 个程序文件和部门内部管流程都进行梳理和更新。尤其是根据伊拉克日趋严峻安保形势，完善原有安保应急预案，增加了《应对游行示威及当地社区冲击营地的应对方案》，并对营地和各 CPF 的安保计划进行更新，使之更加符合安保管理实际。

2019 年，根据中油国际（CNODC）对哈法亚公司社会安全管理审计及对现有的社会安全体系文件的相关意见，为严格与中国石油（CNPC）体系接轨，对现有的文件进行进一步梳理和修改，尤其是对应急预案的各项内容逐条与集团进行对标，使之符合标准。经过 4 个多月的努力，完成全部 35 个文件的修订和完善。

2020 年，哈法亚公司更新社会安全管理体系，实现手册文件、程序文件、作业文件齐全，各项社会安全管理工作有规范的管理程序和工作流程。同时，哈法亚公司开展“四防”现状与《高风险及以上国家（地区）项目社会安全管理最低要求》的对标分析。

2021 年，哈法亚公司完善并更新社会安全管理制度 9 个文件。同时，针对伊拉克境内绑架事件有所增加的形势，编写《哈法亚公司防绑架预案》。

2022 年，哈法亚公司完善并更新社会安全管理制度 39 个文件。同时，参与中国石油（CNPC）社会安全体系 2.0 版本的编写，并参加中国石油（CNPC）组织的对乍得上游项目的脆弱性评估。

第四节　安防管理

2009 年，根据中国石油（CNPC）的标准设计建设主营地，以“应急管理”为抓手的较为完备的大安防体系。2020 年，哈法亚公司开展“四防”（人防、物防、技防、信息防）现状与《高风险及以上国家（地区）项目社会安全管理最低要求》的对标分析，并通过中国石油（CNPC）审核。2022 年，编写《中国石油（伊拉克）哈法亚公司社会安全风险评估报告》《中国石油（伊拉克）哈法亚公司脆弱性评估报告》，并通过中国石油（CNPC）审核。截至 2022 年底，哈法亚周边的社会安全风险等级为极高风险Ⅱ级。

一、标准化物防设施

哈法亚油田主营地安防设施周长 15 千米，具有 9 道物理防范措施，从外向内分别是 2.5 米围墙滚网、3.5 米深水沟、3.5 米高土坝、瞭望塔、围墙滚网、探照灯、深水沟、3 米防弹墙和 3.5 米砖墙。3 米防弹墙长 2 千米、宽 1 千米，所有中方承包商营地都建设在防弹墙保护圈内。3.5 米砖墙长 750 米、宽 480 米，项目公司人员工作和生活在砖墙保护圈之内。哈法亚公司有承包商对营地和 CPF 物防设施进行检查、维护和维修，确保物防各项设施坚固、完整。

二、多元化人防架构

哈法亚公司采取多元化的人防架构，人防队伍包括伊拉克军队、石油警察特警、石油警察、私人安保公司、井场看护人员和中方内保，这些人员分别提供动态安保和静态安保，多元化的人防体系保护着中方人员的安全（图 6-1-2）。哈法亚公司从经验、专业性、可靠性、投标价格等方面综合考虑，使用的私人安保公司为国际安保公司，未使用当地安保公司。哈法亚公司未直接与中资安保公司签署合同而是通过国际安保公司分包的形势雇佣中方内保，主要负责哈法亚主营地内人员安全，重点岗位配发武器，以应对突发事件。

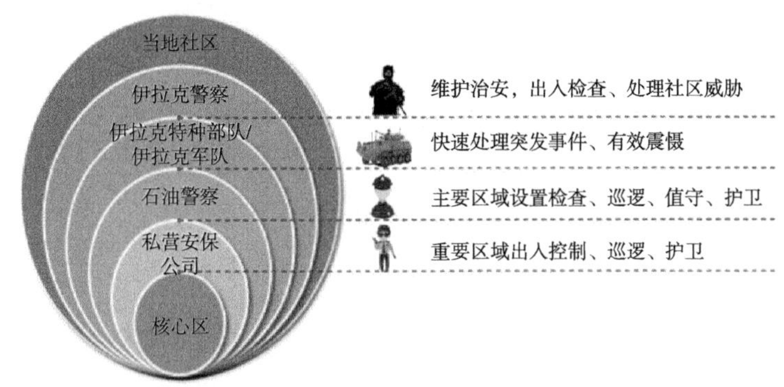

图 6-1-2　哈法亚公司多元化人防体系示意图

公司安保力量主要由私人安保公司和当地军警两部分组成。私人安保公司为国际安保公司 GardaWorld（GW），主要负责哈法亚项目主营地与一期至三期油气处理站 CPF1、CPF2、CPF3 的静态安保，其中只有主营地有中资安保，主要负责哈法亚主营地内人员安全。当地军警主要由石油警察和军队组成，石油警察及石油警察特种部队（OPF SF）隶属伊拉克石油部管理，在油区主要负责部分出行护卫、作业现场和检查站的工作，军队主要负责靠近村庄部落较近工作区域的防护，特殊情况下也进行出行护卫。

哈法亚公司根据受保护范围大小，设备设施多少，周边快速支援力量的远近、检查站点的距离及周边社会安全情况等因素考虑，部署安保力量。

（一）私人安保公司力量部署

（1）哈法亚主营地：配备私人安保公司 202 人，主要负责主营地及机场巡逻与保卫工作。同时配备 4 组防爆犬及 1 组安保车队（PSD）。

（2）哈法亚一期油气处理站（CPF1）：配备私人安保公司 12 岗 48 人，主要负责哈法亚二期油气处理站的人员及设备设施保卫工作。同时配备 1 组防爆犬。

（3）哈法亚二期油气处理站（CPF2）：配备私人安保公司 36 岗 137 人，主要负责哈法亚二期油气处理站的人员及设备设施保卫工作。同时配备 2 组防爆犬。

（4）哈法亚三期油气处理站（CPF3）：配备私人安保公司 37 岗 142 人，主要负责哈法亚三期油气处理站的人员及设备设施保卫工作。同时配备 1 组防爆犬。

（二）当地军警力量部署

当地军警力量主要由石油警察（OPF）、特种部队（SF），及伊拉克军队（IA）构成。石油警察（OPF）主要负责油区靠近外围的检查点、中央处理站外部的车辆及人员的检查工作及作业队人员出行护卫；特种部队（SF）负责油区内主要道路车辆及人员的检查、流动人员出行护卫及快速反应支援工作；伊拉克军队（IA）主要负责 CPF3 周边两个大检查点的检查工作，此处靠近村落，人员相对较多，民风彪悍，部落冲突严重。

三、网络化技防系统

哈法亚公司建有多功能的安保值班室，值班室有专人 24 小时值守，值班室人员可以通过卫星电话、当地手机、座机和电台与驻油田的军警、3 个油气处理站、钻井队、RIGLESS 作业队和其他现场作业场所联系（图 6-1-3）。按照哈法亚油田社会安全事件管理要求，在油田发生任何安保事件都要第一时间汇报给安保值班室，值班室会根据需要增派军警到现场进行处置，避免安保事件进一步升级，另外值班室也会通知相关人员并做好记录。

图 6-1-3　哈法亚公司安保值班室

哈法亚油田主营地和 3 个油气处理站（CPF）及其他场所安装大量摄像头，摄像头采集的数据会及时传输到值班室并进行保存。哈法亚项目分 2 期对整个油田的监控系统（CCTV）升级改造，首先 2016 年对第一期监控系统（CCTV）升级改造，另外在 2022 年 12 月完成主营的电子围栏建设并投入使用，大幅提高哈法亚油区安保技防能力。

四、全面化安防信息共享

建立健全安保信息收集渠道。为能及时有效获取伊拉克国家整体安全信息及米桑地区、哈法亚油区信息，安保部专人负责每天通过浏览各大新闻网站，同时，保持与在当地服务的各国际安保公司、情报机构等，获取大量伊拉克社会安全形势的相关情报及周边地区社会安全事件信息，提取有效相关信息，预警预判分析，及时通报各承包商，提醒注意事项，采取有效措施，以应对安保事件上升趋势。包括但不限于中国石油（CNPC）社会安全信息网站、海外社会安全形势周报、伊拉克安保周报、GW（GARDAWORLD）安保公司、Aldebaran Threat Consultants（军情咨询公司）、Controlrisk、网易新闻、华人头条、中国新闻网、新华社、环球 TIME、China Daily 等各大新闻网站。

五、“三大一统一”承包商管理

哈法亚公司根据中国石油（CNPC）安保管理相关制度，建立甲乙方共享安保资源、甲乙方共享安保信息、甲方统一管理出行护卫、甲方统一对承包商的安保业绩进行考核并纳入合同管理的管理方法，最大限度保护好承包商利益与人员安全。同时，为切实提高承包商全过程监管水平，落实承包商主体责任，提升承包商现场安保管控力。哈法亚公司加强承包商入场前安保资质审核，并要求所有中外方员工及当地雇员必须持有米桑石油公司出具的合格的安保许可证，以防止不合格人员、不合格队伍进入现场施工作业。并要求各承包商对所雇用的分包商安保资质进行全面审核，对有不良社会背景、与当地社区有严重冲突的部落人不得使用，与当地部落有利益冲突的公司要严格把关，谨慎录用，规避风险。严格落实外部承包商队伍和人员“黑名单”制度，及时清退不合格承包商。

为加强承包商统一管理，哈法亚公司采取措施，要求所有承包商防弹车进行升级改造，尤其是防弹车油门踏板处、车门把手、后备厢门等薄弱环节；检查所有承包商车载对讲系统及前后影像设备，要求状态良好并保持畅通；安保部每周与各承包商召开周会，了解和解决近期各承包商安全安保遇到的问题，及时传达本周伊拉克安全形势及周边地区安保事件，有针对性提示防控重点及需要注意事项；每月对各承包商防恐演习进行现场指导并对安保设施进行检查；每月对承包商海式卫星电话、对讲系统、跟踪系统进行测试，保证所有设备完整有效。

第二章 QHSSE 工作

面对地域范围、业务类别、管理难度增加，以及极高风险和高风险国家错综复杂的政治、社会和安全局势，哈法亚公司上下齐心协力，积极应对战争暴恐伤害、工业安全和环保风险挑战，落实监管责任，强化风险管控，为安全平稳发展、提升国际化形象，奠定坚实的基础。形成哈法亚公司统一管理、甲乙方统筹协调、统一应急、整体联动的 QHSSE 战略格局，凸显哈法亚公司从整体利益出发，积极认领责任，顾全大局，甲乙方一盘棋的工作思路。明确职责定位，充分发挥 QHSSE 指导、监督、协调、统筹、考核功能，把夯实 QHSSE 基础作为推进体系建设重要抓手，推进实施培训、宣传、调研、检查、监督等各项 QHSSE 工作。

第一节 HSE 培训与宣传

一、培训活动多种形式，紧贴实际

自 2010 年下半年起，哈法亚公司陆续开展多项培训活动，对推进 QHSSE 工作产生重要影响。

针对哈法亚公司生产设施（CPF 和 FSF）的工艺流程，组织开展了多期互动式的“工作安全分析”辅导，对数千个个关键环节进行了安全风险分析，超过 1673 名甲乙方关键岗位人员参加培训活动。

2014 年 11 月 24 日，国际 SOS 机构（International SOS）提供的由美国心脏协会（AHA）认证的基础急救知识和技能培训正式启动。该培训采用美国心脏协会标准，涵盖心肺复苏、简单外伤处置，急救箱和自动体外除颤仪的使用等内容，提高了员工的自救和互救能力。

2015 年 1 月 10—20 日，国际 SOS 机构（International SOS）提供的由美国心脏协会（AHA）认证的基础急救知识和技能培训第二批次正式启动，81 人参加培训并取得证书。由于项目现场医疗依托资源差，为提高员工自救和互救能力，此项培训逐步覆盖到全体员工。

2015 年 5 月 8 日，国际 SOS 机构（International SOS）提供的由美国心脏协会（AHA）认证的基础急救知识和技能第三轮次培训，培训覆盖了作业于 CPF1 和 CPF2 现场的 95 人。

2016 年 1 月 24 日—3 月 24 日，组织 9 期覆盖所有消防员的每期 5 天的由权威机构认证的救援人员急救能力培训。

2016 年 2 月—3 月 5 日，邀请第三方环境管理认证公司天祥集团（Intertek），组织两期 ISO14001 内审员认证培训，参训人员包括 HSE 部、工程部、作业部人员，以及米桑石油公司的

HSE 专业人员。

2016 年 3 月 6—10 日，哈法亚公司针对甲方司机组织 5 期防御性驾驶更新培训。

2016 年 3 月，哈法亚公司根据职业健康医生依据职业健康风险调研情况，针对哈法亚一期、二期油气处理站（CPF1、CPF2）的员工分批次组织职业健康危害告知培训。

2016 年 7 月起，哈法亚公司 HSE 部在哈法亚一期、二期（CPF1、CPF2）等生产区域开展为期 3 个月的险兆事件分享宣讲活动，使险兆事件报送量大幅增加。

2019 年 11 月 20 日，哈法亚公司邀请国际 SOS 专业培训师在油田现场完成 10 期由美国心脏协会（AHA）认证的基础急救培训，约 100 名新入职的当地员工参加培训并获得证书。

2019 年，哈法亚公司开发了员工培训矩阵和时长 2 小时 30 分的安全基础培训课件，先后组织开展 1400 余人次的全员 HSE 基础培训；培训的内容包括 HSE 体系、风险的识别、分级、控制、应急管理等课件，哈法亚的 10 项保命法则。在场站现场由现场 HSE 监督开展硫化氢、作业许可（PTW）、工艺流程管理、SIMOPS 的培训工作，共 538 次。

2020 年，哈法亚公司 HSE 专职人员为现场人员提供专项培训及定向帮辅，培训内容包含硫化氢安全、工作危害分析、作业许可、高处作业、受限空间作业、动土作业等，累计 597 期次，培训 5363 人次。承包商开展各类培训，累计培训 17564 人次。

2021 年 12 月，哈法亚公司，按照培训矩阵与培训需求制定全年培训计划，共开展作业许可、硫化氢防护、工作危害分析、气体检测等一般 HSE 培训 217 期，开展保命法则培训 393 期，开展道路交通和航空安全培训 390 期，开展消防安全培训 453 期、新冠肺炎防控培训 197 期，以及其他按需组织的培训共 1651 期次 8162 人次。编发《安全警示》36 期、《安全公告》10 期。2020 年 2 月—2022 年 12 月，广泛而不间断地开展新冠肺炎疫情防控培训工作。

2022 年，哈法亚公司按照培训矩阵开展 HSE 培训、保命法则培训、交通安全培训、消防安全培训、健康培训。全年甲乙方共组织 HSE 各类培训 5483 期次，培训 57836 人次。编发安全警示与公告 42 期。与公共关系部及相关部门联合组织 6 期对当地社区的安全宣讲活动，共覆盖油区内的 1000 余名当地民众，内容涉及油田内的输电线路安全、动土安全等方面。

二、宣传落到实处，警钟长鸣

2013 年 3 月，哈法亚公司 HSSE 宣传片完成制作。2015 年 1 月，启动油区居民 HSE 意识宣讲培训。针对哈法亚油区内地下油气管线和光缆分布广、高压输电线路路过村庄附近等情况，哈法亚公司联合米桑石油公司（MOC）组成 HSE 宣讲小组，围绕规避高压输电线和硫化氢危害、禁止在地下管线和光缆警示标志区域内挖掘、远离高压输电塔等主题，在油田社区开展油气设施安全知识宣讲。2015 年，社区 HSE 宣讲共开展 11 期，覆盖 7 所中小学校、16 个村庄、84 位居民代表（《中国石油报》及中国石油网于 2015 年 5 月 26 日对此进行了报道）。

2018 年，联合米桑石油公司、米桑交通警察局等继续开展社区安全教育活动。围绕规避高压输电线、远离高压输电塔、禁止在地下管线和光缆警示标志区域挖掘、硫化氢的危害、家庭用电安全、交通安全等主题，开展 5 期社区安全教育活动，覆盖了油区 5 所学校 549 名学生。

2019 年 10 月 6 日，伊拉克新修订的交通法规生效实施。哈法亚公司 HSE 部联系米桑省交通局在油田培训中心开展 6 期次新交规的宣贯，培训甲乙方司机累计 233 人次。

2020 年 4 月 1 日，哈法亚公司公共关系部与 HSE 部合作，开始安排居家办公的当地员工向油田内及附近的当地社区分发、讲解项目公司准备的阿语版新冠肺炎疫情防控宣传材料。通过加强当地社区民众的防疫意识，推动油田内各项防疫措施的有效落实。

第二节　HSE 检查与审核

2013 年 6 月 28—29 日，海外勘探开发公司 HSSE 检查组对哈法亚项目进行安全生产大检查。检查组首先听取项目进展、HSE 和安保工作汇报，随后到现场抽查大庆钻探公司 DQ21 钻井队、渤海钻探 BH04 钻井队作业现场、哈法亚一期油气处理厂、气体接收站、新建机场及库房的 HSSE 管理情况。10 月 13 日，完成哈法亚一期生产设施的安全评价。邀请国际知名安全咨询公司挪威船级社（DNV）对哈法亚一期生产设施进行系统完整的安全评价，提出一系列工艺安全措施和方案。12 月 17—30 日，邀请国际知名认证审计公司挪威船级社（DNV）对为哈法亚公司提供服务的 7 家承包商进行为期 14 天的第三方审计。

2014 年 1 月 7 日，第三方航空安全专业机构 Hart Aviation 完成对公司租赁的 50 座大型飞机的航空安全审计。9 月 7—11 日，海外勘探开发公司检查组 6 人对哈法亚公司开展为期 4 天的社会安全和井控检查。

2015 年 1 月 1—19 日，组织对哈法亚公司及承包商防弹车防爆轮胎的配备进行为期近 20 天的全面审计。期间，通过会议、宣传册、视频、现场指导等方式，对哈法亚公司及承包商人员进行防爆轮胎基础知识、配备防爆轮胎的必要性和如何进行检查等开展针对性培训和指导。对于逾期不改正和不参与检查的承包商签发警告信。针对防爆轮胎每隔 3 个月进行一次复查。1 月 18—25 日，伙伴道达尔（Total）和马来西亚石油公司（Petronas）对哈法亚公司进行为期 7 天的 HSE 和安保审计。审计内容涵盖文件审阅，人员访谈和对营地、油气处理站、生产井场和钻修井队的现场审计。3 月 27 日—4 月 3 日，组织对哈法亚油田化学品安全管理进行内部审核（内审）。内审通过文件审查、现场检查、相关人员访谈等形式，覆盖油田各类区域。11 月 18 日—12 月 22 日，法国船级社对钻修井承包商进行第一轮审计。12 月 13—19 日，由聘请的第三方专业机构——通用公证行（SGS）对哈法亚油田的航空安全管理开展全面审计，此次审计覆盖航空公司服务商所在地约旦安曼、巴格达，以及巴士拉机场、哈法亚油田现场等区域。

2016 年 2 月 2 日—3 月 1 日，法国船级社两名审核员抵达哈法亚公司，开始对钻修井承包商进行第二轮第三方安全审计，覆盖渤海钻探公司 BH97 和 BH98 两个修井队，以及 BH34 和 DQ23 钻井队。4 月 1—15 日，组织对哈法亚公司 22 辆及承包商 44 防弹车防爆专用轮胎的配备进行为期半个月的全面审计。4 月 10—12 日，由通用公证行（SGS）的专家到西班牙对包机的维修开展专项审计。5 月 22 日—6 月 19 日，对哈法亚公司 20 家主要承包商进行年度交通安全审计，审计范围涵盖制度文件、司机能力、车辆、旅程管理、培训、车辆跟踪系统、事故事件管理、分包商管理等 8 个方面。5 月 26—29 日，马来西亚石油公司（Petronas）对哈法亚公司进行硫化氢安全审计。7 月 25 日—8 月 9 日，分别对哈法亚、巴士拉和巴格达机场及包机所属公司所在的安曼进行航空安全内审。对哈法亚公司 39 辆及承包商 54 防弹车防爆专用轮胎的配备进行全面审计。8—10 月，依据 2015 年 2 月发布的伊拉克劳工法和与哈法亚公司的合同约定，对 16 家主要承包商的 34 个生活和工作点进行医疗服务及职业健康管理的问卷调查和审计，针对每家承包商具体情况，完成 16 份评估审计报告，明确了具体发现的问题及整改建议。11 月 28 日—12 月 4 日，中国石油（CNPC）国际部、中油国际（CNODC）及中东公司检查组等 6 人对哈法亚公司进行全面的 HSE 和安保审计。

完成对哈法亚、巴士拉和巴格达机场的航空安全第三方审计。2016 年 12 月由通用公证行（SGS）对包机公司所在安曼总部第三方审计后，2017 年 1 月 12—15 日，先后对包机经停的巴格达、巴士拉和哈法亚三座机场进行了航空安全第三方审计。1 月 13 日—2 月 4 日，法国船级社对钻修井承包商渤海钻探的 3 个钻井队进行安全审计，并对审计过的两个修井队进行审计后跟踪。1 月 19—26 日，通用公证行（SGS）的航空安全审计专家对包机及包机公司开展了全面的年度第三方安全审计，审计覆盖了哈法亚、巴士拉和巴格达站点及包机所属公司。12 月 15 日，哈法亚公司收到通用公证行（SGS）提交的年度航空安全审计报告，无重大审计发现。

2018 年 6—7 月，哈法亚公司组织完成 2018 年度针对 24 家主要承包商的陆地交通安全年度审核。8—9 月，组织完成对哈法亚、巴士拉、安曼、巴格达和埃尔比勒 5 个站点的航空安全内审。

2019 年 1 月 15 日，伊拉克石油部和米桑石油公司（MOC）HSE 检查团对哈法亚一期、二期油气处理站，应急响应中心，健康与医疗服务中心等进行检查。1 月 23 日，哈法亚公司启动为期一个星期的甲乙方春节前安全自检自查活动。2 月 5—6 日，伊拉克环保部环评负责人一行 3 人对哈法亚三期油气处理站（CPF3）、扩建水厂、钻井队及库房等油田生产运行设施进行检查，并在油田现场召开环评研讨会。3 月 18—24 日，中油国际（CNODC）、安全环保技术研究院及中东公司一行 4 人对哈法亚公司进行环保专项审核。7 月 12 日，持续一个月的承包商陆地交通安全年度审核工作完成，审核涵盖了 32 家主要承包。审核依据伊拉克交通安全法律、国际油气生产商协会（IOGP）推荐做法和公司交通安全规定，对主要承包商进行年度交通安全审计，审计范围涵盖制度文件、司机能力、车辆、旅程管理、车辆跟踪系统、事故事件管理、分包商管理等方面。8 月 5—11 日，由中油国际（CNODC）健康安全环保部、海外 HSSE 技术支持中心和中东公司 HSE 部人员组成的审核组对哈法亚公司进行 HSSE 管理体系审核工作。年 11 月 7—19 日，组织完成年度哈法亚公司 HSE 管理体系内部审核，审核基于哈法亚公司 HSE 管理体系文件及相关要求，覆盖哈法亚油田所有生产及营地服务设施和活动。11 月 17—21 日，按照年度工作计划，航空安全专家先后对埃尔比勒、巴格达两个包机站点进行航空安全检查，督促帮扶包机运营公司航空安全管理水平的提升。

2021 年 8 月 11 日，哈法亚公司参加中油国际（CNODC）组织的海外项目视频巡检，深入贯彻中国石油（CNPC）总体要求，落实海外项目新冠肺炎疫情防控措施。对疫情防控工作进行再动员、再部署、再落实，在常态化疫情防控工作基础上升级管理，坚守“零疫情、零感染”底线。按照中国石油（CNPC）、中油国际（CNODC）要求，结合《哈法亚公司安全生产专项整治三年行动计划实施方案》，哈法亚公司根据职责分工有序推动各项工作开展。

2022 年 1—2 月，哈法亚公司对 25 家承包商进行年度交通安全审核。3 月，完成对飞机服务商年度航空安全内审与第三方航空安全审计，通过 ISO 14001 管理体系监督审核；4 月，通过中油国际（CNODC）与中东公司对哈法亚公司的健康专项审核，并获得高度评价；9 月 10—15 日，开展哈法亚公司 HSE 管理体系内审；9 月 11 日，召开安全生产专项大检查工作启动会议；9 月 17 日，哈法亚公司总经理方甲中带队检查了 1 号检查站、哈法亚二期油气处理站（CPF2）、自备电厂、天然气处理厂施工现场以及钻井和修井现场；同时统筹组织甲乙方开展联合检查与承包商隐患自查工作，及时跟踪并关闭发现问题。对渤海钻探、安东石油、中国石油工程建设公司（CPECC）和大庆石油管理局 4 家主要承包商开展年度承包商 HSE 管理体系审核。11 月，通过 ISO 45001 管理体系监督审核，伙伴道达尔（Total）和马来西亚石油公司（petronas）到油田现场开展联合 HSE 审核。

第三节　健康管理

2011 年，作为保障员工职业健康安全、实现 HSSE 管理战略的重要部分，哈法亚公司通过国际公开招标的方式与国际 SOS（International SOS）签署合作协议。同年 4 月，国际 SOS 医生到达哈法亚油田现场服务。

2012 年 7 月，随着哈法亚一期成功投产，在油气处理站设立的全天候急救站也同步到位。

2012 年 9 月 4 日，《中国石油报》和中国石油新闻中心刊发《“战地医院”的黄金保障——中国石油伊拉克哈法亚项目应急医疗体系建设纪略》的新闻报道。

2014 年 5 月 24 日，哈法亚公司向哈法亚二期油气处理站（CPF2）施工现场派驻心理咨询师，通过讲座、咨询、帮辅等形式对现场员工进行情绪疏导，并通过心理学方法增强员工的安全意识、加强现场的安全管理工作。

2014 年 9 月 20 日，哈法亚公司年度职业健康风险评估工作启动。10 月 4 日完成现场调研和评估，10 月 31 日完成职业健康风险评估（HRA）及职业健康和应急医疗管理现状评估（OH&M Baseline Survey）。

2014 年 11 月 5 日，哈法亚公司与国际 SOS 组织（International SOS）合作的员工健康适岗性评估项目（MedFit）正式启动。

2015 年 4 月 22 日，哈法亚公司新建健康医疗服务中心（Health and Medical Service Centre）投入使用。新健康医疗服务中心使用面积 500 平方米，设有药房、隔离室（观察室）、化验室、医疗档案室、职业卫生诊室、心理咨询室等功能区。哈法亚二期油气处理站（CPF2）急救站随后也投入运行。二者遥相呼应，并与油田消防队紧密配合，随时准备应对各种突发事件并做出必要响应。

2015 年 6 月 2 日，《中国石油报》和中国石油新闻中心对哈法亚项目油田现场的应急医疗管理情况进行报道，标题为《哈法亚急救保障：诠释对生命的尊重》。

2016 年 3 月 15 日和 3 月 23 日，哈法亚公司联合米桑石油公司（MOC）分别调研阿玛拉市内的阿塞德·（Al Sadr）医院、艾尔·扎拉维（Al Zahrawi）医院和阿玛拉心脏病中心的医疗设备、医疗人员和医疗环境开展调研和评估，并根据国际医疗标准，全面掌握当地可利用的医疗资源，建立医疗检查和应急医疗快速通道。

2016 年 10 月开始，哈法亚公司开展每周五针对中外方员工分别开展中英文健康讲座。

2017 年 5 月，哈法亚公司新一批医疗设备运抵现场、完成安装调试并投入使用。新增主体医疗设备包括全血分析仪、尿常规分析仪、血气分析仪、血生化分析仪、便携式 X 光机、听力检测室、视力检测仪等，进一步增强健康和医疗服务中心与哈法亚一期、二期（CPF1、CPF2）急救站的应急医疗响应能力。

2018 年 4 月 2 日，在哈法亚三期油气处理站（CPF3）施工现场派驻心理咨询师，通过讲座、咨询、帮辅等形式对现场员工进行情绪疏导，增强员工的安全意识、加强现场的安全管理工作。

2021 年 5 月，哈法亚公司按照中油国际（CNODC）要求，健康医疗管理人员借助康桥互联 App 和网页版管理后台共享药品储备信息、医务室信息及当地转诊医院信息。11 月，组织片区内承包商开展共享医疗服务筹备工作。

2022 年 2 月，哈法亚公司按照中油国际（CNODC）要求，为解决海外员工进京体检困难，提高健康管理水平，及时发现健康隐患，保障因公出国（境）人员身体健康，降低在境外发生健康意外事件的风险，开展暂时性京外体检活动；8 月，应中油国际（CNODC）要求，面向所有海外项目召开哈法亚公司医疗航空转运经验交流会，并面向中东地区甲乙方单位分享哈法亚典型医疗转运案例分析。

第四节 生产安全管理

一、建构消防队伍及配套设施

2013 年 2 月，哈法亚公司自购第一辆消防车和自聘的第一批 26 名消防员到位。2014 年 11 月 3 日，5 辆新消防车运抵油田现场，进一步增强营地和哈法亚二期油气处理站（CPF2）两座应急响应中心的应急保障能力。2014 年 12 月 10 日，哈法亚公司消防队伍入驻营地应急响应中心（ERC），营地应急响应中心正式启用。

2015 年 5 月 30 日，伊拉克石油部部长到访哈法亚公司，为油田应急响应中心（消防站）剪彩。

2016 年初，哈法亚公司对各油气处理站、主营地及承包商营地制订详尽的年度防火防爆审核计划。承包商及各生产管理部门开展月度防火防爆风险评估，HSE 部组织对承包商防火防爆风险评估工作进行培训及现场辅导。5 月 12 日—6 月 11 日，在油田现场组织开展工作危害分析范例评比活动，经过评选，分别对在工程建设、钻井、修井及生产作业领域的良好范例进行了书面肯定并颁发证书。《工作危害分析规范》的有效实施，为安全风险“预知预控”打下更坚实的基础。10月2日，就承包商在一期油气处理站 CPF1 电厂柴油罐清罐作业（受限空间内部除锈和喷漆作业）的安全措施不满足基本要求，跟电力部一起要求其停工整顿，确认整改措施到位后于10月4日复工。

2017年10月1日起，哈法亚公司每月从国际油气生产商协会（IOGP）保命法则中根据现场实际选取一个主题开展的安全提升月活动，强化高风险事项管控。

2018年1月10日，哈法亚公司将2017年仅在钻修井承包商中开展的“自我驱动式”HSE管理要求推广到全体承包商，从HSE要求、培训、关键岗位人员能力评估和“每周提升一主题”4个方面入手，开展自我安全管理提升。2月16日，要求哈法亚公司所有专职安全管理人员必须取得英国国家职业·安全与健康考试委员会证书（NEBOSH）资格，同时也对各承包商提出同等要求。

2019年6月，哈法亚公司HSE部发布新的事故汇报程序及对应的事故事件汇报表，要求哈法亚公司与各部门及承包商全员参与事故事件汇报。目标是分享所有事故经验，避免类似事故再次发生，强化高险兆事件调查。9月起，开展哈法亚公司各个部门的“前十安全风险”分析；通过各个部门对于风险的分析、认知，制定防范程序和措施，达到对于重大风险的管控目的。

2020年1月，哈法亚公司建立了事故汇报、追踪的网上管理系统，方便数据的管理筛查与追踪分析。6月，以安全月活动为契机，开展哈法亚公司各个部门的“前十安全风险”分析，要求通过生产部、作业部、修井部、地面工程部、营地服务部等主要生产部门，充分认识保命原则、井控和生产工艺流程中风险，制定科学有效防范程序和措施。8月，按照中国石油（CNPC）、中油国际（CNODC）要求，结合实际，制定了《哈法亚公司安全生产专项整治三年行动计划实施方案》，理清各部门职责分工，推动各项工作有序开展。同时，按照7月30日中国石油（CNPC）安全环保疫情防控视频会议工作部署，以及中油国际（CNODC）《关于开展“反违章专项整治”活动的通知》要求，组织开展活动。

2021年10月，哈法亚公司开展主题为“积极井控，警钟长鸣”的井控警示月活动，进一步汲取井控事故事件教训，贯彻落实中国石油集团公司党组关于井控工作的要求，深入践行积极井控理念，牢固树立大抓基层的鲜明导向，全面提高全员井控意识，切实防范井喷重大风险，杜绝井喷失控事故。

2022年1月，哈法亚公司按照中国石油（CNPC）《关于切实加强特殊敏感时段安全环保升级管理工作的通知》及第260次新冠肺炎疫情防控例会关于高风险作业升级管控有关工作要求，每周准确报告有关高风险作业相关信息，做好特殊敏感时段高风险作业管控工作。4月，哈法亚公司HSE部深入学习习近平总书记关于安全生产的重要指示精神，进一步提高全体干部员工安全生产政治站位和责任担当，清醒认识当前海外疫情、社会安全外部复杂环境冲击下安全生产形势的严峻性、复杂性，树立底线思维，强化红线意识，坚定统筹企业发展改革和安全生产，压紧压实全员安全生产责任，结合HSE体系审核全面开展安全生产十五条硬性措施落实和全方位安全风险隐患排查整治，统筹一体推进重点领域安全生产专项治理，全面排查整治各类安全风险隐患，有效遏制事故事件发生。

二、强化生产安全理念

持续加强哈法亚油田现场操作安全意识宣贯。结合安全生产管理实际牢固树立安全理念。哈法亚公司每月从 IOGP 保命法则中根据现场实际选取一个主题开展的安全提升月活动，强化高风险事项管控。如要求钻修井承包商从 HSE 要求、培训、关键岗位人员能力评估和“一周提升一主题”4 个方面入手，开展检查发现的系统化和自我驱动管理。同时，从 3 家钻探公司各选择一个井队并选择一个修井队，从 4 个方面进行安全提升，目标将其建成各单位的样板，从而带动各钻探公司的整体提升。

三、完善生产安全管理制度

持续优化生产安全管理制度。2013 年 2 月 4 日，哈法亚油田车辆跟踪系统正式投入使用。车辆跟踪系统的投用实现对车辆行驶状态的时时跟踪。每天对违章车辆进行通报，并按照相应的制度进行处罚。

贯彻落实管理制度规范安全管理工作。2016 年 10 月 2 日，就承包商在哈法亚一期油气处理站（CPF1）电厂柴油罐清罐作业（受限空间内部除锈和喷漆作业）的安全措施不满足基本要求，跟电力部一起要求其停工整顿。

结合哈法亚公司重点工作制订阶段性安全生产计划。按照中国石油（CNPC）、中油国际（CNODC）要求，结合项目实际，轮次制定《哈法亚公司安全生产专项整治三年行动计划实施方案》，理清各部门职责分工，有序推动各项工作开展。

哈法亚公司按照中国石油（CNPC）《关于切实加强特殊敏感时段安全环保升级管理工作的通知》要求，重点关注高风险作业升级管控工作要求，每周准确报告有关高风险作业相关信息。

哈法亚公司结合安全生产专项整治三年行动计划工作部署，开展重点领域安全生产集中整治工作。全面排查整治各类安全风险隐患，有效遏制事故事件发生，开展安全大检查工作。

四、推进生产安全活动常态化

开展交通安全活动。每年 5 月，哈法亚公司启动交通安全月活动，依据哈法亚公司交通安全规定、当地交通法规及陆地交通安全推荐作法开展，主要聚焦于避免超速、正确使用安全带、开车过程中严禁使用手机、车辆维修维护和加强旅程管理等方面。

开展油田现场操作安全分析活动。每年在油田现场组织开展工作危害分析范例评比活动，征收评选工作危害分析样例，分别对在工程建设、钻井、修井及生产作业领域的良好范例进行书面肯定并颁发证书。组织开展作业场所全员危险辨识活动，进一步规范工作危害分析。推动险兆事件分享活动，使得险兆事件数量和质量有了较大提升。《工作危害分析规范》的有效实施，为安全风险“预知预控”打下更坚实的基础。

开展专职安全管理人员队伍、配套设施建设活动。推动整个油田范围内的 HSE 可视化，完成 CPF1、CPF2、二期电厂、井场、主营地、库房、加油站等区域 1299 个安全标识牌的安装。2022 年 12 月，当地消防团队 77 人全部通过了在约旦举办的航空消防认证培训，同时完成 29 名新消防员的入职；完成安全生产专项整治三年行动最后一个阶段工作并形成总结。

开展周期性安全管理报告、例会活动。发布了新的事故汇报程序及对应的事故事件汇报表，要求哈法亚公司与承包商全员参与事故事件汇报。目标是把所有和工作相关的事故都要汇报和调查，经验应该得到分享，避免相似或同类事故再次发生。

第五节　环保管理

一、结合油田现场实际生产活动持续强化环保管理

2013 年 2 月 11 日，哈法亚一期油气处理站（CPF1）开始外输天然气到天然气接收站（GRS）；2 月 19 日，天然气接收站（GRS）向阿玛拉市卡哈拉电厂（KPP）供气，开伊拉克第一个有效利用天然气发电油田先河。2014 年 10 月 1 日，哈法亚水库项目概念设计环境与社会影响评价报告完成，为下一步的详细设计和施工奠定了基础。2021 年 9 月，哈法亚项目为不断提升公司环境风险分级管控水平，结合 2020 年海外项目环境风险分级调研成果，开展 2021 年环境风险分级评估工作。

二、建立健全油田生产废物处理管理模式

2014 年 3 月 2 日，开展现场废物采样工作，之后将采集的样品送到英国实验室进行检测，最终检测报告于 6 月 2 日完成。检测结果将作为钻井废物处理方法选取的重要依据。2014 年 8 月 7 日，米桑石油公司批准废物处理设施的选址。选址工作于 2013 年初开始，经过多次现场勘查、6 个方案的反复比对，以及跟米桑石油公司（MOC）的多次协商，终于就选址问题达成一致意见。2014 年 10 月 22 日，哈法亚油田废物存储及处理设施设计的现场踏勘及调研工作启动。11 月 30 日，完成了油田废物的来源、类型及数量的调研工作。2017 年 1 月 9—10 日，前往鲁迈拉油田，与鲁迈拉项目就废物管理进行分享与交流，并对鲁迈拉垃圾处理厂进行调研考察，为哈法亚油田的废物处理设施的功能设计和规划提供参考和借鉴。2017 年 1 月，哈法亚油田废物中心处理设施的安防工程建成。2017 年 11 月，包括废润滑油池、污泥池、含油污土池、危废储存区和非危废储存区的“三池两区”项目完工投入使用。2022 年 6 月，完成内防渗污油土储存池的扩建工程。2022 年 10 月、11 月，向伊拉克环境部提交天然气处理厂项目（GPP）环评、重新提交哈法亚三期环评，制定缓冲区环评和缓冲区作业指南。2022 年 12 月，基本完成剩余 7 个燃烧坑的恢复工作。哈法亚公司全部 47 个历史遗留燃烧坑除个别平台因阻工而被迫暂停外，均已完成生态恢复工作。2022 年 12 月，完成调研并授标当地一家有资质的危废处理承包商，开始清运油田内堆积的化学品空桶，解决了空桶等危废的合规处置问题。

三、落实绿色油田开发发展模式

2021 年 10 月 21 日，国家发展改革委员会“一带一路”建设促进中心主办共建“一带一路”绿色典型项目研讨会，哈法亚公司《坚持绿色油田开发，努力打造“一带一路”国际油气合作环保典范》作为 7 个绿色典型项目之一在会议“绿色投资”单元进行研讨，获得参会代表高度认可，并刊载于《“一带一路”报道》杂志 2021 年增刊。

2022 年 5 月 30，哈法亚公司制作的以《坚持绿色发展，筑梦“一带一路”——伊拉克哈法亚油田节能减排实践》为主题的 5 分钟视频参加国际能源青年大会能源与气候变化国际大赛。作为国际能源青年大会是第七届金砖五国能源部长会系列活动之一，同期举办能源与气候变化国际大赛是国际能源青年大会，旨在鼓励全球青年关注和参与能源与气候变化话题，提出青年关于能源绿色低碳转型和应对气候变化的创新思考、行动方案和观点见解。同年 6 月 10 日，《中国石油报》刊登了哈法亚公司《打造国际油气合作环保规范》的稿件。

第六节　质量管理

2021 年，哈法亚公司 HSE 部门增加综合质量管理职能，当年 5 月完成综合质量管理岗位人员配备，并开启质量管理体系建设、质量绩效监测与报告、计量工作摸底、质量交流活动、质量月活动和群众性质量活动工作。9 月，根据中国石油（CNPC）和中油国际（CNODC）《关于组织开展 2021 年“质量月”活动的通知》要求，组织开展“质量月”活动，以进一步促进加强全面质量管理。

2022 年 2 月，开展计量工作基本情况摸底调查。5 月，审查并推荐 QC 小组活动成果与质量信得过班组，作业部钻井班组首次获 2022 年度“中国石油天然气集团有限公司质量信得过班组”称号。9 月，开展“质量月”活动。12 月，在公司年度 HSE 计划中增加质量绩效，制定年度公司质量工作计划与绩效指标，明确各部门质量管理职责。

第七节　新冠肺炎疫情防控

2020 年 1 月 26 日，哈法亚公司紧急叫停所有中方人员的动迁，开始启动个人防护用品的紧急采购工作，并开始全员的新冠肺炎疫情培训。

2020 年 2 月 11 日，哈法亚公司成立防控新型冠状病毒感染肺炎疫情工作领导小组和工作小组，发布《新型冠状病毒感染的肺炎疫情哈法亚现场防控方案（第一版）》中文版。

2020 年 2 月 28 日，发布《新型冠状病毒感染的肺炎疫情哈法亚现场防控方案（第二版）》与《新型冠状病毒感染的肺炎疫情应急响应预案（第一版）》。

2020 年 3 月 18 日，中国驻伊拉克大使馆参赞卞长征率中国红十字会援伊医疗专家到哈法亚油田现场指导新冠肺炎疫情防控工作。组织召开哈法亚油田疫情防控座谈会，卞长征传达了党中央国务院和外交部对境外中资企业广大员工的深切问候，对哈法亚公司等中资企业已经落实的疫情防控措施给予高度肯定；中国疾病预防控制中心主任、研究员韩孟杰和钟南山院士团队骨干力量、广州医科大学附属第一医院放射科主治医师陈淮宣讲防疫相关知识，并与哈法亚现场防疫工作组就现场的疫情防控措施及应急处置方案进行讨论，提供大量切实可行且极为有价值的专业意见。

2020 年 3 月 25 日，根据与伊拉克米桑省政府、中国红十字会援伊医疗专家等多方沟通情况，完成并签发哈法亚新冠肺炎疫情专项应急预案。同时，根据国内与国际上对新冠病毒的进一步研究与防控建议，中国石油（CNPC）、中油国际（CNODC）相关最新防疫政策，对《哈法亚新冠肺炎疫情防控方案》进行更新升级，签署发布第 2.1 版。

2020 年 3 月 29 日，开始租用承包商海湾餐饮公司（GCC）营地作为哈法亚公司伊拉克当地员工倒班隔离营地，以确保哈法亚公司内各生产关键岗位上的伊拉克当地员工能在新冠肺炎疫情期间有序接受 14 天隔离与检测，并维持油田的生产运行。

2020 年 4 月 1 日，哈法亚公司安排居家办公的当地员工向油田内及附近的当地社区分发、讲解哈法亚公司准备的阿拉伯语版新冠肺炎疫情防控宣传材料。通过加强当地社区民众的防疫意识，推动油田内各项防疫措施的有效落实。

2020 年 4 月 10 日，哈法亚公司根据中国红十字会与宝石花医疗专家的指导与建议，完成一级、二级隔离区的建设工作，哈法亚公司的新冠肺炎疫情应急硬件设施得以完善。2020 年 4 月 20 日，由中油国际（CNODC）、中东公司从国内协调的大批口罩、防护服、防护手套和药品等防疫物资到达哈法亚营地，经消毒后接收存入营地，并开始按照中东公司安排向伊拉克其他片区进行支援。2020 年 6 月 8 日，哈法亚公司与宝石花集团、中国石油技术开发公司（CPTDC）联合体开展防疫合作，第一批宝石花医疗队一行 5 名医务人员于 7 月 17 日抵达现场。

2020 年 7 月，哈法亚公司动用 4 架次项目包机组织动迁 97 名中方人员前往巴格达，乘坐首架中国石油（CNPC）包机回国。7 月 17 日，组织包机接回 26 名返回现场的中方人员。

2020 年 7 月 30 日，依照国务院国资委、中国石油与中国驻伊拉克使馆安排，派遣 2 名宝石花专家并携带大批防疫物资和药品前往卡尔巴拉的中机工程现场进行援助。2020 年 11 月 11 日，开始组织哈法亚公司中外方全体员工陆续参加最新版的《哈法亚公司新冠肺炎疫情防控方案》及相关防疫要求的整体培训，并在培训后进行测验考试。

2020 年，哈法亚公司伊拉克现场无 COVID-19 感染确诊病例。新冠肺炎疫情发生以来，哈法亚公司严格防疫管理，对所有的中外方和当地人员采取 14 天的隔离 / 双抗测试 /PCR 测试；严格筛查所有项目人员。累计完成当地雇员 13 批次 531 人次隔离倒班轮换；国际雇员 135 人次休假，131 人次返岗隔离；中方员工 72 人次回国休假，60 人次出国返岗隔离。现场无超期 1 年以上人员。2021 年 5 月 2 日，响应伊拉克大使馆号召，开展春苗行动，为片区所属承包商中方人员在哈法亚现场接种新冠疫苗。同日，哈法亚公司内部 PCR 实验室建成投用，初步具备内部核酸检测能力。

2021 年 7 月，哈法亚公司根据中国石油（CNPC）国际部要求，开展回国旅途防疫培训及旅途防疫视频录制审核工作。鉴于伊拉克疫情形势日趋严峻，制订并开展哈法亚公司及相关承包商全员核酸筛查计划。

2021 年 8 月 26 日，中国石油（CNPC）对伊拉克进行第四轮新冠肺炎疫情防控和社会安全视频巡检。

2021 年 8 月 28 日，哈法亚公司购置核酸检测设备，有效增加内部核酸检测效率和能力。2021 年 10 月 1—3 日，组织片区内中方人员共 598 人进行新冠肺炎疫苗第三剂加强针接种。2021 年 11 月 13 日，组织片区内中方人员共 294 人进行新冠疫苗第三剂加强针接种。2021 年 11 月，协调组织伊拉克哈法亚片区中国石油单位临时航班接返计划，全部人员进行内部核算抗体检测并进入预隔离状态。

2022 年 1 月，哈法亚公司购置并投用核酸检测混检设备，增加核酸检测能力，降低检测成本。1—5 月，根据现场疫情形势制定新冠病毒主动检测方案，定期开展低、中、高风险人群核酸筛查，有效阻断疫情发展。2022 年 2 月 20 日，更新《新冠异常病例与密接管理要求》，并对各部门联系人开展培训。2022 年 11 月 12 日，发布《新冠肺炎疫情防控方案补充要求》，更新《返岗员工管理》《行程跟踪表》《新冠异常病例处理流程》，并开展全员英语、阿语培训。2022 年 12 月 14 日，发布《新冠肺炎疫情防控方案》3.0 版，并开展全员中文、英语、阿语培训。

2022 年，严格依照中国石油（CNPC）与中东公司要求，作为片区牵头单位，统筹包机管理，共组织 502 名中方员工分别乘坐 6 批次包机回国，有效解决超期工作员工的回国问题。

第八节　HSSE 事件应急处理

针对海外项目所在地的复杂自然环境和社会环境条件下，哈法亚公司逐步建立了一套完整的应急救援管理制度和工作流程。应急救援重点需要针对突发、具有破坏力的紧急事件采取预防、预备、响应和恢复的活动与计划，并根据紧急事件的不同类型，分为卫生应急、交通应急、消防应急、厂矿应急等领域的应急救援。主要是应对紧急事件做出的专业的、恰当的、应时的有效反应，并控制紧急事件发生与扩大，开展有效救援，减少损失和迅速组织恢复正常状态。救援的对象主要针对突发性和后果与影响严重的公共安全事故、灾害与事件。对于国际合作石油开发项目来讲，其主要来源于诸如工业事故、自然灾害、重大工程、站场区域社区、公共交通等领域的突发事件；考虑到各类事故、灾害或事件具有突发性、复杂性、不确定性等属性，应急救援的基本任务为立即组织营救受害人员，组织撤离或者采取其他措施保护危险、危害区域的其他人员，迅速控制事态，并对事故造成的危险、危害进行监测、检测，测定事故的危害区域、危害性质及维护程度，并开展消除危害后果，做好现场恢复，查明事故原因，评估危害程度等活动，努力做到迅速、准确、有效。

2014 年 6 月 9 日，一名英国籍员工，因急性腹痛（急性阑尾炎），急救员随同包机护送患者到巴士拉机场，然后空中救护机转运到迪拜，在迪拜医院患者接受手术后，完全康复。

2014 年 10 月 1 日，一名印度籍员工，因胸痛（急性心肌梗死），急救员随同包机护送患者到巴士拉 IEC 诊所，然后空中救护机转运到迪拜，在迪拜医院患者接受手术，置入 3 个心脏支架后，康复回国。

2015 年 9 月 5 日，一名中国籍员工，因心慌心悸（室性早搏），急救员随同包机护送患者到巴士拉机场，然后经空中救护机转运到迪拜，在迪拜医院患者接受心脏支架手术，康复回国。

2016 年 3 月 2 日，一名中国籍承包商（Richfit）员工，因急性腹痛（急性胰腺炎），患者经空中救护机紧急转运至迪拜医院救治，康复回国。

2016 年 3 月 5 日，一名中国籍员工，因后背疼痛（脊柱骨折），患者经空中救护机紧急转运至迪拜医院救治，康复后返回中国。

2017 年 1 月 11 日，医疗中心与营地联合举行哈法亚一期场景为一名国际雇员在游泳馆桑拿间滑倒，致头部受伤昏迷的急救演习，共 8 人参加，用时 40 分钟。演习中，游泳馆急救员立即对伤者包扎止血，救护车快速反应到达现场，伤者经检查固定后，迅速运回医疗中心。整个演习各部门配合密切，反应迅速，达到了演习目的。

2017 年 10 月 26 日，一名菲律宾籍员工，因心慌胸闷（房颤伴频发室性早搏），经空中救护机紧急转运至迪拜医院救治，之后返回菲律宾。

2019 年 1 月 1 日，承包商（NOH）一名巴基斯坦籍雇员在哈法亚钻井队现场突发危重疾病。1 月 2 日，因病情不断加重，被送往油田健康与医疗服务中心接受紧急救治。由于油田现场及当地医疗条件有限，病人情况非常危险。为及时挽救病人生命，哈法亚公司在满足合规要求的同时快速决策，为 NOH 进行担保申请国际 SOS 医疗包机转运，将病人从油田健康与医疗服务中心紧急转运至巴基斯坦国内的专科医院进行救治。病人于 2019 年 1 月 4 日安全运抵伊斯兰堡当地医院接受救治。

2019 年 1 月 2 日晚上 20 时 30 分，哈法亚项目承包商中油瑞飞 1 名中方员工打篮球受伤。经哈法亚公司协调，中油瑞飞依托国际 ISOS 医疗包机，该名员工于迪拜当地时间 1 月 3 日晚抵达迪拜接收医院。

2019 年 3 月 30 日，哈法亚公司组织对《危机管理计划》的桌面演练，项目公司管理层、各部门经理及相关管理人员共 21 人参加演练，进一步熟悉了危机（突发）事件发生后的应对流程、角色及职责。哈法亚油田医疗应急救援平台的各个环节在本事件中精诚合作、迅速应对、判断准确、行动有序。

2019 年 4 月 18 日 18 时 30 分，承包商（CPECC）一名中方员工因胸痛，被送往健康与医疗服务中心紧急救治。医生迅速反应，并结合心电图检查，判断患者为典型的心肌梗死导致的严重胸痛，通知 CPECC 立即启动跨国转运。因救治及时得当，患者于 4 月 23 日出院。

2020 年 1 月 9 日，一名中国籍承包商安东石油公司（Anton Oil）员工，左臀部及左大腿枪伤，排除脏器、大血管及神经损伤。患者受伤后，立即被救护车送到阿玛拉的阿尔扎拉维（Al-Zahrawi）医院，由于病情严重，之后患者被空中救护机紧急转运至迪拜的国王学院（King's College）医院救治。

2020 年 3 月 6 日 19 时，大庆 26（DQ26）钻井队，结束测井作业进行割划大绳作业时，为观察防止大绳上窜，带班队长攀爬到了绞车的遮阳棚上观察大绳子情况，由于吊带断裂，带班队长坠落到绞盘附近。患者受伤后，立即被救护车送到阿玛拉的阿尔萨达（Al-Sadar）医院，治疗 2 天，病情加重。然后，患者在 PCH 医疗团体护送下，从当地医院转运到哈法亚营地机场，之后患者被空中救护机紧急转运至迪拜的阿布黑尔（Abu Hail）医院救治，最后因病情严重死亡。

2021 年 4 月 8 日，一名南非籍员工，因新冠肺炎重症，经救护车送到巴士拉的达艾尔萨法（Dar Elshefa）中心医院治疗。治疗 4 天，病情仍不见好转。后期安排空中救护机将患者转运到南非萨宁黑尔（Sunninghill）医院，治疗康复。

2022 年 3 月 29 日，大庆钻探 1 名中国籍承包商员工，因突发脑卒中被送至定点医院阿玛拉黎巴嫩医院进行紧急救治，甲乙方与上级部门及外部医疗支持团队紧急召开视频会议决定转运迪拜进一步治疗；30 日经 PSD 武装押运和 Special Force 护卫，患者乘坐救护车转运至巴士拉机场、乘坐 SOS 医疗转机飞往迪拜治疗。

针对伊拉克国家安全局势，为提高哈法亚各参建单位的整体应急反应能力，确保在紧急情况发生时，能快速反应和妥善应对，最大限度保护人员安全、减少财产损失，特制定《中国石油伊拉克哈法亚项目社会安全突发事件应急预案》总预案，并在此基础上，针对伊拉克可能爆发国内战争及绑架事件，特制定《中国石油伊拉克哈法亚责任区撤离应急预案》和《中国石油伊拉克哈法亚项目防绑架应急预案》等专项预案。要求作业区各单位根据本单位情况准备一定数量的应急备用金（美金及伊拉克第纳尔）、生活必需品（快餐食品、饮用水）、医疗急救包。各单位准备好应急车辆，并每天对应急车辆进行检查。除个人手机保持畅通外，各单位将自有的卫星电话及对讲机随身携带。各单位要确保护照、应急通讯表、撤离分组表等资料和必要应急逃生用品到位，在紧急撤离的时候随身携带。为方便清点人数，各单位人员要穿戴本公司劳保。个人撤离物品只限一件手提行李和应急包，应急包的数量按照本单位人员 1 ∶ 1.2 的比例配置，其他物品都按照预案要求进行配备。

为加强作业区内各单位防恐应急反应能力与速度，哈法亚公司每季度对所有钻修井队及油气处理站（CPF）等厂站进行监督演习，每半年在主营地进行一次全面演练，并在演习过程中与当地军警紧密相配合。经多次演练，预案的程序都得到了有效的实施，演练行动迅速，都能按照规定的程序完成演练。演练中使得员工更加明确事件发生时自己的职责和路线，能够做到成功避险。

2018 年年中，伊拉克南部米桑省和巴士拉省由于供水供电短缺及失业问题，频繁发生示威游行和抗议活动。7 月 13 日晚 9 点左右，200 多人的当地游行人群暴力通往卡哈拉（Khalaa）大桥并试图冲击主营地的一号大门。由于安保部提前收集信息并及时预警，提前升级安保门禁管理并及时与政府军警取得联系，获得支援，最终在各部门的大力配合和支持下成功化解了此次危机，同时也使整个安保应急体系得到检验。

2018 年 12 月 6 日，一名当地村民通过哈法亚主营地最外侧检查站时，告诉石油警察距离检查站 80 米处灯杆下有一枚简易炸弹。安保中心获悉后，立即启动应急预案，封锁道路并将该区域进行隔离警示，同时通知米桑石油公司（MOC）和当地警局，并由特种部队派来拆弹专家进行拆除。

2019 年，主营地私人安保合同进行了重新公开招标，在原有工作范围的基础上，增加了防爆犬的部署区域和数量、新增了卫星电话及 26 套卫星定位等工作范围，并对静态安保部署等进行了优化。7 月在哈法亚主营地现场举办了防恐培训，参加培训人员共 61 人，包括哈法亚项目甲方及中国石油 7 家乙方单位的操作人员，培训合格率 100%。

2020 年，哈法亚公司签约了 3 家私人安保公司（REED、GW、Olive）负责主营地和 CPF 生产设施的安保护卫。承包商选择均通过公开招标选择，在执照、财务、工作经验、技术规范、QHSE 等方面符合项目公司管理要求。同年，项目公司通过中国石油安保计划审查、应急预案备案审查及中国石油五维绩效远程考核审查。

2021 年，完成主营地周界 15 千米和营地内部道路 3 千米路灯的升级改造和建设，增加了营地周界和主路的照明能力；完成主营地外道路的围栏建设，确保进入营地的车辆和人员都要通过 OPF 检查站；修建承包商营地的巡检道路，安排安保人员夜间对承包商营地进行巡逻，预防可能发生的安保事件；整修主营地和 3 个油气处理站 CPF 周界的土坡和围栏的滚网，确保周界物防的完整性；承包商完成各自营地和库房的照明和视频监控系统（CCTV）升级改造，确保营地主要区域照明和视频监控系统全覆盖。

2022 年 3 月，完成主营地电子围栏建设并投入使用；完成主营地和 3 个油气处理站视频监控系统（CPF CCTV）升级改造招标工作及 5 套行李扫描仪、门式金属探测仪的招标与采购。6 月，哈法亚公司完成项目应急指挥系统视频信号接入中国石油（CNPC）海外应急指挥系统工作，并测试成功。7 月 3 日，哈法亚公司总经理成忠良到巴格达拜访伊拉克石油警察司令，双方就哈法亚油区安保人员短缺、天然气处理厂（GPP）项目安保配备及无人机配备等具体问题进行交流。

2022 年 11 月，中油国际（CNODC）组织相关专家对哈法亚项目社会安全脆弱性评估报告进行评审。专家认为项目社会安全脆弱性评估报告结构完整、要素齐全，评价过程客观，评价结果符合实际情况，最终报告评为良好等级。

第七篇 经营管理

哈法亚公司推进高质量国际合作，在习近平新时代中国特色社会主义思想指导下推进油气企业高质量国际合作，致力于在伊拉克建设一流国际油气开发先进合作项目，为打造“一带一路”油气合作典范而持续努力，实现与资源国和国际石油公司的合作共赢。

开展分层次发展策略研究、对接资源国伊拉克油气工业发展规划、把握新项目获取战略机遇期、优化项目管理体制机制，确定项目发展战略实施顶层设计；围绕项目生产经营目标这个核心抓手，灵活确定与国际一流同行的项目开发合作模式和统筹优化项目全周期管理，确定发展路径；围绕核心竞争力的构建，搭建共享式后台技术支持，打造技术核心竞争力，充分发挥综合一体化运营优势，积极打造国际竞争力；从管控风险和为发展营造良好环境出发，建立与国际接轨的 HSSE 管理体系，积极履行社会责任，加强公共关系管理，融入当地经济发展，以实际行动践行人类命运共同体理念，切实保障哈法亚项目发展战略的落实。

立足“一带一路”油气合作，开展哈法亚项目发展战略实施的顶层设计。开展分层次发展策略研究、对接资源国油气工业发展规划、把握项目经营战略机遇期、优化项目管理体制机制。

立足高端市场，持续优化调整与国际一流同行的项目开发合作模式。中国石油选择与国际油公司强强联手、深度合作，哈法亚公司从中获得不断提升管理经营能力、优秀人才培养、国际竞争力的机会。

持续优化项目全周期管理，保证合作项目优质高效实施。中国石油（CNPC）依据开发方案，持续统筹优化工程设计、采办招标、施工建设、油田生产等主要环节，实现哈法亚油田的快速上产和长期稳产，有效提升项目价值，防范投资风险。

搭建共享式后台技术支持，打造技术核心竞争力。根据哈法亚油藏隔夹层隐蔽、“贼层”发育、孔喉结构复杂等原因导致的开发难度大问题，借助中国石油搭建的中东地区共享技术支持平台力量，推动重点技术攻关和业务支持。

构建有哈法亚特色的国际化HSSE管理体系，管控在伊拉克特殊复杂条件下的安全风险。哈法亚项目以社会安全和生产作业安全为抓手，构建适应当地的作业和管理环境HSSE管理体系，丰富海外管理实践。

融入当地经济发展，树立中国企业良好品牌形象。哈法亚公司在伊拉克地区积极履行社会责任，加强公共关系管理，用实际行动推行人类命运共同体理念，树立负责任公司的良好形象。

哈法亚公司是海外投资业务生产运营主体，行政上隶属中东公司，主要负责项目日常生产经营和队伍管理，确保项目按合同、协议合规运行。对于中方承担作业者职责的项目，全面履行合同义务，重点负责项目个性化的生产经营策略研究、年度生产经营和投资计划的执行和落实、日常生产经营运作和管理、中外方人才队伍建设和管理、HSSE以及绩效合同的分解、落实和全员考核兑现等工作。

第一章　计划管理

哈法亚公司规划计划工作由经营计划部负责组织发展规划、生产经营与投资计划、经营策略研究、生产经营统计及投资效益分析、授权管理和业绩考核、项目商务支持、管理创新成果和特殊贡献奖申报、管理提升、重要材料起草等工作。2012 年以来，根据伊拉克政治经济形势和哈法亚公司发展趋势，以合同（DPSC）为依据，按照开发方案制定中长期发展规划，为年度生产经营和投资计划提供指导。按照中油国际（CNODC）对年度生产经营计划和预算工作的总体要求和安排，开展哈法亚公司年度生产经营和投资计划的编制和完善，并搞好与中油国际（CNODC）及中东公司的对接工作。

第一节　机构设置与管理职责

哈法亚公司经营计划部管理机构设置两个科室，一为预算工作计划科室（WP &B Section），一为商务信息科室（Business Information Section）（图 7-1-1）。哈法亚经营计划部成立之初大部分业务集中于迪拜支持机构，自 2016 年哈法亚管理机构重组后，全部迁移至伊拉克哈法亚现场开展工作。

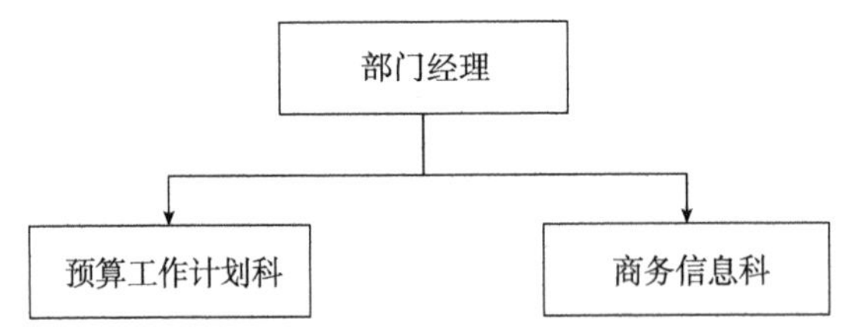

图 7-1-1　哈法亚公司经营计划部管理机构设置

2019 年，经营计划部扩充为 3 个科室，增加了主要从事生产经营策略研究的科室——商务计划科室（Business Planning Section）。

经营计划部是哈法亚公司投资管理的归口部门，负责组织编制项目中长期投资规划；负责编制项目年度生产经营和投资计划，经批准后下达；负责项目年度计划执行情况的跟踪分析、投资预算变更与调整；负责项目生产经营统计及分析工作；负责组织项目投资效益分析和后评价工作；

负责项目业务计划与统计系统的归口管理和协调指导；参与项目经营策略研究；负责项目提油工作。2017 年 9 月，因工作需要，将项目提油工作业务调整至财务会计部负责管理。

第二节　规划计划

哈法亚公司规划计划管理体系以管理目标为导向，分析实现目标的主要风险要素，并针对风险要素，安排和落实工作计划和工作措施，通过跟踪分析重点工作计划和工作措施的落实情况和实际效果，最终评估对管理目标的影响。其中中长期发展规划及其滚动规划是制订年度业务发展和投资计划、安排投资项目的依据，并需要根据生产经营形势的变化情况，每年滚动编制，经哈法亚公司领导层审议后报中东公司、中油国际（CNODC）本部审批后执行。

发展战略是规划编制和调整的依据，规划是发展战略实施的具体行动方案和有力保障。五年规划编制采取“自下而上，自上而下，上下结合”的方式，编制过程主要包括规划前期准备、规划思路与框架起草、规划草案编制、规划审议报批 4 个阶段。海外项目公司是编制本项目发展规划的主体单位，主要是依据项目合同，在分析项目未来发展潜力的基础上进行编制。内容主要包括发展基础与形势分析、指导思想与发展战略、发展目标、规划部署和重点任务、投资成本与效益测算、风险分析及保障措施以及远景展望等。项目滚动规划的编制应与项目年度工作计划与预算工作相结合，同时向未来至少滚动三年。

哈法亚公司的年度业务发展和投资计划是中长期发展规划的具体部署和落实，包括中油国际（CNODC）本部下达的框架计划、分批计划和调整计划。年度业务发展和投资计划编制应以经济效益为核心，以投资效益最大化为原则，以中长期发展规划为基础，以项目前期工作为前提，充分考虑工程进展及与联合公司计划预算的有效衔接，确保项目发展战略和经营策略目标的实现。年度投资计划遵循“零基”管理原则，各类投资原则上列入联合公司投资计划。每年 6 月启动下一年度业务发展和投资计划，12 月 31 日前下达。根据年度生产经营和业务发展形势，需调整项目年度投资规模的，按流程由哈法亚公司上报中东公司、中油国际（CNODC）本部批复后实施。

2009—2022 年，哈法亚公司严格遵照本部、中东公司投资管理办法开展各年度业务发展和投资计划的组织和协调编制、研讨、审核报送等工作。编制过程包括总结分析上年度预算工作计划完成情况、本年度业务发展和投资的策略制定、预算制定时间线要求、部门级别预算工作计划制定、合并统筹形成项目公司级别预算工作计划、各层级讨论审核议定阶段以及最终审核批复阶段，投资项目调整及计划调整原则上需经本部批准后方可组织实施，且年度业务发展与投资计划编制遵循“零基”管理原则，上年度结转项目及已纳入上年度计划但没有实施的项目，均应在下一年度重新编制投资计划。2009—2022 年，哈法亚公司中方投资年度完成率始终保持在 95% 以上，均实现年度生产经营目标。

第三节　预算管理

哈法亚公司年度业务发展和投资计划制定完成后，投资项目的实施按照中油国际（CNODC）本部下达的年度业务发展和投资计划、批准的投资项目内容及概（预）算执行，若有变更应按管理权限报批后方可实施。项目建立健全费用支出授权（AFE）制度，所有的资本性支出均通过AFE进行准确核算和有效管控。投资项目具备竣工验收条件的，遵循伊拉克法律法规、项目基础性协议和法律文件和中国石油有关规定组织竣工验收。

日常统计报表等工作按照中国石油报表管理制度要求，严格按照相关规定，做好统计月报的编制和上报工作，确保统计数据真实、可靠和及时。建立了严谨的工作方法和流程，遵循权责发生制的原则，按照工程实际完工进度确认当期投资完成额，而不是按照收付实现制确认投资完成额。与会计核算中的当期投资完成额与财务付款金额的差额对在建工程合理预提，实现财务和计划投资数据口径的可比性。联合公司和中方投资管理的主要工作内容见图 7–1–2。

一、联合公司中管理依据

中方作为哈法亚项目作业者、预算管理的主导者，在联合公司预算管理流程控制过程中，充分考虑中国石油管理要求与项目决策流程相结合的定位，满足中方合规要求。

根据石油合同、投资伙伴联合作业协议（FPJOA）有关开发方案、年度工作计划预算（WP&B）及采办相关合同条款，结合投资管理办法及有效授权的相关规定，哈法亚公司的资本化投资审批流程概括为按照中国石油投资管理流程连带考虑联合公司投资流程（图 7–1–2）。

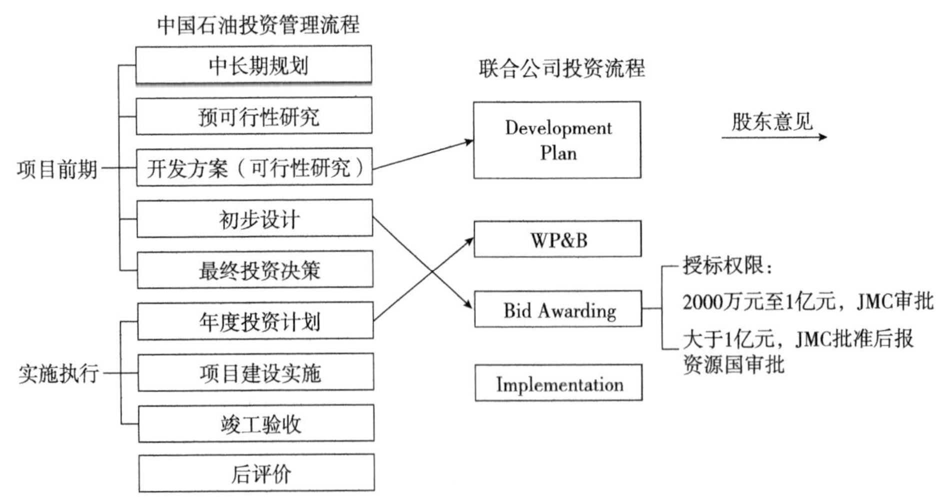

图 7–1–2　哈法亚项目联合公司和中方投资管理主要工作内容

二、预算编制与批复

哈法亚公司经营计划部牵头组织 WP&B 的编制，依据石油合同（DPSC）、投资伙伴联合作业协议（FPJOA），以及《海外投资管理办法》关于预算编制及审批要求，于每年 6 月启动下年度预算编制工作。预算编制工作按照《海外投资管理办法》要求，遵循“零基”原则，将当年结转项目及已纳入当年计划但未实施的项目，均纳入下一年度预算编制范围内。

经内部流程完成初稿编制工作后，通过研讨会形式与米桑石油公司（MOC）及伙伴代表（FPs）讨论预算计划初稿，经过伙伴会（SC）与联管会（JMC）审核批复，启动预算执行。

三、预算执行

按照中油国际（CNODC）本部颁发的《海外项目投资管理办法》关于投资统计的要求，依据工程实际完工进度审核确认当期预算适用情况，确保财务在会计核算工程中合理调整，做到财务和计划数据口径具有可比性。为准确控制预算使用，每月滚动预测全年预算使用情况，逐步逼近实际的预算执行，持续提高预测精度。通过对价值工作量（VOWD）的审核、监测分析、组织预测及控制调整，结合哈法亚油田运行状况及预测信息，为项目管理层决策提供依据。

四、费用支出授权（AFE）管理

按照《海外投资管理办法》关于费用支出授权（AFE）制度的要求，在哈法亚联合公司内部对 5 万美元以上的大额支出进行费用支出授权管理，并根据额度大小进行有限授权审核。对于涉及跨年项目的费用支出授权管理，计划部严格按照年度已批复预算进行分配，确保费用支出授权当年支出控制在预算范围内。管理工作内容包括 AFE 的创建、AFE 执行、AFE 报告及 AFE 关闭。

第四节　综合计划管理

哈法亚公司综合计划管理包含规划、项目前期、经营策略研究、经济效益评价、项目后评价以及各类统计报告的管理工作。

规划编制。联合公司层面负责经营战略（Business Strategy）发展规划的准备和组织编制，年度业务发展和投资计划（WP&B）的编制策略（Strategy Formulation）的编写；中方层面需根据中油国际（CNODC）本部要求开展中方中、长期规划的编制及其他各项规划研究任务。

项目前期工作。负责协调组织项目公司有关部门对投资预可行性和可行性研究报告、初步设计等编审报批事宜，配合中油国际（CNODC）本部的预审，参与新项目有关协议条款的准备和效益评价。

经营策略研究。开展哈法亚公司的经营策略有关研究工作，为项目可持续性发展和经营效益提升提供有效策略研究，包括油藏开发策略研究、与资源国政府的商务谈判策略等。

经济效益评价。维护和更新项目经济评价模型、新项目经济评价及与伙伴和伊方交流成果、年度投资计划编制所需单井经济评价、有关量化分析和效益比较研究等。

项目后评价。根据中油国际（CNODC）本部要求，组织项目后评价报告的编写、项目经济效益后评价，以及配合中油国际（CNODC）本部对后评价报告的审查等。

统计报告管理。汇总、编制、审核及上传下达联合公司和中方各类中英文年度报告、季度报告、月度报告和周报。同时根据投资伙伴、伊方政府代表米桑石油公司、石油部及中方各上级业务领导部门的反馈意见和咨询内容，安排落实信息数据的沟通联络与澄清。

第五节　业绩考核与有限授权

一、业绩考核

哈法亚公司依据《中油国际业绩考核管理细则》，组织对年度计划管理工作进行业绩考核。考核内容主要包括管理合规性、年度计划编制质量及上报及时性、生产经营分析质量及上报及时性、计划完成率、支持配合管理工作等方面。同时，依据项目前期工作质量以及投资决算、专项检查、审计、监察、后评价等结论，对投资项目全过程的投资管理行为和效益进行监督检查，其结果与所属单位主要领导、计划分管领导等人员的绩效考核挂钩。对违反管理规定诸如违规或超权限行为、未经授权实施的、投资规模超计划的、失职渎职等，均有对应的管理办法进行责任追究。

重点需要做好 3 项工作：一是与中油国际（CNODC）本部就项目关键指标业务部门密切沟通，科学合理确定业绩指标，确保指标有挑战并可实现；二是根据年度业绩合同确定的关键业绩指标，与相关业务部门密切沟通配合，动态跟踪分析，及时发现偏差并制定纠偏措施，保证各项指标完成；三是在落实指标实际完成情况期间，加强与中油国际（CNODC）本部的报告和沟通协调工作，确保项目取得的经营成果客观地反映在业绩指标上。12 年来，哈法亚项目业绩考核在中油国际（CNODC）及中东公司的年度排名始终位于第一梯队。

二、有限授权

哈法亚公司结合中油国际（CNODC）本部颁布的有限授权管理办法和具体业务授权，对涉及联合公司业务及中方业务，重点提高各级管理人员的权限意识、规范意识和风险意识，研究分析并密切跟踪哈法亚项目有限授权执行情况，严格按照有关业务流程办理授权事务，杜绝越权违规等事件的发生。经营计划部负责哈法亚公司有限授权范围内对年度计划的单项调整，对于有限授权范围外的单项调整，按哈法亚公司有限授权报批。

哈法亚公司有限授权范围涉及项目主要核心业务，属于中方内部授权，用于每组中方管控的需要。主要分为三大部分：联合公司事务、股东行权事务和中方事务，其中联合公司事务又分为规划计划、财务管理、资本运营、人力资源管理、勘探开发与生产、新项目开发、法律事务和销售采办；股东行权事务；中方事务包含财务管理和采办业务。每年需要对有限授权责任书内容核定更新调整（通常授权书有效期为一年），但授权要求必须要履行必要的中方内部审批程序，再遵照海外治理机构的授权行权。

第六节　项目前期与策略研究

总结13年来的工作成果，根据哈法亚油田各油田开发方案在各要求阶段的生产经营任务完成情况，结合哈法亚项目本身的特点和运行阶段要求，突出海外项目的管理模式、风险控制过程，研究、分析和评价项目生产经营和推进国际化进程的成果。

一、根据资源国国情和现状落实合同模式和回收方式

合同模式。哈法亚公司是中国石油及合作伙伴在伊拉克国际第二轮招标中获取的项目，其合同模式是开发生产服务合同（DPSC），由合同者提供油田开发和作业所需的技术和资金，投产后以一定比例的石油收入回收成本和报酬费。成本主要分为石油成本和补充成本，合同者提供《合同》规定服务内容之外的服务项目所需费用称为补充成本（Supplementary Costs），其余全部为石油成本。不论是石油成本还是补充成本，在回收时不分投资（CAPEX）和费用（OPEX），都可以直接回收。

回收方式。伊拉克政府在其标准石油合同中为投资者提供了两种选择来回收成本和报酬费，一种是现金方式，另一种是投资者提油。现金方式涉及数个伊拉克政府部门之间的协调，根据伊拉克政府机构运行效率较低并且不规范，同时伊拉克因外汇短缺的实际情况，现金方式回收很难得到有效保障。因此，哈法亚公司与其他国际石油公司一样，都采取了提油的方式尽快回收成本和报酬费，降低在伊拉克投资的风险。

二、明确管控架构落实回收流程和作业权移交事务

回收流程。成本回收以季度为单位，当季原油商品量收入的50%用来回收累计未回收的石油成本和投资者的报酬费，60%的收入扣除当期已经确定回收的石油成本和报酬费的部分，用来回收补充成本，对当季度不能回收的补充成本按（LIBOR+1%）计息。原合同有效期为2010年3月1日—2030年2月28日，共20年。2014年9月4日签署的一号修改协议，将合同期延长至2040年2月29日，共30年。

作业权移交。中国石油（PetroChina）在哈法亚联合作业公司（JOC）成立前担任独立作业者。当R因子大于1且合同生效满7年，米桑石油公司（MOC）有权决定是否成立联合作业公司。如果决定成立，联合作业公司将由合同者和米桑石油公司各自持股50%。合同生效30天内，须成立8人组成的“联合管理委员会”，其中由4名由米桑石油公司提名，包括委员会主席，4名由合同者提名，包括副主席和秘书及1名伊拉克南方石油公司（SOC）代表，联管会（JMC）每人一票，

一致同意形成决议。

三、开展项目前期背景调查论证并明确项目投资必要性

（一）投资必要性

自 2003 年开始，中国成为世界石油第二大进口国和消费国，仅次于美国。中国对进口石油的依存度不断增加，已经接近消耗量的 1/2。中国石油企业坚持“走出去”的战略是企业发展的需要，也是保证中国能源安全的需要。

伊拉克油气资源非常丰富，存在大量已发现未开发油田，成功地运作好哈法亚项目，将为中国石油在伊拉克石油市场树立良好的形象，为进一步获取更多的油田项目奠定坚实的基础，为中国的能源安全作出重要保障。

而且哈法亚油田为伊拉克的大型油田，基本处于开发初期阶段。地质储量落实，开发地质风险较小。通过经济评价，预计可以获得可观的经济收益。同时，2014 年哈法亚项目完成石油合同修订谈判，项目的经济效益进一步提升。

哈法亚油田作为中国石油主导开发的海外最大油田，可以充分带动中国石油工程技术服务队伍走出去，实现中国石油（CNPC）整体利益最大化。

（二）资源国投资环境调查

政治经济环境。伊拉克战争以后，中国主张伊拉克问题重归联合国、恢复伊拉克人民的主权、推动政治进程，并参与了伊拉克的重建。

石油行业发展现状。随着伊拉克中央政府持续推进油气项目对外合作和吸引外资，由伊拉克国有石油公司一统该国石油行业的局面已被打破，国际大型石油公司异军突起。但战后伊拉克未能出台新的石油法和外国投资法，石油活动处于无法可依的状态，使得伊拉克石油工业重建严重滞后。尽管伊拉克政治局势和安全形势仍不乐观，但哈法亚油区所在区域安全形势相对较好，根据哈法亚项目的合同特点，在回收稳定的情况下，进一步在哈法亚油田投资并扩建产能符合中石油和合作伙伴的共同利益。

（三）前期相关工作调查

全面调查资料准备。中国石油早期就获得了该油田的相关资料，研究历史较长，同时结合第二轮招标文件中的技术资料包，在投标前集中力量快速开展评价工作，并结合伊拉克政府制定的投标评分公式，制定了稳健适中高峰产量的投标策略，对该项目进行了充分的分析和调研，对项目的风险因素等分析合理。

合同策略。伊拉克第二轮招标采用的合同模式是开发生产服务合同（DPSC）。

开发策略。由于哈法亚为国际投标中标项目，在项目投标过程中，设计的开发策略为：尽早达到初始商业产量，以启动回收；减少早期投资，减少负现金流；投资与产量的合理匹配，提高投资效率；不追求过高高峰产量目标（PPT），报酬费的最小化是赢标的关键；尽可能推迟天然气设施的建设，以减少合同早期投资压力；先开发优质油藏，减少早期投资，扩大回收池。

产品市场调查。按照石油合同要求，合同者仅负责合同区内的原油生产工作，并在交油点将

所生产原油交付给伊方，并由后者负责原油外输和销售工作。中国石油及投资伙伴在投资回收方式的选择方式上，均选择了提油回收形式，在伊拉克南部港口提取巴士拉原油，并通过销售巴士拉原油获得收入，实现投资回收和获取报酬费。

（四）前期调研工作的基本结论

按照“最小的投资，最快的速度和最高的产量”的投资策略。实现比合同要求提前15个月实现初始商业产量，并在回收后利用滚动投资在2014年8月18日实现哈法亚二期20万桶/日产能工程投产，建成年产1000万吨的油田。后期更是在2018年12月12日完成哈法亚三期2000万吨产能建设，并在2019年3月7日达到40万桶/日高峰产量，稳步迈进高峰产量稳产阶段。

扎实精细开展前期策略研究工作。在前期工作和建设实施中对伊拉克政治、社会、法律环境、资源条件的判断和研究总体符合实际，充分优化方案，利用多方案比选，开发策略科学，有效促进项目快速高效建成。

优化完善可行性研究报告和开发方案。并随着相关资料的丰富和项目的实际进展情况，对可行性研究报告进行及时调整，调整符合项目生产实际，并履行报批程序。2014年，哈法亚项目充分利用方案调整机会，实现主合同修订，再次改善了项目效益。

项目决策程序完整。符合国家以及中国石油和国家发展改革委员会的要求。

按照“哈法亚公司开发与生产服务合同”的要求，合同者应在合同生效后半年内提交初始开发方案，并在初始开发方案批准后三年内实现初始商业产量7万桶/日（350万吨/万）；同时，合同者应在7年内实现高峰产量目标（2010年合同为53.5万桶/日，2014年修订为40万桶/日），高峰产量稳产期由原13年修订为16年。

哈法亚公司完成了油藏评价、开发方案编制，通过开展三维地震作业，进一步落实了地质储量，油藏参数准确、开发方案合理，合同期内制定的油田开发指标合理，油田建成40万桶/日（2000万吨/年）以上生产的能力，使得项目运行的外输风险、应对政府限产的产能弥补风险等主要风险均得到了有效控制，项目预期经济效益好于预期。哈法亚项目自启动后，严格按照初期的投资策略实施，即“最小的投资，最快的速度和最高的产量”，减小了项目的负现金流，降低了投资风险，提高了项目的效益水平。

四、推进并实现风险管控目标

（一）实现“三化”管理水平

组织机构和队伍建设的国际化。为确保项目战略部署和经营目标的实现，同时考虑到国际项目管理的高难度和复杂性，经过缜密研究，按照国际化公司运作模式，建立了哈法亚项目决策和组织机构及配套管理队伍，不仅充分体现了作业者需承担的责任和义务，同时有力保障了作业者的权利和控制力。

油田管理信息化。在已有信息化管理和生产的基础上，以信息技术为载体，将油田开发、生产、作业、管理等管理目标界面，逐步实现油田实体的数字化、网络化、智能化和可视化。

工作体系电子化。哈法亚项目的工作流程基本实现电子化全覆盖，即主要的业务流程如，预算、财务、人事、采办、库房等商务流程均为企业资源计划（ERP）在线系统控制和处理；开发、作业、生产等技术业务流程均由国际通用专业软件进行操控；审批权限、差旅报销、会议安排、档案管理等行政业务流程均实现由办公软件系统处理；即将完成的内控风险管理体系也将是一个业务流程全覆盖的在线风险控制管理系统。

（二）有效管控投资

哈法亚公司自启动以来就注重经营风险控制，通过研究合同条款、分析伊拉克经营环境、评价不同开发策略，确定“快速、经济地实现初始商业投产，及早解除前期投资风险；适时开展二期、三期上产，实现项目自我良性循环；择机实施高峰产能建设，扩大项目经营成果”的整体经营策略。

同时，在哈法亚项目运营过程中，通过提前准备及时启动成本回收；根据成本回收池容量，合理安排各期投资，实现投资进度与回收进程的匹配；通过合资共建原油长输管道，分散投资风险；通过策划和谈判修改了石油合同，进一步提高项目价值；面对 2014 年底以来持续低油价带来的挑战，及时调整经营策略并出台应对措施，最大限度地维护了项目的投资价值。13 年来，哈法亚公司较好地落实了项目经营策略，有效控制了经营风险，取得了好于预期的经营效果。

（三）加强建设管理

哈法亚油田地面工程围绕经济效益为中心的原则，以尽量少的投入取得商业生产，然后滚动扩展；大型项目着眼于中国石油内部工程建设承包商，既保证了中国石油的核心利益，也照顾到当地政府和公司的利益；设计单位选用适合的设计单位，将甲方的意图充分贯彻到油田的布局、规模和生产作业层面；采用国际知名项目管理团队（PMC），加强承包商管理，避免偷工减料、管理扯皮的问题。

（四）优化经营策略

针对投资回收快、报酬费低等油气服务合同特点和伊拉克基础设施缺乏、与国际石油公司同台竞技等外部环境，哈法亚项目商务和技术策略并重，通过优化开发方案及合同修改等方式不断调整经营策略，为项目运行提供可靠指导，实现了“开发方案好于投标方案，执行结果好于开发方案，合同修订后条款好于原先条款”的多项重大突破。并强化提油回收过程。

（1）提早谋划，积极沟通，及时启动成本回收。哈法亚项目采取早准备、早沟通的策略，及时启动成本回收程序谈判。项目组织专人研究服务合同，设计提油发票和提油报表，并在内部模拟整个发票提交、伊方审核、批复、提油、下个季度调整等程序。

（2）积极跟踪发票审批进程，敦促米桑石油公司（MOC）缩短审批时间。哈法亚公司派专人跟踪米桑石油公司内部相关部门的审核进度，一旦遇到争议问题，及时启动相关程序与米桑石油公司召开澄清会，解决可能存在的争议。确保实际发票审批时不存在问题，提高实际发票审核时间。主动联系伊拉克石油部，确定发票审批会议时间，“早审批、早提油”。

（3）积极协调伊拉克国家油气销售公司（SOMO）和中联油拼船提油。哈法亚公司已与中国石油鲁迈拉和西古尔纳 3 个项目一并实现了联合提油。通过联合提油，原先不足一船的原油份额也可以通过项目间拼装的形式快速提取，进一步减少了资金的占用时间和成本，也使得哈法亚成为在伊拉克所有外国石油公司中少数实现了联合提油的项目之一。

（五）合理应对低油价

为应对低油价带来的挑战，哈法亚公司利用服务合同的特点，将根据回收池余量，通过保证或调整合理投资、产量来获取更多报酬收入，实现增产保效，同时根据提油情况动态调整经营策略。通过优化降低哈法亚公司预算，保证了当年的回收。

依靠技术创新和管理创新，提高效率、优化运营，全方位、可持续地降低成本，调减部分建设工作量，暂停对生产无直接影响的建设投资；严控员工规模，降低人工成本，优化人力结构，建立进出有序的用人机制，促进人员流动，增强队伍活力，进一步提高各类员工的工作积极性和主动性；将经营管理策略落实到执行操作层面，每季度初根据实际支付和提油回收情况，对下一季度资本性支出和操作费进行分析并形成指导意见；年度预算分摊到各部门，由各部门经理严格把控本部门预算，进一步加强精细化管理；根据对预算执行的研究分析情况，按照作业公司授权，通过管理委员会（MC）等相应决策机制，迅速落实本措施的执行；建立有效的监督机制，按季度总结当期执行情况、措施效果，确定未来执行计划。

在哈法亚三期分阶段建产的过程中，哈法亚公司积累了在复杂环境及形势下的大型油田优化调整与国际化项目运营经验。

（1）坚持风险控制、分期分散投资。控制地下风险，滚动开发，好油快流。哈法亚油田整个开发过程中，边开发，边优化，不断优化总体开发方案，奠定了油田开发技术基础。基于不同产能建设阶段的商务需求分析，制定了适应性的开发方案部署及阶段开发策略。2010 年，编制初始开发方案获得批准，完成合同规定的基本义务工作量和实现商业生产；2011 年，优化并编制初始开发方案的补充方案获得批准，提前启动哈法亚二期产能建设，并在原油出路和伴生气处理上达成新的共识；2013 年，编制正式开发方案并获资源国政府批准；2014 年，项目合同条款进行修改，重新编制完成调整后的开发方案以指导油田产能建设；随后遭遇 2015—2016 年的国际油价暴跌，直至 2016 年底批复。2017 年，哈法亚三期建设重启后，重新优化并编制了哈法亚可行性研究报告，获资源国和国务院国资委核准。

控制商务风险，分期实施，分散投资。按照油田开发规律，划分两个阶段，即建产阶段和升级扩建阶段。将水处理、高压注水配套等部分地面建设延后，降低各建产阶段的投资总额。按照开发风险级别，建产阶段分三期，即一期在风险最低的中部区域快速建成 500 万吨产能，实现投资回收；二期进入滚动投资，在风险相对较小的东部区域新建 500 万吨产能，合计实现 1000 万吨产能；三期跨越发展，在风险相对较大的西北区域新建 1000 万吨产能，合计建成 2000 万吨大油田。

（2）坚持技术创新、推进项目高质量可持续发展。技术创新是项目高质量、快速发展的基础。科研单位 10 年攻关，实现了碳酸盐岩油藏开发理论和技术整体突破，保障油田高效开发；项目公司 10 年奋战，取得了哈法亚复杂碳酸盐岩油田高效开发成功，赢得各方广泛赞誉。

应用多井型立体井网开发模式，实现经济、规模上产。针对哈法亚油田纵向多油藏叠置特点，在伊拉克境内第一个建立多井型立体井网，结合新井部署多目标优化流程，全生命周期综合考虑直井、斜井、水平井、双分支井等井型、井位、完井，实现单井价值最大化，实现了油田高效开发。

应用双分支井技术，实现早期少井上产，快速回收投资。利用双分支井减少 Lower Fars 盐膏层和 Kirkuk 疏松砂岩层重入，降低钻井风险；同时减少钻机动迁，减少钻井征地，提高钻井效率；降低 Mishrif 夹层的阻挡作用，提高单井产量，减少井数，实现快速上产；降低生产压差，延迟见水时间。哈法亚项目共钻双分支井 13 口，储层内水平段平均长度 817 米。第一口双分支井最高单井日产 10000 桶以上，投产 10 年后仍保持 1000 桶 / 日以上的产能。

应用分层系注水，实现巨厚强非均质碳酸盐岩油藏稳油控水开发。针对 Mishrif 存在隐蔽隔夹层、“贼层”特点，利用分层系开发理论、避射贼层高效注水技术，在伊拉克境内第一个实施巨厚碳酸盐岩油藏分层注水技术，实现了稳油控水，提高了注水效率。

构建井筒安全钻井技术，实现安全快速钻井。针对油田地层存在漏层、易垮塌复杂岩性地层，创新性构建了漏卡诊断及井筒安全钻井技术，提前开展防漏、防塌措施，降低了井漏与阻卡风险。

成功应用复合防砂技术，实现 JK 疏松砂岩油藏高效开发。针对出砂严重的 JK 油藏，在伊拉克境内第一个采用砾石充填等复合防砂技术，自 2015 年 JK 规模开发以来，防砂效果稳定，确保了油井的稳定生产，油藏高产稳产。

气举试验获得进展，为规模应用奠定了基础。针对油藏天然能量不足，高气油比、低含水特征，在伊拉克境内第一个开展气举采油，4 个油藏 10 口井成功实施气举试验，日增油 7300 桶，有效降低成本。

超低渗透碳酸盐岩地层储层改造技术，有效开发难动用储量。针对特低渗透、超低渗透油藏，在伊拉克境内第一个开展水平井多级水力压裂，取 Sadi 分段压裂水平井长度从 800 米增至 1500 米，压裂段数从 8 段增至 15 段，压后水平井单井初产 1500—2000 桶 / 日，优于方案设计 1000 桶 / 日。水平井多段压裂的成功，为 Sadi 特低渗透油藏的下一步规模开发提供借鉴，对于中国石油在伊拉克地区的品牌形象的提升和伊拉克低渗透油田的开发具有重要意义。

创新多项关键工程技术，保障地面建设顺利实施。应用多梯度脱水技术，重质油外输含水率低于 0.1%；采用有限元分析技术，提高罐顶承压能力 10 倍以上；创新高频震荡破乳、智能响应多梯度脱水技术，采用电脱水、电脱盐自循环掺水工艺，节水率 50%；发展了地面快装技术，工期缩短 30%；自主研制中国第一台、尺寸最大超级双相钢浮头式换热器，单列年处理能力 300 万吨。

（3）发挥中国石油整体优势，坚持一体化协调发展。充分发挥作业者经营操作优势，为中国企业成功打入伊拉克石油市场创造条件，带动国内工程建设、工程技术服务企业和物资装备“走出去”，起到了显著的投资拉动作用。

100 余家中国公司为哈法亚项目提供服务，实现了中国石油（CNPC）甲乙方协同发展，整体利益最大化的目标。

“一体化”管理是项目高效执行的重要手段，经过多年探索，“一体化”高效工作机制实现了地下与地面一体化、科研与实施一体化、技术与商务一体化、变更与管理一体化。

（4）履行国企创汇担当、坚持效益优先。2012 年，哈法亚一期提前 15 个月建成 500 万吨产能规模，百万吨产能建设投资 2.9 亿美元；2017—2019 年，在哈法亚开展三期建设、大规模投资的情况下，继续保持净现金流为正；2019 年，提前 7 个月实现高峰产量，项目自此进入稳产期和低风险收益阶段；2020—2021 年，新冠肺炎疫情期间，哈法亚公司积极应对外部风险，推进商务谈判，成功获得限产补偿，维护了合同者利益。

（5）注重体系建设，加强国际化运营管理，增强项目可持续发展。哈法亚项目已经构建起大安保、大后勤、大环境和统一协调的“三大一统一”HSSE 管理体系，实现了精准识别和有效防控，保证了哈法亚项目在高速发展过程中，无重特大安全环保事故的良好记录；在 2017 年度、2018 年度中油国际（CNODC）22 个 A 类项目 HSE 管理评价中连续两年蝉联第一，并在 2019 年获年度全球企业“员工关照义务奖”系列奖项之“复杂环境杰出健康管理奖”。同时，哈法亚项目建立起规范高效的招投标管理体系，并形成以 SAP 为平台的 ERP 系统，支持和保障财务、计划、采办等业务运行，形成由“通信、数据、应用、安全”四大支柱组成的信息化构建。这些运营管理体系的构建和完善，有效规避了项目运作风险，大幅度提升了项目的国际化水平。

（6）积极开展公益事业，树立中国石油良好社会形象。哈法亚项目积极开展公益活动，兴建社区项目，几年来完成公益事业项目达数十项，造福当地，包括修建道路、为学校捐赠文具等，伊拉克石油部曾对全国媒体发表了“哈法亚是伊拉克国际石油公司建设绿色、科技、和谐油田的典范”的报道，并在伊拉克石油部年度综合指标评价中多次名列第一。

第二章 财务与审计管理

哈法亚公司财务会计部以中国石油和中油国际（CNODC）资金管理政策、制度、办法和工作规范为指导，为满足公司发展战略和日常经营需要，制定相应的资金管理制度，坚持安全第一、效益优先、全面集中、量入为出、以收定支的原则，对公司账户资金收支实施集中管理，合理平衡资金头寸。加强资金计划与财务预算、投资计划、生产计划的统筹衔接，确保生产经营平稳运行，认真分析资金计划完成情况，提高资金计划的管理效率。通过持续加强财务、内控审计管理制度和工作流程建设，先后建立《哈法亚标准会计程序》（HSAP）包含 14 个主要业务管理流程，即现金筹款、采办支付、存货核算、发票处理、资金管理、人员成本、VOWD 管理 、成本回收、固定资产、预算管理、税务保险及内控审计管理。

同时，哈法亚公司高度重视审计、内控与风险管理工作，认真贯彻落实上级有关工作部署，坚持围绕中心、服务大局，以问题和风险为导向，加强重点风险领域管控和关键环节监管，突出规范管理，突出提升效益，充分发挥审计的监督服务保障职能，持续强化内控体系建设，加强重大风险防控，服务促进各项目业务发展和生产经营管理水平提升，为持续健康发展提供支持保障。

第一节 财务管理人员设置

2010 年 3 月，哈法亚公司财务会计部成立之初，共设有 6 个分部，分别是资金分部、应付账款分部、总账报表分部、综合分部、税保分部和油田现场分部。近年来由于工作内容、工作重点的不断调整，为进一步提升财务管理效率，对各分部工作职责和工作界面进行划分和重组。通过机构结构优化后，2022 年底，财务会计部下设 4 个分部，分别是资金分部、应付账款分部、总账报表分部和综合分部。

截至 2022 年 12 月底，哈法亚财务会计部中方员工 10 人，国际雇员 8 人，当地雇员 5 人（图 7-2-1）。哈法亚中方财务人员 10 人，仅占项目中方人员 6.8 %，整个中东地区财务人员占中东地区中方人员比为 10%；也低于临近中国海油米桑油田中方财务人员 13 人。相较而言，以较少人员高效率完成哈法亚油田财务运营及商务支持工作。

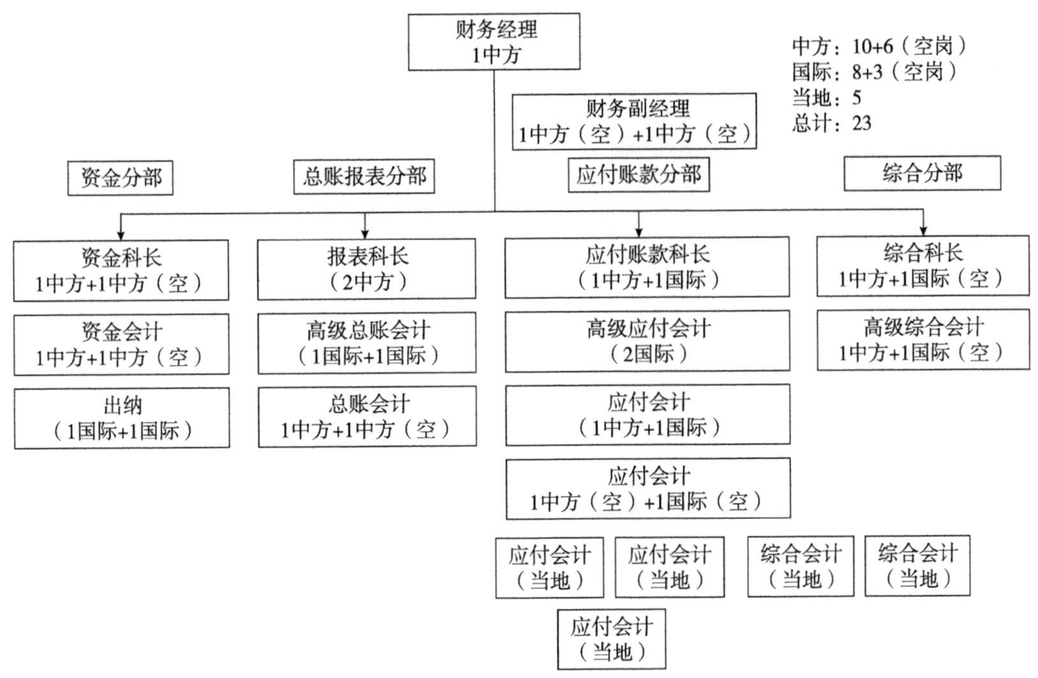

图 7-2-1　哈法亚油田财务会计部人员设置示意图

第二节　财务管理职责

哈法亚公司逐步完善会计核算工作，13 年来致力建设并制定、持续完善项目财务会计制度和内控流程，并进一步明确管理职责外延和内容，即项目会计核算、账务处理、内外部报告编制、经营分析及成本管理、储量评估、年度财务决算工作、固定资产价值管理及会计档案管理等工作内容的合理配置。同时，2017 年上半年开始，哈法亚公司加强提油成本回收工作，开展提油发票编制、跟踪批复、提油及油款对账管理系列一体化建设，理顺提油工作流程。并开展财务预算及绩效考核管理、项目财务预算、中方预算、中方账预算、FZE 代垫预算及财务考核指标的编制、执行监督、分析、调整及考核工作。在资金管理方面，涵盖资金计划、筹款及付款、对账管理、公司银行账户、银企关系和资金风险管理，以及保函、现金、备用金管理流程建设；在项目发票审核、处理工作，包括供应商沟通、对账、合同完成情况和账龄分析等工作；在项目税收与保险管理，包括项目税收研究与筹划、税收风险防控、项目税收缴纳及申报以及项目财产工程保险及理赔等业务管理等；以及在 MOC 审计、外部独立审计、伙伴审计、中方审计、巡视等各项迎审配合及审计报告出具工作；财务系统维护及管理、中方各项财务工作、项目财务报销及招标审核等其他各项财务工作。

在不断完善管理制度的同时，为应对形势变化，积极加强项目资金安全管理，将资金安全管理作为年度资金管理的首要任务，多年来始终保持资金管理总体情况良好状态，助力哈法亚公司各年度生产经营目标的实现。

一、会计核算流程设计与实施

2010 年 7 月，哈法亚公司开始财务会计管理制度的整章建制工作：

（1）公司财务会计制度和内控流程及管理工作制度建设。包括总账、明细账及会计科目的管理、更新和维护；

（2）日常审核权责制会计记录和收付制会计记录等账务处理流程建设。确保总账数据、明细账目数据和分析类数据一致，不一致的地方，进行手工做账调整；

（3）完善联合公司及中方财务报表及财务报告工作，编制财务情况分析资料，及时提供财务会计信息；

（4）联合公司所有部门的价值工作量（VOWD）审核预估管理工作，每月 25 日召开价值工作量审查会议，并编制价值工作量的跟踪模板和预估账龄分析报告，确保了预估金额的准确性，提供成本核算的管理水平；

（5）建立月度结账对比分析流程。在每月结账之前，做好复核工作，检查各类成本费用支出的映射（Mapping）是否正确，是否存在会计科目和预算的错配，现金制转权责制是否正确、完整，所有费用支出是否均有预算信息；

（6）明确联合公司固定资产管理范畴，资本化支出转在建工程 / 在建工程转固定资产，固定资产价值管理和清查工作；

（7）更新维护系统账套。包括会计科目和会计账套的维护，成本过账规则的更新和维护；

（8）配合开发部完成中方年度储量评估工作。

二、内外部报告编制流程建构

为充分反映当月生产经营成果，建立月度报送投资伙伴（JIB）报表；为充分反映每季度生产经营情况，按季度向投资伙伴报送联合账报告，按季度向伊拉克米桑石油公司（MOC）报送季度成本报告、季度标准报告体系（URS）报告，按年度向合作伙伴和伊拉克米桑石油公司（MOC）报送生产经营情况报告和审计报告。

完善提油回收机制，并抢先次第理顺提油发票审批流程。通过每季度最后一个月度编制一次预估提油发票，报送给伙伴和伊拉克政府，每季度结束后下个月初编制上一个季度实际提油发票，报送伙伴和伊拉克政府。同时，编制预估提油量和实际提油量报告，分别于每季度最后一个月 15 号和季度结束后下月 15 号编制，提前反映各伙伴下一个季度提油安排。

梳理财务报告工作流程，形成管理闭环。按季度向伊拉克米桑石油公司 MOC 编制和报送资产报告；按月编制中方月报、关联交易报告和月度生产经营分析报告；按月编制中方投入产出台账，坚持和中油国际（CNODC）对账，确保真实反映和记录中方投入产出情况；按月向中东公司销售采办部提交提油申请报告，确保按时准确提油；按季度提交中方生产经营报告（财务会计部分），准备真是真实准确反映中方季度经营成果；编制年度财务经营预算、中方账预算；计算和提交年度业绩考核指标（财务会计部分）；主持撰写各类管理创新成果报告、管理对标分析报告。

三、提油回收流程建构

（1）编制提油发票。标准化、流程化编制预估提油发票和实际提油发票，确保季度结束后第一时间报出提油发票，加快成本回收。并加强对提油发票数据的自动复核工作，逐项检查关键信息，确保数据无误。

（2）跟踪提油发票审核进程：理顺提油发票从准备到获批整个过程的关键控制点，落实各个控制点的截止日期，遇到争议问题时积极联系相关部门澄清，把争议解决在预计发票审核环节，为伊拉克石油部最终审批实际发票扫清了障碍。坚持每季度到巴格达同伊拉克石油部召开提油会议，新冠肺炎疫情后坚持视频会议联系，保证以最快速度获批并提油。

（3）探索创新提油模式：探索提油回收与大额支付的最优组合，积极主动推动拼船提油。

（4）提油及油款对账管理、包括与联合账、中方、伊拉克石油销售组织（SOMO）及伙伴对账及油款收款跟踪及管理。

四、财务预算及绩效考核管理挂钩

（1）强化哈法亚公司财务预算管理，包括财务预算的编制、上报、执行、监督、分析工作。

（2）细化哈法亚公司财务考核指标管理，财务业绩指标测算、执行监督、分析及考核管理。

（3）开展哈法亚公司中方预算、中方账预算、FZE 代垫预算的编制、执行分析、预算调整、分析工作。

五、资金管理规避风险

（1）保持筹款及用款量符合度在 90% 以上。根据合同规定的筹款要求，明确以发票为筹款依据，通过强化资金计划管理，精耕细作，提升资金使用效率，联合公司的月末资金余额基本控制在 100 万美元以下。

（2）建立资金安全管理体系，规避伊拉克境内资金管理存在的风险。实现了伊拉克本地服务商结算和付款完全通过迪拜花旗账户进行支付，全部付款实现了零差错零失误。

（3）对哈法亚公司现行资金管理及运作流程持续进行检查梳理，定期排查资金管理安全隐患；严格落实库存资金和银行存款的日对账制度，进一步加强了银行秘钥管理；评估汇率变动对项目的影响，提前准备应对方案，强化资金风险管理，尽最大可能控制汇兑损益金额。

（4）按照管理需求完成银行的账户开立并完善网银系统与财务系统的对接。

（5）进一步理顺其他资金管理工作，包括保函管理和承兑、供应商银行账户变更确认、备用金管理（审核记账、核销、定期清理）、公司现金管理与各类报销审批及支付。

六、发票管理

（1）承包商 / 供货商发票处理。遵循发票处理流程和有限授权表完成发票审核登记、预算管理、审批、扣税、保函、延迟履约扣款等一系列发票处理过程；按存储容量使用计费（Charge Back）业务处理。不断提升发票审核精细化程度，年均处理各类服务及供货发票、税费凭据等超过 3000 份，确保不出任何差错。

（2）月度筹款信息预测。每月 15 日之前，和业务部门沟通，收集次月至年底的发票提交预计情况，并根据付款期进行筹款预测并以此作为月度筹款的依据。

（3）账龄分析。每天梳理系统中注册的发票，根据账龄进行审批、支付。

（4）合同完成情况分析。根据系统中注册的发票情况，对该合同的完成情况进行分析。

（5）供应商对账。定期主动和业务量较大的供应商对账（尤其是系统内单位），对差异及时分析、解决。根据审计需求配合供应商。

七、税收及保险管理有机整合

个税管理。伊拉克税务管理及税法合规审核、联合作业公司员工个税计算审核及代扣代缴、哈法亚公司外籍及伊方人员在伊拉克个税年终个税汇算清缴工作（逾 1500 人次）、外籍员工税务支持、其他涉及税务工作；妥善保存各类个税申报缴纳文件及缴纳凭据。完成哈法亚公司中方人员超过 150 人每年国内个人所得税汇算清缴工作。

供应商代扣税申报和支付。每月初将上月度的代扣税支付给伊拉克税务局并协助保管和移交税务局提供的完税凭证。

税收风险防控。定期开展税收风险自查工作，开展历年代扣税数据的整理工作，积极应对税务部门的来函回复工作；对历史汇算清缴材料及工资情况进行梳理、更新，为应对未来可能发生的税务审计打下基础。截至 2022 年底，哈法亚公司无任何涉及伊拉克税务局的税务纠纷和争议及风险。

保险管理。哈法亚公司长期保险计划编制、年度保险计划上报、各类保险投保及续保工作、风险踏勘工作、经纪人沟通和管理、跟踪落实保费分配、保险理赔工作、承包商保险管理等。

八、财务审计

米桑石油公司（MOC）及政府审计。配合内审部应对政府审计，及时提供所需材料，并参加相关讨论会议，做好对应解释工作，特别是提油回收方面，争取提油发票无审计剔除并争取历史扣款释放。

外部独立审计。协调审计师对联合作业账簿、现金支付情况、人工成本等进行的独立审计，提供相关材料和解释工作；每年按时并全部取得无保留意见的审计报告。

其他审计配合工作，包括伙伴审计配合、配合中方总部各项审计、巡视等工作。

九、财务工作数字化建设

加强 SAP 系统财务模块功能开发。基于财务管理要求不断更新，通过 SAP 顾问，哈法亚公司对 SAP 系统开发新的表单、对现有表单进行功能增强，进一步提升财务管理自动化水平，提升财务分析准确性。

SAP 数据库升级。根据工作对接方案，参与数据库更新所涉及的业务流程的沟通和支持、演示反馈、在线测试等工作。随着 SAP 新数据库上线，财务会计部对电子发票提交和审核、账务处理等功能进行进一步加强。

十、中方财务制度化

遵守中国石油（CNPC）、中油国际（CNODC）及中东公司各项报销制度，完成中方个人差旅、培训、福利等逾 150 名中方员工的报销业务。新冠肺炎疫情期间，协助收集员工寄送的报销文件原件，中方国内个税纳税申报，并整理后统一提交给中方报销及相关业务负责人。

配合海外财务共享中心、地区公司财务，做好哈法亚项目中方账、FZE 中方费用的各项预算编制、调整等工作，并积极协调和处理员工在报销、账户更换、结汇入账过程中出现的各种问题。

十一、其他财务工作规范化

招标审核。负责所有招标文件审核（SR/MR、TC Paper、合同、财务条款修订）、供应商财务资格预审、承包商例外事项沟通谈判等，将财务管理、监督职能植入到各项采购合同签订阶段，确保项目公司经济利益。

凭证及会计档案管理。负责收集所有凭证，归集装订保管（项目财务凭证年逾两万份）；同时实现了所有凭证电子化保管；各类财务会计部服务合同招标，确保各项税务支持、审计等合同有序衔接；OA 系统各部门及人员日常报销审核管理、沟通等工作。

第三节　财务制度建设

一、资金管理

2010 年 2 月，哈法亚公司编制资金付款相关的一系列流程，其中包括员工借备用金，员工报销，税款的支付，网银付款，以及编制银行余额调节表的具体流程。

2012 年 1 月，联合公司为规范员工出差时发生的合理费用，编制第一版商务出差报销准则。随着项目的发展和可能遇到的情况，商务出差报销准则于 2017 年 5 月和 2018 年 3 月做了第二版和第三版的修改，以便于更好的结合哈法亚公司现状和规范相关条款。

2017 年，按照中国石油（CNPC）海外板块对各海外项目加强资金管理的要求以及中东公司部署，财务会计部对项目现行资金管理及运作流程进行全面仔细的检查梳理。本次检查认为项目资金管理基本完善、可靠，未发现任何重大风险点。同年，完善了银行账户系统与财务系统自动对账功能，使得每天银企对账效率和时效性大幅提升。

2018 年上半年，中国石油（CNPC）资金检查组到中东公司检查资金工作，检查组对驻阿联酋甲乙方单位全部进行了检查。在总结通报会上，中国石油（CNPC）资金检查组特别提到哈法亚项目资金管理工作，认为项目资金管理制度完善、流程设计合理，尤其认为哈法亚在银企直联、银行日对账工作、现金管理等方面管理先进，希望各乙方单位能够加以学习、推广。

经过前期详细的调研和测算，2019 年 12 月哈法亚公司正式在渣打银行开户。启用后每次进行伊拉克第纳尔（IQD）支付时，公司会与花旗银行、渣打银行进行沟通询价，积极争取拿到高于官方汇率的价格做支付，2020 年大幅度降低了汇兑损，节省汇兑费用逾 270 万美元。

2021 年 5 月，按照中国石油（CNPC）《关于开展网银 U 盾等印鉴自查工作的通知》的文件要求，哈法亚公司财务会计部梳理检查了对网银 U 盾及财务印鉴管理情况，建立相关台账统计登记持有人情况，并完善了现有的管理制度。

二、成本回收管理

2011 年 12 月，哈法亚公司对提油程序和提油软件进行研究和开发，多次修改完善计算模板和发票模板，最终确定了发票格式。

2012 年，哈法亚公司财务会计部以成本回收为核心，会计、报表与提油岗密切配合，及时向米桑石油公司开出第一张预计发票、第一张实际发票及第二张预计发票。

2017 年，哈法亚公司财务会计部充分分析当年低油价影响及应对策略，哈法亚三期集中于下半年大规模建设，进而确定年度总体成本回收策略，尽可能加大第三个季度的现金支付量，合理控制第四季度现金支出，确保回收至第三季度成本，超额完成年度净现金流指标的基础上，尽量减轻次年的资金支付和现金流压力。

在哈法亚三期建设过程中，为尽可能少的占用伙伴资金使用时间，2018 年，哈法亚积极探索提油回收与大额支付的最优组合，利用里程碑付款条款，尽量将大额发票安排在季度最后一个月，按照流程，能够在下一个季度提油回收，提高整体资金使用效率和回收速度。

2018 年，哈法亚进一步理顺提油发票从准备到获批整个过程的关键控制点，落实各个控制点的截止日期，保证提油以最快速度获得批准，创造了当月提交发票，当月开始提油回收的哈法亚速度。

2020 年，受新冠肺炎疫情影响，国际油价暴跌，在伊拉克政府提油量批复严重滞后的客观恶劣外部条件下，确定了“以收定支”底线工作体系，严控现金支出，合理安排筹款进度，确保项目自由现金流为正。

三、会计管理

2010 年，哈法亚项目成立伊始，建立了哈法亚标准会计程序并经联管会（JMC）批准。2011 年 5 月，经过修订完善和专业机构正式测试，哈法亚标准会计程序更加切合日常财会工作实际，并正式获得联管会（JMC）批准。

2011 年 5 月，哈法亚项目第一版保险计划获得联管会（JMC）批准，该保险计划详细设计了哈法亚一期、二期建设过程中主要的保险安排框架，为项目公司保险工作提供了纲领性文件。

2014 年 10 月，在哈法亚三期建设即将启动的大背景下，财务会计部对保险计划进行了更新，引入了对承包商保险的相关要求。

2016 年 3 月，正式启用 SAP 软件系统作为哈法亚公司会计系统，执行会计程序和工作流程，能够充分体现内控需要，并高效准确地提供各类财务信息。

2016 年 8 月，根据哈法亚公司经营情况的变化，协同风险管理团队修订了会计程序和财务管理流程，不断进行改进和更新。

2017 年 6 月起，哈法亚公司正式实施了服务商电子发票提交流程，实现了无纸化办公，最终克服了伊拉克快递业务缺乏的瓶颈。

2018 年，建立并执行了月度 VOWD 讨论分析机制，提高了核算工作的准确性，确保了会计报表的质量。

2019 年 4 月，针对哈法亚三期建设基本完工，大量在建工程项目从建工险转移至财产险以及 GPP 项目即将启动的情况下，财务会计部结合以往年度保险管理的主要经验，对保险计划进行了更新，并在联管会（JMC）会上获得了对第三次保险计划的批复。第三次保险计划参考了米桑石油公司（MOC）对于海运险等的最新要求，并且引入了伙伴自保公司在哈法亚公司保险工作中所起到的重要作用，为充分保护自保公司的保险利益提供了支持。

2020 年 4 月，哈法亚公司财务会计部针对电子发票审核过程中出现的新情况及米桑石油公司的新要求，对供应商电子发票提交流程和要求进行了更新，细化了对发票首页、发票接受文件的信息要求，增加了对发票审核历史流程的记录表单，使得财务会计部清晰掌握承包商的发票修改历史。

2022 年 2 月，哈法亚公司对照现行的工作流程，对财务手册进行更新，并对关节流程、关键控制节点加以明确。

四、哈法亚公司财务管理体系建设

哈法亚公司财务管理体系是随着哈法亚公司在不断建设过程中，遇到了新形势新挑战而不断发展更新使之愈发契合并服务于项目发展的具有哈法亚项目特色的财务管理体系。

哈法亚公司财务管理在项目启动之初，以为公司管理层、上级管理部门提供准确、可靠的财务数据，建立健全完善的资金、税务、发票处理等财务运行体系为主要目的，通过不断借鉴兄弟公司、国际石油公司财务管理模式，建章立制，初步建成了能够满足项目运行过程要求的财务管理方式。

伊拉克的服务合同是在资源国逐步占据主动的情况下，采用的对资源国较为有利的石油合同模式。因此，投资方需要根据服务合同模式下的管理机制、权属分配、回收和报酬机制，结合油田实际情况，研究项目前景，分析自身的投入成本和经济效益，做好经济评价和内部收益率分析，确保项目有利可图，并制好项目合同风险及其他风险。为此，哈法亚公司财务会计部以石油合同为基础，紧密围绕成本回收开展相关工作，成本数据靠实可查，按照合同条款出具各项报告，以合规真实打造财务体系，同时，为提高项目效益，深研提油发票回收事项，通过不断优化调整，在不同发展时期，为保障伙伴现金回收做出了巨大努力。

分析哈法亚开发生产服务合同投资大、服务费费率较低的特点，成本回收工作是影响项目公司整体经济效益的重中之重。哈法亚公司财务人员在多年的提油工作不断研究和摸索中，总结形成了探索提油回收与大额支付的最优组合——季度末最后一个月加大支出，下月回收；积极主动推动拼船提油；理顺提油发票从准备到获批整个过程的关键控制点，落实各个控制点的截止日期，保证提油以最快速度获得批准特点和主要工作抓手的提油工作思路，创造了当月提交发票，当月开始提油回收的哈法亚速度。

随着哈法亚公司不断发展壮大，财务管理思路和模式也在不断升级并优化，从决策信息提供者逐渐转变为项目效益创造者。改变了以往财务工作被动辅助支持项目运营的一般做法，变为通过积极参与项目日常生产经营工作的模式，建成了哈法亚特色的成本预估管理模式、以 SAP-ERP 系统为依托的闭环发票审核及网银支付模式、以业务为出发点的主动保险管理模式等具有哈法亚公司特色的财务管理模式，为哈法亚公司持续高质量发展、建设国际一流项目，筑牢财务管理基石。

第四节　审计管理

2010 年 2 月，哈法亚公司建立了内控审计工作制度，根据内控审计工作范围，细致梳理主要控制节点和工作重点，为项目公司日后的内控审计工作打下基础。

2016 年 8 月，在咨询公司的协助下，组织对哈法亚项目公司所有部门的工作手册进行更新，对各部门工作界面工作关键节点、风险点进行梳理。

2016 年 12 月，开展全员道德行为规范培训，通过员工道德行为规范的培训，强调了员工严格遵守的公司规章制度的重要性，提升全员合规意识，努力营造规范健全的工作环境。

2017 年 12 月，哈法亚公司完成了以全面风险管理为核心的内控体系建设，通过充分利用信息化技术，全面实现内部控制和风险在线系统管理，强化了全员风险意识，加强了风险的动态管理。

2018 年 1 月，哈法亚公司为加快审计进展，建立了不同部门的审计问题的集中解决机制。每周固定时间讨论解决不同类型的审计问题，同时，成功敦促政府审计组建立了内部周会机制，由对方审计经理对本周审计进展情况进行回顾，提高工作效率，加快审计问题的关闭速度。

2018 年 12 月，哈法亚公司参考已发布的标准化业务流程，针对招投标过程中高风险领域的主要业务环节进行测试，出具了审计报告。对已识别的例外事项制定详细的整改方案，明确相关责任人，积极落实整改，并由专人负责跟进和事后评估。

2019 年 2 月，哈法亚公司完成道达尔和马来西亚石油公司进行的 2016—2017 年各项审计遗留问题的整改和回复工作，积极推进上级管理费问题的解决，关闭了绝大部分审计遗留事项。

2019 年 6 月，哈法亚公司完成海外板块进行的内控合规性测试，项目内控体系建设得到了海外板块企业管理部和德勤会计师事务所的高度评价，并在 2019 年 11 月的海外板块内控建设会议上作为优秀典型项目进行了推荐。

2019 年 7—8 月，哈法亚公司完成中国石油（CNPC）审计中心对哈法亚三期投资跟踪审计，在近一个半月的审计工作中，回答审计问题约 150 项，最终取得了较为理想的审计结果，并已经将可能存在的审计问题进行及时整改和反馈。

2020 年 10 月，哈法亚公司完成海外板块进行的“两金”压控和重点领域日常管控自我检查工作。

2020 年 12 月，哈法亚公司完成中国石油（CNPC）审计中心对王贵海总经理的离任审计工作，在近一个半月的审计工作中，与中国石油（CNPC）审计团队密切配合和沟通，最终取得了较为理想的审计结果。

2021 年 6 月，哈法亚公司以解决项目历史争议事项为工作重点，充分分析 500 万美元企业所得税（CIT）暂扣款事项的实质，成功说服伊方在 2021 年二季度提油会上释放了 500 万美元暂扣款，保证作业者投资能够及时回收。

第三章　人力资源管理

哈法亚公司深入贯彻人才强企工程部署，遵循人才成长规律，重点培养一线员工、关键岗位、青年人才，多方并举促进员工扎根一线，深耕专业，岗位成才，切实把发现人、培养人、举荐人作为重要责任，把人才队伍有序接替和年轻人才培养工作落到实处；扎实推进全员绩效考核结果在干部选拔、绩效兑现、先进评选等方面的综合应用，大力推动三项改革落地；着力加大人员轮换力度，为人才成长匹配合适的岗位，引导队伍建设与企业发展同频共振，稳步推动人才高质量管理助力业务高质量发展，大力推动将人力资源转化为人力资本；实施技能素质提升行动，深入组织网络在线学习，开展“互联网 + 培训”活动。

第一节　组织机构

中国石油（CNPC）海外业务体制机制优化调整后，认真学习和研究中国石油（CNPC）《关于印发中国石油国际勘探开发有限公司、海外大区公司、项目（国别）公司等单位“三定”工作实施方案的通知》，完成《伊拉克哈法亚项目公司职能配置内设机构和人员编制规定（草案）》的起草工作，在获得项目公司“三重一大”会议批准后，于 2022 年 4 月 15 日提交中国石油（CNPC）组织机构处。

通过人员流动提升队伍活力、增强业务交流，激发工作热情并营造干事创业氛围。年限达到必轮换的人选，凡涉及批复的事项均做轮换提醒和组织把关；对缺少复杂环境历练的关键岗位干部，及时选派到其他项目实战锻炼，打造精干高效、富有活力、善于应对复杂局面的员工队伍。

第二节　绩效考核

哈法亚公司扎实推进全员业绩考核工作走深做实，筹备并严密组织全员绩效考核工作，组织建设、制度建设、工作运行、考核结果和相关重点工作 5 个方面均贯彻落实到位、实际效果良好。哈法亚公司成立业绩考核领导机构，主要领导担任负责人，由专职业绩考核人员组织全员绩效考核工作。制定、发布全员绩效考核办法和考核指导意见并与时俱进修订配套政策，建立健全绩效考核档案，逐年及时存入个人档案。确保考核连续，强制优秀比例并严格执行。对高管人员按照中国石油（CNPC）总体部署进行述职测评，对公司总经理实施绩效考评，对公司各部门员工实施绩效考核，实现了分级分类实施业绩考核，并定期对基层单位考核工作进行自查。服务类指标设置政治、职业、作风、廉洁，决策、执行、创新、团队，履职、协同 10 个项目，并且后两项比重较高（分别占 35%、15%）。综合得分主要应用于兑现、晋档、辞退、职称、选优、合同续订、培训机会等，其中服务类按 20% 比重计算，效益类部门一般工作人员为 15%、部门正副职为 25% 比重，营运类的比重为剩余的权重。考核结果直接和薪酬、任免、岗位调整、评先选优挂钩；民主测评排在后 30% 的原则上不予进一步选拔使用。通过建立效益效率和收入同步增减的联动机制，以薪酬分配为牵引推动三项制度改革落地，收入和民主测评、绩效考核深度挂钩，严格兑现奖惩，培养能干事、能共事、能成事员工，引导谋全局、干实事、抓落实的氛围，避免“等活干、挑活干”局面，倡导“马上就干、干就干好”作风，组织和个人绩效获得持续提升，收入凭贡献、地位凭作用、有为才有位的理念进一步深入人心。

配合中油国际（CNODC）完成哈法亚公司班子成员和其他员工各年度业绩考评和绩效考核的组织、评定和原始文件的上报与归档；注重项目领导班子建设，完成了班子成员《岗位聘任协议》《企业领导人员任期经营业绩责任书》的文本修订和签订工作，推进领导人员任期制管理；持续推进“人才强企”工程，选拔推荐年轻后备干部并上报中国石油（CNPC），进一步探索干部年轻化的路径，为建设高素质、专业化、国际化干部人才队伍持续努力。

第三节　培训管理

哈法亚（CNPC）始终把业务培训作为提升员工岗位竞争力的重要举措来抓，推荐并鼓励员工参加中国石油（CNPC）组织的各类学习班，有重点地选择参加国内举办的各种高端人才、专业技术学习班，根据业务和个人需要，选派参加各类资质或取证培训，利用工作之余的业务交叉培训、专业热点难点剖析、会前安全分享等机会营造主动分享、积极学习的氛围，推进跨专业知识体系的搭建，充分利用工作岗位这个最好的培训资源，尤其是利用好在联合公司工作的机会，切实做好岗位成才，深入实施职业技能提升行动，利用 E-learning 大力组织在线培训，并将培训和休假结合起来切实做好素质提升工作。

2017 年，协调中国石油单位的人力资源管理人员开展在哈法亚公司开展培训业务交流，开阔国际化管理的思路和视野。协调大庆油田 9 人次到哈法亚项目实习工作。

2018 年，加大人员培训力度，通过参加各类业务培训班，培训人员 20 余人次。在 E-learning 平台，140 个用户 5487 学时学习了 1625 门次课程，总共获得学分超过 3000。2021 年，129 人参与 E-learning 平台在线学习、人均学分 134 分，其中 37 人获得学习奖励。努力构建良好工作环境，积极为员工的职业发展搭建良好的平台和通道，推进各层次人才队伍建设，加大对当地人才队伍的培养力度，提供各类有针对性的培训项目，为项目中长期发展及作业公司本地化过程中的人员需求提供保障。

2021 年，149 名当地新员工完成培训并移交给用户部门；为米桑石油公司、伊拉克石油部提供培训 18 门课；完成伊拉克石油部学位培训招标并为 30 位提供支持。

2022 年 3 月，启动了面向全部当地员工的英语和核心专业技能的培训需求分析，完成英语测试 656 人，培训需求分析 632 人。充分考虑本地员工自我价值实现的深层次动因，结合员工自身优势，并与项目发展的需求相结合，帮助当地员工进行职业生涯设计和规划，调动他们的主观能动性和积极性。根据测评结果，为每一位员工设计定制化的培训课程，预计培训总课时 15036 个小时。认真执行年度 TTS 培训计划，2022 年有 34 名米桑石油公司员工参与奖学金培训。

第四节　用工管理与薪酬管理

哈法亚公司薪酬管理完全实现统一薪资架构和标准，统一发放渠道和流程。根据中国石油（CNPC）《关于开展违反收入分配纪律重点问题专项治理工作的通知》，针对文件中“对中央八项规定出台以来，在中国石油（CNPC）核定项目外取酬、工资总额外列支发放津补贴（奖金）两个重点问题进行自检自查和专项治理”有关要求，会同相关部门和人员，完成自检自查。

2017—2018 年，加强薪酬规范化管理，完成全体员工海龄及履历审核、岗位津贴套改工作，为中油国际（CNODC）人事共享中心集中统一发薪提供准确的薪酬基本信息。

2019 年，根据中油国际（CNODC）《关于赴境外工作人员薪酬福利管理实施细则的补充通知》相关要求，对员工的岗位津贴重新套改。

2020 年，针对新冠肺炎疫情期间的各种突发或特殊情况，落实境外超期服役人员疫情期间的超期服役补贴及境外特殊人员的倒休和相关待遇，落实境内超期休假和待上项目人员的待遇，按照合规受控原则明确和落实双向动迁隔离期间的待遇。

2021 年，哈法亚公司班子成员全部签订任期岗位聘任协议和经营业绩责任书，落实任期绩效考核的基础。

2022 年，根据迪拜颁布的最新劳工法的规定，对派遣人员的合同模板进行修订，并将现有的无固定期限合同修改为 3 年期合同。

为优秀的当地员工创造更多的晋升机会，2020 年晋升本地雇员 38 人，2021 年晋升本地雇员 96 人。2022 年，49 名 2021 年度绩效考核优秀的当地员工获得晋升，任职更高层级的岗位；同时，96 名当地员工的岗位从操作工调整为技工，当地的员工对项目的贡献有了新的提升。通过当地雇员晋升计划，部分当地雇员提拔到部门副经理、部门主管（Section Head）等重要管理和关键岗位。

第四章 法律、合规管理

哈法亚公司深入贯彻落实中国石油（CNPC）和中油国际（CNODC）依法治企工作要求，持续推进法律业务管理体系建设，提升法律人员专业能力和支持保障作用，增强依法治企和合规管理水平。在项目公司管理层领导下，围绕加强和落实项目法律法规，实现管理制度化、规范化和流程化，对项目各项决策事项做到充分论证，科学决策。通过整合人员、建章立制、理顺相关部门之间工作关系，负责法律事务，协调甲乙方的伊拉克法律研究和法律支持服务等工作。

第一节 资源国法律事务

哈法亚公司始终高度重视重大商务运作，积极参与重大涉法事项论证、决策和交易，为项目长远发展与提质增效保驾护航。

一、研究分析伊拉克相关法律法规，明确法律服务支持方向

伊拉克石油法律法规体系可分为《伊拉克宪法》《石油天然气法》及石油行业法规和石油合同4个层次，以及其他部分相关法律法规。

（一）《伊拉克宪法》

2005年，伊拉克颁布的《伊拉克宪法》对本国油气资源的所有权和管理权进行了说明。按照宪法规定，石油及天然气等自然资源属于伊拉克人民所有；在公平分配石油收益的基础上，中央政府与油区地方政府共同管理油田生产的油气，共同制定石油行业的发展战略政策。在第110条的中央政府集中权力和第114条中央与地方共同权力的规定中，未能明确能源事务为中央政府集中权力或是中央与地方共同权力。但是宪法第115条规定，如果中央与地方在共同权力上出现分歧，地方政府具有优先权。由于利益各方对宪法的解释各有不同，集中体现在地方政府是否对石油开发拥有最终权力。但从现状看，中央政府仍掌握石油开发和发展的控制权。

所有权和管理权等权力分配不明晰，尤其是执行权力的不明确，将影响未来伊拉克石油资源的开发及投资方式等重大问题。例如，已签署的某些油田合同，因未经议会批准而遭当地议员质疑其合法性，一度发生地方政府与议会的激烈冲突，原因就是宪法对各级政府机构的能源事务管理权力规定不明确。

（二）《石油天然气法》

为加快吸引外资和战后重建的步伐，伊拉克于 2007 年 2 月出台《石油天然气法（草案）》（简称石油法草案），并通过了内阁的批准。但库尔德自治区随后以石油法草案在没有得到库尔德方面同意的情况下被修改为由，拒绝在国会上为石油法草案投赞成票。2011 年 8 月初伊拉克政府称，已经对 2007 年版本的石油法草案做了进一步修改，经内阁批准后已提交国会并未获批准。2012 年对该案又进行了数轮讨论，但是没有达成任何成果。围绕石油法的争执导致伊拉克的石油开发和外国投资一直缺乏法律依据。在伊拉克集中精力抗击 IS 的大环境下，巴格达中央政府和库尔德地区政府都不愿意就此问题展开对抗性谈判，由此再生别的枝节。

2007 年石油法草案的相关法律条款包括创建一个能够代表国家对油气上游资源实施管理的实体；恢复并加强伊拉克国家石油公司；规范石油勘探开发授权工作；规范油气上游行业的经营；建立健全油气行业财税体系；实施下游业务的授权管理；规范油气管道和炼厂的建设和经营。同时，该法律规定油气监管的权力架构等级依次为国民议会、内阁、联邦石油天然气委员会、石油部、国家石油公司、地方政府。

（三）石油行业法规

伊拉克具有可操作性的石油行业法规严重缺失，石油部通过政府行政命令或以文件的方式控制和监督石油作业。这使得国际油公司在油田的开发作业中缺乏明确的规范指导，只能通过遵循石油合同中模糊的国际石油行业最佳规范（Best International Petroleum Industry Practice），以及通过与石油部、地方石油公司的合作等方式，解决生产作业中相关事务和问题。

另外，鉴于石油部和地区石油公司（南方石油公司、北方石油公司及米桑石油公司）权责不清晰的现状，伊拉克政府正在酝酿一部旨在建立伊拉克国家石油公司（INOC，Iraqi National Oil Company）的法律。经过多次修改，准备提交国会讨论。在该法律中，伊政府将未来的石油行业管理机构设置成相互独立的三角形结构，其中石油部负责能源政策的制定，立法机构和监管机构负责授予合同和规范石油勘探开发活动，国家石油公司具体负责勘探开发经营活动。国家石油公司将在整合目前地区石油公司、专业公司以及石油部等相关部门的基础上成立。国家石油公司的成立将取代石油合同的合同主体，成为新的合作对象。

（四）《伊拉克环境保护与改善法》

伊拉克 2009 年 27 号法案《环境保护与改善法》对环境保护问题做了专门规定，成立由所有政府部委高层组成的环境保护理事会，负责伊拉克整体环境保护。外国石油公司启动项目前需进行环境评估；勘探开发过程中应采取一切必要措施防止破坏环境；原油分离处理过程中采取必要措施处理盐水，防止漏油并向政府提供必要的环境破坏信息及补救措施。伊拉克石油服务合同中有专章对环境保护做了规定。除在原则上要求外国石油公司在环境保护方面遵守当地法律法规和国际运作惯例外，还对环境影响报告要求的内容和提交审核批准程序、政府（当地石油公司）对于环境保护的干涉、钻井作业的应急反应预案、环境保护费用及因环境保护导致油田作业延长等事宜做出了明确规定。

2015 年，伊拉克环保部与健康部合并，之前外界普遍认为环保部门纸上谈兵多于实际行动，但部门合并后新上任的部长不断向有关部门发布指令和信件，急于推动该法案的真正落地实施。

（五）石油投资保护法律法规

截至 2022 年底，伊拉克适用 2006 年第 13 号法案作为投资指南，但是该法案不适用油气领域的投资。1985 年第 84 号法案《油气资源保护法》对油气行业的勘探开发投资管理做出了规定，同时该法指定石油部为石油投资的管理部门。在下游投资鼓励方面，伊拉克颁发实施了 2007 年 64 号法案《原油炼制私人投资法》。石油部于 2009 年颁发了该法案的实施细则。该法对原油的来源、价格机制、产成品销售、炼厂建造、运营与维护、管理机构及投资公司享受的待遇等做出了规定，鼓励并保证炼厂投资者的利益。

（六）伊拉克对外油气合作主要合同类型、财税条款

2008 年 11 月，中国石油和中国北方工业公司合资成立的绿洲石油公司与伊方签署了艾哈代布项目油田服务合同，成为伊拉克战后第一个对外石油合作项目。此后服务合同模式为伊拉克政府所采纳。伊拉克通过已举行的三轮国际油气区块招标所签订的 14 个油气田合同均采用服务合同模式。第二轮的合同模板比第一轮有所变化和改进，合同名称也从技术服务合同变成开发生产服务合同，但服务合同的原则条款没有变化。

据伊拉克石油部公布的服务合同模板，合同签约主体一般由地区石油公司代表石油部作为合同一方，外国石油公司和另一个地区石油公司或石油部指定的下属公司作为承包商，合同有效期一般为 20 年，可申请延长 5 年。外国承包商提供油田开发和作业所需技术和资金，提高油田产量并按要求达到高峰产量目标。合同一般就有关费用、最低义务实物工作量和估算投资做出规定。服务费由石油成本和增产报酬费组成，从一定比例的增产油中予以回收。其中石油成本包括资本性支出和操作费，报酬费是政府支付给承包商增产油的报酬，一般在 1 ~ 4 美元 / 桶，每年由承包商提前向政府申请商定回收形式（现金或原油）。同时，承包商需要根据报酬费缴纳所得税。合同规定的补充费用一般包括签字费、排雷费、污染治理费、政府承担项目费等，承包商通过基础产量中的特定比例予以回收，但政府需支付一定的利息。服务费及补充费用的回收时间点一般做如下规定：对于已开发的油田，回收时间点为剔除基础油（Initial Production Rate – IPR）后，油田产量增产 10% 并维持一段时间；对于尚待开发油田，回收时间点为初始商业产量在一定时间内维持合同规定产量。

二、紧贴合同模式实际，适应国际合作现状需求

伊拉克适用 2006 年第 13 号法案作为投资指南，但是该法案不适用油气领域的投资。1985 年第 84 号法案《油气资源保护法》对油气行业的勘探开发投资管理做出了规定，该法指定石油部为石油投资的管理部门。

具体到石油上游投资，伊拉克石油服务合同为外国石油公司提供了税务和其他方面的优惠条件和政策。例如在投资成本回收方面，允许外国石油公司选择以现金或原油形式得到支付，并明确规定了石油成本或补充成本到期日、付款日及政府的支付义务。为鼓励投资，政府允许外国石油公司在其总部或其关联公司的相关支出中摊销一定比例的管理费用。

石油服务合同规定了法律和财税稳定性条款，例如，外国石油公司支付所得税以外的税务，或如果政府机构根据相关法律认定合同某个或某些条款无效或作废，或因政府限产或无法在规定交油点接收原油，导致外国石油公司经济利益受损，政府负责补偿。

在下游投资鼓励方面，适用伊拉克 2007 年 64 号法案《原油炼制私人投资法》。全面开放下游领域的对外合作，并授予地方政府极大的自主权。根据此法，外国公司可通过独资或合资的方式在伊拉克建炼厂，伊拉克当地政府有权同外国公司商谈合作方式直至签约。根据法律规定，炼厂建成后，伊拉克石油部将按照当时的原油出口价负责将原油运至炼厂，石油部仅按油价的 1% 收取费用，不再收取运输费。投资公司可自行决定成品油的出售价格及出售地点，伊拉克政府无权干预。但外国投资公司在炼厂中雇用的伊拉克人比例不得少于 75%，炼厂土地使用权为 40 年，到期后可延长。石油部于 2009 年颁发了该法案的实施细则。该法对原油的来源、价格机制、产成品销售、炼厂建造、运营与维护、管理机构以及投资公司享受的待遇等做出了规定，鼓励并保证炼厂投资者的利益。

2012 年 5 月，伊拉克政府为进一步吸引私营企业投资本国炼厂，将使本国的炼厂私有化，并消除油品价格补贴。截至 2022 年底，伊拉克仍然对油品提供补贴，政府以国际价格购买本国炼厂的油品，自身承担对油品的补贴。伊拉克也希望本国的国有公司投资炼厂，最多可持有炼厂 25% 的股份，但这需要伊拉克财务部的参与，可能导致投资延误。伊拉克石油部正在探索吸引外国投资本国炼厂的新的合作模式，即通过向投资者按桶支付报酬费的模式吸引外资，并在 10 年内回收投资。

第二节　合规管理与法律风险防控

哈法亚公司法律部人员着手从招标文件准备、技术评标，到合同的订立、执行、变更等环节，提供全过程全方位的法律支持。更新招标文件中对投标商实体注册登记文件和授权文件的要求，进一步明确和简化审核标准；针对合同执行中的突出问题，补充和强化招标须知中对联合体投标、供货商原产地证书、取消 / 终止招标和税费分担等条款；对合同文本不断修订和完善，优化完善有关井下公司损失条款、合同中止条款、不可抗力条款、违约金和社会保险的清理与完税证明提交等条款，以解决合同执行中的多发问题，平衡双方利益，提高合同执行效率。

根据中国石油（CNPC）和中油国际（CNODC）的统一部署，收集、整理中东地区相关国家和项目的法律共享平台建设资料，包括项目情况介绍、典型案例分析、当地法律资源情况等；组织合规管理培训宣贯，贯彻中国石油（CNPC）、中油国际（CNODC）的合规规定及经营管理理念。

协调组织开展年度全员合规培训，通过线上线下相结合的方式，在要求时间内中方人员完成《诚信合规手册》《反商业贿赂手册》及 4 部“反腐警示”视频的 100% 全员培训学习，同时配发《中国石油反商业贿赂手册》多语版，组织外籍员工学习，完善哈法亚公司在内部管理和外部监管方面的依法合规。

2012—2022 年，哈法亚公司发挥靠前优势，跟踪伊拉克地缘政治形势演变，协同本部对伊拉克开展重大法律风险识别，在中美贸易摩擦和美国打压中资企业的大背景下，研究制定相应防控措施，确保业务稳健运行和发展。同时组织各项目梳理重大法律合规风险事件，排查重大法律风险情况，均为零报送。

第三节　法制宣传教育

哈法亚公司注重普法宣传教育，提升项目员工的法律意识、合规意识和法律素养。项目每年组织各部门、在哈法亚各相关承包商等单位进行法治宣传教育，加强员工法律合规意识，推进依法治企和合规运营。

2017 年，结合中国石油法律工作会议精神，在对哈法亚公司依法治企、合规管理面临的内外部形势客观深入分析的基础上，立足伊拉克哈法亚项目国际合作油气开发，明确法律工作的总体思路，发挥法律工作的服务保障、规范管理、价值创造作用，推动依法治企从以法律部门为主向各部门协同配合、全员参与、全面覆盖升级，实现依法治企体制、法律工作水平、全员守法合规的主要目标。

2018 年，组织哈法亚公司及各乙方单位，开展伊拉克法律知识培训，提升全员法律意识和法律素养。

2019 年，协调哈法亚公司收集、整理伊拉克相关法律共享平台建设资料，包括项目情况介绍、典型案例分析、当地法律资源情况等，为深化海外项目法律共享信息平台建设提供支持。

2020 年，为提升员工法治意识和法治素养，在《中华人民共和国民法典》实施之际，哈法亚公司开展《中华人民共和国民法典》培训。根据“十四五”规划，哈法亚公司把系统学习《中华人民共和国民法典》作为全年普法工作重点，助力哈法亚公司员工业务高质量发展。

2021—2022 年，哈法亚公司组织开展民法典宣贯活动，邀请专家学者通过视频方式授课，加强员工守法合规意识。组织全体中方员工和外籍员工学习合规知识、观看合规视频，完成年度全员合规培训。

第五章　行政管理

中国石油（伊拉克）哈法亚公司设综合管理部，负责哈法亚公司行政、外事外联、公共关系、公文、档案、保密等工作。在文秘工作方面，实现公文标准化、流程化和线上自动化，会议组织及时、有序，会议纪要准确，督办落实，印章保管使用合规。外事与外联严格遵守公司规章制度，协同营地服务部建立后勤保障体系，做到保障可靠无误。落实保密管理规定，建立相应管理制度，定期督查保密漏洞。档案管理实现制度化、电子化。

第一节　行政事务

一、接待工作

2012 年，哈法亚一期 500 万吨原油产能建设项目投产。中国石油（CNPC）副总经理汪东进、中国驻伊拉克大使倪坚、伊拉克副总理沙赫里斯塔尼、石油部部长阿卜杜·克里木·鲁艾比出席庆典仪式，为哈法亚油田建成一期 500 万吨产能剪彩，并分别发表讲话。中国石油伊拉克地区公司总经理王莎莉、哈法亚公司总经理祝俊峰，联合体伙伴道达尔、马来西亚石油公司、米桑石油公司代表，中国石油各参建单位代表，伊拉克军方、警方的代表及当地政府、社会各界人士近千人参加庆典仪式，前来采访报道此次投产庆典的伊拉克当地和外国媒体多达 37 家，各界人士给予高度评价。

2013 年，中国石油（CNPC）副总经济师关晓红一行到哈法亚公司项目现场调研，中国驻伊拉克大使倪坚到哈法亚油田现场调研，中国石油大学校长（北京）张来斌一行到哈法亚油田现场调研，伊拉克总理马利基及石油部部长等政要出席哈法亚油田二期奠基仪式。

2014 年，哈法亚油田二期新增 500 万吨 / 年产能工程建成投产，实现年产 1000 万吨产能目标。中国石油（PetroChina）副总经理吕功训，伊拉克石油部部长、国会议员阿里，米桑省省长、议长出席庆典仪式，剪彩并致辞。中国石油（CNPC）总经理助理王铁军一行到哈法亚油田调研；中国石油（CNPC）国际事业局局长章欣到哈法亚油田调研；中国外交部、商务部代表团到哈法亚油田进行中资企业安全应急工作调研；米桑省议长到访哈法亚油田。

2015 年，伊拉克石油部部长阿迪勒·阿卜杜勒·迈赫迪出席在哈法亚公司营地举行的第三届伊拉克油气大会开幕式活动；伊拉克石油部部长一行及中国驻伊拉克大使馆参赞访问哈法亚油田现场并参加了应急响应中心投入使用开幕典礼、伊拉克石油部副部长法雅赫·哈桑·纳玛到访哈法亚、伊拉克政府内务部副部长一行到访哈法亚。

2016 年，中东公司副总经理黄永章一行到哈法亚油田调研；中国驻伊拉克大使陈伟庆、商务参赞李壮松一行到哈法亚调研；伊拉克石油部副部长到访哈法亚；米桑省省长到访哈法亚、法国驻伊拉克大使到访哈法亚。

2017 年，中国石油（PetroChina）副总经理孙龙德一行出席哈法亚油田三期油气处理站（CPF3）及配套系统开工仪式；伊拉克石油部部长贾巴尔·阿里·侯赛音、副部长卡里姆·哈塔卜一行参加哈法亚油田三期开工奠基仪式。

2018 年，哈法亚油田三期新增 1000 万吨 / 年产能建成投产，实现年产 2000 万吨生产能力。中国石油（CNPC）副总经理侯启军，中国驻伊拉克大使陈伟庆，伊拉克石油部副部长卡里姆·哈塔卜，米桑石油公司代表、道达尔石油公司代表、马来西亚石油公司代表等 600 余人出席庆典。

2019 年，中国石油（CNPC）副总经理焦方正一行到哈法亚油田调研；中国石油（CNPC）巡视组艾南一行到哈法亚油田现场巡视、调研；中东公司总经理黄永章到哈法亚油田调研；米桑石油公司总经理到哈法亚油田调研。

2020 年，中国疾控中心及中国驻伊拉克使馆代表团到哈法亚油田现场指导新冠肺炎疫情防控工作。

2021 年，米桑石油公司（MOC）总经理、米桑地区警察总长、米桑卫生局、移民局等到哈法亚现场调研。

2022 年，中东公司总经理王贵海一行到哈法亚油田调研；中国驻伊拉克大使崔巍一行到哈法亚油田调研；米桑石油公司（MOC）总经理到哈法亚调研。

二、签证管理

哈法亚公司统一管理甲乙方的签证，包括签证的审批、验血、取消，对签证使用情况进行监督和检查等。在签证管理过程中，主要采取了以下几个做法：第一是提前做好计划，包括邀请函申请计划、材料递交计划、验血计划、签证取消计划等，严格按照计划实施，做到计划到位，执行到位，检查到位。第二是组织承包商对签证申请材料进行交叉检查，避免材料错误而被政府退回，提高审批通过率；第三是通过各种渠道与伊拉克政府相关部门保持融洽的关系，适时推动政府各部门的签证审批进度，缩短申请时间；第四是定期对甲乙方签证进行检查，并及时办理签证取消，有效防止甲乙方离职人员持哈法亚签证到伊拉克其他公司工作，避免非法劳务问题。第五是建立了公司部门副经理及副处级以上人员签证管理表，及时跟踪这些关键岗位人员签证情况，及时提醒并协助签证的办理和更新。

三、旅行管理

哈法亚公司严格执行旅行管理政策，对中外方全体员工机票预订流程进行审核把关，在确保旅行安全、合理的中转时间及中转次数的前提下，通过购买最经济的机票控制成本。2020 年初，新冠肺炎疫情暴发，国际航班锐减且经常取消，哈法亚公司提前谋划，多渠道解决员工往返项目的机票，一是协调公司员工做好全年休假计划，按照休假计划为员工提前预订机票；二是与国务院国资委、中国石油（CNPC）、中油国际（CNODC）及中东公司对接，为中国员工协调组织包机往返伊拉克和中国；三是多方协调 48 小时核酸检测及报告，协助甲乙方人员合法安全按期归国，为防止新冠肺炎疫情输入贡献力量。

四、日常办公管理

通过 OA 系统实现日常办公，如签证、信函、机票、电话、办公用品、办公家具、文具、名片、印章等，办公更加方便、快捷，具有可追溯性。定期对公司办公工位进行统计，结合各部门工位使用情况及员工变动情况为各部门分配工位，同时，按照 HSE 相关要求，定期对办公楼进行月度卫生、防火、用电安全等专项检查。对办公家具进行编号登记，并定期核查。严格落实公司精细管理、提质增效要求，精打细算，降低成本。

第二节　公文与文件管理

一、公文管理

哈法亚公司管理的公文与文件类别包括上级单位下发的文件、函件等，以及本公司文件、函件、专题会议纪要、公司委员会会议纪要、部门呈批件、信息简报等。

哈法亚公司收文和发文工作由综合管理部负责。收文处理执行来文登记、拟办、送领导审批、送相关部门办理、督办、存档等工作程序，确保上级的文件精神和要求及时顺畅地贯彻落实。发文处理严格把关文件起草和各级审签责任。根据《党政公文处理工作条例》、中国石油（CNPC）和中油国际（CNODC）公文管理办法等相关规定，规范使用标准的公文体例格式，确保要素齐全，字体、字号及密级等各要素标识正确，按照文风端正、结构完整严谨、层次段落条理清晰、文字精练、格式规范的要求，恰当使用文种，做到行文规范，程序清楚，格式准确，标注基本规范。

2018 年，哈法亚公司推动中方 OA 协同办公系统的升级改造，确保公文管理模块（收发文）上线运行，并于 2019 年 8 月实现了通过中方 OA 协同办公系统进行收文处理的功能。2019 年 10 月，哈法亚公司推动通过中方 OA 协同办公系统进行发文的处理，并在 2020 年初实现了通过中方 OA 协同办公系统进行发文处理功能。中方 OA 协同办公系统替代了通过邮件处理中方文件的模式，便于文件的查询、督办、归档、保密、存储。

哈法亚公司联合作业机构的往来信函主要通过联合公司 OA 进行处理，这一功能于 2014 年开始使用。

二、印章管理

哈法亚公司根据中国石油（CNPC）、中油国际（CNODC）相关规定，制定《中国石油（伊拉克）哈法亚公司印章管理规定》，指导公司印章的管理。公司印章包括联合公司印章和中方印章，均由综合管理部统一管理。印章的使用需通过联合公司 OA 和中方 OA 进行申请，经过管理层批准后方可用印。减少纸质审批，加强印章使用申请登记管理，提高工作效率，并利于存档和跟踪。

第三节 保密管理

哈法亚公司认真贯彻落实中国石油（CNPC）、中油国际（CNODC）和中东公司保密工作要求，强化全员保密意识教育，严格保密管理，加强保密检查，做好保密警示，强化保密基础工作。哈法亚公司保密工作实行统一领导、归口管理、分级负责、各司其职的体制。

哈法亚公司设立保密委员会，公司总经理任保密委员会主任，分管保密工作的公司副总经理任保密委员会副主任，公司班子成员和各部门经理担任委员会委员。保密委员会下设保密办公室，办公室设在综合管理部，综合管理部经理兼任保密办主任，代表公司保密委员会管理公司保密日常工作。公司各部门成立保密工作小组，由部门经理任组长，指定 1—2 名部门中方主体员工任兼职保密员，负责本部门的保密工作。

根据中国石油（CNPC）、中油国际（CNODC）、中东公司相关保密管理规章制度，结合哈法亚公司实际，制定了《中国石油（伊拉克）哈法亚公司保密管理制度》《中国石油（伊拉克）哈法亚公司商业秘密保护管理办法》《中国石油（伊拉克）哈法亚公司工作秘密和内部资料保护管理办法》《中国石油（伊拉克）哈法亚公司涉密人员管理办法》。进一步规范和加强哈法亚公司保密管理，维护哈法亚公司商业秘密安全，保护核心竞争力。

哈法亚公司每年组织全体中方员工组织签订保密责任书，压实保密责任，提升保密意识；每年开展两次保密检查工作，上半年自查，下半年集中检查，发现隐患，及时整改；每年开展两次保密知识学习、答题活动；对保密委员会成员、部门保密小组人员、涉密人员进行全方位、有针对性地培训，提高大家的保密知识和保密技能；规范中方邮箱和联合公司邮箱的使用，要求中方事务通过 cnpcint 中方邮箱处理，联合公司事务通过联合公司邮箱处理，联合公司邮箱和中方邮箱不互发，避免泄密风险；在项目全员范围推广使用文档安全管理系统，要求全体中方员工安装使用，涉密信息必须使用文档安全管理系统（DSM）加密；向项目全体员工宣贯关于因公出国境人员行前教育、安全合规与三防工作的要求；规范全体员工涉密文件与信息的处理，要求涉密文件必须通过中方 OA 处理。

第四节 档案管理

哈法亚公司综合管理部负责档案管理工作。哈法亚公司制定了联合公司《哈法亚项目档案管理手册》和中方《中油石油（伊拉克）哈法亚公司档案管理办法》，用以指导档案管理工作。

哈法亚公司档案管理工作实行统一领导、归口管理、分级负责、各司其职的体制。

对于中方档案，哈法亚公司成立档案管理委员会，有公司主要负责人担任委员会主任，分管档案工作的班子成员担任常务副主任，公司其他班子成员担任副主任，各部门经理担任委员会委员。委员会办公室设在综合管理部，负责组织召开委员会会议，落实委员会工作安排，统筹协调档案管理工作。公司各部门设置档案管理工作小组，由部门经理任组长，指定 1—2 名部门中方主体员工任兼职档案管理员，负责本部门的档案管理工作。

中方档案的归档，综合管理部按照中油国际（CNODC）《归档任务清单》及相关要求与各业务部门对接，收集整理各部门归档文件，上传归档电子文件至海外勘探开发数据管理平台（DCP 系统）。

对于联合公司档案，综合管理部按照联合公司档案归档范围，定期督促各部门及时将档案入库。联合公司档案管理人员每天检查档案室，确保档案安全。各部门配备兼职档案管理人员，负责定期收集、整理本部门的档案归档工作。联合公司 OA 系统中有建立归档审批流程、档案借阅审批流程。

第八篇　科技创新与信息化建设

伊拉克地区油气资源丰富，储层巨厚、油藏和储层类型多样、储量丰度大，单井初产高、油田开发效益好，随着开发的深入储层非均质性逐渐显现，储量动用不均匀，油藏压降明显，含水上升速度偏快，注水开发效果不及预期，加之普遍发育的疏松砂岩、膏盐层、燧石层等复杂岩性层段增加了钻井作业难度，地层水盐度较高且普遍含硫对安全作业、油气处理和设备防腐等带来严重挑战。为此，哈法亚公司借助整合中国石油和其他国际油公司的先进技术，逐年开展技术攻关，较好解决了相关技术难题，形成了涵盖勘探、钻井、油藏、采油和地面工程等方面的技术系列，取得了多项技术成果，包括中国石油（CNPC）科学技术进步奖 1 项，行业协会奖项 4 项，获中油国际（CNODC）科学技术进步奖 7 项。其中，“中东巨厚复杂碳酸盐岩油藏亿吨级上产稳产及高效开发”获国家科学技术进步奖一等奖。系列科技成果的取得和推广应用，在伊拉克油气开发市场中展示了中国石油的整体科技实力，树立了品牌形象，提升了企业竞争力。

第一章　油气开发技术创新

由于哈法亚油田面临开发层系多（9 套）、跨度大（1900—4200 米），非均质性强、物性变化大，主力油藏采用定向井、水平井开采，存在较大规模的低渗透储层，地层水矿化度高等问题。同时，为适应中高配产的水平井和分支井、含硫油田快速建产、稳产要求迫切的基本要求，国内几乎没有成熟经验可借鉴。通过 10 年的攻关和规模化应用，形成了适用于哈法亚油田的低成本高效开发关键技术系列，为油田持续增产、高峰产量稳产提供技术保障。

针对开发难题，确定以防砂、人工举升、储层改造等工艺为主的解决方案。形成大型非均质油藏上产稳产千万吨配套油田开发等多项关键技术系列应用。

第一节　巨厚碳酸盐岩油藏分层系注水开发技术

针对哈法亚油田主力油藏优质储层分散、非均质性极强且处在高温、高盐、高酸性环境，开采难度大等技术难题，利用分层系开发、避射“贼层”高效注水技术，第一个在伊拉克实现巨厚碳酸盐岩油藏分层注水开发（图 8-1-1），构筑多井型立体井网开发模式（图 8-1-2），哈法亚公司应用多分支水平井、水平井、定向井等多项配套技术，增大单井产油剖面厚度，在强非均质性碳酸盐岩油藏实现了少井高产。同时针对钻井过程中的漏层、复杂岩性地层易坍塌等问题，采用漏卡诊断技术配套发展了井筒安全钻井技术；针对超低渗透 Sadi 碳酸盐岩塑性地层动用难、产能低的问题，首创开展差异酸化改造（图 8-1-3）和水平井多段分层加砂压裂改造技术研究与应用；并且在地面工程上实现了多梯度脱水、腐蚀在线监测与控制、大尺寸双相钢浮头式换热器、地面快装化等 4 项技术创新，在采油工程上应用 JK 油藏复合防砂系列技术，主力油藏推广应用气举、电潜泵等人工举升工艺技术等。上述多项技术综合配套应用，实现了哈法亚油田巨厚碳酸盐岩油藏稳油控水、高效开发。

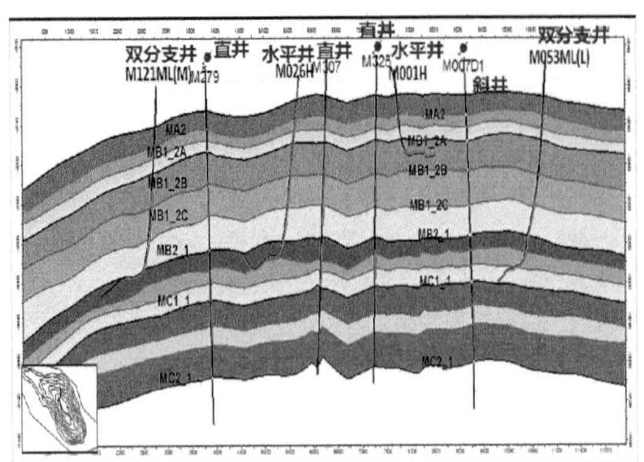

图 8-1-1　哈法亚油田多井型立体开发井网模式图

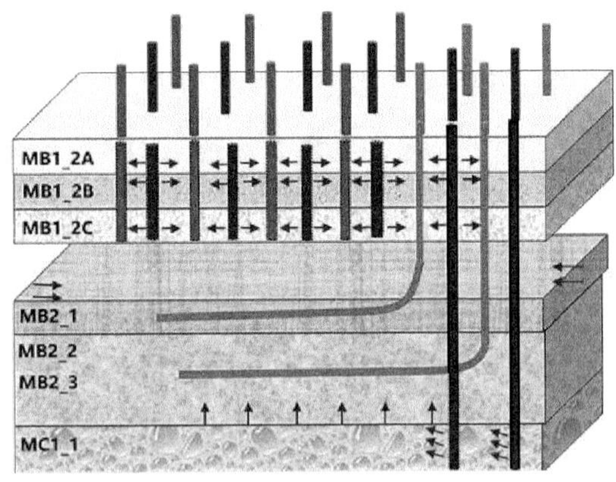

图 8-1-2　哈法亚油田分层注水开发剖面示意图

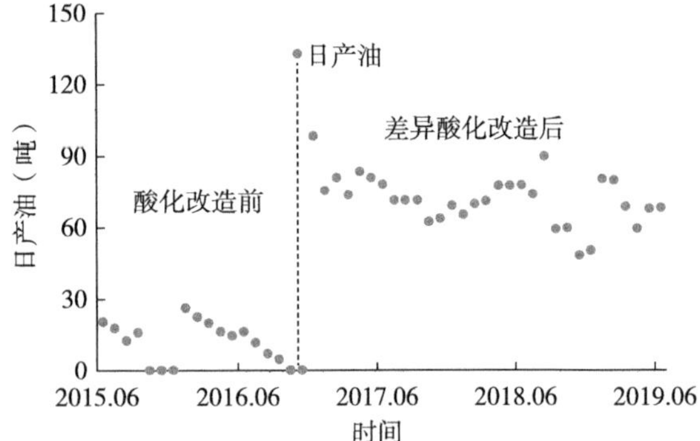

图 8-1-3　哈法亚油田 N055 井差异酸化改造前后产油状况对比图

第二节　水平井生产参数优化技术

哈法亚油田水平井开发过程中，建立“水平井井筒多相变质量流流动规律实验及压降模型”，并补充完成中等管径两相水平管流流动规律、“井筒油藏耦合变质量微元法预测油井产能”方法，以及“多因素停喷时间预测方法”。逐步形成对自喷井延长自喷期、准确预测停喷时间、提高举升系统效率、优选体液潜力井等水平井、分支井生产参数优化方法，指导开发方案实施。

第二章 工程技术创新

根据哈法亚油田油藏、地质特点，主要采用下套管射孔、筛管或裸眼完井，通过注水、自喷或人工举升，利用电泵、抽油机和气举采油。分别采用直井、水平井，完善注水井网，通过分层、底部和边缘注水等多种方式，争取注好水、注够水，维持油田油藏压力，努力实现稳油控水。在采用气举和电泵采油，根据油藏不同地质特点和流体特征，采用酸化、压裂、堵水、换泵、调剖和老井恢复等措施作业挖潜，增储上产，降本增效，实现油田高效开发。

第一节 Sadi 水平井多段压裂技术

针对哈法亚油田 Sadi 油藏碳酸盐岩地层“孔隙大、喉道小，低模量、长屈服，非均质、大跨度”特点，随之而来的长水平段压裂施工压力响应复杂、缝长延伸困难、支撑剂易嵌入地层、导流能力变差等压裂工艺问题。提出了 Sadi 油层加砂压裂缝尖“塑性变形”理论，建立了“低模量孔隙型碳酸盐岩裂缝扩展模型”并形成相应软件，准确预测 Sadi 储层压裂压力相应特征，优化了压裂工艺过程设计和实施。2019 年在 S005H1 井成功实施 Sadi 储层水平段 8 段压裂，是历史上在伊拉克应用压裂工艺技术的第一口井。通过在钻井完井阶段提前下入多段裸眼封隔器，后续实施多段投球打开滑套分段加砂压裂工艺，有效发挥 Sadi 储层产能。截至 2022 年 12 月，已经实施 7 口井，初期平均单井实现日产 1467 桶，且实现长期稳定产油；统计压裂后两年的 2 口井，平均单井日产油 1042 桶。

第二节 长井段水平井酸化工艺技术

针对哈法亚油田碳酸盐岩油藏水平井井段长（800 米以上）、酸化改造工艺实施困难的情况，建立了水平井非均质伤害的表皮系数模型及适合于中东地区的孔洞型双尺度碳酸盐岩酸化数学模型，提出了长井段水平井局部非均匀布酸新理念及其设计评估方法，配套提出了局部非均匀布酸工艺及其辅助布酸方法。哈法亚油田油井防砂累计增油 1507.0 万桶（221.6 万吨），生产工艺管柱及制度优化累计增油 351.7 万桶（51.7 万吨），长井段水平井非均匀定量剖面注酸技术累计增油 1458.8 万桶（214.5 万吨）。截至 2022 年底，累计增油 3317.4 万桶（487.9 万吨）。

第三节　JK 储层防砂配套工艺技术

针对 JK 疏松砂岩油藏不同区域出砂临界生产压差及地层砂粒径分布差异，研究了平面和纵向出砂规律，绘制了出砂临界生产压差分布规律平面图及疏松砂岩储层宏观防控砂控制图，优选砾石充填、独立筛管等不同防砂工艺。针对未解决 JK 油藏油井严重出砂、无法投产的难题，研究发展了复合防砂工艺技术系列，有效实现 JK 油藏单井顺利投产释放产能。为对比研究防砂技术系列适应性，先后开展多种防砂技术应用试验，确定以 3 种主要的防砂完井工艺组合：一是筛管砾石充填防砂完井工艺；二是绕丝筛管防砂完井工艺；三是 PMC 复合筛管防砂完井工艺。截至 2022 年 4 月，在 JK 油藏油井推广应用防砂工艺 73 口井，其中筛管砾石充填防砂完井工艺 62 口井，绕丝筛管防砂完井工艺 6 口井，PMC 复合筛管防砂完井工艺 5 口井。

第四节　人工举升配套技术

一、气举

2016 年，哈法亚油田开展先导性气举试验 5 口井，后扩展到 18 口井。设计气举压力 11 兆帕，单井气举湿气消耗量 55 万—390 万英尺 ^{3}/ 日。根据气举试验成果，确定今后的推广应用规模和技术应用优化方向。在哈法亚一期油气处理站（CPF1）站内建设气举站 1 座，通过将高压压缩机方向来的伴生气预冷致 45℃以下进行脱水，再经气举压缩机增压后，通过输气干线送至计量站（OGM）或井场平台（Wellpad），再分配至各气举井。

截至 2022 年底，哈法亚油田有气举井 18 口，其中 Mishrif 井 16 口、Sadi 井 2 口，开井 15 口，关井 3 口。平均单井日产油 1054 桶，含水率 6.8%。

二、电潜泵

JK、Mishrif 和 Nahr Umr 油藏存在边底水且后续开展注水开发，陆续需要推广应用人工举升技术弥补自然产能递减，考虑配产、能将原油由井底举升至地面和电泵可下入生产套管等因素。

截至 2022 年底，哈法亚油田陆续推广应用 71 口井（包括 2 口水源井），开井 63 口（包括 1 口水源井），平均单井日产液 1278.3 桶，平均单井日产油 1003.9 桶，含水率 21.47%。

第五节　哈法亚其他重要科研项目

2016—2022 年，哈法亚公司科研及技术应用成果共获国家级奖 1 项，行业协会级奖项 4 项，中油国际（CNODC）级奖项 7 项。

2016 年，“巨厚碳酸盐地层复杂井型钻井关键技术在伊拉克哈法亚油田的应用”获中国石油和化工联合会科学技术进步奖三等奖。“伊拉克哈法亚大型生物碎屑灰岩油藏精细描述方法研究与应用”针对哈法亚 Nahr Umr 油藏储层厚大、小层发育多，地震资料分辨率低、薄储层横向变化快等问题，开展专项研究，提高了地震资料分辨率，建立了高精度油藏模型，设计实施了高产高效深层薄层砂岩油藏的开发方案，支撑了油田上产。获中国石油（CNPC）科学技术进步奖三等奖。“伊拉克哈法亚疏松砂岩油藏开发技术优化研究与应用”针对哈法亚油田 UK 油藏出砂严重、井壁易垮塌、钻井存在盐膏层缩径、疏松砂岩垮塌和卡钻等风险，深入研究储层成因、隔夹层分布，建立可靠的地质模型，提出防砂措施，研制合适的钻井液及钻井技术，为开发优化部署提供了坚实的基础，获中油国际（CNODC）科学技术进步奖二等奖。“哈法亚建产和稳产 1000 万吨的采油工程配套技术研究及应用”针对哈法亚油田纵向含油层系多、非均质性强、地层压力系数低等问题，研究形成了疏松砂岩油藏防砂技术、水平井分支井生产参数优化技术、长井段水平井非均匀定量注酸酸化新理念及其配套工艺技术，获中油国际（CNODC）科学技术进步奖二等奖。

2017 年，“Halfaya 油田 Mishrif C3-2 油藏开发优化设计与实施效果评价”针对新发现的 Mishrif C3-2 油藏非均质性强、油水分布规律复杂等问题，对油藏有利储层分布、非均质性特征、流体分布规律、水平井开发及井位优化部署等重点问题开展专题攻关，为油藏的产能建设及合理高效开发奠定理论基础，获中油国际（CNODC）科学技术进步奖三等奖。“哈法亚油田疏松砂岩储层生产与增产配套技术研究与应用”针对疏松砂岩层大面积出砂、JK 层防砂 / 酸化一体化作业等现场迫切需要解决的技术需求，集中攻关储层出砂分布规律预测、防砂方式和举升方式优选、防砂 / 酸化一体化管柱设计等采油工程关键问题，形成了疏松砂岩油藏的生产与增产配套技术体系，获中油国际（CNODC）科学技术进步奖二等奖。

2018 年，“中东巨型油田哈法亚多油藏高效协同开发技术研究”针对哈法亚开发层系多、油藏类型复杂、储层非均质性强等实际特点，对储层静动态综合表征、多类型油藏协同生产，层系配产优化及油藏开发生产优化模式等开展研究，保障了哈法亚油田产量的稳步增长，为哈法亚三期上产 2000 万吨奠定坚实基础，获中油国际（CNODC）科学技术进步奖一等奖。“伊拉克 Halfaya 油田上产稳产千万吨采油工程关键技术与应用”针对哈法亚油藏类型多，疏松砂岩油藏出砂，地层水矿化度高等问题，研究形成了防砂工艺、人工举升和储层改造为主的关键技术，保证了单井产量，支撑了油田快速建产，获中国石油和化工联合会科学技术进步奖二等奖。“伊拉克哈法亚油田井筒安全构建工程关键技术”针对哈法亚油田出现的地层漏失、钻井卡钻、油层套管腐蚀等问题，研究漏、垮 / 卡风险的控制与处理技术，制定不同含水阶段的防腐技术对策，提高了哈法亚油田的井筒安全及钻井安全，应用效果良好，进一步保障油田安全生产，获中油国际（CNODC）科学技术进步奖二等奖。

2019 年，“中东巨厚复杂碳酸盐岩油藏亿吨级上产稳产及高效开发”根据碳酸盐岩油藏非均质性强、开发层系多等实际特点，研究创新了碳酸盐岩从微观到宏观非均质性的地质理论认识，创建了巨厚碳酸盐岩油藏分层系高效开发技术，攻克了 4 项关键工程技术，迅速规模建成艾哈代布、哈法亚等标志性项目，实现了中东地区原油作业产量亿吨级规模的跨越，获国家科学技术进步奖一等奖。“巨厚块状生屑灰岩油藏非均质性静动态一体化表征与应用”针对哈法亚 Mishrif 巨厚块状油藏动用不均衡、水窜矛盾突出的问题，创建了巨厚块状生屑灰岩油藏静动态一体化储层分级评价与分类预测技术，形成了隔夹层与高深条带静动态一体化表征技术等，深化了油藏非均质性和开发规律等认识，现场推广应用取得十分显著经济效益，获中油国际（CNODC）科学技术进步奖二等奖。

2020 年，“伊拉克哈法亚油田井筒安全构建钻井工程关键技术”获中国石油（CNPC）科学技术进步奖二等奖。

第三章　信息化建设

中国石油（伊拉克）哈法亚公司组建信息化领导小组，由公司管理层兼任，对信息化规划、设施建设、网络和系统维护进行统一管理。根据油田实际生产需要，按照合同要求进行信息化建设。哈法亚公司 IT 管理部组织和负责对信息化系统的协调管理和执行。通过加强信息化管理制度和标准化建设，建立相应制度；根据生产需要建立和完善信息化基础设施和信息系统；广泛应用信息安全系统于生产中，实现管理信息化和油田生产运行数字化。

第一节　管理系统信息化

哈法亚公司长年持续规范 IT 设备的配备及实物管理，规范网络安全管理制定相关管理制度。制定 IT 设备及网络安全管理实施办法，完善信息化管理组织，明确信息化建设领导小组及信息化建设协调小组的成员及主要工作职责。

2016 年，哈法亚公司建设统一身份认证系统，用于员工账号跨系统管理；建设模块化机房，机房建设标准化。建设集装箱式油田现场野外数据中心，提供油田总部及灾备站点可靠的数据中心，支援油田核心网络通信设备的稳定运行。

2019 年，哈法亚公司积极配合中东公司采用远程呈现与云视频等软硬件相结合的高清视频会议系统对整体会议系统进行改进提升，完成高清视频会议系统建设；完成 IP 电话系统改造。采用中油国际（CNODC）统一的华为电话系统代替原大楼 Avaya 电话，机关员工可使用与中油国际（CNODC）总部一致的 6011 电话号，通过内线直拨进行保密通话。

2020 年，配合中东公司，哈法亚项目 Avaya 电话系统完成虚拟化改造与系统版本升级，推广 Zoom 会议系统，实现在新冠肺炎疫情防控场景下与远程协作、日常会议业务的结合。

2021 年，哈法亚公司开始信息系统基础架构更新换代规划与招标工作，旨在对厂商已停止服务的基础设施组件进行统一整合替换。

2017 年，哈法亚公司进行灾备系统建设，完成备份与容灾系统。

2020 年，哈法亚公司 TPM 系统完成在线投标功能的开发上线，保障新冠肺炎疫情条件下项目采办工作的有序进行。

2021 年，哈法亚公司 OA 系统持续演进，完成 HSE 新冠肺炎疫情防控信息提交与动迁审批管理、人员绩效考核在线等主要功能的开发上线。

第二节　信息系统应用与维护

2016 年，哈法亚公司完成 eLTE 系统建设，用于生产数据传输；哈法亚公司完成 DMR Radio 系统建设，这一防爆对讲系统用于油田生产通信。

2017 年，哈法亚公司完成 ERP 系统建设。

2018 年，哈法亚公司完成机场通讯与气象系统建设。

2019 年，哈法亚公司开始进行 SAP 迁移，数据库从 oracle 到 HANA 后便于以后上 S4。

2021 年，哈法亚公司 SAP 数据库迁移升级工作完成，实现 ERP 系统数据库向 SAP HANA 的演进。

第九篇　企业文化建设

哈法亚公司秉承中国石油“绿色发展、奉献能源”的价值理念，坚持“互利共赢、合作发展”的国际合作理念，传承大庆精神铁人精神，围绕“建设基业长青的世界一流综合性国际能源公司”的目标开展企业文化建设。自成立以来“搭建文化传播桥梁，积极履行社会责任”，伊拉克政府给予“哈法亚项目是伊战后油田高效开发的典范”的高度评价，同时哈法亚公司获 2019 年度全球企业“员工关照义务奖”系列奖项之“复杂环境杰出健康管理奖”。多年来，哈法亚公司一直把跨文化交流融合、履行社会责任作为重要工作之一，积极开展跨文化交流和各项公益事业和社区项目建设，积极培育当地承包商、供应商以带动地方经济发展，努力创造就业机会提高本土化率（79.3%），提供内容丰富的培训机会，拓展本地员工职业发展通道。

第一章　员工本地化与运营本土化

哈法亚公司加强员工本土化和采办服务本土化，制定本土化策略，设立培训基金促进当地员工发展。持续对优秀本地员工创造更多的晋升机会，截至2022年底，96名本地员工得到晋升，任职部门副经理、科长等更高层级的岗位；哈法亚员工本土化率达79.3%。另有国际雇员（非伊拉克籍）263人，综合外籍雇员比例为92.4%。从当地学校选拔3批次约300名优秀员工加入哈法亚项目进行实习生培养，经过培养之后走上岗位，全面掌握油田技能，为油田发展注入新鲜血液。

哈法亚公司不断加强本地供应商和承包商的扶持力度，对本地服务商注重扶持、引导、培育，不断加大当地采购力度，发挥本地服务商优势，保证供应链安全。一是严格HSE管理培训，确保本地合同商能够严格执行项目HSE标准。二是做好后评价和年度评价，对本地合同商做好动态管理。定期对合同商进行履约测评，并将动态考核结果与招投标工作相结合，提高对合同商的整体约束力；提供辅导以便使其更好地改进、提升供货品质及服务质量。

始终关注合作多赢共创和谐花开。始终秉承共同的人本文化，注重中外方员工平等相待、和谐共处，使不同国籍、不同文化背景和宗教信仰的员工各得其乐、友好合作，来自30多个国家的国际雇员在哈法亚独具特色的管理体系和制度下相互尊重、实现多元文化融合，营造了凝心聚力求发展的良好氛围。

第二章　社区建设

哈法亚公司与伊拉克开展国际石油开发合作，为伊拉克米桑省经济带来发展和繁荣，也进一步加深中国与伊拉克人民间的传统友谊。

认真履行社会责任，助力当地经济发展。哈法亚公司当地雇员都以身穿宝石花标志的工作服为荣，油区所在地发生了日新月异的变化，本土化率持续提升。开展医疗卫生、助教兴学、社区民生援助及兴建难民营等公益活动，赢得了政府和社区的认同和赞许，米桑省政府、卡哈拉区政府等专门向项目授予荣誉奖牌。面对 2020 年的新冠肺炎疫情，各项目除做好当地员工的疫情防控，积极为当地政府提供力所能及的防疫医疗物质捐助。2021 年，卡哈拉镇 6 千米社区饮用水管线建设和卡哈拉医院医疗设备捐助两个社区贡献项目陆续移交给当地政府。伊拉克石油部评价“哈法亚是建设绿色、科技、和谐油田的典范”。

哈法亚油区部落情况复杂，人口主要从事农耕生产，哈法亚公司通过本地化和社区发展积极开展征地赔偿、增加就业等工作。严格遵守所在国法律法规，依托米桑石油公司，摸索出一套行之有效的工作程序和办法，完善征地赔偿委员会、井场看护工雇用委员会、社区纠纷处理部落委员会及社区贡献委员会等 4 个专门工作委员会统筹处理征地赔偿、井场看护工雇用、社区冲突处理和社区建设等工作。通过委员会积极做好项目征地赔偿、提供就业、处理社企纠纷和执行社区援助工作，保障社区百姓权益，实现和谐的油田作业环境。

（1）社区研究和公共关系工作。哈法亚公司坚持把“做细做好油田社区调查研究”和“多渠道地保持与当地的信息沟通通畅”作为公共关系工作切入点，深入社区做基础调研和宣教活动，不断地完善油区部落、人口、地方政府、党派、媒体、非政府组织（NGO）及安保等政治经济安全等方面信息，用以日常的社区关系工作的指导。关注伊拉克时局发展，掌握油田社区的动态形势变化，保持与各方面信息及时沟通。

哈法亚公司积极开展对外联络沟通工作，及时掌握时局变化，克服社会动荡不安、油区关系复杂的各种困难，维系着与中央政府、当地政府、社区部落及军方强力部门的良好关系，而且不断地加强对伊拉克、米桑省和当地社区的分析与评估，妥善处理涉外重大纠纷事件，做到遇事能够“找得着人、说得上话、办得成事”，提升哈法亚公司在社区危机的管控能力。

哈法亚公司坚持“多做事，少说话”的原则，没有主动在伊拉克的新闻媒体宣传油田所取得的成绩，相关信息都通过米桑石油公司的媒体中心或当地媒体报道出来，大部分都是积极、正面的报道。也十分关注项目在油区百姓中的口碑和当地舆情中形象，针对油区发生了的阻工事件、工人罢工、针对项目的游行示威事件及某些“别有用心”人士、非政府组织在公共媒体上散布的内容片面、信息错误、观点偏激及故意曲解的言论，都及时协调米桑石油公司、石油部、议员及友好人士等当地有关部门，阐明的立场，并推动他们利用各自的途径予以澄清，予以积极处置和回应，纠正其不实言论，做到有理、有利、有节。

（2）抓好征地赔偿工作。积极采取内部与相关用地部门的“事先结合”、外部“紧密引导”米桑石油公司和当地农业部门开展工作的方式，坚持“具体工作我们来做”和“必要时候他们在场”的积极工作态度，引领米桑石油公司和当地农业部门及时完成项目的征地赔偿工作，确保哈法亚公司及时用地。积极做好做细土地赔偿的土地测量工作和信息收集，推动当地政府和米桑石油公司完善“无证土地赔偿”等土地赔偿政策、办法和措施；创新推动伊拉克政府批准同意有条件雇用永久失地农户为“井场看护工”作为征地土地赔偿的一个必要补充；通过石油部特批的可回收的“赔偿基金”及时兑现米桑石油公司久欠农户的赔偿款，这样既保证农户及时得到土地赔偿款，同时又能得到工作岗位（永久失地农户就业问题），解决了征地“瓶颈”问题。按时支付土地赔偿款，有近600个井场看护工，成为伊拉克失地农民就业的典范。通过承包商协助解决农户的临时用工、设备临时租赁等不太过分要求，实现项目征地工作的良性循环，并在很大程度上消除由征地引发阻工或社区冲突隐患。

（3）搞好危机管控、阻工事件及其他群体事件处理。继续努力维系与中央、当地政府、社区部落良好关系，处理各类社企纠纷和群体事件，实现社区危机的有效管控。完善社区冲突的工作程序和处理办法，通过临时雇用、临时租用设备、临时工作或分包部分工程项目等举措，尽量满足农户不算过分的要求；责令分包商及时补偿因自身施工原因而对农户造成额度损失，平息事态，化解了大部分阻工或社区冲突隐患；对那些“过分索求”的农户，努力推动米桑石油公司、安保部、军队、石油警察特种部队（SFOPF）等强力部门，打击那些不法分子的蓄意破坏犯罪的气焰，管控油区事态发展。

与米桑石油公司及军方代表就近在哈法亚合同区哈法亚三期油气处理站（CPF3）内等设立联合办公室，采取多种措施，就近及时处理各类阻工和社区纠纷事件，努力把与油田作业有关的各类阻工事件和安全事故降低到最少和可管控范围内，实现阻工事件持续减少。协调伊拉克政府总理来访接待工作，与米桑省省长举行15次以上的会面，改组处理社区纠纷的部落委员会，保持着遇事能“找得着人、说得上话和办得成事”的良好工作局面。妥善处置两起输油管线泄漏事件、渤海钻探中方员工因签证过期遭警方拘禁、多起罢工事件、长城钻探当地雇员劳资纠纷等；多次协调当地警察法院切实解决项目遇到法律问题；妥善处理分包商中方员工死亡事件等。

（4）落实社区援助和项目建设。制定社区援助工作执行程序，使用“社区援助资金”，有计划实施各类民生项目，造福当地社区百姓，履行社会责任。联合乙方单位，为当地驻军捐建饮用水生产线、捐赠轮胎，为油区百姓提供食物、维修道路、桥梁、涵洞、高压线、沟渠甚至小块土地的平整；为油区学校捐建多所活动房、提供校车和学习用具，为油区诊所捐赠电器、家具、向病人捐款，为在米桑省的难民捐建活动房。新冠肺炎疫情期间，积极走进社区，广泛宣传防疫措施，提高居民防疫意识。弘扬中华民族的尊老敬老的传统美德，为米桑省捐赠14个老年医疗中心。卡哈拉街道照明工程、沥青路铺设、桥梁加固、变压站和输电线路升级改造等项目都对油区所在地的环境改变、交通出行等产生了积极影响，米桑石油公司总经理赞赏中国石油（CNPC）和中方承包商的善举，赢得当地社区的认可。截至 2022 年底，哈法亚公司累计完成 20 多个社会捐助公益项目，累计物资金额 158 万美元；完成及正在建设的社区发展项目（社区援助基金）16 个，合同金额 1700 多万美元。

2013 年，哈法亚公司向油区 19 个学校及米桑省烈士子弟学校的学生捐赠书包和文具。2013—2014 年，联合承包商捐建 3 所活动房学校。2016 年，向当地教育局捐赠 2 辆校车，用于接送油区的师生上下学。修缮校舍及主路到学校最后 200 米的道路。2018 年 5 月，利用社区贡献基金，为卡哈拉和本哈希姆镇兴建两所高质量学校；2018 年向卡哈拉镇的青年体育俱乐部捐赠运动物资和器械。2021 年，哈法亚公司为油区学校捐建多所活动房、提供校车和学习用具。2022 年，积极支持当地的教育事业，出资 5 万美元赞助米桑省教育局共印刷小学 1—6 年阶段教科书 27300 本，解决了当地学生缺少书本的燃眉之急，同时与米桑石油公司一起共同做好相关的公益宣传工作，树立中国石油负责任的良好企业形象。

2013 年，哈法亚公司向 MOC 患重病的职员家庭捐赠数万美元。2014 年，为方便社区居民就医，捐赠油区当地医院医疗设备，价值 2 万美元。2018 年 6 月，通过社区贡献基金，投资社区 Muael 医疗中心移交给当地卫生局，并投入使用，服务于油区百姓；2018 年底，向米桑省 14 个老年中心赠送轮椅、移动厕所，加装扶把和指示牌并修缮道路等。2021 年，为油区诊所捐赠电器、家具，并为病人捐款。

2013 年夏季大旱期间，哈法亚公司为油区 200 多名百姓，2000 多头牲畜提供 8 个罐车的饮用水。2014 年 ISIS 肆虐时，联合承包商向米桑省境内的难民营，捐赠 22 台移动营房车。

哈法亚公司自 2010 年项目执行以来，为油区百姓及米桑原油外输管道沿线农民挖灌溉水渠、河道累计 10 千米左右，解决农户人畜饮用和灌溉用水；2012 年为当地捐建一条饮用水生产线；2015 年为当地建设饮用水处理厂；2018 年底完成卡哈拉镇市场加盖顶棚的工程，正在兴建中的油区内两个村庄的饮用水管线工程正在铺设中，2019 年 3 月底完成。9 年内完成了油区内两座桥梁、近 200 千米的道路的重建和铺设，修缮近 100 千米的输电线，既满足油田作业，又为社区百姓提供出行方便。45 兆瓦的可移动变电站、卡哈拉镇的照明工程、油区的电网改造及 10 千米道路新铺设都在招标准备中。为此，米桑省和卡哈拉区政府分别向公司赠送牌匾。哈法亚油田生产的伴生天然气，输送到当地阿马拉市卡哈拉电厂，使这家电厂成为伊拉克第一个利用伴生天然气发电的电厂。正在建设的天然气处理厂，每年将减少近 3 万吨二氧化硫排放量，生产的液化石油气每年可实现 50 亿千瓦 · 时。

第三章 绿色油田发展

哈法亚公司始终秉持“合规、履约、环境友好、可持续发展”绿色开发主题，防治污染，保护和改善生态环境，环境保护业绩良好。

采取的措施包括分阶段、多层次的环境影响评价，为油田环保工作指明方向；全方位环境监测，做履约合规典范；多种绿色技术源头控制，全方位减少污染、节能减排；清洁能源促进油田节能减排，改善民生、造福当地。哈法亚油田将伴生天然气输送到当地卡哈拉电厂，有效解决当地燃料不足、电力紧缺的问题；多措并举保护湿地和生物多样性。哈法亚公司环境管理通过由英国皇家认可委员会（UKAS）认可的ISO14001环境管理体系认证并持续有效。

第四章　多种文化交流

哈法亚公司充分尊重当地穆斯林文化，相互尊重，相互理解，加强穆斯林文化和中华文化之间的沟通交流，利用拜访米桑石油公司和伊拉克石油部、联管会等机会，与政府机构建立良好互动。哈法亚公司在穆斯林节日期间真诚送上祝福，比如在拉马丹节日尊重其饮食习惯，更改食堂作息时间满足员工需求，增设祈祷室方便员工祈祷，开斋日等为当地相关单位送去慰问品。哈法亚公司一直注重利用中国传统节日，促进传统文化传播和交流，体现中国春节文化与当地文化融合。

2020 年 3 月，响应中油国际海外主题宣传工作，为契合《天下一家》宣传主题，利用闭路电视和餐厅的电视循环播放纪录片《闪耀的平凡》获得中外员工好评。

哈法亚公司布置一新的具有中国特色文化的哈法亚图书室在培训中心亮相，图书室装饰了中国结、剪纸和对联，烘托了中国文化和中国特色。喜爱中国文化的当地员工对精美的图书赞不绝口。这批图书是由国务院国资委、中宣部及中国石油（CNPC）联合开展的“中国书架”活动的一部分，经过中经出版社和中油国际（CNODC）、中东公司的大力支持和协调，350 册图书送到哈法亚公司，为中外方员工提供免费借阅。此次捐赠书籍涵盖中国政治、经济、文化等各个方面，包括中文、英文和阿文 3 种语言版本的图书。

当地雇员都对中国文化和图书十分感兴趣。穆尔塔达（Murtadha）正在自学汉语，并能进行简单的对话，他指着中国图书《小蝌蚪找妈妈》兴奋地跟着念“我也有妈妈了”，每天通过下载的 App 进行自学，并喜欢跟学习讨教，他一直希望带着他的两个双胞胎女儿到中国看看。正如书架顶端的中英双语标示“That's China 中国书架”，哈法亚将“中国书架”作为展示中国形象、传播中华文化的重要载体，通过“中国书架”对外阐述中国精神、中国价值、中国力量。书架让民心相通、文化交流深入，增进两国读者互动，培育哈法亚的读书文化。

新冠肺炎疫情暴发以来，参加中东公司组织的“我和我的外国朋友”“逐梦海外·献礼百年”等主题征文、图片摄影，哈法亚公司被国资委、中宣部确定为中石油海外项目“中国书架”350 册图书的接收单位。组织开展“弘扬大庆精神、立志海外创业”主题活动，党员干部签订承诺书，做出承诺。中国石油报多次刊登项目新闻宣传稿件。在中油国际（CNODC）网站及海外油气合作公众号和中东公司内部网站、《中东油气合作杂志》等刊发各类信息报道，2021 年，公司制定《新闻宣传管理办法》，规范和推动新闻宣传工作健康发展。派出 1 人参加中国石油（CNPC）组织的“讲好中国故事”培训工作，更好传递中国声音，传播中华文化，展现良好国家形象加强国际传播能力建设。

2022 年，落实上级伊拉克跨文化传播活动，制定《哈法亚项目跨文化传播实施方案》，制定工作目标、设置工作机构、经费保障等内容，主要完成以下内容：

（1）建设运营哈法亚公司社交媒体账号，力争不断扩充粉丝数量，树立良好企业形象。在Facebook、TikTok等社交媒体平台上开通项目社交媒体账号，每个账号更新次数每周不少于2次，总粉丝数不断增长。每位中方员工开通两个账号，合法使用；开发员工账号或外部对我友好账号的传播潜力，加强在伊国网络影响力。要增强当地员工和国际员工融入，教育和引导当地员工和国际员工积极为项目进行正面宣传，使得每一名当地员工和国际员工都能成为海外项目的宣传员。着力打造3个具有较大影响力的当地网络大V；积极为中东公司提供信息，包括但不限于视频、照片、文字等，每周提供媒体信息不少于2条、照片不少于4张；培育引导当地著名自媒体账号对有关中国文化、中伊友好、民生赞助等主动发声，营造正面形象。重点宣传内容包括但不限于：①中国传统文化、中国发展成就、中石油企业文化等方面的知识，寻找中伊文化共鸣，以激发双方在文化交流方面的讨论热情。②当地传统节日，对油田周边村民进行走访慰问，在中国春节等重要节日期间组织中外员工开展团队活动，在日常交流中传递中国人民的友爱、正直、勤劳、实干等优秀品质。③重点讲述项目对改善伊拉克当地民生、提高当地居民生活质量、扩大当地就业、促进当地经济发展及对伊拉克疫情防控援助等方面的故事，传递正能量。④中外员工共同工作、生活的温馨视频、照片，项目营地、工作场所的美好视频、图片。

（2）加强与伊拉克媒体对接合作，广泛开展品牌传播。借助项目开工剪彩、建成投产、合资合作、公益事业活动之机，扩大中石油对外宣传，建立知华爱华的“朋友圈”，全年有较大篇幅的报道不少于3次。加强与当地主流媒体合作，主动策划邀请媒体各方到油田现场采访或视频采访，大力宣传项目建设为当地经济发展、创造就业机会等积极贡献，通过项目所在国主流媒体发声，获得当地民众对中石油的认同。

（3）组织开展线上线下公众开放日活动。配合中油国际（CNODC）和中东公司，配合“云开放”活动，拍摄短视频宣传片，从当地员工的视角，以讲故事的形式，讲述资源国百姓、当地政府希望听到看到的内容，展示中国石油与资源国合作共赢、促进资源国发展的故事。每年举办公众开放日活动不少于1次。

积极邀请媒体记者、政府各界人士、相关方代表以及当地民众，走进项目实地参观考察，引导鼓励他们通过写书撰文、拍摄图片视频等方式，讲述项目参与伊拉克疫情防控、推进项目建设、促进当地就业、助力当地经济发展的故事，努力赢得广泛支持和赞誉，让各界人士和当地民众成为中国声音最有说服力的传播者。

（4）积极走进当地高校开展文化融合和交流，加强企业本土化员工的培养培训，培养忠诚员工队伍。在中国驻伊拉克使馆的指导下，在米桑选取1所大学，组织多种方式的交流。组织做好当地员工“请进来”和“送出去”的培训工作，加强人文关怀，大胆选拔任用，使当地雇员成为忠诚中石油、服务中石油的骨干和可信任的力量，支持当地员工到国内进行培训。

每年举行一次当地优秀员工评选活动，进行重点宣传报道，扩大影响力，做到中外员工平等相待，和睦相处，培养一批跟随中石油、忠诚中石油的员工队伍。

（5）发挥优势，开展社区发展和公益事业，显示爱心，树立哈法亚公司关心社会公益事业、具有高度社会责任感的良好形象；提高公司知名度和美誉度。充分利用公益基金继续积极开展跨文化传播活动，推动社区建设项目，积极宣传；联合哈法亚周边服务保障队伍开展公益事业，包括但不限于：环境保护宣传；走进当地学校和养老院，实施社会援助；赞助社区体育设施和活动等。

（6）与伙伴、政府、智库等建立常态化联络与合作，加强沟通交流。①在中国驻伊拉克使馆的指导下，建立包括伊拉克石油部、石油警察、海关总署、地方官员在内的人脉库，增进感情与友谊，力求在重大问题上加深对中石油的理解、信任和支持。②利用参加公司治理机构会议，建立与股东、联管会、伙伴会代表的人脉库，要把伙伴交往成朋友，增进相互间的友谊、理解和文化认同，在共性的问题上与中方保持一致，推动项目稳步运行。③建立与片区各服务保障单位人脉库，更好发挥专业化、一体化特色优势，推进服务保障业务实现共赢、多赢发展。④积极参加伊拉克组织的油气开发、技术交流、展览等相关论坛活动，积极宣介中石油在油气开发、绿色环保等方面的技术实力。

（7）推进中国书架在哈法亚落地。以“中国书架”为载体，润物细无声地进行中国跨文化交流传播。组织当地员工开展读书会、座谈沙龙会、“我喜欢的一本书”故事讲解会，开展有奖故事征文活动等，通过“中国书架”对外阐述中国精神、中国价值、中国力量，让中伊民心相通、文化交流更深，努力展示中华文化独特魅力，让伊拉克人民更好了解中国。

（8）加强哈法亚精神的提炼，布置成果展展厅、中英阿文项目发展成果、员工故事等。①哈法亚公司制作中伊油气合作成果展展厅。②编制反映哈法亚油气合作发展成果的中英阿文专刊。③编制反映员工（中国、伊拉克、国际雇员）认可中国石油、服务中国石油、贡献中国石油的中英阿文伊拉克员工故事集。

（9）配合提供编制“中国石油在伊拉克”国别社会责任报告、“中伊油气合作”成果展和开展“在伊传播话语体系建设”子课题研究所需素材，集中展示在“一带一路”倡议下，中国与伊拉克油气合作 10 多年来取得的丰硕成果。

第十篇　人物与荣誉

哈法亚公司面对复杂严峻的地缘政治和社会安保形势，以及国际油价剧烈波动、新冠肺炎疫情蔓延、伊拉克政府限产等重大挑战，全体干部员工贯彻落实中国石油（CNPC）和中油国际（CNODC）决策部署，围绕工作目标，坚持安全生产、疫情防控，一体推进主题教育和提质增效工作，勇于担当，主动作为，在伊拉克政府大幅限产条件下，实现经济效益不减，完成各项生产经营目标。通过大力弘扬石油精神，高质量推进国际化经营和“一带一路”油气合作，涌现出一大批先进集体和先进个人。

哈法亚公司历任领导在哈法亚项目发展壮大过程中，开拓创新，积极进取，作出重要贡献；哈法亚公司员工弘扬大庆精神铁人精神，舍小家为大家，涌现出一批先进集体和个人；在油田开发建设过程中，针对不同的油藏和地质特点，开展科学和技术攻关，取得一批重大科研成果，获国家和中国石油（CNPC）的奖励和荣誉。

第一章 人物简介

2009 年 12 月，哈法亚公司成立，历任领导和骨干人员在哈法亚项目创业过程中，解放思想，开拓创新，作出重要贡献。

第一节 哈法亚公司历任主要领导

祝俊峰，1960 年 7 月生，高级工程师。1979 年 9 月毕业于大庆石油学院石油开发系石油开发专业并参加工作。1979 年 9 月—2015 年 12 月，历任胜利油田孤岛作业二大队技术员、工程组长，滨海采油指挥部副主任，桩西采油厂作业科长、副总师、副厂长等职务。调入海外勘探开发公司工作后，历任中国石油委内瑞拉项目经理部经理、中油国际（委内瑞拉）有限责任公司副总裁兼任英特甘博项目总经理、海外勘探开发公司副总经理兼任委内瑞拉公司总裁，中油国际（尼罗）有限责任公司总经理兼任苏丹 1/2/4 区项目大尼罗石油作业公司总裁、中国石油集团苏丹工程建设项目协调领导小组组长、尼罗河公司总经理、工会主席、中国石油（CNPC）苏丹地区协调组组长；中国石油伊拉克公司常务副总经理兼哈法亚项目部总经理，中国石油（CNPC）驻伊拉克地区企业协调组组长兼哈法亚公司总经理。2015 年 12 月起，任中东公司总经理、中东地区协调组组长。

王贵海，1968 年 2 月生，教授级高级工程师。1990 年 7 月西北大学石油及天然气地质学专业毕业并在大庆油田参加工作。历任中国石油（CNPC）苏丹 1/2/4 区项目部总工程师，尼罗河公司 6 区项目部副总经理、尼罗河公司 3/7 区项目公司副总经理；中国石油伊拉克公司鲁迈拉项目部副总经理，伊拉克公司副总经理兼鲁迈拉项目中方总经理，中东公司副总经理兼鲁迈拉项目中方总经理、中东公司副总经理兼哈法亚公司总经理、中东公司常务副总经理兼哈法亚公司总经理，2019 年 1 月起兼任安全总监。2019 年 11 月起，任中东公司总经理。

成忠良，1963 年 7 月生，教授级高级工程师。1985 年 7 月华东石油学院石油地质专业毕业并参加工作。历任中原石油勘探局勘探开发研究院苏丹开发一室主任，中油国际（尼罗）公司副总经理兼中油国际（苏丹）公司总经理、海外勘探开发公司副总地质师兼任海洋项目管理中心主任；中油国际（伊朗）公司副总经理兼任南帕斯项目部总经理；中油国际中东公司副总经理、中油国际中东公司副总经理兼任中油国际（伊拉克）哈法亚公司总经理。2022 年 6 月起，任中国石油（CNPC）海外业务高级专家。

方甲中，1969 年生，教授级高级工程师。1993 年 7 月西北大学煤田油气地质专业硕士研究生毕业并参加工作，历任中原油田研究院勘探二室苏丹室（所）工程师，中国石油苏丹 1/2/4 区（GNPOC）项目开发部主任工程师；中国石油阿克纠宾油气股份公司开发部副经理、研究院院长，勘探开发部经理，副总地质师，总地质师；中国石油哈萨克斯坦公司开发生产部经理、副总地质师兼中油国际（PK）公司运营副总裁与 PKKR 公司管委会主席、中国石油哈萨克斯坦公司副总经理兼中油国际（PK）公司总经理；中油国际中亚公司副总经理、常务副总经理、安全总监并兼任中油国际（PK）公司总经理。其间，2018 年 7 月—2019 年 7 月到美国斯坦福大学担任访问学者；2022 年 6 月起，任中国石油（伊拉克）哈法亚公司总经理。

郭月良，1964 年 4 月生，高级工程师。1986 年 7 月长春地质学院石油物探专业毕业并参加工作。历任石油地球物理勘探局国际勘探部副总经理，东方地球物理勘探有限责任公司总经理助理兼国际勘探事业部总经理，东方地球物理勘探有限责任公司副总经理；2009 年 12 月—2013 年 11 月任中国石油伊拉克哈法亚项目部副总经理。2013 年 11 月调任中油国际（阿联酋）公司总经理。

李庆学，1962 年 3 月生，高级经济师。1989 年 7 月南京师范大学英语专业毕业。历任中油国际（尼罗）公司法律事务部经理、总经理助理、总法律顾问兼 1/2/4 区项目公司副总经理；中国石油伊拉克哈法亚公司副总经理，哈法亚作业公司行政大部总经理、副总裁。2016 年 6 月调任中东公司副总经理兼中油国际（叙利亚）公司总经理。

许岱文，1963年9月生，教授级高级工程师。1984年7月华东石油学院钻井工程专业毕业参加工作。历任胜利石油管理局钻井工程技术公司定向井公司主任工程师、中油国际（委内瑞拉）公司英特甘博作业区经理、中油国际（委内瑞拉）公司副总经理；中油国际（阿尔及利亚）公司常务副总经理、总经理；中油国际（伊拉克）哈法亚公司副总经理。2016年3月调任中东公司副总经理兼西古尔纳公司总经理。

蔡勇，1974年8月生，1996年1月天津教育学院财务会计专业毕业参加工作。历任华北石油管理局第二油田建设公司会计师；中油国际（委内瑞拉）有限责任公司财务部副经理、经理；中油国际（CNODC）财务与资本运营部经理；中国石油伊拉克公司哈法亚项目财务会计部经理、伊拉克公司哈法亚项目部副总会计师、伊拉克公司总会计师兼哈法亚项目部及鲁迈拉项目部总会计师；中油国际中东公司总会计师、中油国际中东公司总会计师兼哈法亚公司常务副总经理。2018年4月调任中国石油（CNPC）财税价格部总经理。

张红斌，1969年10月生，高级会计师。1992年7月辽宁大学会计专业毕业并参加工作。历任海外勘探开发公司财务资产部副经理；中油国际（委内瑞拉）公司副总会计师；南美公司厄瓜多尔项目副总经理、总会计师；伊朗公司南帕斯项目部总会计师，伊朗公司财务部经理，南阿扎德甘项目部总会计师；海外勘探开发公司财务与资本运营部主任、哈萨克斯坦公司总会计师、中亚公司总会计师；中油国际中东公司总会计师。2022年7月起，任中国石油（伊拉克）哈法亚公司高级副总经理、总会计师。

田大军，1970年1月生，高级工程师。1994年6月中国石油大学（华东）化学工程专业毕业并参加工作。历任中油国际（CNODC）炼化管道部副经理；中油国际（阿尔及利亚）公司总经理助理兼阿德拉尔炼厂副总经理；中油国际（CNODC）总经理办公室副主任、主任；中国石油中东公司总经理助理兼综合办公室主任；中油国际（伊拉克）哈法亚公司副总经理。2022年7月起，任中国石油（伊拉克）哈法亚公司高级副总经理。

刘尊斗，1971年10月生，高级工程师。1994年7月大庆石油学院矿场地球物理专业大学本科毕业并参加工作。历任大庆油田采油八厂采油队地质技术员、地质大队地质师；中国石油尼罗河公司6区项目开发生产部油藏工程师；中国石油（伊拉克）哈法亚公司开发部高级地质师、开发部副经理兼作业区开发部经理、开发部经理；中油国际（伊拉克）哈法亚公司总经理助理兼开发部经理，中油国际（伊拉克）哈法亚公司副总经理，中油国际（伊拉克）哈法亚公司副总经理兼安全总监。2022 年 1 月调任中国石油（伊拉克）鲁迈拉公司高级副总经理。

邓细泉，1963 年 9 月生，高级工程师。1983 年 7 月江汉石油学院地球物理勘探专业大学本科毕业并参加工作。历任辽河石油勘探局勘探开发研究院助工、工程师；中油中亚有限责任公司工程师、高级工程师、中国石油天然气海外勘探开发公司高级工程师；中油国际（尼罗）有限责任公司高级工程师，苏丹 1/2/4 区项目大尼罗石油作业公司（GNPOC）上游技术服务部高级计划工程师、计划预算科长兼任中油国际（尼罗）有限责任公司人事劳资部副经理、经理；中油国际（尼罗）有限责任公司总经理助理兼任人力资源部经理及人事劳资部经理、中油国际（尼罗）有限责任公司总经理助理兼人力资源部经理；中油国际（伊拉克）哈法亚公司人力资源部经理，中油国际（伊拉克）哈法亚公司总经理助理兼人力资源部经理；中油国际中东公司总经理助理兼哈法亚公司副总经理及人力资源部经理。2018 年 7 月起，任中油国际中东公司总经理助理兼哈法亚公司副总经理。

王静波，1971 年 7 月生，高级工程师。1996 年 7 月中国石油大学（北京）计算机应用专业毕业并参加工作。历任中国石油天然气总公司办公厅与中国石油（PetroChina）总裁办主办、中国石油（PetroChina）国际公司计划财务处会计师；中国石油印度尼西亚项目计划部经理和高级财务经理；中油国际（CNODC）财务与资本运营部任预算分部经理、中国石油中俄合作项目部任计划财务处长；中国石油伊拉克鲁迈拉项目副总会计师、中国石油中东公司财务部经理；中国石油（伊拉克）哈法亚公司财务会计部经理、中国石油（伊拉克）哈法亚公司总经理助理、副总经理。2019 年 3 月起，任中国石油（伊拉克）哈法亚公司副总经理。

何艳辉，1972 年 3 月生，高级工程师。1994 年 7 月西北大学岩矿地球化学专业大学本科毕业并参加工作。历任华北石油录井处一大队技术员、技术服务部工程师；中国石油苏丹公司（苏丹 6 区）勘探部地质监督、地质总监、地质主管；中国石油苏丹公司 15 区勘探部地质监督；中油国际（伊拉克）哈法亚公司开发部地质总监、油藏工程主管、开发部副经理、开发部经理、勘探部经理；中国石油（伊拉克）公司安全副总监兼勘探部经理。2022 年 10 月起，任中国石油（伊拉克）哈法亚公司副总经理兼安全总监。

第二节 主要干部队伍成员

马英哲，高级工程师。历任海外勘探开发公司和中国石油（伊拉克）哈法亚公司开发部油藏地质师、部门副经理等职务。2021 年 10 月调离哈法亚公司。

邓天文，高级工程师。历任玉门油田规划设计院任技术员、助理工程师、工程师、工艺室副主任；玉门油田采油厂青西采油作业区副经理，青西油田作业区联合站站长、副总工程师、副经理；中油国际阿尔及利亚项目采油作业区副经理兼 OC-TOUAT 地面工程总监、ADRAR 上游项目部现场作业区经理；现任中国石油（伊拉克）哈法亚公司工程部副经理。

邓文华，1985 年 5 月生，采油工程师。历任大庆油田第八采油厂第四油矿采油队工程技术员；中油国际伊拉克鲁迈拉项目商务组长；中国石油（伊拉克）哈法亚公司开发部高级计划员、计划部副经理；中国石油（伊拉克）鲁迈拉公司开发部油藏工程师等职务。2021 年 10 月调离。

王家兴，高级会计师。历任中国石油海外勘探开发公司财务部总部预算兼关联交易员；中国石油伊朗公司北阿扎德甘项目财务部高级会计、副经理、经理；海外勘探开发公司业务发展部资产优化经理；中国石油（伊拉克）哈法亚公司内控审计部副经理等职务。现任哈法亚公司内控审计部经理。

王磊，高级会计师。历任中油国际（CNODC）财务与资本运营部财务会计，中油国际（印度尼西亚）有限责任公司 WP 项目财务计划部副经理，中国石油伊拉克公司鲁迈拉项目财务部财务会计、副经理，中国石油中东公司财务部副经理，中油国际（哈法亚）公司财务会计部副经理、经理。2022 年 2 月调离。

王钦贵，高级经济师。历任中国商务部（外经贸部）中国海外工程总公司总经理办公室秘书、业务二部人事部职员、商务部派驻中国驻利比亚大使馆经商处三等秘书、随员；北方工业公司技术服务部（155）项目经理，派驻伊拉克绿洲石油公司行政部经理。

王喻雄，高级工程师。历任冀东油田井下作业公司工程师、采油工艺研究所工程师、勘探开发研究院工程师，中国石油苏丹 / 南苏丹 3/7 区项目开发部经理、中国石油、伊拉克鲁迈拉公司总经理助理。现任中国石油（伊拉克）哈法亚公司总经理助理。

王忠飞，高级工程师。历任中国石油东方地球物探公司技术员、工程师、高级工程师。现任中国石油（伊拉克）哈法亚公司行政部经理。

韦旺，高级工程师。历任大庆油田测试技术服务分公司任班长、项目组长；中国石油海外研究中心南美室工程师，中油国际叙利亚幼发拉底项目公司合资公司计划部经理；海外勘探开发公司规划计划部项目前期管理经理；中油国际中东公司规划计划部预算业务经理。现任中国石油（伊拉克）哈法亚公司经营计划部副经理。

冯建勋，高级安全环保工程师。历任大庆油田测试分公司技术员，中油国际（CNODC）海外研究中心工程室工程师，中油国际中亚公司海外项目支持人员；中油国际（尼罗公司）六区现场 HSE 总监；中油国际（CNODC）HSE 部高级主管；中油国际（尼日尔）有限责任公司上游项目 HSSE 部经理。现任中国石油（伊拉克）哈法亚公司安保部经理。

司军涛，高级工程师。历任中国石油东方地球物理公司任地震队地震采集工程师、地震资料解释工程师，东方地球物理公司国际部市场开发部副经理、海外办事处主任等；中国石油伊朗公司北阿项目办公室主任、南阿项目办公室主任、地区公司办公室副主任；中油锐思公司项目服务部经理，中油锐思公司副总经理。现任中国石油（伊拉克）哈法亚公司营地服务部副经理。

安益辰，高级工程师。历任中油国际本部开发部中亚地区油藏工程师，中油国际（伊拉克）哈法亚公司（迪拜）开发部工作地质师，中油国际（伊拉克）哈法亚公司开发部作业地质师、油藏地质师。现任中国石油（伊拉克）哈法亚公司开发部副经理等职务。

刘彬，高级工程师。历任中油国际（CNODC）海外研究中心任助理工程师，中油国际（土库曼斯坦）阿姆河天然气公司计算机系统维护主管工程师，中国石油（伊拉克）哈法亚公司信息技术部技术支持工程师、部门经理（副处级）。2022 年 3 月离职。

刘峰，高级工程师。历任中金数据系统有限公司业务连续性服务中心咨询顾问，中国石油天然气勘探开发公司内控与风险管理部风险管理岗、企业管理部质量计量标准化管理岗，中油国际中东公司规划计划部计划管理岗，中国石油（伊拉克）哈法亚公司经营计划部预算科长。现任中国石油（伊拉克）哈法亚公司计划部副经理。

刘启智，高级工程师。历任大庆油田公司储运销售公司工艺研究所仪表自动化工程师，勘探开发公司销售采办部高管；中油国际尼罗河公司 1/2/4 项目生产部仪器仪表高级工程师，尼罗河公司 6 区项目生产部维修总监；中国石油（伊拉克）哈法亚公司生产部维护科科长、采油一厂厂长、生产部电力系统副经理。2021 年 7 月调离。

刘照伟，高级工程师。历任海外勘探开发公司海外研究中心助理油藏工程师，南海采油船油藏工程师；海外勘探开发公司生产作业部助理油藏工程师、海洋项目管理中心油藏工程师；中国石油伊朗公司伊朗南帕斯项目开发部地质部副经理；中国石油（伊拉克）哈法亚公司开发部计划科科长。现任中国石油（伊拉克）哈法亚公司开发部副经理。

吕晓光，高级工程师。历任中国石油大庆石油管理局生产测井研究所助工、工程师；勘探开发公司工程师，中油国际苏丹尼罗河公司 6 区项目采办部工程师、高级工程师，中油国际（乍得）有限责任公司上游项目部采办部高级工程师、部门副经理，中国石油（伊拉克）哈法亚公司采办部高级工程师。现任中国石油（伊拉克）哈法亚公司采办部副经理。

任智基，高级工程师。历任青海石油管理局历任钻井公司钻井 45405 队队长、钻井设备科长、钻井公司副经理、管理局安全环保处副处长；中国石油吐哈石油勘探开发指挥部青海油田协调部主任；中油国际（乌兹别克斯坦）有限责任公司副总经理兼中油国际（乌兹别克斯坦）丝绸之路项目公司副总经理。现任中国石油（伊拉克）哈法亚公司作业部副经理。

孙存来，高级工程师。历任大港油田采油三厂采油一矿见习地质技术员、地质研究油藏动态室油藏工程师，作业六区动态室及生产室主任、计采队队长，作业三区管理科科长，地质工艺队队长；中国石油尼罗河公司苏丹3/7区项目开发部高级油藏工程师；中国石油（伊拉克）哈法亚公司开发部油藏高级工程师、计划科科长。现任中国石油（伊拉克）哈法亚公司开发部副经理。

孙鹏，高级工程师。历任中油测试公司测试现场工程师、中油测井公司巴基斯坦直属基地市场代表、市场经理/代理国家经理；中油国际（伊拉克）绿洲公司勘探开发部测录试总监；中国石油（伊拉克）哈法亚公司勘探开发部地质总监、生产部采油科科长、生产部副经理等职务。现任中国石油（伊拉克）哈法亚公司采油二厂厂长。

孙松林，高级工程师。历任华北石油管理局录井公司录井小队长、录井处综合录井大队工程师；中油国际苏丹6区勘探部泥浆录井监督；中油国际尼日尔公司上游项目勘探部高级工程师和副经理、营地管理部经理。现任中国石油（伊拉克）哈法亚公司安保部副经理。

齐文旭，高级工程师。历任大庆试油试采公司油气井试油及射孔工程师；中国石油苏丹 Petrodar 作业公司试油工程师、完井及修井工程师、作业部副经理；中国石油（伊拉克）哈法亚公司作业部计划与预算科长、副经理。2022年9月调离。

朱焕军，高级工程师。历任中石油华东设计院装置设计师、设计经理、项目经理等职；中国石油海外勘探开发公司苏丹6区项目部下游技术负责人，苏丹喀土穆炼厂二期扩建项目部（北京）设计管理负责人，苏丹喀土穆炼厂扩建项目部（苏丹）总工程师、技术部经理、高级技术顾问、中方总工程师；中国石油（CNPC）高级技术专家，中油国际（CNODC）专家中心炼油技术专家、二级顾问。现任中国石油（伊拉克）哈法亚公司天然气处理厂项目部副经理等职务。

陈刚，高级工程师。历任中国人民解放军总后勤部油料研究所资料室、装备室工程师；中油国际（CNODC）管道部工程师、高级工程师、高级主管；中国石油（伊拉克）哈法亚公司采办部油料运输科科长、采办部库房科科长。现任中国石油（伊拉克）哈法亚公司企业文化部副主任。

陈晓远，工程师。历任大庆油田测试分公司计算机网络管理员；石油能源公司（苏丹）IT 部网络 / 电信现场工程师；中油国际尼日利亚公司 IT 工程师；中油国际（乍得）有限公司任 IT 主管、行政部副经理、营地部经理，中国石油（伊拉克）哈法亚公司 IT 部运维主管。现任中国石油（伊拉克）哈法亚公司信息技术部副经理等职务。

杜博，高级工程师。历任北京国内贸易工程设计研究院任工艺室助理工程师；海外勘探开发公司工程建设部苏丹 3/7 区投产支持业务主管，中油国际伊朗 MIS 项目公司工程建设部工艺负责人，海外勘探开发公司工程建设部任高级主管，中国石油（伊拉克）哈法亚公司工程部历任施工经理、部门副经理等职务。2022 年 12 月调离。

李庆伟，高级工程师。历任中国石油苏丹 6 区项目采购部库房监督；中油国际（阿尔及利亚）上游项目采办部副经理，中油国际利比亚项目采购部经理，中油国际（CNODC）本部销售采办部高管，中油国际乍得炼油有限公司采办部经理，中油国际（CNODC）本部销售采办部采办业务经理，中东公司 1 号项目筹备组采办业务负责人。现任中国石油（伊拉克）采办部经理。

李申，高级经济师。历任中国人民解放军总参谋部第 61 研究所信息资料研究中心助理研究员；中国石油天然气勘探开发公司战略发展部高级主管，中亚天然气管道公司哈萨克南线项目招标合同部高级主管；中国石油（伊拉克）哈法亚公司法律事务部高级主管。现任中国石油（伊拉克）哈法亚公司法律部副经理。

闵志滨，高级工程师。历任中国石油大庆公司采油二厂技术员；中油国际（苏丹）有限公司 1/2/4 区项目操作师、工段长，中油国际（苏丹）有限公司 3/7 区项目采油工程师、生产监督，中油国际（苏丹）有限公司 3/7 区作业区副经理、采油厂厂长。现任中国石油（伊拉克）哈法亚公司作业区采油一厂厂长。

宋代文，高级工程师。历任大庆油田地质录井公司任地质师、综合录井队长，大庆油田勘探部工程师；中国石油天然气勘探开发公司勘探开发部高级工程师，勘探开发公司苏丹 6 区项目规划计划部高级工程师，勘探开发公司安第斯项目计划部高级工程师；中油国际（厄瓜多尔）有限责任公司业务发展部经理，中国石油伊拉克公司鲁迈拉项目部计划部经理，中国石油伊拉

克地区公司计划部经理，中石油国际投资（加拿大）公司副总经理，中国石油（伊拉克）哈法亚公司计划部经理。现任中国石油（伊拉克）哈法亚公司副总经济师兼计划部经理等职务。

张财，高级工程师。历任大庆油田测试技术服务公司第七测试大队测井仪修助理工程师、测井解释工程师、国际市场开发部商务工程师、驻埃及办事处市场开发代表；哈萨克斯坦北布扎奇公司采办部现场库房经理、采办部经理，澳大利亚箭牌能源项目采办部高级工程师；中国石油（伊拉克）哈法亚公司采办部商务支持科长。现任中国石油（伊拉克）哈法亚公司采办部副经理。

邹科，高级工程师。历任中国石化胜利油田工程师；中国石油勘探开发研究院廊坊分院海外工程技术分中心工程师；中国石油钻井工程技术研究院海外钻井技术研究所高级工程师，乌兹别克斯坦丝绸之路项目高级工程师；中油国际（伊拉克）哈法亚公司作业部技术支持科科长、副经理。2021 年 7 月调离。

苗友良，高级工程师。历任大庆油田钻井二公司技术员、工程师、主任地质师；中国石油天然气勘探开发公司任勘探开发部工程师，阿塞拜疆古布斯坦项目工程师、天然气开发经理、勘探开发生产部经理；中国石油绿洲石油有限责任公司油田现场作业部经理；中国石油伊拉克公司中油国际（绿洲）公司油田作业区经理，中油国际（伊拉克）艾哈代布公司总工程师。现任中国石油（伊拉克）哈法亚公司营地服务部经理。

欧阳文，工程师。历任中国石油物探局地调三处 1830 队解释组长，1830 队副队长、队长，物探局苏丹勘探项目 9731 队队长，物探局国际部驻美国项目经理、也门项目组总经理、中东项目经理部总经理；东方地球物理公司苏丹项目经理部总经理、国际勘探事业部副总经理；中国石油伊拉克鲁迈拉公司 HSE 部经理；中油国际中东公司 HSSE 部高管，中油国际 HSSE 共享服务中心审计员。现任中国石油（伊拉克）哈法亚公司 QHSE 部经理。

武越，高级经济师。历任中原油田经济研究所经济评价岗；中油国际（苏丹）大尼罗河有限公司 1/2/4 项目经营计划部助理经济师；中国石油天然气勘探开发公司经营计划部助理经济师，中油国际（尼日尔）有限责任公司行政部管理人员，中油国际（乍得）有限责任公司行政部助理经济师、计划岗、上游项目部副总经济师、副总经济师兼行政部经理，中国石

油天然气勘探开发公司经营计划部副经理，中国石油伊朗公司综合办副主任兼北京办公室主任，中国石油中东公司综合办综合管理岗，中油国际后勤保障中心行政服务部副经理。现任哈法亚公司营地服务部副经理。

杨池，高级会计师。历任中油国际（CNODC）本部财务与资本运营部关联交易管理岗；中国石油（伊拉克）鲁迈拉公司总账报表科长，中国石油（伊拉克）哈法亚公司财务会计部总账报表科长。现任中国石油（伊拉克）哈法亚公司财务部副经理等职务。

杨德红，高级工程师。历任中国试油辽河油田高升采油厂技术员、设计院自动化所工程师；中国石油苏丹1/2/4采油厂高级工程师，中国石油伊朗公司北阿扎德甘项目部地面工程部副经理，中国石油伊朗公司南阿扎德甘项目地面项目管理部高级工程师、工程计划与成本控制部经理。现任中国石油（伊拉克）哈法亚公司生产部电力部副经理。

周默，高级经济师。历任中国石油天然气勘探开发公司战略发展部主办；中国石油伊拉克公司鲁迈拉公司计划部高管，西古尔纳公司计划部高管；中油国际中东公司规划计划部高管，中国石油（伊拉克）哈法亚公司计划部高管、采办部采购科长。现任中国石油（伊拉克）哈法亚公司采办部副经理。

周翔，高级会计师。历任中国石油天然气勘探开发公司财务与资本运营部任投入产出会计，中国石油中东公司财务部会计，中国石油（伊拉克）哈法亚公司财务会计部综合会计。现任中国石油（伊拉克）哈法亚公司内控审计部副经理。

胡元甲，高级工程师，历任中油国际尼日尔项目工程师；中国石油海外勘探开发公司地面工程部主管；中油国际（伊拉克）哈法亚公司工程部工程师。现任中国石油（伊拉克）哈法亚公司工程部副经理等职务。

胡子会，高级工程师。历任大港油田井下作业公司技术员、队长、市场开发部科员、国际合作部及市场开发管理部副主任；中国石油苏丹 6 区项目试油修井工程师、总监，中油国际（伊朗）有限责任公司 MIS 项目部试油完井工程师、作业部经理兼 HSE 总监，中油国际生产作业部试油高级主管，中国石油（伊拉克）哈法亚公司井下作业部高管。现任中国石油（伊拉克）哈法亚公司作业部副经理。

郭冬，高级经济师。历任中国石油东方公司国际部利比亚壳牌项目人事助理、HSE 助理、翻译、利比亚壳牌项目公关部经理、北非地区经理部及利比亚项目人力资源部主管；中国文化部亚非处业务及外事培训高管，中国驻摩洛哥使馆文化处三秘；中国石油伊拉克公司公关部高管、代理经理，中国石油（伊拉克）哈法亚公司行政部旅行及签证科长。现任中国石油（伊拉克）哈法亚公司行政部副经理等职务。

凌宗发，高级工程师。曾在中国石油（PetroChina）对外合作部工作。历任中油国际鲁迈拉项目开发部高级主管、开发部副经理，中国石油（伊拉克）哈法亚公司开发部副经理。现任中国石油（伊拉克）哈法亚公司开发部经理。

夏凉，高级经济师。历任中油国际（CNODC）财务与资本运营部资金一部融资管理主办，中国石油（伊拉克）哈法亚公司采办部合同管理员、高级合同管理员。现任中国石油（伊拉克）哈法亚公司采办部副经理。

徐大鹏，高级经济师。曾在大庆能源技术开发公司工作。历任黑龙江省大庆石油技术进出口公司经济评价经营计划管理；大庆石油管理局国际事业部高管、海外勘探开发公司总经理办公室；中油国际（尼罗）公司、中油国际苏丹 6 区项目公司、海外勘探开发公司人力资源部高级主管；中国石油（伊拉克）哈法亚公司人力资源部副经理、中东公司人力资源部副经理兼中油国际（伊拉克）哈法亚公司人力资源部副经理。现任中国石油（伊拉克）哈法亚公司人力资源部经理。

黄洪庆，高级工程师。历任大庆采油技术服务公司、大庆油田电泵公司（力神泵业）工程师、队长、特种泵厂书记兼生产副厂长；中国石油苏丹1/2/4电泵采油生产项目经理；中国石油尼罗河公司3/7区项目生产部经理、总工程师和副总经理；中油国际（伊拉克）哈法亚公司上游大部副总经理、油田作业区副总经理。现任中国石油（伊拉克）哈法亚公司总经理助理兼生产部经理。

黄学东，高级工程师。历任中国石油天然气管道设计院机械设计工程师、工艺设计工程师，中国石油天然气管道设计院工艺室副主任工程师；中国石油苏丹项目1/2/4区长输管道EPC项目设计部副经理、长输管道二期泵站扩建项目副经理，苏丹6区项目管道技术部经理；中国石油（伊拉克）哈法亚公司管道部副经理、工程部业务经理。现任中国石油（伊拉克）哈法亚公司工程部经理。

蔡磊，高级工程师。历任中国石油勘探开发研究院采油工程研究所和鄂尔多斯分院工程师；中国石油（CNPC）对外合作经理部高级主管，中国石油（伊拉克）哈法亚公司开发部计划科长。现任中国石油（伊拉克）哈法亚公司开发部副经理。

蔡文新，高级工程师。历任胜利石油管理局桩西采油厂402作业队和井下作业科科员、副科长；中国石油委内瑞拉公司英特甘博湖现场作业部责任工程师及经理、现场副总经理、陆湖项目的中方作业部经理兼合资公司计划部经理，中油国际（CNODC）生产作业运行部副主任，中国石油南美地区公司勘探开发部（技术中心）副主任。现任中国石油（伊拉克）哈法亚公司井下作业部经理。

薄其强，高级会计师。历任中油国际（CNODC）本部机关财务部高管；中国石油（伊拉克）哈法亚公司财务会计部报表主管、AP主管、副经理。2020年6月调离。

薛志强，高级工程师。历任大港油田第一采油作业区输油和管理技术员、第二采油作业区采油三队工程技术员、工程技术站采油室主任、副站长、第五采油厂工艺研究所副所长；中国石油天然气勘探开发公司工程师；中国石油尼罗河公司苏丹六区项目部高级工程师、库房总监，中国石油伊拉克公司鲁迈拉项目采办部采办及供应链管理员、副经理，中油国际（伊拉克）哈法亚公司采办部合规科长、副经理等职务；2022年10月调离。

第二章 集体与个人荣誉

第一节 国家级先进个人

哈法亚公司获国家级先进个人统计表

序号	称号	获奖名单	时间
1	全国五一劳动奖章	祝俊峰	2012 年
2	中央企业优秀党员	王 煜	2015 年
3	全国三八红旗手	田 平	2015 年
4	全国五一劳动奖章	王 煜	2016 年
5	中央企业优秀中方骨干员工	成忠良	2021 年
6	中央企业优秀党员	成忠良	2021 年

第二节 集团公司级先进集体及个人

一、集团公司级先进集体

哈法亚公司获集团公司级先进集体统计表

序号	称号	获奖单位	时间
1	集团公司先进基层党组织	哈法亚项目油田现场党支部	2015 年
2	集团公司先进基础党组织	哈法亚项目油田现场党支部	2016 年
3	集团公司直属机关先进工会组织	哈法亚项目工会	2016 年
4	集团公司科技创新先进团队	哈法亚项目开发部	2016 年
5	集团公司海外财务管理先进集体	哈法亚项目财务部	2016 年
6	集团公司铁人先锋号	哈法亚项目油田作业区	2017 年
7	集团公司先进基层党组织	哈法亚公司生产党支部	2019 年
8	集团公司先进生产经营管理单位	哈法亚公司	2019 年

续表

序　号	称　号	获奖单位	时　间
9	集团公司井控管理工作先进单位	哈法亚公司	2019 年
10	集团公司海外油气合作先进单位	哈法亚公司	2019 年
11	集团公司先进 HSE 标准化站队	哈法亚公司油气处理站 CPF3	2019 年
12	集团公司海外项目管理先进集体	哈法亚公司	2020 年
13	集团公司“百面红旗”荣誉称号	哈法亚公司	2021 年
14	集团公司 HSSE 先进集体	哈法亚公司	2021 年
15	集团公司先进 HSE 标准化先进基层单位	哈法亚公司油气处理站 CPF3	2021 年
16	集团公司统计工作先进单位	哈法亚公司	2021 年
17	集团公司直属工会工人先锋号	哈法亚财务会计部、内控审计部	2021 年
18	集团公司质量信得过班组	哈法亚作业部钻井管理科	2022 年
19	集团公司先进集体	哈法亚公司	2022 年
20	集团公司 HSSE 先进集体	哈法亚公司	2022 年

二、集团公司级先进个人

哈法亚公司获集团公司级先进个人统计表

序　号	称　号	获奖人员	时　间
1	集团公司劳动模范	王小勇	2015 年
2	集团公司先进培训工作者	蔡　敏	2015 年
3	集团公司直属机关青年岗位能手	安益辰	2015 年
4	集团公司优秀党员	王　煜	2016 年
5	集团公司先进科技工作者	欧　瑾	2016 年
6	集团公司财务工作先进个人	孙立夫	2016 年
7	集团公司员工培训先进工作者	蔡　敏	2016 年
8	集团公司质量计量标准化管理先进个人	郭兴海	2016 年
9	集团公司优秀外事专员	郭　冬	2017 年
10	集团公司优秀党员	刘尊斗	2019 年
11	集团公司海外油气十大杰出员工	黄洪庆	2019 年
12	集团公司海外油气合作模范员工	宋代文	2019 年
13	集团公司质量管理先进个人	胡元甲	2019 年
14	集团公司疫情防控先进个人	陈　鑫	2020 年

续表

序　号	称　号	获奖人员	时　间
15	集团公司质量管理先进个人	闵志斌	2020年
16	集团公司井控工作先进个人	杨　波	2020年
17	集团公司“两优一先”优秀骨干员工	成忠良	2021年
18	集团公司优秀科技工作者	何艳辉	2021年
19	集团公司先进工作者	刘照伟	2021年
20	集团公司海外项目十四五规划编制先进个人	刘　峰	2021年
21	集团公司质量健康安全环保节能先进个人	何艳辉	2021年
22	集团公司巾帼建功先进个人	李　申	2021年
23	集团公司井控工作先进个人	齐文旭	2021年
24	集团公司采办工作先进个人	李庆伟	2021年
25	集团公司统计工作先进个人	刘　峰	2021年
26	集团公司井控工作先进个人	任红材	2022年
27	集团公司质量健康安全环保先进个人	李晨光	2022年
28	集团公司先进工作者	何艳辉	2022年
29	集团公司井控工作先进个人	任红材	2022年
30	集团公司先进统计工作先进个人	韦　旺	2022年
31	集团公司直属青年岗位技术能手	陈　鑫	2022年

第三节　中油国际（CNODC）先进集体及个人

一、中油国际（CNODC）先进集体

哈法亚公司获中油国际（CNODC）先进集体统计表

序　号	称　号	获奖单位	时　间
1	中国石油海外先进集体	哈法亚项目油田作业区	2015年
2	中国石油海外财务管理先进集体	哈法亚项目财务部	2015年
3	中国石油海外财务管理先进集体	哈法亚项目财务部	2016年
4	中国石油海外先进集体	哈法亚项目生产部	2016年
5	中国石油海外先进集体	哈法亚公司工程建设部	2017年
6	中国石油海外油气业务先进集体	哈法亚公司勘探与生产大部	2018年

续表

序　号	称　号	获奖单位	时　间
7	中国石油海外先进党支部	哈法亚公司行政支部	2018 年
8	中国石油海外 HSE 先进集体	哈法亚公司	2018 年
9	中国石油海外先进党支部	哈法亚公司生产支部	2019 年
10	中国石油海外财务管理先进集体	哈法亚公司财务部	2019 年
11	中国石油海外油气合作先进集体	哈法亚公司	2019 年
12	中国石油海外 HSSE 先进集体	哈法亚公司 HSE 部与安保部	2019 年
13	中国石油海外油气业务先进集体	哈法亚公司生产部	2020 年
14	中油国际科技进步奖	哈法亚项目获二等奖、三等奖各 1 项	2021 年
15	中国石油海外油气业务先进集体	哈法亚项目 HSSE 部	2021 年

二、中油国际（CNODC）先进个人

哈法亚公司获中油国际（CNODC）先进个人统计表

序　号	称　号	获奖人员	时　间
1	中国石油海外杰出员工	冯建勋	2015 年
2	中国石油海外优秀员工	杨军征	2015 年
3	中国石油海外杰出员工	陈彦东	2016 年
4	中国石油海外优秀员工	杨　池　邓文华　凌宗发	2016 年
5	中国石油海外杰出员工	王宝雄	2017 年
6	中国石油海外优秀员工	周文银	2017 年
7	中国石油海外杰出员工	邓天文	2018 年
8	中国石油海外优秀员工	冯建勋	2018 年
9	中国石油海外优秀党员	王　睿　杜　博　贺晓珍	2018 年
10	中国石油海外优秀党务工作者	邓细泉　赵宏展　陈　刚	2018 年
11	中国石油海外油气合作突出贡献者	王贵海	2019 年
12	中国石油海外模范员工	宋代文	2019 年
13	中国石油海外十大杰出员工	黄洪庆	2019 年
14	中国石油海外 HSSE 先进个人	贺晓珍　刘　飞	2019 年
15	中国石油海外优秀员工	张　冲　刘照伟　冯建勋　黄学东	2019 年
16	中国石油海外优秀党员	薄其强　范天骁　杨维丽　蔡　磊	2019 年
17	中国石油海外优秀党务工作者	姜卫东　陈　刚	2019 年

续表

序　号	称　号	获奖人员	时　间
18	中国石油海外优秀员工	李国杰　朱　辉　黄颂婷　焦海忠　周文银	2020 年
19	中国石油海外 HSSE 先进个人	陈　鑫　郭　冬　贺晓珍　李　瑾	2020 年
20	“逐梦海外献礼百年”书画摄影展一等奖	陈　鑫	2021 年
21	中国石油海外油气业务优秀员工	杜　博　黄颂婷　陈彦东　迟　愚　徐　炜	2021 年
22	中国石油海外员工家属特别奉献奖	刘尊斗	2021 年
23	中国石油海外油气业务优秀工会工作者	夏　凉	2021 年
24	中国石油海外油气业务青年岗位能手	徐　炜	2021 年
25	中国石油海外油气业务优秀共青团员	杨　盈	2021 年
26	中国石油海外 QHSSE 先进个人	路　辉　任硕仪　陈　鑫　李国杰	2022 年
27	中国石油海外油气业务青年岗位能手	吴宣达	2022 年

第四节　中东公司先进集体与个人

一、中东公司先进集体

哈法亚公司获中东公司先进集体统计表

序　号	称　号	获奖单位	时　间
1	伊拉克公司先进集体	哈法亚项目部作业区	2012 年
2	伊拉克公司先进集体	哈法亚项目人力资源部	2015 年
3	中东公司先进集体	哈法亚项目财务部	2016 年
4	中东地区先进党支部	哈法亚公司生产党支部	2017 年
5	中东地区先进党支部	哈法亚公司生产党支部	2018 年
6	中东公司先进集体	哈法亚公司采办部、工程建设部	2018 年
7	中东地区先进党支部	哈法亚公司行政党支部	2019 年
8	中东公司先进集体	哈法亚公司作业部、HSE 部、安保部	2019 年
9	中东公司先进集体	哈法亚公司财务会计部、开发部	2020 年
10	中东公司先进集体	哈法亚公司生产部	2021 年
11	中东公司先进集体	哈法亚公司 HSE 部、安保部	2022 年
12	中东公司青年工作先进集团	哈法亚公司青年突击队	2022 年

二、中东公司先进个人

哈法亚公司获中东公司级先进个人统计表

序 号	称 号	获奖人员	时 间
1	伊拉克公司杰出员工	姜卫东 任智基 黄学东	2012年
2	伊拉克公司优秀员工	杜 博 高伟东 王小勇 王忠飞 夏阳玉萌 邹 科	2012年
3	伊拉克公司杰出员工	邹 科	2015年
4	伊拉克公司优秀员工	欧 瑾 徐大鹏 孙 鹏 焦海忠 张 冲 张天营	2015年
5	中东公司十佳员工	胡显伟 王恒亮	2016年
6	中东公司优秀员工	张喜雨 王士平 蔡 磊 何 涛 赵超越 黄秋涵 雒维旗 安 乐 陈晓远	2016年
7	中东公司十佳员工	路 辉 李国杰	2017年
8	中东公司优秀员工	张云海 吉 飞 金光军 陈 辉 马英哲 胡元甲 郭 冬 魏 娟	2017年
9	中东公司优秀党员	雒维奇 刘 琼 陆 雨 孙存来 邹 科 陈 辉	2017年
10	中东公司优秀党务工作者	王恒亮	2017年
11	中东公司十佳员工	郭先锋 万宏罡	2018年
12	中东公司优秀员工	刘 琼 陈 刚 陈玉峰 邓文华 焦海中 孙存来 张云海 周 默	2018年
13	中东公司优秀党员	邓文华 马金荣 黄秋涵 薄其强	2018年
14	中东公司优秀党务工作者	刘 琼	2018年
15	中东公司十佳员工	张 财 崔 燚	2019年
16	中东公司优秀员工	王忠飞 蔡慧敏 焦海中 金光军 刘启智 孙松林 杨维丽	2019年
17	中东公司十佳员工	安益辰 路 辉 李 瑾	2020年
18	中东公司优秀员工	李国光 韦 旺 韦宇泽 张明坤 张旭光	2020年
19	中东公司十佳员工	刘亚东 朱 辉	2021年
20	中东公司优秀员工	郭先锋 陈 辉 郭先锋 金光军 王多一 夏 凉 杨维丽 游 嘉	2021年

续表

序 号	称 号	获奖人员	时 间
21	中东公司十佳员工	陈 刚 王小勇	2022 年
22	中东公司优秀员工	郭 冬 韦 旺 李国杰 杨德红 胡元甲 蔡 磊 魏 俊 姜力玮 赵超越 王家兴	2022 年
23	中东公司优秀青年岗位技术能手	韦宇泽	2022 年
24	中东公司青年工作先进个人	刘 峰	2022 年

第三章 获奖成果、论文简介

第一节 国家级成果奖项

哈法亚公司国家级获奖成果统计表

奖 项	名 称	授予单位	获奖人员
2019 年国家科学技术进步奖一等奖	中东巨厚复杂碳酸盐岩油藏亿吨级产能工程及高效开发	中华人民共和国国务院	宋新民 黄永章 王贵海 田昌炳 成忠良 李 勇 范建平 刘合年 许岱文 郭 睿 欧 瑾 李保柱 冀成楼 朱光亚 穆龙新

第二节 集团公司级成果奖项

哈法亚公司集团公司级获奖成果统计表

奖 项	名 称	授予单位	获奖人员
2021 年度优秀统计分析报告三等奖	中油国际（伊拉克）哈法亚公司中石油海外大型油气作业者项目投资管理体系建设方案及阶段性成果	集团公司	宋代文 刘 峰 韦 旺 金光军 胡菁菁
2022 年度中国工业企业财务管理创新成果优秀奖	以业财融合、信息化为核心的管理会计系统推动海外巨型油田财务管理升级	集团公司	成忠良 张红斌 王静波 魏广庆 王 磊 周 翔 杨 池 韦宇泽 姜力玮
2022 年度优秀统计分析报告三等奖	哈法亚公司技术服务合同下精细化投资管理的探索	集团公司	宋代文 韦 旺 刘 峰 金光军 霍正宗

第三节　核心期刊论文

哈法亚公司员工在 SCI、EI、核心期刊发表论文统计表

序　号	期刊名称	论文题目	发表时间	哈法亚相关作者
1	财务与会计	风险服务合同模式下石油公司财务报告相关问题研究	2021 年 3 月	张红斌　李　振
2	兰州大学学报（EI）	基于地震反演的频谱成像方法在储层描述中的应用	2009 年第 12 期	宋代文
3	石油学报（EI）	S 曲线非确定性经济评价方法在油气项目投资决策中的应用	2022 年第 3 期	宋代文　韩　镔
4	国际石油经济	小股东“以小撬大”行权管理策略探析——道达尔哈法亚项目小股东行权管理经验	2019 年第 10 期	宋代文　胡菁菁 郭　冬　刘　峰
5	国际石油经济	伊拉克技术服务合同演变及启示	2019 年第 6 期	宋代文
6	国际石油经济	篱笆圈在海外油气项目投资评价中的应用	2009 年第 8 期	宋代文
7	国际石油经济	内部收益率及其修正指标在油气投资项目经济评价中的应用分析	2018 年 1 月	刘　峰
8	SCI（Oil & Gas Science and Technology）	Effect of salinity on oil production review on low salinity waterflooding mechanisms and exploratory study on pipeline scaling	2020 年 6 月	李晨光
9	SCI（Geofluids）	A Digital Twin for Unconventional Reservoirs– A Multiscale Modeling and Algorithm to Investigate Complex Mechanisms	2020 年 11 月	李晨光
10	SCI（MEMBRANES MDPI）	Effect of Temperature on Oil–Water Separations Using Membranes in Horizontal Separators	2022 年 2 月	李晨光
11	EI（Applied Mechanics and Materials Volume 246–247）	The Impact of Irreducible Water on Stress Sensitive of Gas Reservoir Rocks	2013 年	徐　浩
12	EI（AIP Conference Proceedings Volume 2044）	The application of coiled tubing for water shut off in Rumaila oilfield	2018 年	徐　浩
13	EI（AIP Conference Proceedings Volume 2044）	The application of through–tubing PosiSet plug for water shut off in Rumaila oilfield	2018 年	徐　浩

续表

序　号	期刊名称	论文题目	发表时间	哈法亚相关作者
14	EI（IOP Conference Series：Earth and Environmental Science，Volume 170）	The application of using EDTA to dissolve calcium sulphatedeposits for plugged ESP wells in Rumaila oilfield	2018 年	徐　浩
15	EI（IOP Conference Series：Earth and Environmental Science，Volume 170）	The application of data warehouse and data mining in fracturing engineering system	2018 年	徐　浩
16	EI（IOP Conference Series：Materials Science and Engineering，Volume 542）	The Control Method of Pigging Slug Flow for Multiphase Subsea Pipeline	2019 年	徐　浩
17	《非常规油气》	过油管桥塞堵水技术在鲁迈拉油田的应用	2018 年	徐　浩
18	《非常规油气》	基于 EDTA 解除电潜泵堵塞在鲁迈拉油田的应用	2018 年	徐　浩
19	《非常规油气》	水淹油井的井型划分与对策	2019 年	徐　浩
20	《化工技术与开发》	PIPEFLO 软件中经验公式对凝析气管道的适用性分析	2019 年	徐　浩
21	《石油和化工设备》	海底管道清管段塞的控制方法	2019 年	徐　浩
22	《石油和化工设备》	海底混输管线设计中软件模型对计算结果的影响	2019 年	徐　浩
23	EI JPT	Production Strategy Calls for Injection of High-Gas/Oil-Ratio HP/HT Crude	2022 年 3 月 1 日	唐雪清　成忠良　路　辉
24	EI SPE 会议	Innovative In-situ Natural Gas Huff-n-puff in the Same Wellbore for Cost-effective Development：Case Study in Sudan	2011 年 7 月 19—20 日	唐雪清
25	EI SPE 会议	3.Rich-gas Condensate Huff-n-Puff Process in High-Volume，Watered-out，and Highly Viscous Heavy Oil Wells，Case Study in Iraq	2021 年 10 月 12—14 日	唐雪清　成忠良　路　辉
26	EI SPE 会议	Innovative Gas Lift in Heavy Oil Wells：Case Study in Block 6，Sudan	2013 年 4 月 15—17 日	唐雪清
27	EI SPE 会议	Successful Co-development of Oil and Gas Reservoirs，A Case Study	2015 年 10 月 20—22 日	唐雪清
28	EI SPE 会议	The Innovative Production Enhancement Strategy of Using High GOR Crude in HP/HT Reservoir to Lift Upper Reservoirs production ，Case Study in Iraq	2021 年 11 月 9—12 日	唐雪清　成忠良　路　辉

续表

序　号	期刊名称	论文题目	发表时间	哈法亚相关作者
29	EI SPE 会议	Over four decades experience with gas dewatering at naturally fractured gas reservoirs in South Sichuan, China，What have we learned?	2015 年 10 月 20—22 日	唐雪清
30	EI SPE 会议	Deeper re-completion exploit bypassed oil in massive heavy oil reservoir，case study	2016 年 12 月 5—7 日	唐雪清
31	EI SPE 会议	Lessons learned：how to produce more hydrocarbons from blow-out wells	2016 年 12 月 5—7 日	唐雪清
32	EI SPE 会议	Innovative field scale application of injecting condensate gas and re-cycling gas into medium oil pool case study in Sudan	2013 年 7 月 2—4 日	唐雪清
33	EI SPE 会议	An innovative in-situ natural gas lifting approach to produce high pour-point oil with high output：case study	2012 年 5 月 14—16 日	唐雪清
34	EI SPE 会议	Field Trial of Nitrogen-assisted cyclic steam stimulation in post-CHOPS wells，case study in Sudan	2022 年 11 月 29 日—12 月 1 日	唐雪清
35	EI SPE 会议	Case study：Successful huff-n-puff processes in a thick，inclined oil reservoirs with compositional gradient	2023 年 1 月 24—26 日	唐雪清
36	EI SPE 会议	Successful Cold heavy oil production with sand application in Massive heavy oil in Sudan，case study	2011 年 12 月 12—14 日	唐雪清
37	EI SPE 会议	Laboratory study of production enhancement mechanism of natural gas huff and puff	2017 年 4 月 17 日	唐雪清
38	商业经济研究	供给侧改革视角下共享经济对新型商业模式演化影响分析	2021 年 4 月	夏　凉
39	统计与决策	环境规制、财政分权与绿色全要素生产率	2021 年 6 月	夏　凉
40	企业改革与管理	基于 CSMAR 数据库的多个大股东企业行为驱动因素研究	2022 年 4 月	夏　凉
41	中国石化	国际油服公司发展面临严峻挑战	2019 年 4 月	夏　凉

续表

序　号	期刊名称	论文题目	发表时间	哈法亚相关作者
42	全国流通经济	海外石油企业财务风险管理探析	2019 年 2 月	夏　凉
43	国际石油经济	对委内瑞拉发行石油币的思考和分析	2019 年 2 月	夏　凉
44	石油机械	电潜泵加深泵挂设计与分析	2009 年 12 月	张喜雨

第四节　HSE 荣誉

2011—2022 年哈法亚公司 HSE 和安保先进集体

年度	奖励层级	奖励名称	获奖单位
2011	集团公司	2011 年度中国石油天然气集团公司安全生产先进企业	伊拉克公司
	海外板块	2011 年度中国石油海外勘探开发公司 HSE 先进集体	哈法亚项目
2012	集团公司	2012 年度中国石油天然气集团公司安全生产先进企业	伊拉克公司
		2012 年度中国石油天然气集团公司绿色基层队（站）、车间（装置）	哈法亚项目油气处理一厂
	海外板块	2012 年度中国石油海外勘探开发公司 HSE 先进集体	哈法亚项目
2013	集团公司	2013 年度中国石油天然气集团公司环境保护先进企业	伊拉克公司
		2013 年度中国石油天然气集团公司绿色基层队（站）、车间（装置）	哈法亚项目水厂
	海外板块	2013 年度中国石油海外勘探开发公司 HSE 先进集体	哈法亚项目
2014	集团公司	2014 年度中国石油天然气集团公司安全生产先进企业	伊拉克公司
		2014 年度中国石油天然气集团公司绿色基层队（站）、车间（装置）	哈法亚项目营地服务部
	集团公司国际业务	2014 年度中国石油天然气集团公司国际业务社会安全管理先进集体	伊拉克公司
		2014 年度中国石油天然气集团公司国际业务重大突发事件安全应对先进集体	伊拉克公司
2015	集团公司	2015 年度中国石油天然气集团公司安全生产先进企业	伊拉克公司
		2015 年度中国石油天然气集团公司绿色基层队（站）、车间（装置）	哈法亚项目 CPF2

续表

<table>
<tr><th>年度</th><th>奖励层级</th><th>奖励名称</th><th>获奖单位</th></tr>
<tr><td rowspan="4">2015</td><td rowspan="3">集团公司国际业务</td><td>中国石油天然气集团公司“十二五”国际业务社会安全先进集体</td><td>中东公司</td></tr>
<tr><td>中国石油天然气集团公司 2015 年度国际业务社会安全先进集体</td><td>中东公司</td></tr>
<tr><td>2015 年度国际业务生产安全先进集体</td><td>中东公司</td></tr>
<tr><td>海外板块</td><td>2015 年度中国石油海外勘探开发公司 HSE 先进集体</td><td>哈法亚项目</td></tr>
<tr><td rowspan="3">2016</td><td rowspan="2">集团公司</td><td>2015 年度中国石油天然气集团公司安全生产先进企业 / 环境保护先进企业</td><td>待确认</td></tr>
<tr><td>2016年度中国石油天然气集团公司绿色基层队（站）、车间（装置）</td><td>哈法亚项目采办部物资管理中心</td></tr>
<tr><td>海外板块</td><td>2016 年度中国石油海外勘探开发公司 HSE 先进集体</td><td>哈法亚项目</td></tr>
<tr><td rowspan="5">2017</td><td>集团公司</td><td>中国石油天然气集团有限公司 2017 年度安全生产先进企业名单</td><td>中东公司</td></tr>
<tr><td rowspan="3">集团公司国际业务</td><td>中国石油天然气集团有限公司 2017 年度国际业务社会安全管理先进集体</td><td>中东公司</td></tr>
<tr><td>2017 年度国际业务生产安全管理先进集体</td><td>中东公司</td></tr>
<tr><td>2017 年度国际业务环境保护先进集体</td><td>哈法亚项目</td></tr>
<tr><td>海外板块</td><td>2017 年度 HSE 先进集体</td><td>哈法亚项目</td></tr>
<tr><td rowspan="3">2018</td><td rowspan="2">集团公司</td><td>2018 年度质量安全环保节能先进企业</td><td>中东公司</td></tr>
<tr><td>2018 年先进 HSE 标准化站（队）</td><td>哈法亚公司油气处理二厂（CPF2）</td></tr>
<tr><td>海外板块</td><td>2018 年度 HSSE 先进集体</td><td>哈法亚项目</td></tr>
<tr><td rowspan="4">2019</td><td rowspan="2">集团公司</td><td>2019 年度质量安全环保节能先进企业</td><td>中东公司</td></tr>
<tr><td>2019 年度先进 HSE 标准化站（队）</td><td>哈法亚项目油气处理三厂（CPF3）</td></tr>
<tr><td>海外板块</td><td>2019 年度 HSSE 先进集体</td><td>哈法亚项目</td></tr>
<tr><td>中东公司</td><td>2019 年度中东公司先进集体</td><td>哈法亚公司 HSSE 部</td></tr>
<tr><td rowspan="2">2020</td><td rowspan="2">集团公司</td><td>2020 年度质量安全环保节能先进企业</td><td>中东公司</td></tr>
<tr><td>2020 年度先进 HSE 标准化站（队）</td><td>哈法亚公司油气处理二厂（CPF2）</td></tr>
</table>

续表

年度	奖励层级	奖励名称	获奖单位
2021	集团公司	2021 年度先进 HSE 标准化站（队）	哈法亚公司油气处理三厂（CPF3）
2022	集团公司	2022 年度质量先进基层单位	哈法亚公司作业部钻井班组
		2022 年度 HSE 标准化先进基层单位	哈法亚公司二期电厂

后　记

回顾《中国石油（伊拉克）哈法亚公司志 2009—2020》（简称《哈法亚公司志》）的编写过程，是一个充满艰辛、磨砺与肩负使命责任的过程，也是一次重历哈法亚创业发展的人生洗礼。2020年末，中油国际（CNODC）及中东公司部署《哈法亚公司志》的编撰任务。哈法亚公司由高级副总经理田大军、副总经理邓细泉牵头，迅速成立志书编纂领导小组及办公室，组建编纂工作协调联络组，设专人跟踪协调，落实人员安排、志书编写培训、分解工作任务、资料交流共享、定期检查监督进度。严谨的组织机制、管理制度及工作流程持续推进志书编撰过程，力求全面、客观、系统准确记述哈法亚公司 13 年发展历程。

哈法亚志书编纂工作基于中油国际志书编委会的有力指导、强化培训与精细安排。编委会定期发布志书编纂进度情况，及时沟通了解存在问题并帮助协调解决，特邀专家召开专题研讨会点拨把关、示范及分享其他志书编撰成功经验和优秀篇章，使得编纂过程既精细、又灵动。哈法亚公司主管领导高度重视和正确领导，勤恳且频繁与编纂小组成员交流研讨，定期掌握进度并提供大力帮助，推动《哈法亚公司志》编纂工作有序开展。

《哈法亚公司志》编纂成员态度端正、热情投入。均真切认知此次编纂过程的历史重要性和使命感，即便在本身工作内容已经饱满，仍能见缝插针利用休息时间，甚至利用回国休假期间，持续学习志书提高编写技能，不断修改完善志书相关内容，推动编纂过程有序开展、无缝衔接。

《哈法亚公司志》编撰内容紧贴生产经营实际、靠近持续发展脉络。编纂基础材料均来自各专业部门提供的第一手素材、原始历史工作记录及数据资料，经过了归纳整理、去伪存真、集思广益、精雕细琢、反复斟酌、一丝不苟等过程，力求拿出经得起考验的精品。

《哈法亚公司志》设置彩页、概述、大事记、组织机构、管控模式油气勘探、油田开发、油田地面工程建设、质量健康安全安防环保管理、经营管理、科技创新与信息化建设、党建与企业文化、人物与荣誉和后记等内容和篇目。全书 50 余万字，另有图片彩页 180 余张。

《哈法亚公司志》的顺利出版发行，是众多参与编纂人员集体智慧的结晶。在编纂期间，得到各级领导的高度重视与关怀，得到哈法亚公司老领导、老专家、老海外的帮助和支持，得到各职能部门、相关机构等涉编单位的大力支持和配合。在此衷心感谢中油国际（CNODC）副总经理宋泓明和志书编委会办公室的冯辉、时菁、李晓双的组织培训、审查督导到位，衷心感谢付出心血和精力的特邀专家王国庆、王志明、王铁夫、马纪、尚真、吴保国、戴瑞祥、杨天龙、邵冰华的精心指导、诚恳建议和中肯点评，特别是王国庆老师的精心指导。资料提供人员和编纂人员在时间紧、任务重的情况下，付出了辛勤的劳动，谨向他们致以崇高敬意和感谢。

由于本志书编纂是哈法亚公司成立以来第一次，其编纂内容广泛、年限较长、时间较紧，公司体制机制经历多次改革整合，人员调整频繁，部分档案资料缺乏和流失，加之编纂人员思想格局、理论水平、业务能力有限，志书中不可避免地存在一些内容疏漏、表述不当、把握不准等遗憾或不足之处，诚请哈法亚公司历届领导、各位见证哈法亚公司发展并付出努力的同事及业界同仁谅解、批评和指正。

本书编写组

2023 年 6 月